18世紀フランスにおけるアンシアン・レジーム

批判と変革の試み

エコノミストたちの試み

渡辺恭彦

八朔社

まえがき

本書は、学生時代からの半世紀以上にわたる私の研究生活のなかで細々と書き残してきた論文等を、人生の晩節に臨んで一本にまとめたものである。以下にその研究生活の軌跡の回顧と反省を行うことによって、それらの個々の解説に代えたいと思う。

私は、一橋大学経済学部の学部時代に、大塚金之助先生のゼミナールで、一八世紀フランス啓蒙思想研究の一環として、チュルゴーの経済思想の研究を始めたが、当時の複数指導制のもとで坂田太郎先生のゼミナールへ参加させていただくなかで（そのほかに、大畑末吉先生のドイツ語のゼミナールへも参加させていただいてヘルダー、ゲーテ、ルカーチなどを読んだ）、関心の対象はケネー、ミラボーらの重農主義経済学説全般へと広がり、また、それらの研究を経済思想史ないしは経済学説史の観点からその前後の時代との展望のもとで、すなわち、ヴォーバン、ボワギユベールあるいはマルクスの経済思想との関連のなかで考察するようになり、ヒッグス、ウーレルス、オンケン、ジードらの研究に接した。さらに、同大学院社会学研究科時代の上原専禄先生のゼミナールでは、先生の峻厳な指導と雰囲気のもとで、フランス啓蒙思想の歴史哲学（世界史像）をボシュエやコンドルセやマルクスのそれとの関連において考察するようになり、レーヴィットやマイネッケやブルトマンなどの研究に接するようになった。そして、一九六四年四月から六七年三月までの三年間の千葉商科大学での経済学説史の講義を経て六七年四月に福島大学経済学部（現経済経営学類）に赴任してからは、毎年の社会思想史の講義と演習とフランス語の外書講読（ほかに、毎年ではないが一般教育の外国事情と社会学）を担当するなかで、それまでのフランス啓蒙思想の経済学説史的研究を、徐々にではあるが社会経済思想史的研究という形で一六世紀以来のフランスユマニスムの潮流のなかで捉えるようになり、講義においてその対象を、一六世紀についてはエラスムスやモンテーニュ、一七世紀についてはデカルト、パスカル、ピエール・ベール、一八世紀についてはヴォルテール、ディドロ、ルソー、一九世紀についてはヘーゲル、マルクスらへと広げて行った。この過程ではダニエル・モルネの『フランス革命の知的起源』、ポール・アザールの『ヨーロッパ精神の危機—1860-1715—』、フランツ・ボルケナウの『封建的世界像から近代的世界像へ』、あるいは渡辺一夫の諸作品などから多くの示唆を受けた。そしてまた、二〇世紀についてはロマン・ロランやサルトルの作品あるいはアナール派の作品を外書講読で取り上げた。

だが、これらの過程は決して平坦であったわけではなく、そこにはさまざまな経験と曲折があった。例えば、一九六〇年代後半の学生運動の高揚期には学生たちから研究の内容や姿勢について多くの批判を受けたし、また、六〇年代から七〇年代にかけての世界の冷戦構造の深化、中国での文化大革命の勃発あるいはベトナム戦争が激化するなかで、同僚たちからのさまざまな刺激もあって、マルクスの思想への傾斜を強めた。しかし、マルクスについては、ついにその広大な理論と実践のなかに深く踏み込むことはできず、わずかにマルクスの疎外論やその思想的源泉の研究にとどまった（社会学の講義では、マンハイムの『知識社会学』を取り上げるなかで、「イデオロギー」の本質や機能について考えた）。

そして、一九八九年のベルリンの壁の崩壊以後は、ユマニスムの理念——それは、イタリアルネサンスの影響を受けながら、一六世紀以降のヨーロッパ（とりわけフランスとドイツ）でのきわめて厳しい宗教的対立のなかで生み出された人間中心の思想と実践であって、人間の尊厳と権利、良心の自由と寛容を訴えかけるものであった——の復権の必要性と階級闘争史観に代わる市民主義の理念と行動（オンブズマンやヴォランティアなどの活動）の重要性を痛切に感じた。

こうした知的遍歴、それは「遍歴」と呼べるほど大げさな振幅のあるものではなかったが、そのなかで文字として定着させることができたものはきわめて僅かで浅薄なものにすぎなかった。それは偏に私の怠惰と能力の貧困によるものであった。しかし、それがたとえ僅かで皮相なものであっても、それは私にとっては紛れもない生の証にほかならない。それ故、今ここにそれらを一本にまとめて生き恥を曝すことにした次第である。

ここに収録したものは、フランス啓蒙思想のほんの一側面についての研究にすぎない。非常に多岐にわたるフランス啓蒙思想については、これまで政治史的、文学史的、あるいは哲学史的側面からの研究は多く行われてきたが、社会経済思想史的側面からの研究はあまり行われてこなかったのではないかと思われる。それ故、若干のエコノミストたちの社会経済思想を中心としたこのフランス啓蒙思想の研究に多少ともその意義が認められれば幸いである。

ここでは、明らかな誤記・誤植の訂正や若干の補筆・補注を除いて、未熟は承知の上で、できる限り手を加えずに敢えて発表当時の原形のままにしておいた。従って、それらの叙述の間でテーマの重複や同一外国語についての日本語表現の不統一が見られるが、諒とされたい。また、収録の順序は発表の時間的順序を示していない。初出については「あとがき」を参照されたい。

渡辺　恭彦

目次

余録

書評

装幀・高須賀優

主論

一 ルイ一四世治下における絶対主義批判と変革の試み[1]

――ヴォーバン『王国一〇分の一税案』(*Projet d'une Dixme royale*, 1707)を中心として――

〈b〉 手稿類の発掘
〈c〉 ヴォーバンの思想史的位置づけ

はじめに

「私が多年にわたって専心しなし得たすべての調査によって、私は次の事実をきわめてはっきりと確認した。すなわち、近年国民のほぼ一〇分の一が貧民と化し、事実上乞食と化している。そして残りの一〇分の九のうち五も、前者に施物を与え得る状態にはない。彼ら自身もほとんどそれと同じような不幸な状態に陥っているからである。残りの一〇分の四のうち三も、生活ははなはだ困難であって、債務や訴訟に悩まされている。私は、残りの一〇分の一のなかに、軍人、法官、修道僧および在俗僧、すべての高位顕官の貴族、軍事関係者、官吏、富裕な商人、年金収得の最も暮し向きのよいブルジョワジーを含めているのであるが、その数は十万家族にもならない。そして、大いに富裕な境遇にあるといい得る家族は、大小あわせても一万もないといっても、決して嘘をいっているようには思われない。しかもこの一万家族から、山師たち（les Gens d'Affaires）とその公然非公然の共謀者たちやとりまき連中を除き、また、国王のお慈悲で養われている者や若干の商人などを除くならば、残りは僅かであろうと確信している。[2]」

フランス史上最もすぐれた築城家・軍略家としてかずかずの輝かしい功績をうちたて、ルイ一四世の信任厚く、軍人として最高の地位にまでのぼりつめたセバスチァン・ル・プレートル・ヴォーバン元帥（Sébastien Le Prestre, maréchal de Vauban, 1633~1707）は、その「四〇年以上にわたる居住定まりない生活」によって得たフランス国内の観察から、このような冷厳な事実をひき出したのであった。ヴォーバンは、この事実のよってきたる根源について考えをめぐらしたすえ、ルイ一四世絶対王制下の国民生活破壊の根源は、その苛酷で恣意的な租税制度のうちにあることを悟り、ついに一七〇七年には、みずからの生涯を賭して『王国一〇分の一税案』なる一書をあらわし、国民経済を長期的展望のうちに改善するための封建的租税制度改革案を提示したのである。すなわち彼は、封建的租税制度によって長年にわたって犠牲にされてきた「人民の下層部分」(la partie basse du Peuple)、つまり彼が「細民」(le menu Peuple) とよぶところの人々に対する限りない同情にもとづいて、一握りの富裕な階級による免税の特権の濫用を批判し、納税義務の平等という近代的・市民的課税原則に則って、支離滅裂な封建的租税制度を根本的に改組し、もって圧倒的大多数を占めるフランスの下層人民を重税と不平等課税から解放しようとした。いな単にそればかりではなく、租税負担軽減の経済的効果（消費刺戟効果）によって国民の購買力を増大させ、国民生産とりわけ農業生産の増大を計り、かくして、封建的租税制度の改廃を通じて、国家財政の窮乏と国民経済の疲弊を同時に解決しようとしたのである。もっともヴォーバンの場合には、重点は前の点におかれていて、同時代の経済思想家ボワギユベール (Pierre Le Pesant de Boisguillebert, 1646～1714) の場合ほどあとの点についての意識は強く現われていないが、しかしヴォーバンは、その絶対主義批判と変革の意図においては、ボワギユベールにまさるとも劣らなかったのである。

本稿は、わが国では従来あまりとりあげられることのなかったこのヴォーバンの絶対主義批判と変革の試みを、『王国一〇分の一税案』を中心として明らかにし、その構想の思想的性格と歴史的意味とを問い、あわせてフランス古典派経済学成立史上における位置づけを行なおうとするものである。

ところで、ルイ一四世治世下にあってその封建的絶対主義を批判しその改革を訴えたのは、ヴォーバンやボワギユベールだけではなかった。ラ・ブリュイエール (Jean de La Bruyère, 1648～96) やフェヌロン (François Salignac de La Mothe-Fénelon, 1658～1722) のような文人たち、さらには、「国王神権」(le droit divin des rois) の理論によっていわば絶対王制の理論的代弁者となった一七世紀きっての達弁の士ボシュエ (Jacques-Bénigne Bossuet, 1697～1704) すらも、臣下の犠牲と国王の無知について次のように直言している。

「陛下は、なにはさておいても、地方の窮状を、とりわけ、兵隊たちの狼籍とタイユ税徴収に費される信じられぬほど多額の費用とによって陛下になんの益するところもなく蒙らなければならないすべてのものを、あますところなく知ろうと努めなければなりません。陛下は恐らく、こうしたすべてのことにおいて、いかに多くの不正と略奪がなされているかをご存じでありましょうが、陛下の人民たちに〔反抗への〕力を与えているものは、それは陛下、陛下がすべてをご存じであることを彼らが納得できないということであります。それ故彼らは、陛下がその救済の仕事のために示されてきたご熱意が、陛下をしてかくも必要なことを深く究（きわ）めしめることを、望んでいるのであります[3]。」

なるほどルイ一四世の治世は、その表面の姿だけは、ヴォルテール（François Marie Arouet Voltaire, 1694～1778）がその『ルイ一四世時代史』（*Le Siéle de Louis XIV*, 1751）で賛えたような「偉大なる世紀」（le Grand Siècle）としての華麗さを保っていた。しかし、その真実の姿はどうであっただろうか。多くの証言が示すように、ルイ一四世の治世のもとに、極度の人民の貧窮や国家財政の破綻、あるいは階級間および階層内のさまざまな対立や忿懣が渦巻いていたことは、被うべからざる事実であった。実際、ルイ一四世の「偉大なる世紀」は、人民の膏血によって築かれたのであった。そこで、ヴォーバンをして『王国一〇分の一税案』を書かしめたいわば歴史の舞台としてのルイ一四世絶対王制下の社会的・経済的情況を概観し、いかなる問題を契機としていかなる矛盾・対立が展開しつつあったかを、まず見ておきたいと思う。

（1）本稿は、フランス絶対王制の確立期（ルイ一三、一四世時代）から大革命の勃発にいたる社会的・経済的・政治的変遷の過程のなかで、どのような形で体制批判や体制変革の思想と実践が生れてきたかを追究しようとする試みの一端をなすものである。筆者の考えでは、絶対王制の機構そのもののうちに、それを突き破り解体させ崩壊に導く諸矛盾が潜んでいたのであって、フランス古典経済学も啓蒙思想（宗教的寛容論、進歩史観、ユートピア社会観、機械的唯物論等）も、それらの諸矛盾を整理し克服しようとする知的努力に他ならない。そこで筆者は、社会的・経済的・政治的諸矛盾の生成展開の過程と思想ならびに実践との関連をできる限り克明にとらえることによって、それぞれの思想や実践の構造的特色と歴史的意味とを明らかにしたいと思うのである。

（2）Vauban, *Projet d' une Dixme royale*, 1707. Éd. É. Coornaert, Paris, 1933, pp.6～7.

（3）Bossuet, *Instruction donnée à Louis XIV*, 1675. Citée par Henri Sée, 'La question du《Grand Siècle》', *Science et philosophie de l'histoire*, 2ᵉ éd. revue. Paris, 1933, p.495.

一　ルイ一四世時代の社会的・経済的情況

［A］　ルイ一四世の政治

人民の蜂起と宗教的紛争と権門相互のあいだの確執とによってひき起された長年にわたる社会的・政治的混乱のなかから、一五八九年アンリ四世（Henri IV, 1553～1610, 在位 1589～1610）の即位によってようやく成立をみたブルボン王朝は、財務長官シュリー（Maximillien de Béthume, duc de Sully, 1559～1641, 財務長官 1598～1610）を主たる協力者として、旧領主制（封建的土地所有）の漸次的解体と農民的商品経済の発展のうえに国家的統一の可能性を見出し、ルイ一三世（Louis XIII, 1601～43, 在位 1610～43）下、宰相リシュリュー枢機卿（Armand-Jean de Plessis, cardinal de Richelieu, 1585～1642, 宰相 1624～42）の強力な中央集権化政策（政治勢力としてのプロテスタントの弾圧、上級貴族勢力およびオーストリア勢力の抑制、財政改革、法制・軍制の整備、地方高等法院の諸特権の廃止等）によって、その絶対主義的権力機構の基礎を形成し、そしてルイ一四世（Louis XIV, 1638～1715, 在位 1643～1715）のもと、宰相マザラン（Giulio Mazarini, dit Mazarin, 1602～61, 宰相 1643～61）、大法官ル・テリエ（Michel Le Tellier, 1603～85）、財務総監コルベール（Jean-Baptiste Colbert, 1619～1683, 財務総監 1665～83）らの敏腕に支えられて、都市商業資本と官僚機構を高度に発展させ、そのうえに絶対主義的権力機構の総体を確立した。ルイ一四世は、この権力機構の頂点に君臨して、「朕は国家なり」（L'Etat, c'est moi.）とみずからその絶対権力を誇り、人々からは、「ルイ大王」（Louis le Grand）あるいは「太陽王」（Roi Soleil）と畏敬されていた。

しかし、ルイ一四世の存位七二年間のほとんど大部分は、対内および対外紛争に華々しく費されたのであった。彼が五才で即位したとき、すでにフランスは、三〇年戦争（la guerre de Trente ans, 1618～48）の終結を急いでいた。それが終るや今度は、国内に人民の支持を受けたフロンドの乱（La Fronde, 1648～53）が起り、高等法院ならびに旧貴族勢力と敵対しなければならなかった。この重大な危機は、マザランの巧智にたけた手腕によって切り抜けることができたが、しかしこのフロンドの乱は、このときすでに、互に利益を異にしながらも、貴族、ブルジョワジー、農民諸階級のあいだに、広汎な反封建・反絶対主義の勢力が形成されつつあったことを物語っていた。

フロンドの乱後親政にいたるまでのあいだに、フランスは、スペインからルションやアルトアの土地を割譲させることに成功した。これは、フランスの領土的野心の蠕動を示すものであった。一六六一年、マザランの死によってルイ一四世の「親政」が始まったが、今度はコルベールらを片腕として、彼みずから積極的に版図拡大のための対外戦争に乗り出した。その主なものだけでも、王位継承権(droit de dévolution)をめぐるスペインとの紛争(1667～68)、オランダ戦争(1672～78)、「アウクスブルク同盟」戦争(la guerre dite《la ligue d'Augsbourg》, 1688～97)およびスペイン王位継承戦争(la guerre de Succession d'Espagne, 1701～14)を挙げることができる。ルイ一四世は、これらの戦争において超人的精力をもって全ヨーロッパと戦った。彼の野心は、スペインとオランダから決定的優位を奪い、後進国フランスを先進国イギリスと並び得るだけの強国たらしめることであった。これらの戦争は、いわば、フランスの旧ナショナリズムと原蓄過程の開始を告げる対外侵略戦争に他ならなかった。だが、スペイン王位継承戦争の手痛い敗北(一七一三年四月のユトレヒト条約と一七一四年のラスタット条約は「救いの講和条約」とよばれている)は、三〇年戦争以来営々と築いてきたフランスのヨーロッパにおける主導権を一朝にして失なわせ、ルイ一四世の華々しい政治を支えていた権力外交と絶対主義体制の脆弱さをはっきりと露呈させたのであった。

ところで、ヨーロッパにおける栄光と独立の獲得をめざすルイ一四世にとっては、宗教問題は最も重要な問題であった。彼自身敬虔なカトリックであったにもかかわらず、ローマに従属することを好まなかった。一六六二年のクレキ事件(affaire Créqui ローマのコルシカ近衛兵がフランス人を侮辱した事件)に際しては、ルイ一四世は、一層侮辱的な態度をもって応じた。一六八二年、彼はフランス教会の自由の擁護者たることを宣言するとともに、一六八五年にはナントの勅令(l'édit de Nantes)を廃止して、国内においてはジャンセニストやユグノー(フランスプロテスタント)を弾圧追放し、対外的には、法王とレガール特権(régale. 司教・修道院長の空位中その管区の収益を受ける国王の特権)やローマにおける庇護権（droit d'asile à Rome）をめぐって争った。

　一六六八年、ルイ一四世は、パリの高等法院において絶対君主たることを宣言した。これに和して、モー（Meaux）の司教ボシュエは、国王神権説をもって国王の絶対権に理論的支持を与え、[1] 同時にまたその卓越した弁舌の才をもって、ルイ一四世のガリカニスム（フランス教会の独立性強化）を強力に支持した。[2] しかし、絶対権力を確立するためのこのような宗教的不寛容政策は、かえってその経済的・社会的基盤を掘り崩す結果となった。すなわち、ルイ一四世が迫害追放したユグノーは、おもにブルジョワジーであり熟練した技術をもつ手工業者であったため、フランスの工業は多大の損害を蒙ったのである。[3] そればかりでなく、宗教的迫害は、ジェスイット（イエズス会修道士）対ジャンセニスト（ヤンセン派修道士）の対立によってカトリックの権威を相対的に低下させ、ピエール・ベール（Pierre Bayle, 1647～1706）やピエール・ジュリュー（Pierre Jurieu, 1637～1713）などのユグノー教徒やガッサンディ（l'abbé Pierre Gassend, dit Gassendi, 1592～1655）、クロード・ジョリ（Claude Jolly, 1607～1700）、フォントネル（Bernard Le Bovier de Fontenelle, 1657～1757）、ジャン・メリエ（Jean Meslier, 1664～1729）らの知識人、あるいはヴォーバン、[4] フェヌロン、ブーランヴィリエ（Henri de Boulainvilliers, 1658～1722）といった進歩的貴族のあいだに、宗教的懐疑思想や唯物論その他の絶対主義批判の思想を醸成させたのである。

　ルイ一四世は、近代国家としての国内体制の整備に多大の力を注いだ。彼はまず、フロンドの乱の経験を活かし、政治権力を掌中に収めるため、宰相をおかず、みずからすすんで国務会議（Conseil d' État）を指導し、他の政務は、コルベール、ル・テリエ、ユーグ・ドゥ・リヨンヌ（Hugues de Lionne, 1611～71）といった敏腕家に委ねた。ルイ一四世は、法律および慣習の成文化に努め、一六六七年には民事訴訟法別名「ルイ法典」（Code Louis）を、一六七〇年には海事法を、そして一六八五年には植民地法別名「黒人法典」（Code noir）を制定した。さらにまた、国王は全国三部会（États généraux）の召集を停止し、絶対権力を掌握して、州、都市および高等法院の自治と自由を制限し、中央の財務総監や国務長官と地方長官とを媒介として、中央集権的官僚機構の確立に努めた。けれども、制定された法律は古い慣習を単に成文化したにすぎなかったため、社会の新しい発展には必ずしも役立たなかったし、中央集権的官僚機構も、教会や領主や高等法院のもつ旧来の権力体制と複雑かつ錯綜した対立関係を生み出した。また、国王がコルベールをして行なわしめたかの重商主義政策は、たしかにフランス工業の資本主義的発展のための技術的基礎を準備したが、それをおしすすめた排外主義的愛国主義は、イギリスやオランダとの新たな紛争をひき起し（一六七二〜七八年のオランダ戦争は、一六六四年および六七年の関税引上げが大きな原因となったため「関税戦争」(guerre de tarif) と呼ばれた)、極端な保護干渉主義と国庫至上主義、それに特殊産品（奢侈品・軍需品）主義と市場の狭隘性は、フランス資本主義の自生的な発展を妨げたのであった。

ルイ一四世は、文化面については、リシュリューによるフランス・アカデミーの創設（一六三五年）にならって、碑文・文学アカデミー（一六八三年）、科学アカデミー（一六六六年）、音楽アカデミー（一六六九年）、建築アカデミー（一六七一年）あるいは学士院（一六七二年）等々を設立し、ボワロー（Nicolas Boileau-Despréaux, 1636〜1711）、ラシーヌ（Jeau Racine, 1639〜99）からル・ブラン（Charles Le Brun, 1619〜90）にいたる多数の文人・芸術家や学者たちの庇護者となった。ヴェルサイユ（Versailles, 1361）やトリアノン（Trianon, 1667）の諸宮殿の建造やルーヴル宮殿正面列柱（colonade du Louvre）の建築は、確かに、壮大さと絢爛豪華の点においてまさにルイ一四世の世紀を象徴するものとなった。だが、アカデミーは芸術家たちの創造的な探求を妨げ、宮廷的古典主義は文芸を徒に反動的で空虚な気取り趣味《プレシオジテ》に堕せしめた。しかし、絶対主義とは無縁のところでその才能を自由に開花させたラシーヌ、モリエール (Jean-Baptiste Poquelin, dit Molière, 1622〜73)、ラ・フォンテーヌ（Jean de La Fontaine, 1621〜95)、フュルチエール（Antoine Furetière, 1618〜88)、ラ・ブリュイエールらは、社会のさまざまな矛盾に目を向け、あるいは鋭い諷刺をもって、あるいは冷厳な事実を暴露することによって、絶対主義に対して批判の矢を放ったのであった。

（1）*Le Discours sur l'histoire universelle*, 1681. および *Politique tirée de l'Écriture sainte*, 1709.

（2）一六八一〜九二年。とりわけ *L'Histoire des Variations des Églises protestantes*, 1688.

（3）一説によれば、ナントの勅令の廃止は、フランスから五〇万人の勤勉な青年を失なわせ、一億リーヴル近くもの貴重な資本をイギリスやオランダに逃避させた。Cf. Blanqui, *Histoire de l'économie politique en Europe depuis les anciens jusqu'à nos jours* 5e éd. Paris, 1882, pp. 270～271.

（4）ヴォーバンは、ナントの勅令の廃止に対しては、「あらゆるキリスト教的、道徳的ならびに市民的徳性に反する憎むべき計画」として断固反対し、追放されたユグノーの召還を主張していた。また彼は、ナントの勅令の廃止によって、一〇万人のフランス人と六〇〇〇万リーヴルの資本が失なわれ、六〇〇人の将校と一万二、〇〇〇人の最も勇敢な兵卒が敵側に渡った、と考えていた。Cf. E. Daire, Notice historique sur la vie et les travaux du maréchal de Vauban. Éd. E. Daire, 1843, pp. 22～23.

[B] 人民の貧窮と反絶対主義運動

次に、人民の生活について見てみよう。ここに二人の証言がある。

「何やら野獣のごときものがみえる。雄もあり雌もあって、野にちらばっている。黒きもあり、鉛色なものもあり、いずれも陽にやけている。大地にへばりつき、その断ちがたい執拗さをもって堀りかつ耕している。その音は何やら音節がある。腰をおこした所をみると人の顔をしている。いやそれは本当の人間だった。彼らは夜になれば洞穴にかえり、黒パンと木と草の根で露命をつないでいる。(1)」

これは、簡潔で鋭い筆致をもって人間や習俗を描くことを得意としたラ・ブリュイエールのその著『カラクテール』(*Les caractères ou les mœurs de siècle*, 1687) における当時の農民の描写である。

「あなたがあなたの子供たちと同様に愛すべきあなたの人民たち、そして今日までかくもあなたを熱愛してきたあなたの人民たちは、いま飢死しようとしています。土地の耕作はほとんど放棄され、都市と田舎の人口は減りつつあります。すべての職業は衰退し、もはや職人たちを養うことはできません。商業は壊滅しました。かくしてあなたは、国外の無駄な征服を行ないまた征服地を守ろうとして、国内の最もすぐれた力を破壊したのです。この貧しい人民から金を引出す代わりに、彼らに施物を与え、彼らを養わねばならないでしょう。フランスはもはや、荒れ果ててなんの貯えもない大きな施療院にすぎません。(2)」

これは、フェヌロンが一六九四年にルイ一四世に呈する言葉である。

これらの証言によって分かるように、当時の人民の生活とりわけ農民の生活は、きわめてミゼラブルであった。例外的に小数の富裕な自作農（laboureurs）や大規模小作農民＝借地農（fermiers）もいたが、農民の大部分は、土地の不足した小土地所有農民（paysans insuffisants）か零細な折半小作農民（métayers）であり、あるいはジュルナリエとよばれる日傭農民であった。彼らは、mainmorte（財産遺贈不能農奴（死手人）身分）、formariage（領外婚税）といった農奴的・身分的拘束からは大部分解放されていたとはいえ[3]、なお多くの経済外的強制を受けていたし、経済的には、教会権力と領主地主制と国家権力の二重三重の搾取機構のもとに完全に組み込まれていた。彼らの僅かな収入も、その八割ないし九割が、ときにはそれを上廻るものが、教会税、領主税、王税あるいは消費税の形で、これらの権力によって持ち去られていた。

すなわち当時の農民は、まず第一に、聖職者から課せられる「聖職者一〇分の一税」（la Dîme ecclésiastique）を支払わねばならなかった。ディームには、四大穀物すなわち小麦、黒麦、裸麦、燕麦に対して支払う「大ディーム」（grosse dîme）と他の穀物と収穫物に対して支払う「小ディーム」（petite dîme）があり、さらに家畜飼養に対して支払うディームがあった。ディームは、原則として現物で徴収されていた（ヴォーバンはこの方式を彼の租税改革案のなかに取り入れた）。またディームは、本来小教区（聖堂区）の貧民の救済や祭祀の維持に用いられるべきものであったが、もっぱら高位聖職者や僧院の収入となっていた。

第二に、領主権にもとづいて課せられる「領主税」（droits seigneurials）があった。すなわち領主は、まず自分の直領地（domaine その大部分は賃貸小作契約によって農民に貸付けられ、その契約期間は、一年ないし三年。ときには三圃輪作制の三期分に当る九年であった）から「貢租」（cens）を取り立てた。これは、領主の保有領地に対する永代賃貸権にもとづくものであって、土地所有者である場合には、領主はさらに「地代」（rente）と「シャンパール」（champart）（「畑の分け前」という意味で、収穫物から一定の割合で徴収される物納年貢）を徴収した。領主はさらに、本来の領主権として、市場や漁場に対して独占権を行使し、市場税や漁場税を取り立て、無償の強制労役＝夫役（corvée）を課し、水車などの生産用具に対して強制使用権を行使して使用料（banalité）を徴収した。領主は、それ以外に裁判権を行使し、これらの租税の支払いを強制した。領主権は、すべて平民に対してのみ適用され、封建的生産関係の中枢を占めるものとして、生産力の停滞と人民の貧窮の最大の原因となっていた。

第三に農民は、国王から課せられる租税を支払わなければならなかった。王税のうち最も負担の重いものが「タイユ税」（taille）であった。タイユ税には、タイユ・レエル（taille réelle）とタイユ・ペルソネル（taille personnelle）の二種類があった。前者は、小数のペイ・デタ（地方三部会設置州）においてのみ行なわれ、その地方の封建貴族らの構成する会議によって額が決定され、徴収されていた。後者はペイ・デレクシオン（直接徴税区州）において最も一般的な形で行なわれていたもので、王国評議会で総額が決定され、国王が任命する地方長官が徴収権をもっていた。また前者は、土地そのものに課せられる純粋の地租であり、後者は、動産、不動産および勤労のすべての所得に課せられる所得税であった。最初、タイユ・ペルソネルの一部（例えばtaille d'exploitation（開拓地タイユ税））は貴族や聖職者にも課せられていたが、次第に彼らは免税権を獲得し、結局タイユ税は、すべて、最も貧しい平民のみの負担に帰せられた。おまけに、その課税の仕方（総額の決定ならびにタイユ税支払者への割当て）がきわめて恣意的であったため、それだけ一層悪名高いものとなっていたのである。ヴォーバンが真先に改革しようとしたのは、この悪税、タイユ税であった。

タイユ税の他に、王税としては、「人頭税」（capitation）があった。これは、一六九五年一月、とくに戦費徴達を目的として創設され、一六九七年一度廃止され、一七〇一年に終局的に設定されたもので、最初はすべてのフランス人の所得に累進的に課せられていた。しかし、一七〇五年高所得層に対する累進課税が廃止され、タイユ税負担者だけで総額の四分の三を支払わねばならなくなった。ついで、一七一〇年、聖職者は四、〇〇〇万リーヴル[4]の「上納金」（don gratuit）によって免税権を買取り、貴族もまた免税となった。かくして人頭税もまた、平民のみが支払うことになったのである。

この他農民は、国から、道路夫役、軍事輸送および民軍に従事する義務を課せられた。また、エード（aides）とよばれるブドウ酒等の飲料品消費税や強制購買制による塩税（gabelle）が、ひどく農民の生活を圧迫していた。しかも、これらの間接税はその徴収が請負制になっていたため、この制度に寄生して、徴税請負人が私欲をほしいままにしていた。それにもかかわらず、農民たちは、精々、地方の高等法院に陳情書（cahier de doléances）を提出するか、それとも一揆を起す以外に、自己の生活の苦しみを訴える手段をもたなかったのである。

ところで、ルイ一四世時代に発生した苛酷な地代や租税に反対する農民の蜂起のうち、大規模なものだけを示すならば、次のようである。一六六二年には、ルイ一四世の「小額の増税」に反対して、ブーロネ地方の農民六、〇〇〇人が武器を取ってたちあがったが、国王の軍隊によって厳しく弾圧された。これは「貧民戦争」の名で知られている。一六六四年には、ベアルンとビゴールで、塩税の設定に反対して農民が蜂起し、広大な山岳地方で数年にわたって抵抗したすえ、ついに正規軍の出動によって鎮圧された。これは、首領の貧しい貴族ベルナール・オディジョ（Bernard Audijos）にちなんで、「オディジョの乱」と呼ばれている。一六六六～六九年には、スペインに隣接したルションで、パルチザン的農民暴動が発生した。一六七〇年には、子供の出生や衣服や帽子の新調にすら課税されるとの噂さに、貴族出身の軍事指揮官アントワーヌ・デュ・ルール（Antoine du Roure）を指導者として、ヴィヴァレ地方一帯の広範囲にわたって農民が蜂起した。これは、階級闘争の性格を帯びた・すべての支配階級と富者とに対する宣戦の布告であった。彼らは、「時はきた、粘土の壷が鉄の壷をうち砕くであろうという予言がはたされるべき時がきた……」、「貴族たちと聖職者どもにのろいあれ、奴らはわれわれにとって仇敵である」、「人民の吸血鬼どもを絶滅すべきだ」、と宣言したといわれる。(5) この農民蜂起は、国際的にも大きな反響を呼びおこし、成行きが注目されたが、多数の近衛兵や騎兵隊による厳しい弾圧によって、一〇〇人以上の叛徒が処刑され、五〇〇～六〇〇人が漕役刑に処せられて終った。さらにまた、一六七五年、コルベールがオランダ戦争の戦費徴達のために印紙税の新設、塩税の増額、タバコの専売化を行なったとき、ギエンヌ地方で騒乱が発生し、広汎な大衆が新税の廃止を要求した。政府は譲歩を余儀なくされたが、しかしこの鎮圧のために、二〇〇中隊以上もの大軍を動員しなければならなかった。同じ頃同じ理由によって、ブルターニュの都市や農村でも騒ぎが起こった。若干の聖堂区では、「農民法典」(Code paysan)が作られ、印紙税や塩税のみならず、領主の徴収する物納年貢や夫役の廃止が要求され、「財産の共有」すら主張された。しかしこれもまた、軍隊の残虐なテロによって終わった。八〇年代、九〇年代には、農民の大規模な蜂起はなかった。しかし、徴税者の貪婪さと領主の非情な収奪とに対する小規模な農民の蜂起は、依然として各地で続き、そのたびに、軍隊による厳しい弾圧が行なわれた。

一八世紀に入ってからの最も大規模な蜂起は、一七〇二年ラングドック地方で発生した「カミザールの反乱」(révolution camisarde)である。この反乱の参加者は、農民と都市の労働者であったが、彼らは同時にまたユグノーであった。つまり、ユグノーに対する政府の弾圧がこの反乱の一つの原因であったが、しかし本質的な原因は、領主・地主の封建的搾取と王税の増税であった。カミザールの武力による抵抗は約二年続き、広大なラングドック州の三分の一を手中に収め、三〇個所の貴族の城砦と二〇〇あまりの教会を破壊したといわれる。この反乱は、一七〇四年秋になってようやく二万五、〇〇〇人の国王軍によって鎮圧され、残忍な報復が加えられたが、人民の蜂起は、それでもって決っして終息したわけではなかったのである。[6]

要するに、ルイ一四世下の農民の蜂起や反乱は、凶作、飢饉、物価変動、[7]宗教的圧迫等を契機として発生したが、その最大の原因は、もちろん、領主地主制による厳しい収奪と国の不平等で苛酷なしかもきわめて恣意的な租税制度にあった。そして、農民を中心としたこのような反領主・反租税の抵抗は、その高まりの過程のなかで、次第に下級の不満貴族や都市の勤労大衆をも吸収することによって、反王権闘争にまで発展する傾向を示し、封建制度と絶対主義の基礎をゆるがすにいたったのである。

(1) 関根秀雄訳『カラクテール』中、岩波文庫、一九四頁。

(2) **Fénelon, *Remontrances à Louis XIV sur divers points de son administration*, 1694. Citées par Henri Sée, *op. cit.*, pp. 493~494.**
フェヌロンは、一六九九年の『テレマークの冒険』(*Les Aventures de Télémaque*)におけるルイ一四世の政治に対する諷刺的批判によって、それまで教師役をつとめていたブルゴーニュ公の失寵を招いたが、一七一〇年には、次のように評している。「もし私が、この国境〔カンブレ Cambrai〕に立って垣間みる政治の端々から遠慮なくフランスの現状を判定するならば、私は次のように結論を下すでありましょう。人々はもはや奇跡によってしか生きられないし、フランスは、一番初めに与えられたはずみによって今なお動いているガタガタの機械であって、最初の衝撃によってバラバラになってしまうでしょう、と。最も悪いことは、誰も真実の姿を見ないことであり、また、見ようとしないことであります。」Fénelon, *Mémoire sur la situation déplorable de la France*, 1710. Cité par Henri Sée, *op. cit.*, p. 494.

（3）しかし、一八世紀末の大革命前夜においてもなお、一〇〇万以上の農民が、王領地や教会領地で、農奴的隷属関係におかれていた、という。Gaetano Salvemini, *The French Revolution* (*1788～1792*). Eng. trans., 2nd imp., London, 1954, p. 18. アルベール・ソブール著小場瀬・渡辺訳『フランス革命（一七八九～一七九九）』上、岩波新書、昭和二八年、二一頁。

（4）ソブールでは、二、四〇〇万リーヴルとなっている。A・ソブール著小場瀬他訳、前掲書、五五頁。

（5）ソヴィエト科学アカデミー版『世界史』近代1、商工出版社、一九六〇年、一六九頁。

（6）以上、Henri Sée, 'La Question du《Grand Siècle》', *Science et philosophie de l'histoire*, 2e éd. Paris, 1933, pp. 496～498 ; Pierre Clément, *Histoire de Colbert et de son administration*, 3e éd., 2 vols. Paris, 1892, tome I, chap. XI ; ソヴィエト科学アカデミー版『世界史』近代1、一六七～一七三頁、参照。なお、ルイ一四世の治世以前における農民一揆については、中木康夫『フランス絶対王制の構造』、未来社、一九六三年、九七～一二一頁、二〇三～二一一頁、参照。

（7）一七世紀における物価変動の情況は、大体次のようであった。

一六世紀の物価騰貴は、一六三〇年頃まで続き、一六三〇年から五〇年にかけて上昇傾向は弱まり、その後、一六八〇年頃まで物価（とくに穀価）は逆に下落に向い、この傾向は、一七三〇年頃まで続いた。一般にルイ一四世時代は、一六九三～九四年、一六九八年、一七〇九～一〇年を除いて、物価は常に下落傾向にあり、一六九〇年頃には最低となった。とくにコルベール期（1665～83）には、重商主義政策にともなう低穀価政策が、農業利潤を低下させ、農民層に著しい圧迫を与え、農民一揆の原因を形作った。そればかりか、農業利潤の低下は、他方で地代水準を低下させて領主地主層にも打撃を与え、「封建的反動」（réaction féadale）の口実を与えたのである。低穀価政策は、周知のように、ヴォーバンはじめ、重農主義者たちの攻撃の的となった。Cf. H. Méthivier, *L'Ancien Régime*. 《Que sais-je?》, Paris, 1961, pp. 68～71. 中木康夫、前掲書、二六七～二七六頁。

[C] 国家財政の破綻

華やかな宮廷生活におけるルイ一四世の浪費は、異常なものであった。国王の敏腕な政策遂行者であり、最も忠実な下臣であったコルベール自身、国王に対して、次のように忠告を与えなければならなかった。

「不必要なもののためには、たとえ五スーでも節約しなければなりません。国家の利益や名誉のためとあらば、数百万金でも支出しなければなりません。一回三、〇〇〇リーヴルの無駄な食事は、私にとっては信じられぬほどの苦痛であります。けれども、ポーランドのために数百万の金が必要となる場合には、私は妻子を質に入れましょうし、それを調達するためには、生涯徒歩で歩きまわりも致しましょう(1)」と。

しかし、財政難は単に国王の浪費のみによるものではなかった。無為徒食の特権階級扶養のための膨大な出費や不合理で非能率的な徴税機構、それに、相継ぐ対外戦争のための莫大な支出が、その真の原因であった。とくにフランス国家の威信を賭けたオランダ戦争は、国家財政と国民経済の上に重圧をもたらしたのであった。

さて、コルベール以前の財政は、支離滅裂であった。例えば、彼の前任者フケー（Nicolas Fouquet, 1615~80）は、一六五三年から五九年におけるわずか数年の間に、二〇回にわたる公債の発行を行ない、その額は一億七、一四〇万リーヴル余にのぼり、利子だけで九四一万リーヴル余に達していた(2)。またそれ以前の公債の償還も停滞しており、一六四一年および四三年の償還分が、おくれにおくれて、一六五八年にやっと支払われるという有様であった(3)。このために、公債の一方的な帳消し（retranchement）や切捨て（suppression）すら行なわなければならなかった。そしてこのような情況のなかで、フケーは、一六六一年、公金横領による莫大な蓄財のために逮捕されたのであった。

一六六一年、フケーの後任としてコルベールが財政問題にたずさわることになった。彼は誰よりも財政の危機を痛感していたので、その建て直しのために懸命な努力を払った。彼は、かなり強引な手を打った。彼は、数度にわたって公債の切捨てや帳消しを行ない、低価額での償還を強行した(4)。そのため彼は、各方面から猛烈な反撃を受けたが、巧みにこれを切り抜けた。コルベールは、乱脈をきわめた国家財政を正常化するため、これにはじめて予算制度を適用し、客観的・合理的な国家財政の運営を計った(5)。そのほか彼は、封建的租税体系の合理化をめざし、直接税主義から間接税主義への切換え(6)、タイユ・レエルの全国的拡大を中心とする租税制度の全国的統一、国内関税の徹廃、塩の強制購買制度の廃止、徴税請負制度の是正等々に努めたが(7)、これらは、従来の慣例や利権に大きく触れるものであったため、特権階級のはげしい抵抗に出合い、その意図を達成することができなかった。

それにもかかわらず、オランダ戦争が始まるまでには財政状態はかなりの程度改善された。しかし、一六七二年の戦争は財政を再び悪化させた。すなわち、新たに公債の発行を行なわねばならなくなったのである。一六七二年二月、彼はまず、国王に対する貸付金の利率を例外的に一八分の一（五・五五％）に引上げ（コルベールは、一六六五年に、貸付金の法定利率を二〇分の一すなわち五％に引下げていた）、ついで同月、この利率で二〇万リーヴルの起債を行なった。[8] 一六七四年二月には、公債六〇万リーヴルが、また一六七五年一一月には、利率一四分の一（七・一四％）でパリ市庁債が、売りに出された。今回は、外国人の買入れも許された（この場合、外国人財産没収権（droit d'aubaine）の適用は行なわれなかった）。ルイ一四世は、一六七八年二月二四日のコルベール宛の書簡で、「私は、公債がいつも何がしかの金を生み出してくれることを大変嬉しく思っている。このような非常のときには、それは大きな財源である」[9]と、率直に喜びを表明している。しかしコルベールは、このような公債発行のあとにくるものは、その支払いのためのさらに新たな公債の発行であることを見抜いていた。はたして、一六七八年オランダ戦争は終ったが、一六七九年三月には、利率一六分の一（六・二五％）で一〇〇万リーヴルのパリ市庁債を、また一六八〇年には一〇〇万リーヴルの国債（利率五％）を起債しなければならなかった。かくして、国庫の借入れは雪だるま式に増大し、一六七一年から八三年のあいだに八回の起債が行なわれ、その総額は二億六、二〇〇万リーヴルに達し、利子だけでも一、三九〇リーヴルにおよんだのである。[10] しかしこの間、コルベールは、手段を尽してこの減少にも努めた。彼は、公債の切捨てや帳消し、低利での償還、[11]あるいは、いわゆる「臨時措置」（Affaires extraordinaires）すなわち王領地の売却や臨時税の設定といった手段に訴えて、国庫債務の減少に努力し、一六八三年の初めまでには、二、八〇〇万リーヴルに減らすことに成功したのであった。[12]

だが、コルベールの死後、抑制者を失なった財政は、再度悪化した。一六七三年の国庫収入は七、五七〇万リーヴルで、支出は一億七四六万リーヴルであった。また、一六七四年の収入は八、〇八六万リーヴルで、支出は一億一、〇〇〇万ないし二、〇〇〇万リーヴルに達した。[13] しかし、一六九七年（すなわちヴォーバンがその『王国一〇分の一税案』を書きはじめた頃）には、支出二億一、九〇〇万リーヴルのうち経常収入はわずか六、〇〇〇万リーヴルで、残りは、一六九五年創設の人頭税（二、一〇〇万）、公債（八、六〇〇万）、「臨時措置」（四、二〇〇万）およびその他の変則的財源（一、〇〇〇万）でまかなわねばならなかった。また、一七〇六年（すなわちヴォーバンが『王国一〇分の一税案』を完成しつつあった頃）には、支出一億九、六〇〇万リーヴルのうち、実に六八・二％に当る一億三、四〇〇万リーヴルが、戦争のために支出されるにいたった。この年の経常収入は五、三〇〇万リーヴルにすぎず、紙幣（三、一〇〇万）や戦時臨時債券（一、四〇〇万）の発行、「臨時措置」（二、〇〇〇万）、翌年度分租税の先取り（二、二〇〇万）といった方法によっても、なお二、二〇〇万リーヴルの赤字が残ったのである。実際、一六九九年から一七〇七年までのわずか八年間に、四億リーヴルにのぼる「臨時措置」が行なわれたのであった[14]。ここにいう「臨時措置」とは、特権の増設・売却、超過税の徴収、富くじの発行、貨幣の改鋳等々のあらゆる種類の不正・不当な手段を意味していた。かくして、ルイ一四治世末期には、国家の財源は前もってほとんど食い尽され、国家財政はまったく救い難い混乱と荒廃に陥ったのである[15]。そして、この国家財政の危機は、単に財政の次元にとどまらず、必然的に、政治と社会全般の危機へと波及していったのである。

（1）J. Blanqui, *Histoire de l'économie politique en Europe depuis les anciens jusqu'à nos jours*, 5e éd. Paris, 1882, p.272.

（2）P. Clément, *Histoire de Colbert et de son administration*, 3e éd., 2 vols. Paris, 1892, tome I. p.153. この時の法定利率は、五・五ないし五・七五％であったが、実際には、公債の減価や徴税請負人に対するさまざまな優遇措置のため、一五ないし一八％に達していたという。

（3）P. Clémnet, *op. cit.*, p.154.

（4）例えばコルベールは、一六六〇年以来パリ市庁債の三分の一切捨てが行なわれてきたのに便乗する形で、一六六二年三月一三日、タイユ税公債（rentes sur les tailles）一〇〇万リーヴルの全面的帳消しを、同年三月一八日には、塩税公債（rentes constituées au profit des fermiers des gabelles）六〇万リーヴルの帳消しを行なった。また同年六月六日には、五大徴税請負区公債（rentes établies sur les cinq grosses fermes）四〇万リーヴルの償還が、また八月三〇日には臨時収入公債（rentes sur les parties casuelles）の償還が行なわれた。さらにまた、一六六三年四月二日には、一六五六年から六一年までのパリ市庁債（rentes constituées sur l'hôtel de ville de Paris）が全面的に取消され、一六六五年五月二四日には、二〇年間にわたる公債の買入時価額での償還が決定された。P. Clément, *op. cit.*, pp.155～156.

（5）コルベールは、公債発行のようないわゆる「臨時措置」は、性質、形式の如何を問わず、結局、徴税請負人だけを富ませ、国民経済を破壊するものであると考えていた。健全財政を目標とし、財政のためのあらゆる臨時措置に反対していたコルベールは、むしろ租税＝増税によってまかなうことを望んでいたのである。例えば、一六七五年、戦費徴達のためやむなくパリ市庁債の発行が決定されたとき、これを強く主張したパリ高等法院の院長ラモワニョン（Guillaume de Lamoignon, 1616～77）に対して、コルベールは次のように書き送っている。「あなたの意見が勝ちました。けれどもあなたは、高邁な人間として振舞われたと信じておられますか。公債の発行によって金を手に入れることができることぐらい、私が知らないとでもお考えでしょうか。あなたは、われわれが相手にしている人〔ルイ一四世〕がどんな人であるか、体面の維持や大作戦やあらゆる種類の出費に対する彼の執着がどんなものであるか、あなたは私と同様ご存しでしょうか。いまや公債への、従って不法な出費と租税への道が開かれたのです。あなたはそのことによって、国家と後世とに対して責任を負うのです」と。E. Daire, Notice historique sur la vie et les travaux du maréchal de Vauban. Éd. E. Daire, 1843, réimp. 1966, p.21, note.（ただしクレマンの引用では、「……ああ、国王が公債の発行によって金を手に入れることができることぐらい、私もあなたと同様知らないとでもいうのでしょうか。だが私は、それをいうことは慎重を期して差し控えておきます。いまや公然と公債への道が開かれたのです！　公債のあとには、それを支払うための租税が必要となるでしょうし、またもし公債が制限なしに発行されるならば、租税はなんの効果ももたなくなるでしょう」となっている。P. Clément, *op. cit.*, pp.164～164.）

（6）一六六一年から八三年までのあいだに、直接税は、四、六五〇万ルーヴルから四、〇五三万リーヴルへと約一三％減少（一六六九年～八〇年は三、六〇〇～三、七〇〇万リーヴルで、二一～二三％減）したのに対し、間接税は、三、六九二万リーヴルから六、五八九万リーヴルへと七八％急増した。中木康夫『フランス絶対王制の構造』、未来社、一九六三年、一五六頁。

（7）コルベール以前には、八、五〇〇万リーヴルの徴税額のうち実際に国庫に入るのは三、一〇〇万リーヴルにすぎなかったが、一六六七年には、九、五〇〇万リーヴルの徴税額のうち六、三〇〇万リーヴルが国庫に入るようになり、徴税請負人たちによる「組織的窃盗」は、五、四〇〇万リーヴル（六三・五％）から三、二〇〇万（三三・七％）に減った。Ph. Sagnac et A. de saint-Léger, *Louis XIV (1661～1715)*. Paris, 1949, pp.85～86.

（8）コルベールは、起債の限度は三〇〇ないし四〇〇万リーヴルで、利率は一八分の一（五・五五％）を超えてはならないと考えていたが、しかし利率は、しばしばそれを超え、一六分の一（六・二五％）から一四分の一（七・一四％）のあいだを変動していたという。P. Clément, *op. cit.*, p.164.

（9）Cité par P. Clément, *op. cit.*, p.165.

(10) P. Clément, *op. cit.*, p.168.
(11) 例えばコルベールは、一六八〇年に一〇〇万リーヴルの起債を行なったとき、それを、六・五%ないし八%公債の一部償還に当てた。ついで彼は、一六七三年以前の公債については六・六七%で、またそれ以後の公債については、起債の時の利率で償還した。P. Clément, *op. cit.*, pp.168~169.
(12) P. Clément, *op. cit.*, pp.171~172.
(13) *Ibid.*, p.203, note.
(14) Vauban, *Projet d'une Dixme royale*. Éd. É. Coornaert, Paris, 1933, Introduction, pp. xii~xiii. マリオンによれば、一六八九年から一七一五年までのあいだに、五六四回の「臨時措置」が行なわれ、国庫に七億一、八〇〇万リーヴルをもたらしたが、実際に国民から吸上げられたのは、八億九、一〇〇万リーヴルであったという。Marcel Marion, *Histoire financière de la France depuis 1715*, tome I (1715~1789). Paris, 1927, p.27.
(15) デールによれば、一七一五年までに「臨時措置」によって生じた政府の累積債務は、「最も控え目に見積っても」、二〇億四、五〇〇万リーヴルに達したという。Vauban, *Dîme royale*. Éd. E. Daire, p.33, note.

[D] 階級間および階層内諸対立

すでに示したごとく、ルイ一四世の絶対主義権力機構のもとに、かつての農民戦争を想起させるような激烈な農民の蜂起が全国いたるところで頻発した。しかも、その農民の蜂起とさまざまな形で提携を保ちながら、絶対王制に不満を抱く階級や階層が、絶対王制に対して攻撃の鋒先を向けたのであった。例えば、一六四三年から四五年にかけてオーヴェルニュ、ギエンヌ、ガスコーニュ、ラングドック、ドフィネのフランス中、南、西部諸州一帯に発生した農民蜂起では、中小貴族層が指導し、都市の中小商人や手工業者が同盟し、高等法院は中立または支持にまわった。一六六二年には、オルレアン、アンボワーズ、ブールジュといった中部諸都市の一般市民が、他の諸州の農民の蜂起に呼応してたちあがった。一六六四年のガスコーニュでの蜂起の首領は、ベルナール・オディジョと名のる貧しい下級貴族で、彼は、南西フランスの広大な山岳地方で、何カ月にもわたって、農民の抵抗を指導した。一六七〇年のラングドックでの農民蜂起の首領アントワーヌ・デュ・ルールは、貴族出身の軍人であって、彼は「抑圧された人民の大元帥」という称号を受けた、という。一六七五年のブルターニュでの農民の蜂起には、レンヌやナントの都市平民が加わり、貴族や金持ちのブルジョワジーに容赦ない攻撃を加えたその大反乱軍の指導には、レバルグとよばれる貧しい公証人があたった。さらにまた、一七〇二年ラングドック州で発生し約二年続いたカミザールの武力蜂起は、都市と農村の勤労階級と封建的・絶対主義的支配階級とのあいだのまさに階級闘争であった(1)。

このように、ルイ一四世絶対王制下の階級闘争は、重税とさまざまな義務負担にあえぐ農村の勤労階級と、国王を頂点とする封建的領主地主階級との闘争、すなわち、小農民・プロレタリアート農民と大土地所有貴族とのあいだの闘争を基軸とし、それにしばしば、同じく重税と諸抑圧（プロテスタントに対する弾圧やギルド制による圧力）に苦しむ都市の中小商人・手工業者と権門貴族に反感を抱く零落した下層貴族（地方の旧貴族や法服貴族）とが加わって展開されたのであった。

ところで、絶対王制の成立期から確立期にかけてのあいだに、等族会議（三部会）を構成する三つの身分階層すなわち聖職者、貴族、平民（第三身分）それぞれのなかに、階層内分化現象が著しい形で起きる。

まず聖職者身分についてみれば、司教、僧院長、司教会員といった高位聖職者の地位は、もっぱら貴族の手によって占められ、彼らの大部分は、本来の司教区には住まず、宮廷にあって華美豪奢な生活を送るようになる。聖職者は、その収入に比較してわずかな「上納金」(don gratuit) と「一割税」(décime) を納めることによって、行政、司法および租税上の特権を獲得する(2)。彼ら高位聖職者は、下級聖職者の利益を無視してそれらの特権を独占した。これに対して、主任司祭、助任司祭、修道士ら下級聖職者たちは、一〇分の一税からのわずかな分け前以外には収入をもたなかったので、その生活はみじめなものにならざるを得なかった。そのうえ、彼らのほとんどが平民から出、平民とともに生活していたので、おのずと高位聖職者とのあいだに、生活意識の隔差や反感が醸成されていった。すなわち、高位聖職者たちは、寄附や絶対主義の理論的弁護や検閲等の形で権力との結びつきをますます堅くしていったのに対し、下級聖職者たちは、都市や田舎で民衆のなかにわけ入って民衆の生活の面倒や教化に力を尽した。そして、この両者のあいだには、もはや同一の宗門に属するということ以外には何ら実質的な紐帯はなくなり、一方は貴族的特権聖職者として、他方はプロレタリアート的平民聖職者として、対立や憎悪が顕在化するにいたる。かくしてここに、高位聖職者の上層貴族層への癒着と下級僧侶の下層第三身分層への融合が始まり、一八世紀において、この傾向はますます著しくなっていくのである。(3)

一七世紀には、第二身分たる貴族層の性格も大きく変わる。かつての封建的大領主＝名門貴族の勢力は、アンリ四世の即位からルイ一三世の時代にかけて著しく後退し、代わって、第三身分から新しく地主・官僚貴族となった法服貴族が、貴族層のなかに重要な地位を占めるにいたる。すなわち旧貴族は、中央集権化政策による領主権の侵蝕（領主裁判権の剝奪）、軍人貴族としての重要性の相対的低下、あるいは貨幣への欲求による領地の売却によって、その勢力を後退させていくのに対し、商品経済の発展に便乗して巧みに大きな財力を貯えた上層第三身分（特権商人）は、その財力によって土地を集中し官職を購入して、地主化し、貴族化するとともに、絶対王制を支援しつつその支配権を確立することによって、旧貴族勢力を圧倒し、高等法院を拠点として、貴族層のなかに深くくいこんでいく。しかるに、ルイ一三世末期からルイ一四世初期（マザラン摂政期）においては、この新興地主官僚貴族層は、みずから次第にその階層を固定化させるとともに、官制「重商主義」体制によって新たに台頭してきた大ブルジョワジー（大特権商人層）を階級的支柱として展開される王権側の集権政策の圧力に圧倒される形となり、ここに絶対王制への不満をつのらせ、反王権的姿勢さえ示すにいたる（彼らのある者は、人民大衆の蜂起に対して同調的な姿勢を示した）。一六四八～四九年の「前期フロンド」（La vieille Fronde）または「高等法院のフロンド」（La Fronde parlementaire）と呼ばれるものがそれである。しかしそれは、これら法服貴族の人民大衆との完全な利害関係の一致によるものではなく、官廷貴族や新興大ブルジョワジー並びに王権に対する反感あるいは疎外者意識によるものにすぎなかった。かくしてルイ一四世中期（コルベール期）以降においては、高等法院の官僚貴族勢力は、パリの高等法院を除いて、国王を頂点とする新官僚機構のもとに屈服・去勢させられていく。

ところで、旧来の名門軍人貴族は、一七世紀を通じて、体制寄生者的存在と化し、ある者はみずから破滅し、ある者は上層第三身分のうちに同化されていく。しかし彼らとても、手を拱いて自己の地位と威信の相対的低下を傍観していたわけではなかった。彼らは、新興の地主官僚貴族＝法服貴族の台頭を心よく思わず、また、中央集権的新官僚体制に対しても脅威を抱いていた。そこで、小数の名門大貴族すなわちコンデ大公（prince de Condé, 1621〜86）、ロングヴィル公妃（duchesse de Longueville, 1619〜79）、コンティ大公（prince de Conti, 1629〜68）らは、地方の中小旧貴族と呼応してその勢力を結集し、反高等法院・反マザランの闘争を展開した。これが、一六四九〜五三年の「後期フロンド」（La jeune Fronde）または「諸大公のフロンド」（La Fronde des princes）と呼ばれる王権獲得闘争である。しかしながらこの動きも、一時はマザランと宮廷を追放しながらも、高等法院（とりわけ最強を誇るパリ高等法院）の巻き返しや地方民衆の支持の喪失、あるいはブルジョワ特権商人層の王権側支持によって失敗に終わり、以後、旧名門大貴族は、国王から支給される年金や俸給によって生活し・さまざまな特権によって領民を搾取するまったくの寄生的存在となる。彼らは、宮廷に住まい、国王のとりまきとして、豪奢な生活を送った。国庫が彼らの扶養のために支出する費用は年々増大し（彼らはさまざまな名目で年金や俸給の増額を要求した）、その額は巨大な数字にのぼった。しかしそれでも彼らは、そのぜいたくな生活のために、あるいは借金によって破産したり、あるいは破産をきりぬけるために金持ちの平民や成上り金融貴族と同化することを余儀なくされたのである。

旧貴族のうちでも、地方の中小貴族の生活は、宮廷貴族のそれに比してはるかにみじめであった。彼らは、イギリスの場合とは異なり、わずかな手仕事と畑仕事しか許されず、商業活動は禁じられていた。[4] そのため彼らの収入は、農民から取りたてる封建的地代だけであった。[5] しかもそれは、一定の率に抑えられていたし、たえず実質価値を変じていったので、彼らはあらゆる口実をもうけて旧来の特権を行使しなければならなくなり、いわゆる「封建的反動」（réaction féodale）の現象を生ぜしめるにいたる。[6] そして、地方貴族は、彼らの依拠する農民と同様「貧民貴族」と化し、宮廷貴族や成上りの地主貴族に対して反感を抱き、富裕な都市のブルジョワジーを羨望の目をもって眺めるようになる。

このように、第二身分層たる貴族も、ルイ一四世中期＝コルベール期においては、もはや貴族であるということ以外には何の共通性ももたなくなり、それぞれ利害と立場を異にし互に反目しあう宮廷貴族、法服貴族、地方貴族の三階層に分裂し、いずれも、大ブルジョワジー（大特権商人層）を背景とする絶対王制の圧力のもとに屈服させられていく。そして、ルイ一四世末期からオルレアン公政摂期になると、宮廷貴族は三部会における主導権の確立を[7]、法服貴族は高等法院の強化を[8]、また地方貴族は封建的搾取の強化を要求するという反動的な方向において、絶対王制官僚機構に対して「抵抗」の構えを示すにいたるのである。

最後に第三身分たる平民層は、ルイ一四世時代にどのような構造変化を示すであろうか。

すでに述べたように、一七世紀の前半（フロンドの乱終了頃まで）において、上層ブルジョワジーのなかから旧領主貴族層を圧倒しつつ、地主官僚貴族が新しく出現し、この新興地主官僚貴族による土地集中が大々的に進行していった。そしてこの進行にともなって、小土地保有農民の多くは、零細折半小作農または日傭農民化していった。すなわち、新興地主官僚貴族は、その財力によって広大な土地を購入集中するとともに、地代の引上げや共同地への支配強化あるいは領主権の復活等を通じて独立自営農民を零農化していった。もちろんなかには、零農化を免れた小数の富農（laboureurs, fermiers）も存在したが、一七世紀前半における農民の圧倒的大部分は、旧領主貴族や新興地主官僚貴族による地主制的土地支配のもとにおかれ、農業生産力の停滞と全般的貧困化＝全般的プロレタリアート化をせまられたのである。ラ・ブリュイエールが描きヴォーバンが観察の対象としたのは、このような農民層である。

一方、農業生産力の停滞に代替する形で進行していった農村工業に対しては、都市商人層による高利貸的支配あるいは問屋制的前貸支配が行なわれ、ここに農民的商品経済は、都市商人によって完全に牛耳られるにいたり、そしてこれがまた、農村工業の特権ギルド制工業都市への吸収と集中を促した。そしてこのような基盤のうえにたって、リシュリュー、マザラン、コルベールによる重商主義体制が強行されたのである。

さて、一七世紀フランスの重商主義体制は、絶対主義フランス国家の対外的支配権（政治的・商業的支配権）と国内官僚体制維持のための財政的基礎との確立を目ざす大規模な国家主義的経済政策であり、それは、特権ギルド制マニュファクチュールの育成（産業規制政策の強化）、独占的大貿易会社の設立、内外関税体制の整備・強化、植民地市場の獲得、対外軍事力（とくに海軍力）の拡充、低穀価政策の推進、租税体制の強化、国内法体系の整備等、一連の国家政策による大輸出貿易国家の建設を目的とした・排外主義的で本質的に封建的な政策体系であった。換言すれば、一七世紀フランスの重商主義体制は、封建的生産関係を前提とし、それを強化する形で、直接生産者（農民および手工業労働者）の余剰労働をできる限り吸収・蓄積し、それにもとづいて海外市場向け大輸出貿易国家を建設しようとするものであった。従ってこの重商主義体制によって、農業および手工業は、自生的・資本主義的発展を促進されるどころか、かえって封建的生産関係のなかに封じ込められ、権力と結びついて新たに台頭してきた大特権商人層＝遠隔地大輸出貿易商人層の従属下におかれたのである。かくして、一七世紀重商主義体制期においては、全般的に農民の階層分化は停滞し、小数の地主的豪農や富農を上層とし、中農層は少なく、零細小作農や日傭農が大量に存在するという分化形態が固定化した。これに対して、首都を含む大特権商工業都市や中小ギルド都市においては、特権的大貿易商人を頂点とし、問屋制前貸商人、高利貸金融商人、親方手工業者、徒弟職人の順に続く階層的支配関係が形成されたのである。

しかし、一六八三年のコルベールの死去と一六八五年のナント勅令の廃止を契機として、重商主義体制ひいてはフランスの政治経済体制そのものが、大きな打撃を蒙った。すなわち、重商主義体制の強力な推進者の喪失を意味する前者は、従来彼の精力的援助によって維持運営されてきた王立・国立マニュファクチュールや独占的貿易会社の経営機能を停止あるいは崩壊させるにいたったのであり、またユグノーの弾圧を企図する後者は、従来都市および農村手工業の中心的担い手となっていた中小産業資本家や中小生産者を大量に国外に逃亡させることによって、重商主義体制の資本、労働力および技術の三つの基盤を同時に失なわせたのみならず、これらを敵対国に手渡すことによって、フランス重商主義体制の強力なライバルを、皮肉にもみずから養成するにいたったのである。

しかし単にそればかりでなく、一七世紀末から一八世紀初頭の時期において、かねてコルベール体制に反感を抱いていた諸階層、例えば、特権的大商人層に反感を抱いていた中小商人層、持権マニュファクチュールに圧倒されていた中小手工業者層、租税徴収の強化や低穀価政策の犠牲にされてきた下層農民層、さらには、農民の所得低下によって収得地代の低下を余儀なくされていた地主貴族層の不満が一斉に爆発し、それに財政危機と農業危機とが加わって、絶対王制の深刻な危機が醸成されたのである。ジョン・ロー（John Law, 1671~1729）の「体制」（le Système, 1716~20）は、このような危機を打開するための窮余の一策であった。

（1）ソヴィエト科学アカデミー版『世界史』近代1、一六七～一七三参照。

（2）聖職者身分は、年間約一五〇万リーヴルの「上納金《ドン・グラテュイ》」と「一割税《デシーム》」とを納めることによって他の一切の課税を免れたばかりでなく、王権の介入を許さぬ独自の行政機関（聖職者総代 agents généraux du clergé および司教管区会議所 chambre diocésaine）と裁判所（司教管区裁判所 officialité）とをもっていた。また聖職者は、王国の土地の約一〇%におよぶ保有地から年間八、〇〇〇万ないし一億リーヴルの収入があり、「一〇分の一税」からは約一億二、〇〇〇万リーヴルの所得があったが、それらは大部分、小数の高位聖職者が独占した。A・ソブール著、小場瀬他訳『フランス革命（一七八九～一七九九）』上、岩波新書、昭和二八年、六～七頁。

（3）大革命前夜における下級聖職者たちの要求や生活感情は、ほとんど平民たちのそれと同じものになる。例えば、ルソーの『エミール』（*Émile, ou de l'éducation*, 1762）に描かれたサヴォワの助任司祭の生活感情は、まったく当時の小農民のそれを代弁するものである。しかるにこの『エミール』は、出版まもなく、パリの大司教クリストフ・ドゥ・ボーモン（Christophe de Beaumont, 1703~81）によって禁書の宣告を受けたのであった。

（4）サン・ピエール神父（abbé Charles-Irénée de Saint-Pierre, 1658~1743）は、富国策として、イギリスの場合と同様、フランスの貴族にも商業活動を許すよう主張したが、モンテスキューは、貴族が商業を営むことは商業の精神にも君主制の精神にも反する、という。けだしモンテスキューによれば、貴族が商業を営むと、「都市の自由」すなわち「商人と庶民とのあいだの売買の自由」を奪うことになるからである。また、現実のフランスにおいては商人が貴族となり得るが、それは、君主政体の原理である「名誉」に合致するからである。Cf. Montesquieu, *De l'esprit des lois*, 1748, quatrième partie, vingtième livre, Chaps. XXI, XXII.

（5）しかし、一部の金持ちの貴族は、新しい工業や農業技術の改善に投資した。

（6）例えば、「三分割令」（édit de triage）による共同体所有地三分の一取得権の設定や旧い封建的諸権利の復活。

（7）例えば、コルベール体制崩壊による大ブルジョワジーの没落を契機とした不満派宮廷貴族の絶対王制「改造」計画は、その一つのあらわれである。

（8）絶対王制が弛緩する一七一五年以降、高等法院貴族は再びこの疎外者意識を露骨に示すようになり、あらゆる機会をとらえて復権を計り、王権の伸張を妨げようとする。しかし、この高等法院対王権の政治主導権をめぐる闘争は、結局後者の勝利に終り、一七七一年、高等法院はついに全面的に解体される。なお、ボルドー高等法院長であったモンテスキューの構想、すなわち、貴族の「最も自然的な中間的・附属的権力」による制限君主政体の構想は、イギリス流の三権分立の思想にこの法服貴族層の意識を強く投映させたものである。Cf. Montesquieu, De l'esprit des lois, 1748, première partie, deuxième livre, Chap. IV.

二　封建的租税制度改革に関するヴォーバンの理念と構想

[A]　『王国一〇分の一税案』の基本理念

ヴォーバンは、右に述べたような現実を前にして、封建的租税制度改革の問題こそ焦眉の問題と考えるようになっていった。すなわちヴォーバンは、当時の複雑で非能率かつ不平等な租税制度を簡明で能率的でかつ平等な方向へ改革することこそ、人民の貧窮を救い、国家財政の窮乏を解決し、国民諸階層の反目をなくして、祖国フランスに永続的な平和と繁栄を保証し得る最も確実な方法である、と確信するにいたったのであって、彼は一七〇七年の『王国一〇分の一税案』[(1)]において、まさしくこの考えを、終結的に、[(2)]一つの「体系」にまで、まとめあげたのである。

さて、この著作は、王国一〇分の一税体系を構成する四つの財源について説明した第一部と、この一〇分の一税体系の長所と実施方法とについて説明した第二部の二つの部分から成るが、これにかなり長文の序文が付されていて、著者はそこで、この改革案の提案意図と改革案そのものの概要を説明し、さらに、王国一〇分の一税体系の基本準則=基本理念を挙げている。

ヴォーバンは、まず、この改革案の提案意図について次のように述べる。

「この国の人民の貧窮の原因は、十分に知られている。それにもかかわらず私は、その主たる原因の概略を示さないわけにはいかない。けれども、現在われわれが享受している平和、それはみたところ長く続くように思われるが、この平和のあいだにこの混乱をなくす確実な方法を探求することはきわめて重要なことである。

私にはこの方法を探求する何の使命もないし、また、私は恐らく王国中でこの方法を見出すに必要な資格を一番もたない人間であろうけれども、熱心で長期にわたる努力をもってすれば何事も究め得ないものはないと確信しているので、私はその仕事に取り組まないわけにはいかなかった。

それ故私は、まずタイユ税を、その原理と起源とについて検討した。私はまたそれを、その実際について、その正常な状態と腐敗した状態とについて追究した。そしてその混乱を発見したのち、私は、タイユ税の恣意的な課税の仕方によって入り込み、タイユ税をかくも憎悪すべきものにしたもろもろの欠陥と悪弊を取り除くことによって、それをもとの純粋な状態に戻す方法はないかどうかを検討した。」（pp. 7～8）

このようにヴォーバンは、人民の貧窮がとりわけタイユ税の恣意的な賦課に起因していることを痛感し、「恣意的で腐敗した」タイユ税に代わる妥当な税種と課税方法とを見出そうとするのである。とくにヴォーバンは、従来タイユ税の賦課に際して、課税対象たる財産または所得の厳正な評価と適切な賦課基準が欠けていたことを強く批判する（pp. 8～11）。さらにまた彼は、生活必需品に対する消費税＝間接税が、物価を騰貴させることによっていかに国民生活と国民経済に障害をもたらし、従って国家の臨時支出はおろか経常支出すらまかなうことを不可能にさせたかを、指摘する（p. 11）。かくしてヴォーバンは、これらのすべての欠陥のある方法に代わって、「すべてのうちで最も腐敗しにくい（租税）体系」として、「所得をもたらすところのあらゆるものに比例的に賦課する王国一〇分の一税」（la Dixme royale, prise proportionnellement sur tout ce qui porte Revenu）を提唱する。すなわち彼は、「一方で土地のあらゆる果実に対し、また他方で、人間に所得をもたらす一切のものに対して課せられる王国一〇分の一税」（la Dixme royale, imposée sur tous les fruits de la terre, d'une part; et sur tout ce qui fait du Revenu aux hommes, de l'autre）の設定を提唱するのである（pp.11～13）。

では、ヴォーバンのこの主張の根拠はどこに存するか。それは、従来の「聖職者一〇分の一税」（la Dixme ecclésiastique）の合理性に対する評価にもとづいている。

ヴォーバンは、聖職者一〇分の一税の妥当性については、㈠、それが設定されて以来何らの腐敗も生じなかったし、現在もいかなる非難や不満もひき起していないので、改める必要のないこと、㈡、それはあらゆる租税のうちで、その徴収に際し最も少ない人手ですみ、最も費用のかからない、従って最も容易にかつ最も穏かに実施できるものであること、㈢、一度「税率」(Tarif)が定められると、それを小教区信者の説教の際に公表するか教会の門にはりつけておきさえすればよいので、あらゆる租税のうちで最も簡単明瞭であること、㈣、常に各人の所得に比例して課せられるため、だれも自分の持分や支払分に対して苦情をいうことができない故、人民のあいだに紛争や憎悪をひきおこすことの最も少ないものであることを挙げ、「王国一〇分の一税」もまたこの「聖職者一〇分の一税」を「モデル」として実施さるべきである、という(pp. 13~14)。そしてこの方式で行なわれるならば、㈠、伸縮自在な税率にもとづいて行なわれるため、国家の必要に自由に対処することができ、聖職者身分(clergé)に対しても地方三部会設置州(Païs d'États)に対してもいかなる要求も行なう必要はなく、従って、国王の権威にいかなる制限も加えられることなく、国王をそれらのいずれに対しても独立的存存たらしめ、㈡、もはや忌わしい徴税請負人に頼る必要もなく、いかなる性質の「臨時税」も「借入れ」も必要ではなくなり、従って、㈢、「王国一〇分の一税」の設定は、国王にとって決して欠くことのできない確実にして現実的な財産にもとづいて国王の租税収入を保証する、というのである(pp. 14~15)。

かくしてヴォーバンは、「王国のすべての財産に基礎をおく十全な地租であり、これまでに最も立派で最も高尚かつ最も確実な地租」(une Rente suffisante sur tous les biens du Royaume, la plut belle, la plus noble et la plus assurée qui fût jamais)(p. 15)として、「王国一〇分の一税」を推奨するのであるが、それはとりもなおさず、恣意的なタイユ税によって長年犠牲にされてきた「人民の下層部分」、すなわち彼が「細民」とよぶところの人々に対する限りない同情と、富裕な階級による免税の特権の享受に対する激しい怒りに発するものであった。

ヴォーバンは、「細民」について、次のように語っている。

「その労働や商いによって、また、国王に対して支払うものによって、国王とその全王国を豊かにしているのは、それはまた、人民の下層部分である。この人民の下層部分こそ、陸軍と海軍のすべての兵卒を供給し、さらに、多数の官吏を、すべての商人を、そして裁判所の小役人を供給するところのものである。すべての工芸を営み果すのは、その部分である。この王国の一切の商業や工業を行ない、田舎のすべての耕作者やぶどう栽培人や日傭人夫を供給し、役畜を飼育し、小麦を栽培・収穫し、ぶどうやぶどう酒を作るのも、その部分である。簡単にいえば、農村と都市の大小一切の物を作るのは、まさにこの人民の下層部分である。
かくも有用でありながら、しかも甚しく見下げられている人民の下層部分とは、このような人々のことである。彼らは、これまで多大の苦しみをなめてきたし、私が今これを書いているときも、苦しみ悩んでいるのである。」(pp. 20～21)[3]

ヴォーバンの「王国一〇分の一税」は、このような虐げられ沈滞した人民に活を与え、勇気を鼓舞しようとするものであった。ヴォーバンは、次のように述べている。

「人々は、王国一〇分の一税の設定が、一五年たらずのあいだに、人民の下層部分すべての力を回復させ、王国内に人と財の完全な豊かさを取り戻させ得ることを期待することができる。なぜなら、抑圧が取り除かれた暁には、人民たちは一層大胆に結婚し、彼らの衣食は改善され、子供たちは一層健康で教養ある者となるだろうし、人々は、みずからの事業に一層の注意を払うようになるだろうから。最後にまた、人民たちは、みずから作り出した利益の大部分がみずからの手に残るのを知るとき、彼らは一層多くの力と勇気とをもって働くようになるだろうから。」(p. 21)

ヴォーバンはまた、小数の富裕な階級による免税の特権の濫用を次のように言葉鋭く批判しているが、そこに示されている考えこそ、彼の「王国一〇分の一税体系」(le Système de la Dixme royale) の基本理念であり、「基本準則」(Maximes fondamentales) であった。

「一、国家のすべての臣民がその保護を必要とし、その保護なくしては彼らは存続し得ぬこと、二、一国の君主、首長ならびに主権者は、もし臣民が彼にその手段を提供しなければこの保護を与え得ぬこと、従って、三、いかなる国家も、もし臣民がこれを支持しなければ存在し得ぬこと、こうしたことは、世界の文明国民のすべてに認められた確かな明証に属することである。しかるに、この支持には国家のあらゆる必要が含まれている。従って、すべての臣民はこの国家の必要に対して寄与しなければならないのである。

ここから、必然的に次の結論が生ずる。

第一に、あらゆる臣民はその所得あるいは勤労に応じて貢献しなければならない当然の義務を負っており、臣民のいかなる者もこれを正当に免れることはできない。

第二に、この租税を認めるためには、国家の臣民たる事実だけで十分である。

第三に、この貢納を免れんとするあらゆる特権は、ことごとく不正であり権利の濫用であって、公共の利益に優先し得るものではなく、また優先してはならないのである。」(pp. 23～24)

ここには、近代的国民国家の一つの理想である「租税の普遍性」、すなわち納税の義務の平等性が、明確な形で打ち出されている。フランス大革命に先立つこと一世紀のことである。

以上要するに、ヴォーバンは、その熱烈な正義感と愛国の至情に駆られて、フランス国民の貧窮の原因とみなされる封建的租税制度の恣意性、不平等性ならびに過重性を指摘批判し、これを、土地、動産および勤労の所得に対する平等比例課税という形に整理統合して、国民を重税と課税の不公平から解放しようとしたのである。いな、ヴォーバンの狙いは単にそれだけにとどまらず、国民を重税と課税の不公平から解放することによって、消費の増大と生産力の増大すなわち租税収奪分の流通過程ならびに生産過程への転化を計り、沈滞疲弊した国民経済の根本的建て直しによって国家財政の窮乏を解決しようとしたのである。その意味で、ヴォーバンにとっては、王国一〇分の一税の設定こそ「王国に真の安息を得させることができる唯一の方法」(p. 16)であって、祖国フランスの栄光と運命は、「この体系を全面的に採用するかそれとも全面的に拒否するか」にかかっていたのである(p. 17)。

(1) 原題は、『タイユ税、**飲料品消費税《エード》**、国内関税、**聖職者一〇分の一《デシーム》税**、臨時税ならびにその他の一切の負担の重い租税を撤廃し、塩の価格を半ば以上引下げながらも、国王に対し、費用もかからずかつ臣民の一方に負担が偏することもなく、確実にして十分な・しかも土地の最善の耕作によって相当に増大すると思われる所得を生み出す王国一〇分の一税案、一七〇七年』(Projet d'une Dixme royale:

qui supprimant la Taille, les *Aydes*, les Douanes d'une Province à l'autre, les *Décimes* du Clergé, les *Affaires* extraordinaires ; et tous autres *Impôts* onéreux et non volontaires : Et diminuant le prix du *Sel* de moitié et plus, produiroit au Roy un Revenu certain et suffisant, sans frai ; et sans être à charge à l'un de ses Sujets plus qu'à l'autre, qui s'augmenteroit considérablement par la meilleure Culture des Terres, MDCCVII)

なお筆者は、テキストとして次のものを使用した。*Projet d'une Dixme royale suivi de deux écrits financiers par Vauban publiés d'après l'édition originale et les manuscrits avec une introduction et des notes par É. Coornaert.* Paris, 1933 (Collection des principaux économistes, Nouvelle édition).（以下、Éd. É. Coornaert と記す。文中の頁数はこの版の頁数。）; *Vauban, Dîme royale avec une Notice historique sur la vie et les travaux du maréchal de Vauban par E. Daire.* Paris, 1843, réimpression, Osnabrück, 1966 (Collection des principaux économistes, tome 1, Économistes financiers du 18e siècle).（以下、Éd. E. Daire と記す。）; *Vauban, Dîme royale avec une Introduction par Georges Michel.* Paris, 〔1881〕 (Petite bibliothèque économique française et étrangère).（以下、Éd. G. Michel. と記す。）

（2）終結的にというのは、この著作は、ヴォーバン自身述べているように（Éd. É. Coornaert, p.6）、一六九八年頃から約一〇年間にわたって書かれたものであるばかりか、それ以前にあるいは同時平行的に書かれた諸著作のなかで述べた考えやプランを総括したものとみなされるからである。例えば、ヴォーバンは、すでに一六八八年頃にルーヴォワに自己の構想を打ち明けており、また、一六九四年の『人頭税草案』（Projet de capitation）、一六九六年の『ヴェズレ・エレクシオンの実状』（Déscription de l'élection de Vézelay）、あるいは一六九九年初頭の『短時日によるフランスのアメリカ植民地復興ならびに増大の方法』（Moyen de rétablir nos colonies d'Amérique et de les accroitre en peu de temps）、同年末の『河川の航行』（Navigation des rivières）といった諸著作で、すべての目にみえる所得（土地生産物、年金、俸給等）に対する例外なき課税、腐敗したタイユ税に対する非難、土地、家屋、家畜、勤労所得に対する例外なき二〇分の一税の課税、タイユ・ペルソネルやエードの廃止、王国一〇分の一税の設定等の考えを示しているからである（Cf. Éd. Coornaert, Introduction, pp. xxiv～xxv）。なおこれらの諸著作は、一七〇四年から〇六年にかけてヴォーバン自身の手でまとめられた一二巻の論文集『ヴォーバン氏の閑話・閑論《オワジヴテ》、別名、種々の問題に関する自己流の覚書集』（*Oisivetés de M. de Vauban ou Ramas de plusieurs mémoires de sa façon sur différens sujets*）に収められているが、この論文集ならびにその他のヴォーバンの手稿の内容および所在については、A. de Rochas, 'Pensées et mémoires politiques inédits de Vauban,' Journal des économistes, tome xviii, mai 1882, pp.169～182. および、久保田明光「ヴォーバンの業績と其経済思想の生成」、『早稲田政治経済学雑誌』四三号、昭和一〇年一〇月、第二章、を見よ。

(3) ヴォーバンは、フランスにおいては土地の扶養力に比して人口が少ないこと、しかもそれは租税の重圧によるこの「有用な」人民の下層部分の減少が原因であること、を指摘している。Ed. Coornaert, pp. 18~20.

[B] 『王国一〇分の一税案』の具体的構想

前述のように、ヴォーバンの租税改革のめざすところは、あらゆる収入に対する平等比例課税ということであるが、これはとりもなおさず、国王が公債や借入れ等の「臨時措置」に訴えることもなく、また、タイユ税やエードその他弊害の多い租税に頼ることもなく、正常な形で国家の収入をまかない得るような租税制度を確立することであった。しかしヴォーバンは、これによって旧税をまったく廃止してしまうのではなく、合理的な形で新しい租税体系のなかに再編統合しようとしたのである。(1)

さてヴォーバンは、国家の「財源」(Fonds) としてつぎの四種のものを考えている。

「第一種財源」(Premier Fonds) は、「土地のあらゆる果実に対して例外なく課せられる一〇分の一税」(la Dixme de tous les fruits de la Terre sans exception) である。これは別名「大ディーム」(la grosse Dixme) とよばれるが、従来の「タイユ税、エード、国内関税、デシームその他の租税に代わって、土地からあがる総収穫の一定の割合を現物で徴収する」(p. 35) というものであって、当時比較的うまくいっているとヴォーバンがみなしていた聖職者一〇分の一税を模範としたものであった。すなわち、すでにみたように、旧租税体系のなかで王税として土地からの所得に対して課せられていたものはタイユ税であったが、とりわけタイユ・レエルの割当は恣意的であったし、またタイユ・ペルソネルも、課税さるべき所得とのあいだに著しい不均衡をきたしていた (p. 9, p. 27)。おまけに、貴族や聖職者や金持ちのブルジョワジーの土地はすべてこれを免れていた。(2) ヴォーバンはこの不合理を是正するために、すべての土地に例外なくその総収穫に比例して一定の割合を課し、しかも聖職者一〇分の一税方式により現物で徴収するという方法を考え出したのである。彼はこの方法の長所を、なによりも「租税を所得に確実に比例させる」(bien proportionner l'Imposition au Revenu) (p. 35) 点に見出しているが、このためには「土地の価値をそれ自身においておよび隣接の土地との関係において正確に知ること」(p.35) が必要であり、従って正確な「調査」(dénombrement) が行なわれなければならないことを強調する。彼は、この「調査」によりそれぞれの土地の面積、地質、収量等を正確に算定してはじめて地租の公平な賦課が行なわれ得ることを、繰返し数字をもって説明している。

ヴォーバンは、「良好な土地から劣悪な土地まであらゆる種類の土地がある」ノルマンディー州を例にとり、この第一の財源となる土地所得がどれ位にのぼるか、従ってまた一〇分の一税をどれ位に決定すべきかを、対象となり得る土地の面積と平均収量を算定することによって立証している。それによると、ノルマンディ州における一〇分の一税課税の対象となり得る土地の面積は、四〇一万七、三二一エーカーで、一、二〇五万一、九三六リーヴルの一〇分の一税を徴収でき、従って、従来タイユ税として四〇〇万リーヴル、エード(飲料品消費税)およびトレート・フォレーヌ(市場収引税)として二七〇万リーヴル徴収されていたのに比べると、五三五万一、九三六リーヴルの増徴になるという(pp. 39~42)。

ヴォーバンは、この計算をさらにフランス全土について行ない、フランス全土の面積を三万平方里とし、そのうち二万四、〇〇〇平方里に一〇分の一税を賦課し得るとして、聖職者一〇分の一税として一平方里当り五、六〇〇リーヴル徴収されているから、全体で一億三、四四〇万リーヴルの一〇分の一税徴収が可能となる。森林や牧草地や牧場にも課税すればこれより多くなるが、彼はむしろ少なめにこの総額を一億二、〇〇〇万リーヴルと見積っている。しかし彼は、これでは多すぎるので、平時はこの半分、すなわち二〇分の一の比率で徴収すれば十分である、と考えている。従ってこの第一種財源は、六、〇〇〇万リーヴルと算定されている(pp. 51~83)。

ところでヴォーバンは、この第一種財源の徴収方法については、聖職者一〇分の一税と同様、三年、六年ないしは九年の請負制度によって徴収されることが「必要」であって、この方法によれば、天災に左右されることなく一定した収入が保証される、と述べている(p. 46)。しかし、彼は、タイユ税やエードの収税吏や請負人が与えてきた忌わしい弊害を避けるため、この財源の徴収に際しては、従来の請負人のほかに「農民」(le Laboureur et Païsan) や「名主」(Gentilshommes) や「主任司祭」(Curez) が多数「徴税補佐人」(Sous-Fermiers) として加わるような、いわば民主化された形での請負制度を採るべきであると考えている（pp. 46〜47）。さらにまた彼は、農民が徴税に加わることができるよう徴税は耕作の暇な冬季に行なわれるべきこと、また、徴収された現物一〇分の一税の売却価格を安定させるため、各小教区に最低二、〇〇〇リーヴルにつき一棟の現物一〇分の一税貯蔵庫（une Grange）[3]を作る必要がある、といっている（p. 47）。

要するにヴォーバンは、まだ末端まで徴税官僚機構が確立していなかった当時としては、ある程度まで従来の徴税請負制度に頼らざるを得ず、従って、その弊害をできる限り少なくするためにはこのような折衷的方法をとらねばならない、と考えていたのである。しかしこの方法の現実的効果については、改めて検討されねばならないであろう。

さてヴォーバンのいう「第二種財源」（Second Fonds）は、別名「事業税」（l'Iidustrie）と総称されるが、これは今日いうところの財産所得、事業所得ならびに勤労所得に対する一〇分の一税であって、「第一種財源には含まれないあらゆる種類の所得」（p. 54）の一〇分の一税から成る。すなわちこれは、土地からの所得以外のあらゆる種類の所得に対する一〇分の一税で、これには、貴族、聖職者、軍人、官吏の年金（Rentes, Pensions）や俸給（Appointements）、商人や手工業者の事業所得（revenus de l'Industrie）、日傭労働者の給料（Gages）等に対する一〇分の一税のほか、家屋、風車、水車、製粉場、船舶、漁場等の不動産所得に対する一〇分の一税が含まれるものとされている。

ヴォーバンは、これらの所得に対する課税に際しては、「同一所得一回課税」（Un même Revenu ne paye point deux fois.）という基本準則を遵守し、あくまで重複課税を避けるよう注意をうながしている（p. 57）。また事業所得については、その事業の実態をよく調査し、その純所得にもとづいて課税すべきである、と述べている。例えば、手工業者（Artisans）に対する課税は、その仕事の種類、労働日数、営業費、雇傭者数、副業の日数や時間等を正確に知ることによって「毎年の純所得」（ce qui peut leur venir de net à la fin de l'année）を算定し、これに課税するという純所得主義を提唱している（p. 73）。さらにまたヴォーバンは、零細な手工業や日傭労働者（Manœuvriers）、すなわち彼が「細民」とよぶところの人々の所得には、そのみじめな生活や人口の減少を考慮して、とくに税率を「三〇分の一」（le pied de trentiéme）の低率にすべきである、と述べている（p.75, p.78）。

この第二種財源は、従来のタイユ・ペルソネルを合理約な形で再編成しようとしたものであるように思われるが、ヴォーバンはこれを、領主の「収益」（Rentes）[4]、「家屋」（Maisons）、「水車」（Moulins）、「建物」（Batiments）、「漁場」（Pêcheries et étangs）、「国王収益」（Rentes constituées sur Roy）、「年金、俸給、手当等」（Pensions, Gages, Gratifications, etc.）、「雇人給与」（Gages et Appointements des domestiques）、「司法官・職員給与」（Emoluments des officiers de justice et leurs suppôts）、「商業」（Commerce）、「手工業」（Arts et Métiers）および「日傭労働者」（Manœuvriers）に分け、それぞれの所得と二〇分の一の税率による「二〇分の一税」を算定している。ヴォーバンの計算によれば、その総額は一、五四二万二、五〇〇リーヴルである[5]。

つぎに、ヴォーバンの挙げる「第三種財源」（Troisiéme Fonds）は「塩税」（l'Impost sur le Sel）であるが、これについては彼は、「塩は神が無償で人類に与えた食糧である」から「本来それに課税すべきではなかった」ことを強調し（p.84）、従来の「ガベル」の欠陥[6]を指摘したのち、この制度を大幅に改革する必要を説いている。すなわちヴォーバンは、㈠、「塩税免除権」（Franc-Salé）を得ていた個人（Particuliers）やギルド（Communautez）や地域（Provinces, Païs）をなくし、すべてに塩税を負担させる、㈡、塩を国王の専売とする、㈢、塩の貯蔵庫や専売用官庁を作り、そこで普通の商品と同様自由に購買させる。すなわち、従来の義務的購買制度を改めて任意購買制度にするとともに、塩の「独占」（monopole）を排除する、等々の改革を提唱している（pp.87～88）。そしてヴォーバンは、この財源を、塩の年間消費量一三〇万ミノー（minots, 1 miot＝39 litres）、一ミノー一八リーヴルとして、二、三四〇万リーヴルと算定している（pp.88～89）。

最後の「第四種財源」（Quatriéme Fonds）は、「ほとんど常に同一の割合で」あるため、「定収入」（Revenu fixe）とよばれる（p.91）のであるが、これは、㈠、「王領地」（Domaines）や貴族の「世襲領地」（Franc-Fiefs）に対する課税、「所有権・財産権の譲渡税」（Parties casuelles）、「財産償却税」（Droits d'Amortissement）、「罰金」（Amendes）、「遺失物拾得税」(Épaves)、「没収財産」(Confiscations)、「王有林売却収入」(la Vente annuelle des Bois appartenans au Roy)、「印紙税」(Papier Timbré)、「契約登録税」(Contrôle des Contrats) 等、㈡、「陸海路商品輸出入関税」(les Doüanes mises sur les Frontières tant de Terre que de Mer, pour le payement des Droits d'Entrée et de Sortie des Marchandises)[7]、㈢、「任意税」(Imposts volontaires)、すなわちタバコ、酒、茶、コーヒー等の消費税、の三種から成り、その総額は、最低一、八〇〇万リーヴルと見積られている (p. 94)。

かくして、上記四種の財源からの年収入は、一億一、六八二万二、五〇〇リーヴルと見積られるのであるが、これは、平時における最低限の税率と価格で算定された額であって、国の必要に応じて、税率を、第一種財源と第二種財源については、二〇分の一から一九分の一、一八分の一、一七分の一……と順次最高率の一〇分の一まで引上げ、また第三種財源については、一ミノー一八リーヴルから一ミノー三〇リーヴルまで引上げることによって (第四種財源の収入額は常に一定と仮定)、税収入の増加を計ることができる、とヴォーバンは述べている。彼は『王国一〇分の一税案』の第二部でこの明細を数字によって示すのであるが、それによると、最大限の税収入は二億一、五六四万五、〇〇〇リーヴルで、平時の経常費の約二倍と算定されている。しかしヴォーバンは、一八分の一の税率をもって「非常に良し」とし、一七分の一の税率は「重く」、一六分の一以上の税率は「重すぎる」、と考えている (pp. 97~100)。

以上は、『王国一〇分の一税案』の序文および第一部における「王国一〇分の一税体系」の内容についてのヴォーバンの叙述の概略である。彼はこれに続く第二部で、この「体系」の旧租税体系に対する長所やこの体系の実施方法あるいはそれに刻する特権階級からの反対について述べているが、以下それらに触れながら、ヴォーバンの構想の問題点について考えてみたい。

(1) ヴォーバンは、当時の租税制度下における「もっとも本質的な諸欠陥」として、㈠、「支払う必要のない者にまで課せられる課税の不公平」、㈡、「徴税請負人のむさぼる法外な利益」、㈢、「差押え財産を上廻る差押え費用」、㈣、積年の放慢な政策によって国庫の重荷となっている莫大な額の「年金、給料および俸給」、㈤、非常に多くの者に与えられている「タイユ税の免税」、㈥、善良な臣民に対する徹底的搾取、㈦、消費を著しく減退させることによって通商を妨げる「臨時税」、の七つの点を挙げている。Éd. É. Coornaert, pp. 31～32.

（2）タイユ・レエルは、貴族および教会の財産には課されなかった。また、タイユ・ペルソネルについても、住居およびその附属物に課せられる taille d'occupation は免除されていたし、土地およびその附属物（水車小屋、鍛冶場、製粉場等）に課せられる taille d'exploitation は原則として支払うことになっていたが、実際には種々の口実のもとに支払われなかった。また、タイユ・ペルソネルのうち動産に課せられるものは、もっぱら「平民」だけが支払わされていた。Éd. E. Daire, p. 32, note.

（3）この費用は徴税請負人が立替え、最初の徴税請負期間中に各小教区で返済する。

（4）これには、Rentes Seigneuriales（これには、現金、穀物あるいは家禽の形で徴収されるものと、Champart あるいは Agrier のように収穫の際に現物で徴収されるものとがある）と Dons et Legs とよばれる Rentes Consituées の二種がある。Éd. É. Coornaert, pp. 56～58.

（5）ヴォーバンの計算は誤りであり、彼が各項目の終りに挙げている一〇分の一税額を総計すると、一、五六九万二、五〇〇リーヴルとなる。しかもヴォーバンは、領主の「収益」の一〇分の一税を計上していない。

（6）ヴォーバンは「顕著な欠陥」として、㈠、塩が国王一人の所有物と考えられていたこと、㈡、塩の窃盗や密輸入者が多かったこと、㈢、塩の販売によって中間利益を占めていた者が多かったこと、㈣、塩税を免除されていた個人やギルドが多かったこと、㈤、塩税免除地域の境界整備に多大の経費と人員を要したこと、㈥、地方によって塩の値段に差がありすぎたこと、を挙げている。Éd. É. Coornaert, pp. 84～85.

（7）ヴォーバンは、この関税が、外国人のフランス製品買付けや国内の通商をできる限り有利にするような税率であるべきことを強調している。Éd. É. Coornaert, p. 92. これは、明らかにコルベール体制に対する批判である。

三 「王国一〇分の一税体系」の問題点

ヴォーバンのこの構想の第一の特徴は、最初に述べたようなフランス財政の深まりゆく危機を、単なる一時的な術策によって切り抜けるのではなく、恣意的で不平等な封建的租税制度の抜本的な改革によって、長期的な展望のもとに、解決しようとしている点である。実際、ヴォーバンの意図するところは、㈠、「臨時の租税あるいは措置に訴えることなく、国家の最大の必要にも十分な財源を供給すること」であり、㈡、「国家の債務を弁済する手段を与えること」であり、さらに、㈢、「土地の価値を回復させ、土地の耕作を改善する手段を提供すること」であった（p.108）。ヴォーバンは、この「王国一〇分の一税体系」が旧租税体系にとって代わり、フランス王国に再び「人間と財の完全な豊かさ」を回復するにいたるには「少なくとも一五年」はかかるとみている（p.21）が、それは、かつてリシュリューやコルベールによって行なわれた「臨時措置」や関税政策が、所詮一時的な効果しかもたらさなかったばかりか、かえって国家の債務を増し、国内産業（とくに農業）を荒廃させ、対外関係を悪化させたことに対する批判を意味していたのである。

第二の特徴は、租税を国家が国民に与える「保護」の代償と考えるいわゆる租税利益説にもとづいて「租税の前の平等」という近代的・市民的租税原則の確立をめざしている点である。すなわちヴォーバンは、それまであいまいにされてきた国家の徴税権を、国民一人一人の私有財産に対する保護ないしは保証という一点に集約して根拠づけたのであって、その点において彼は、のちの租税理論家たち、例えばモンテスキュー、ミラボー、ケネーあるいはアダム・スミスらの先駆者となったのである。確かに租税利益説は、ブルジョワ・イデオロギーである。しかし彼がそれを封建的絶対主義の時代に主張したことを考えなければならない。ヴォーバンにとっては、それがブルジョワ的理論であったからこそ、それを封建主義（厳密には半封建主義というべきであろう）と絶対主義に対する批判の武器とすることができたのである。

第三の特徴は、封建主義の象徴である免税の特権を攻撃することによって、すでに封建主義がフランスの近代的発展にとって桎梏となっていることを明確に指摘していることである。実際、免税の特権をほしいままにしていた特権階級に対するヴォーバンの批判は、峻烈をきわめている。彼は、第二部の第八章で、予想される特権階級の反対や妨害に対して、次のように述べている。

「人格に対しても財産に対しても完全な免税の特権を享受していた人々にとっては、この体系は、いかなる人であれ絶対になんぴとも容赦しない故、多分不愉快なものであろう。また他の人々にとっては、この体系は、彼らがこれまで行なってきた他人の犠牲において己れを富ませるようとする手段をとりあげるから、不快の念を与えるであろう。また最後に、他の人々にとっては、この体系は、彼らの職業を縮少しあるいはすっかり廃止し、あるいはまた彼らをとるにたらない地位にまで引下げることによって、人々が彼らに与えていた敬意の一部を奪うであろうから、不愉快なものであろう」(p. 179)。

ヴォーバンはまた、次のようにも言っている。

「国王は、この体系に反対する人々を信用してはならない。なぜなら、この体系は貧しい人々のために提案されたものであって、彼らは、これまで己れのみじめな状態を示すために一度として陛下に近づくことができなかったが故に、常に他人の強欲と貪欲の犠牲となって困窮し、多くの場合、生活の糧を奪われ、飢えと渇きと無一物に陥り、ついには二度と這いあがれぬみじめで不幸な貧困にまで陥れられたのである。それだけに、この体系に反対する人々を信用してはならない」と(pp. 193〜194)。

すべての特権階級からその免税の特権を奪う！ それは封建主義の否定であり、絶対主義の形骸化でなくてなんであろうか[1]。われわれはここに、時代に真向うから対決することになろうとも、市民的租税原則を断固として貫徹しようとするヴォーバンの激情をみる。それはまさに、一七八九年八月四日夜の宣言の遠い前触れでではなかっただろうか。

ヴォーバンの思想を特徴づける第四の点は、租税制度の改革が一国の国民経済全体に与える影響についてかなり深い洞察を示している点である。すなわち彼は、租税の軽減や改革が国民の消費(需要)を増大させ、それがやがて農産物の価格や地価を正当な水準にまで回復させ、ひいては生産の増大と富の豊かさをもたらすであろうその効果について十分な認識をもっていた。ヴォーバンの次の言葉は、それをはっきり示している。

「最後にこの体系は、これまできわめて低い価格に下落していた土地を再び利用するにいたらしめるであろう。また、この体系の厳密な実施が国内に豊饒をよみがえらせるであろうことは期して待つべきである。けだし、既述のごとく、もはやタイユ・ペルソネルの過重負担を恐れぬ人々は、競って働くようになるであろうから」(pp. 108〜109)

とくに、一国の商業や農業生産力の向上に対して消費のおよぼす影響力に着目している点[2]は、ボワギュベールとともに、カンティロンやケネーの先駆者としての地位を与えることができるであろう。

第五に、われわれは、第四の特徴と密接に結びついて、ヴォーバンのうちに反重商主義的思想を強くよみとることができる。ヴォーバンは、「真の富」とはなにかについて、次のように述べている。

「一国の偉大にして真の富を形作るものは、金銀の量の大きさではない。けだし世のなかには、金銀が豊富であるにもかかわらず安楽でも幸福でもない国がきわめて多いからである。ペルーやアメリカならびに東西両インドの多くの国がそうである。それらの国は、金や宝石に富んではいるがパンには不足している。一国の真の富とは、人間の生活の維持にきわめて必要な・それなくしてはすますことのできない財貨が豊かにあることである。」(p. 25)

かくしてヴォーバンは、貨幣中心の重商主義的な富の観念を否定し、真の富とは財の豊かさにあることを指摘するとともに、この豊かさを実現するためには、農民の負担を軽減し、農業生産力を増大せなければならぬことを指摘したのである。つまりヴォーバンにとっては、生産力の増大こそ財政の窮乏と国民の負困を同時に解決する中心的問題なのであって、租税制度の改革は、その中心的問題に迫る最も重要な契機として把握されていたのである。ヴォーバンのこの発想が、どの程度まで後年のケネーらの問題意識に影響を与えたかは、あまり明らかではない。恐らくボワギュベールの影響の方が強かったと思われる。がともかく、われわれはここに、問題の解決を求める視野が国家主義的・官房学的視野から国民経済学的視野にまで広げられているのをみるのであって、このような視野の転移と拡大こそ、ヴォーバンの『王国一〇分の一税案』の最も重要な特徴であるということができる。[3]

最後にわれわれは、ヴォーバンの実証主義的・統計学的分析態度に注目しなければならない。

ヴォーバンは「正確な調査」(Dénombrement exact)の必要性を繰返し強調している。彼は「王国一〇分の一税体系」

の妥当性を主張するための基礎的作業として、ノルマンディー、ルーアン、ヴェズレー、ブルゴーニュといった地区における旧来のタイユ税や聖職者一〇分の一税と「王国一〇分の一税」との比較算定を行なったり、王国内の人口、家屋、土地面積その他の実態調査を行なったりしているが、この態度は、ボワギュベールらの影響よりもむしろ、基本的かつ本質的に、軍事技術者ならびに軍略家としてのヴォーバン自身の綿密な思考態度に由来するものであろう。

以上われわれは、ヴォーバンの『王国一〇分の一税案』にみられる思想的・方法的特徴をいくつかの点に要約したのであるが、これらの点は、ヴォーバンをしてフランス古典経済学成立史上の先駆者たらしめるに十分であろう。一般に、古典経済学はフランスではボワギュベールに始まるといわれている[4]。しかし、本来の経済理論家ではなかったにしても、ヴォーバンを、その著『王国一〇分の一税案』の故に、フランス古典経済学の一先駆者とみるのは決して不当ではないであろう。

ところでわれわれは、ヴォーバンの功績として以上のようないくつかの点を指摘し得るが、同時にまた次のような欠陥ををも指摘し得る[5]。

その第一は、現物徴税方式と現金徴税方式の並存・矛盾である。これは、近代的国民国家の租税体系としての王国一〇分の一税体系に現物経済時代の遺物としての聖職者一〇分の一税方式を適用していることに由来している。既述のように、ヴォーバンは第一種財源以外のものはすべて現金徴税方式をとるのであるが、彼が最も重視ししかも最も多くの額が徴収されるはずの第一種財源すなわち土地所得一〇分の一税は、聖職者一〇分の一税にならって現物で徴収さるべきである、というのである。当時いかにまだ十分に農村に貨幣経済が浸透していなかったとしても、地租に現物徴税方式を適用することは、かえって農村経済を中世的経済へと逆行させるものであり、また実際問題としても、全体の二分の一以上の額が現物であっては、近代国家の財政をまかなうための租税としては、有効に機能し得なかったのではないだろうか。従って、地租現物徴税方式の採用とそれにともなう直接税の比重の増大は、徴税請負制度の容認(たとえ形式的に民主化されていようとも)とともに、時代錯誤の誇りを免れ得ないであろう。

第二に、ヴォーバンの課税方式には総所得主義と純所得主義が混在している。すなわち、第二種財源のうちの商人や手工業者の所得については、経費や固定資本償却費や将来の事業費を除外した純所得に対する課税が主張されているが、ヴォーバンが最も重視し国家繁栄の基礎と考える肝心の農業については、こうした配慮は行なわれておらず、一律に総収穫に対する一〇分の一税が主張されているのである。もっとも、実際の課税率は二〇分の一ないし一八分の一であるが、それにしてもここには、農業資本の蓄積や農民の負債返済の可能性に対する十分な配慮がみられないという大きな欠陥が存在していると言わなければならない。

第三に、客観主義的課税原則と主観主義的課税原則の無原則的な混在を指摘することができる。ヴォーバンは、第一種財源については土地所得についての、また第二種財源については年間所得についての「正確な調査」による客観的課税を説いているが、零細な手工業者や日傭労働者については、なんの根拠も示すことなく三〇分の一という税率を定めている。もちろん、「細民」に対するこのような配慮自体は意義のないことではなかったにしても、もし客観主義的課税原則を貫くとすれば、やはりすべてについて厳密な所得調査を行なったうえで累進税率をかけるとか、一定所得額以下は免税にするとかの措置を講ずべきであった、と言えるだろう。すなわち、所得額に関係なく一律に一〇分の一（実際には二〇分の一）の比率をもって課税しようとしたところに問題があったのである。それは、なるほど「所得に比例」してはいるが、「確実に比例」してはいないからである。

最後に、現実分析の面からみて、ヴォーバンが一国の財政をまかないまた一国の経済を繁栄に導く方法をもっぱら租税制度の改革にのみ求め、流通面や生産面からの十分な分析と批判とに欠けていたことは、なんとしても片手落ちであって、この点ヴォーバンは、ケネーのみならずボワギユベールやカンティロンにすらおよばなかった、といえよう。なるほどヴォーバンにも、租税効果という点にかかわった経済事象相互の関連の認識と経済分析への志向がみられる。しかし、その認識は皮相であり、その分析は核心に迫っていない。これに対して、ボワギユベールやカンティロンやケネーにおいては、単に租税制度改革の効果に対する分析のみならず、国民所得分析や再生産機構分析といった形での流通機構ならびに生産機構変革の効果に対する分析と実践的訴えが行なわれているのである。けだし、これらの力点のおき方の相違は、現実のフランス王国の危機の性質と度合に対する認識の相違によるものであったのである。

要するにヴォーバンの「王国一〇分の一税体系」は、上述のような欠陥ないし問題点を含んでいて、封建的租税体系から近代的・市民的租税体系への過渡的租税体系としての性格を免れていない。しかし、彼が一回課税の原則や客観主義的課税原則を打ち出し、しかもいかなる課税上の特権をも認めない所得平等比例課税の原則を主張した点、さらには、国家財政の窮乏や国民の負困が結局は資本と生産力の問題に起因していることを不十分ながらも認識していた点、あるいはまた、「真の富」を金銭的形態においてではなく財貨的形態においてとらえるとともに、その源泉を流通過程のうちにではなく生産過程のうちに見出している点においては、近代的租税理論と古典経済学的経済把握の一先駆者としての地位を認めることができるであろう。また、フランス絶対王制に対する批判と変革の試みが、まず一七世紀半ばから一八世紀初頭にかけての苛酷な租税制度や地主的搾取に対する批判から始まり、ついで、重商主義体制とくに「ロー体制」の崩壊と一七五〇年代の「農業革命」を契機として経済体制の変革（ブルジョワ的生産力の解放）の方向へ深められ、さらに七〇年代以降、度重なる農業恐慌と啓蒙思想の普及とによって政治体制そのものの改革（絶対王制の形骸化）の要求にまで高まり、ついに八〇年代末に革命（絶対王制の廃棄）に突入するにいたったことを思うとき、ヴォーバンの歴史的位置はおのずから明らかとなるであろう。

（1）後年ケネーは、その「土地単一税」（impôt unique foncier）の主張において、長い伝統に支えられて免税の特権を享受してきた地主に対して、実質的にその特権を拒否し、主権者の名において地主の土地を部分的に没収しようとする意図を示すが、ヴォーバンの主張は、もっと直接的で、特権階級全体におよんでいる。なおケネーの土地単一税論の思想的性格については、坂田・渡辺共著「ケネーと重農主義の理論」（大河内一男編『経済学史講議』青林書院新社、一九六六年、所収）、三六〜四二頁を見よ。

（2）この点は恐らく、ヴォーバンがボワギュベールから学んだものであろう。とくに、ボワギュベールの『フランス詳論』（*Le Détail de la France*, 1697）第二部および第三部の叙述と、ヴォーバンの『王国一〇分の一税案』（*Projet d'une Dixme royale*, 1707）二八〜三〇頁（コールネール版）のそれとを比較せよ。

なお、次の一文はボワギュベールの『フランス詳論』における一節であるが、これは彼の思想を端的に示している。「フランスは現在、かつてないほど貨幣に富み、華美と豊饒の点においては極点に達している。とはいえ、それは若干の個人においてだけであって、大多数の者は極度に貧困の状態にあるのであるから、そのことも、国家が大多数の者に与えた損害を償うことはできない。あるいはもっと適切にいうならば、一国の富はその土地と商業のうちに存するのであるから、この両者がこれほどまで荒廃したこと、すなわち、土地の耕作がこれほどまですたれ、農産物の価格がこれほどまで低落したことはかつてなかったといってよい。その理由は、消費が、外国については〔規制政策によって〕完全に、また国内については個人的利害から著しく、減退したためである。」Boisguillebert, *Le Detail de la France*, 1707. Éd. E. Daire, 1843, réimp., 1966, pp.177~178.)

（3）もっとも、ヴォーバンにも国家主義（étatisme）の色合いがないわけではない。それは、彼が一方で「細民」に対する深い同情や国民的次元で問題解決の糸口を探る思考方法をもちながら、他方で国王に対するあつい敬愛の念を示し、パトリオチスム（patriotisme）を強調するという側面に表われている。しかしそれは、かつてラフマス（Barthélemy Laffemas, 1546~1611）やモンクレチアン（Antoine de Montchrétien, c. 1575~1621）やコルベールらの重商主義者たちが説いたような排外主義的な愛国主義ではなかった。一七世紀のフランスが、まだ真の国民的統一を完成せず、内外ともに多事多難な情況におかれていたこと、そしてヴォーバンがなによりも国防の任にあたる軍人であったことを思うとき、彼が国王の理性的な施策に期待を寄せるモナルシストであったとしても、それは無理からぬことであったであろう。なお、一六・七世紀重商主義者たちの経済思想の国家主義的色彩については、Charles Woolsey Cole, *Colbert and a Century of French Mercantilism*, 2 vol., N. Y., 1939, reprint, 1964, 1st vol., p.25, p.276 を見よ。

（4）マルクス『経済学批判』一八五九年、邦訳、岩波文庫、五七頁。

マルクスがヴォーバンにほとんど一言も触れていないのは、恐らく、「学説」としてははるかに透徹したものをもっていたボワギュベールの陰にかくれて、彼の目に映らなかったためであろう。ちなみにボワギュベールは、富の主要形態を財貨（とくに土地生産物）のうちに見出し、貨幣をたんなる交換の手段と考えていること（拝金主義の批判）、労働時間を商品の価値の大きさの尺度と考えていること、自然法的観点から等価交換の原則を主張し重商主義的取引の観念を否定していること、一国の繁栄に対する農業の重要性を強調していること、国民経済に消費のおよぼす影響力を重視していること等において、確かにフランス古典経済学とくに重農主義の先駆者の名に価するが、しかし、富と消費とを同一視したり、富の転形についての理解に欠けていたりして、まだ十分に科学的な認識にまで到達していない。

（5）島恭彦『近世租税思想史』（有斐閣、昭和一三年）第三編、第二章、第三節、二五一頁、を見よ。

なお、マルクスのボワギュベール評価については、『経済学批判』、邦訳、岩波文庫、六〇~六二頁、一九二頁、を見よ。

（6）一六世紀末には二、五〇〇～三、〇〇〇万リーヴルであったが、一七世紀末には一億三、三〇〇万リーヴリに達し、一七六〇年のミラボー侯の算定では、一億六、四七五万リーヴルであった。Cf. Éd. E. Daire, p.19, note. 従って、ヴォーバンの一億二、〇〇〇万リーヴルという「王国一〇分の一税」は、当時の「聖職者一〇分の一税」にほぼ等しい。しかしヴォーバンは、これでは「重すぎる」ので平時にはこの半分でよい、というのである。

四　付論――ヴォーバン研究史概略――

以下むすびに代えて、ヴォーバンの『王国一〇分の一税案』に対する理解と評価の歴史をたどり、知り得た範囲でその概略を明らかにしておきたい。

［A］　一八世紀におけるヴォーバンに対する理解と評価

一六八八年『王国一〇分の一税案』の執筆を開始したヴォーバンは、一六九九年の末一応完成し（このときは第一部だけであった）、その草案を財務総監のシャミヤール（Mihiel de Chamillard, 1652～1721）に提出した。早速シャミヤールは、地方の知事たちにこの草案を見せ、それについての意見を求めたが、このときカーンの地方長官フーコー（Foucault）は、「この案はあまりにも支障をきたすので、実行できなかった」と答えた。ヴォーバンはこれを知り、さらに論証の資料を添えて一七〇〇年六月国王に新たな草案を提出するとともに、三度にわたって国王に拝謁し、草案の主旨を説明したが理解されなかった。ヴォーバンはそこで、さらに統計的資料によって補強するとともに、貴族に「一〇分の一税」を支払わせる代償としてある種の特権を与えようと考えた。[1]一七〇四年、彼は国王に再び拝謁し、この考えをおり込んだ新しい草案をみせたが、このときも成功しなかった。ヴォーバンはさらに手を加えていったが、一七〇六年一二月病いのためパリに引退せざるを得なくなり、また当局の理解に頼る望みも絶たれて、ついに一七〇七年の初め、秘密出版を決意するにいたった。しかし、この秘密の著作は、友人の手から手に渡って読まれるうちに、宮廷やパリに大反響を超こすにいたり、半ば公然化した。やがて大法官のポンシャルトラン（Pontchartrain）や警視総監のダルジヤンソン

(d'Argenson) の知るところとなり、一七〇七年二月一四日および同年三月一九日の秘密裁判によって著書の没収と著者の起訴が決定された。ヴォーバンは、その知らせを病床で聞いて六日後の三月三〇日、世を去ったのであった。(2)

ところで、著者の死後もこの著作は反響をよび、一七〇七年から〇九年までのあいだに一三ないし一四版を重ね、また一七〇八年と〇九年には、ブリュッセルで宮廷の允許を得て出版され、一七〇八年にははやくも英国で訳本が出された。(3)フランスでも、サン＝シモン公 (Louis de Rouvroy, duc de Saint-Simon, 1675〜1755) やブルゴーニュ公 (Louis, duc de Bourgogne, 1683〜1712) は、ヴォーバンのこの著作を賛え、その多くの考えを採り入れた。(4)また、フォントネル、フェヌロン、サン＝ピエール師 (abbé Charles-Irénée de Saint-Pierre, 1658〜1748) といった文人たちあるいは将軍カチナ (Nicolas de Catinat, 1637〜1712) らは、ヴォーバンの勇気を、確固たる信念を、よき市民性を、あるいは軍人としてのすぐれた資質を、賛えた。(5)

しかし、すべての者がヴォーバンに称賛をおくったわけではなかった。ヴォーバンの軍人としての栄光も、彼の思想の新しさに対するある人々の当惑を消すことはできなかった。シャミヤールをはじめとする当局者たちは、ヴォーバンの提案を実行することに躊躇した。徴税請負人たちは激怒した。彼らは、ひそかにヴォーバンの著作の断罪を計った。著述家たちも多くの批判を加えた。ヴォーバンのいとこでありライバルでもあったボワギユベールは、一七〇〇年六月ヴォーバンが国王に新たな草案を提出したとき、シャミヤールに宛てて、それは「バカげた提案であり、実行不可能な提案」であると書き送った。(6)また一七〇七年の『フランスの現状』(*Factum de la France*) では、ヴォーバンの構想のうちとくに現物徴税方式を厳しく批判した。(7)ボワギユベールの批判は、確かに正当であった。しかし彼は、現実的有効性を重視するあまり、ヴォーバンの基本理念すなわち租税の前の平等という正義の理念を不当にも軽視したのである。ヴォルテールの批評は、まさにヴォルテール的であった。彼はヴォーバンについて、「彼はその行動において、絶対政府のなかにも市民が存在し得ることを証明した」とその勇気や徳性を賛えながらも、彼は「大バカであった」(il était très ignorant.) と評している。(8)ヴォルテールは、『王国一〇分の一税案』のタイトルを間違えたりそれをボワギユベールのものだとする誤りをみずから犯しながら、自己の知識や才能を誇るあまり、ヴォーバンを「大バカ」としかみることができなかったのである。

ヴォーバンの『王国一〇分の一税案』は、「摂政期」(la Régence, 1715～23) の財政的窮迫期に、若干の地方で実際に試みられた。すなわち、ニオール地区《エレクション》においては一七一六年以来ある徴税吏によってその実験が提案されていたが、一七一八年一月三一日の国務会議裁決によって正式に提案が受け入れられた。その内容は、同地区の若干の小教区において平民に対するタイユ税と人頭税を土地収穫の一〇分の一税におきかえ、手工業者と家畜所有者に定額を支払わせる、というものであった。そしてこの時の実験はかなりの成功をおさめ、同年八月七日の国務会議布告によって、同地区全体にこの方式が義務化された。同じ頃ポン・レヴェック直接徴税区《エレクション》とラ・ロシエル財務管区《ジェネラリテ》において、一〇分の一税方式の適用(タイユ税の土地収穫一〇分の一税化)が決定された。しかしこれら両地区においては、改革は成功しなかった。前者においては、現物税落札者たちが不正を行なったり、温存されしかもますます悪化しつつあった旧塩税《ガベル》と新税との関係が多くの不満や苦情をひき起こしたからである。また後者においては、(一)、現物税は収穫量の違いによって著しい不平等を生ぜしめる、(二)、徴収された現物税の運搬が厄介である、(三)、さまざまな物価の変動が課税の基礎を不安定にさせる、という一応もっともな理由のもとに地主たちが反対したからである。かくして一〇分の一税は、これら両地区においては一七二二年一月に相前後して廃止され、またニオールにおいても、その成功にもかかわらず、一七二四年の初めに廃止されたのであった。[9]

一八世紀のエコノミストたちのうちヴォーバンに対する評価が最も高かったのは、ミラボー侯(Victor Riquetti, marquis de Mirabeau, 1715～89) であった。彼は、重農主義経済理論の創始者ケネーの高弟であり「学派」の中心的人物であって、一七六〇年にはケネーの指導のもとに『租税論』(*Théorie de l'impôt*) を書いてアンシアン・レジーム下の租税制度とりわけ徴税請負制度を痛烈に批判したため、ヴァンセンヌに投獄されヴィニョンに蟄居を命ぜられたのであるが、一七六三年には、『ヴォーバン頌辞』(*Éloge de Vauban*) を書いた。しかしケネーやチュルゴー (Anne Robert Jacques

Turgot, 1727～81）は、ヴォーバンの旧租税制度改革の熱意は高く評価したが、その具体的プランについては批判的であった。例えばケネーは、その『租税論』（*Impôt*, vers 1756）において、「ヴォーバン氏は、この場合、恣意的租税を避けるため、長いあいだ多くの努力を重ねて、これら二つの対象〔タイユ・レエルとタイユ・ペルソネル〕を含む王国一〇分の一税体系をつくりあげた。しかしそれは、いずれの対象にも適したものではなかった」と批判した。[10] またチュルゴーは、このケネーの論文に対する註釈のなかで、「穀物の収穫に課せられる一〇分の一税は、聖職者の課す一〇分の一税の例があるにもかかわらず、実行不可能である。というのは、別稿（『穀物論』）で証明されたように、中程度の土地の収穫から徴収される一〇分の一税は、割合にして、良好な土地から徴収されるそれの二倍だからである。かくして、穀物に課せられる一〇分の一税は、土地の異なる生産額に対する割合において不平等な課税である。それはなるほど、生産額には比例するが、異る土地における経費や種子に対しては比例しない」と述べている。[11] これは、先のラ・ロシエル財務管区における第一の反対理由に近いものであるが、しかしチュルゴーは、地主の立場からではなく農業資本の蓄積をなによりも重視する農民＝借地農《フェルミエ》の立場から批判したのであって、彼は、地主の純所得（地代）に対する単一現金比例課税を正当なものとして主張したのである。

ついでに述べるならば、スコットランドの経済学者ジェームズ・スチュアート（James Denham Steuart, 1712～80）もまた、ケネーやチュルゴーと同様な観点から、ヴォーバンを批判した。すなわち彼は、その大著『政治経済学原理研究』（*An Inquiry into the Principles of Political Economy*, 1767）第五篇第一一章でイギリスとフランスの「地租」（Land-Taxes）の比較検討を行なった際、ヴォーバンの「王国一〇分の一税」をとりあげ、ヴォーバンの功績として、㈠、一国の真の状態を可能な限り把握することに成功したこと、㈡、土地収益を一国の利益のために公平かつ最大限に利用しようとしたことの二点を認めながらも、とくに第一種財源たる地租の総収穫一律一〇分の一課税方式は、土地の肥沃度に差違がある以上絶対に不公平を招くものであって、この不公平をなくすためには地代すなわち土地の純所得に対する比例課税でなければならないことを、例を挙げて説明したのである。これは、イギリスのそれをも含めて、「土地財産からの所得に対するあらゆる租税のうちで一〇分の一税（the tithe）が最も悪い」ことを証明しようとするものであった。[12]

最後に、大革命直前から革命期にかけてのヴォーバンに対する評価について述べるならば、少なくとも三人が、[13]ヴォーバンに賛辞をおくった。一人は、啓蒙主義と重農主義に批判的態度をとり、かえってそれによって専制主義を正当化した特異な思想家ランゲ（Simon-Nicolas Henri Linguet, 1736～94）であり、他の一人は、最初国王軍の大尉でのちに国民公会に加わり共和国軍隊の創設者となったカルノー（Lazare Carnot, 1753～1823）であり、さらにもう一人は、パリ大学教授で革命的市民たることを誇りとしたノエール（Fr.-Joseph Noël）である。ランゲは、ヴォーバンにみずからを仮託して旧制度下の租税制度の苛酷さと民衆の生活の貧しさを強調した。彼の立場は、ルソー的小農民の立場であった。[14]カルノーは、一七八四年、ディジョン・アカデミーの懸賞論文に応募して『ヴォーバン頌辞』[15]を書き、ヴォーバンの軍人としての功績や祖国愛、人間としての廉潔さをたたえた。またノエールも、一七九〇年のフランス・アカデミーの懸賞論文に応募して同様な観点からヴォーバンを賛えた。[16]しかしカルノーの見解に対しては、のちに、『危険な関係』（*Laisons dangereuses*, 1782）の著者ラクロ（Pierre Choderlos de Laclos, 1741～1803）――彼は革命中王党派についた――から、ヴォーバンこそ国債累積の責任者であり、国家予算に赤字をもたらしたのは彼の城砦構築政策であったとの批判が出され、両者のあいだに論争が交されたが、結局カルノーの勝利に終ったという。[17]

以上は、一八世紀におけるヴォーバンに対する理解と評価の概略である。政策担当者たちは『王国一〇分の一税案』の現実性（actualité）を試し、エコノミストたちはその原理の欠陥ないしは矛盾をつき、また他の人々は、ヴォーバンの勇気や廉潔さをたたえた。そしてそれらはともに、それぞれの時点におけるフランスの財政的・経済的・軍事的危機をいかに打開とするかという大きな現実的課題と深く結びついていたのである。

（1）現にヴォーバンは、一七〇七年の『王国一〇分の一税案』においても、その第二部第八章で、「王国一〇分の一税に賛成する貴族に与え得る特権」として、「有用」にして「真の貴族」たる帯剣貴族に与えられるあまり重要でない若干の免税の特権を挙げている（しかしなお検討の余地ありとしている）が、なかでも、「貧困な家族に、イギリスの場合と同様、卸売業を営むことを許し、（場合によっては）

王国一〇分の一税徴収請負人になることすら許すこと」を挙げているのは、甚だ興味深い。Cf. Éd. E. Coornaert, pp. 181～182.

(2) Cf. Éd. E. Coornaert, pp. XXV～XXII; Éd. G. Michel, pp. XXXII～XXXVI. この著作の出版事情は、Georges Michel, *Histoire de Vauban*, Paris, 1879, Chaps. XIV, XV. に詳しい。

(3) Éd. Coornaert, p. XXVIII.

(4) しかし、サン＝シモン公がその『回想録』で次のようにいうとき、彼が真にヴォーバンを理解していたかは疑問である。そこには、サン＝シモンの貴族性がいかんなく現われている。

「だが、この書物には一つの大きな欠陥があった。なるほどそれは、国王に対して、彼が従来の方法によって引出してきた以上のものを与えた。それはまた、人民を破滅と苦悩から救い出し、それまでほとんど国庫に入らなかったすべてのものを彼らに与えることによって、彼らを富ませた。しかしそれは、多くの収税史や間接税検査官やあらゆる種類の俸給生活者を破滅させた。それは彼らをして、自己の負担において、すなわちもはや公衆の負担においてではなく、生活することを余儀なくさせた。かくして、現にわれわれがかくも短時日のあいだに形作られつつあるのをみているこれらの莫大な財産を、根底から掘り崩してしまったのである。」*Mémoires complets de Saint-Simon.* Cités par Daire, éd. Daire, p. 16.

(5) Cf. Éd. E. Daire, pp. 23～24.

(6) Cf. Éd. Coornaert, p. XXVIII.

(7) とくに第一一章をみよ。ボワギユベールは、現実の租税制度を厳しく批判したのち、次のようにいっている。「一〇分の一税の支払いについて重要なのは、現金による支払いであって、個人的功績とその地位とによって最も重要なあるお方が国王に提案しようとしたような現物による、すなわち王国一〇分の一税による、支払いではない……。」Boisguillebert, *Factum de la France*, 1707. Éd. E. Daire, p. 339.

なお、租税論をめぐるヴォーバンとボワギユベールとの関係については、J.-E. Horn, *L'économie politique avant les Physiocrates.* Paris, 1867, Chap. XIII を参照。

(8) Voltaire, *Histoire du siècle de Louis XIV*, 1751. Citée par Daire, éd. E. Daire, p. 23, note.

(9) Cf. Éd. Coornaert, pp. XXIX～XXX; J.-B. Maurice Vignes, *Histoire des doctrines sur l'impôt en France*, 1909, revue et corrigée. Paris, 1961, pp. 39～48.

マリオンは、「要するに、摂政下に試みられた財政改革の試みは実践の試練に耐えなかった」と言っている。Marcel Marion, *Histoire financière depuis 1715.* Paris, 1927, tome I, p. 87.

(10) Quesnay, *Impôt*, vers 1756. François Quesnay et la Physiocratie, 2 vols., I. N. D. D. Paris, 1958, tome II, pp. 589〜590. 坂田太郎訳『ケネー経済表以前の諸論稿』春秋社、昭和三五年、三六七頁。

(11) Quesnay, op. cit., p. 590. 坂田訳、同所。

チュルゴーはまた、Plan d'un Mémoire sur les Impositions (Réponse à une demande d'avis du Contrôleur général), 1763. において、ヴォーバンの「王国一〇分の一税」は、㈠、単純性、㈡、徴収の容易さ、㈢、一見分配の正義に適っていること、㈣、支払額の明瞭性、においてきわだっているが、しかし、㈠、耕作の費用を考慮しないため農業資本を損う、㈡、租税を賦課すべきなのは耕作者の収穫物に対してではなく地主の取得分に対してであるから不都合である、と批判している。*Œuvres de Turgot et les documents le concernant*, publiées par G. Schelle, 5 tomes. Paris, 1912〜23, tome II, pp. 304〜305.

(12) Cf. James Steuart, *An Inquiry into the Principles of Political Economy: being an Essay on the Science of Domestic Policy in Free Nations*, 2 vols. London, 1767, 2nd vol., pp. 566〜577.

(13) この時期に書かれた「ヴォーバン頌辞」としては、他に、Le général Jean Dembarrère, *Éloge historique du maréchal de Vauban*, s. 1., 1784; Nicolas François de Curel, *Mémoire pour servir à l'éloge de Vauban*, s. 1., 1786; A. L. d'Antilly, *Éloge de Vauban*, 1788; M. de Vergnes, *Éloge du maréchal de Vauban*. Paris, 1789; Le général J. A. E. de Sauvice, *Éloge du marechal de Vauban*. Paris, 1790 などがあるようである。

(14) 津田内匠「S.-N.-H. Linguet の重農主義批判」『経済研究』第一三巻第三号、昭和三七年七月、を見よ。なおランゲには、ヴォーバンの「王国一〇分の一税」に関する著作として、*La Dîme royale avec de courtes réflexions sur ce qu'on appelle la contrebande*. La Haye, 1764; *L'Impôt territorial ou la dixme royale avec tous ses avantages*, 1787 があるといわれる。Éd. Coornaert, p. LII.

(15) Lazare Carnot, *Éloge de S. Le Prestre, seigneur de Vauban*. Paris, 1784.

(16) *Éloge du maréchal de Vauban*. par Fr.-Joseph Noël, professeur de l'Université de Paris au collège de Louisle-Grand, et soldat citoyen.-1790.-An II de la liberté.

(17) Cf. Éd. E.Daire, pp. 24〜25.

[B]　一九世紀以降におけるヴォーバン研究

一九世紀以降のヴォーバンに対する理解と評価は、もはや一八世紀のそれにみられたような実践的・現実的問題意識からは離れて、詳細な伝記研究、未刊の手稿類の発掘、思想の歴史的位置づけといった諸研究の形で行なわれるようになる。

そして、それらは今日にいたるまで続いており、ジョルジュ・ミシェルやコールネールのビブリオグラフィ(1)が示すように、既に相当な数におよんでいる。従って、ここにそれらのすべてを示すことは不可能であり、また無意味でもある。そこで、筆者の目に触れた範囲で概略を記しておきたい。

（1）Cf. Éd. G. Michel, pp. 201～204; Éd. E. Coornaert, pp. XLIX～LVI. また、ヴォーバンに関する書誌学的研究としては、Le capitaine Gazin, *Essai de bibliographie. Œuvres concernant Vauban. Écrits personnels du maréchal.* Paris, 1933 があるといわれるが、筆者未見。

〈a〉 伝記的研究

単行書の形での伝記的研究として筆者が直接あたることができたのは、Georges Michel, *Histoire de Vauban.* Paris, 1879. および Alfred Rebelliau, *Vauban. Edition illustrée de paysages et de scènes militaires par Van der Meulen, de projets et de notes autographes empruntées aux manuscrits de Vauban avec des portraits et des plans de fortifications.* Paris, 1962 だけであるが、これ以外には、Claudes-Nicolas Amenton, *Vauban.* Dijon, 1829; Antoine Marie Augoyat, *Abrégé des services du maréchal de Vauban fait par lui en 1703.* Paris, 1839; dito, *Histoire de Vauban.* Lille, 1844; Rochas d' Aiglun, *Vauban, sa famille et ses écrits. Ses Oisivetés et sa correspondence.* Paris, 1910, 2 vols.; Daniel Halévy, *Vauban,* 1923; Lazard, *Vauban, 1633～1707,* 1934 などが、重要なものとされている。

さて、ジョルジュ・ミシェルの著作は、ヴォーバンの生涯を軍略家ないしは軍事技術者としての側面にアクセントをおいて詳細に記述したものである。もちろん「私人」としてのヴォーバンにも触れているが、それは、ヴォーバンの「独立の精神」と「徳性」とを強調した第一〇章のみで、大半を軍人としての業績（軍事戦略・戦術・思想）を明らかにすることにあてている。その他本書の特徴として、㈠、『王国一〇分の一税案』の出版事情を詳述していること、㈡、首都の防備、ナントの勅令の廃止、運河・水道の建設、貴族制度、統計学的研究方法に関するヴォーバンの未公刊の著作や書簡を断片的ながら収録していること、㈢、ヴォーバンの技術用語を解説していることを挙げることができるが、とくにここに収録されている未公刊の資料は、ヴォーバンがプロテスタントの追放こそフランスの外交、軍事、経済、思想のすべての面にわたって一大混乱をひき起す重大事件とみてこれに頑強に反対していたこと、貴族制度に関してはこれを全廃するのではなくその弊害のみをなくそうとしていたこと、統計的調査を軍事ならびに経済の発展にとってきわめて重要な基礎的作業と考えていたことなどを知らせてくれる点で、甚だ興味ある資料である。

レベリオの著作は、一九三四年に世を去った著者の遺稿であるが、それは同時にまた、五〇年にわたる著者の一七世紀研究の成果でもある。それだけに、その資料操作はきわめて広汎かつ厳密である。彼は、ヴォーバンに対する強い敬愛の念を胸裡に秘めながら、単に軍人としてのヴォーバンのみならず、人間としての多彩な側面を淡々とした筆致で描き、よくヴォーバンの全体像をとらえている。著者は、『閑話《オワ》・閑論《ジヴテ》』および『王国一〇分の一税案』の考察にも全体の四分の一に当る八〇余頁をあて、それらがヴォーバンの人生においてもっていた意味を探ろうとしている。そして最後に著者は、「ヴォーバンの疲れを知らぬ活動と相継ぐ成功の秘密は、彼が《方法》(la《méthode》)をもっていたことである。その方法とは、正直のところ、手続きとか、方針とか、あるいは単なる器用さとかいったもの以上のものである」と結論している。[1] ここには、著者の歴史家としての深い洞察がうかがわれるように思われる。なお本書には、三〇点近いヴォーバンの肖像、手稿、書簡、城砦構築案等の写真版が掲載されていて、記述を一層興味深いものにしている。

(1) A. Rebelliau, *op. cit.*, pp. 293～294.

〈b〉 手稿類の発掘

ヴォーバンの手稿類は、大体、㈠、ヴォーバンの長女の末裔にあたるロザンボー家(la famille de La Pelletier de Rosembo)の所有するメニル邸(le château du Mesnil)、㈡、城砦資料保存所(dépôt des fortifications)、㈢、各地の城砦文書保存所(archives des places fortes)や公的ならびに私的の文書保存所(archives publiques ou des familles)に分散保存されており、㈠には、主としてヴォーバンの私的文書や彼が著述のために利用したノートや覚書き類が、㈡には、公的な書簡や軍事関係の著作が、そして、㈢には、ヴォーバンの諸著作の多数の手稿や写しが、保存されているという。[1] ㈠については、すでにアクソ工兵将官（le général du genie Haxo）によって、一八三二年と三七年の二回にわたって調査が行なわれ、そこに保存されている手稿のカタログが作成された。ロシャ・デグラン工兵大佐は、一八八二年五月、それらのうち「経済学者たちの研究に関係ある部分」を Journal des éonomistes に発表した。[2] ㈡および㈢については、オゴワイア工兵大尉（le lieutenant-colonel du génie A.-M. Augoyat）やロシャ・デグラン同大佐をはじめとして幾人かの人たちによって探索され、部分的に公表されている。例えば、ヴォーバンが一七〇四年から〇六年にかけてみずから編集したといわれる『閑話・閑論《オワジヴテ》』一二巻については、まずその第五巻が、一八四一年、オゴワイアによって、*Mémoires inédits du maréchal de Vauban sur Landau, Luxembourg et divers autres sujets* なる表題のもとに公刊され、続いて第一巻から第四巻までが、一八四二～四三年と四五年に、同じくオゴワイアによって、三巻本の形で出された。そして第六巻以下の巻についても、すでに一部または全部のいくつかの版本が出されている。[3] とくにコールネールによる『王国一〇分の一税案』の異本の考証と版本確定の仕事は貴重な仕事である。

　『閑話・閑論』以外の著作の刊行についても、今日まで多くの努力が払われてきている。例えば、ロシャ・デグランは一八八二年の前掲論文の付録として、ヴォーバンの 'Pensées d'un homme qui n'avait pas grand chose à faire.' なる論文を公表し、さらに一八九一年には、'Projet d'une carte politique de l'Europe. Projet de Paix assez raisonnable pour que tous les intéressés à la Guerre présente, en deussent être contens, s'il avoit lieu et qu'il plut à Dieu d'y donner sa Bénédiction, 1706' なる未刊の論文を公表した（一橋大学メンガー文庫所蔵）。これらはいずれも、ヴォーバンの政治思想を知るうえで重要な手掛りとなる資料である。さらにヴォーバンの書簡についても、Rochas d'Aiglun, *Vauban, sa famille et ses écrits. Ses Oisivétés et sa correspondance*, 2 vols. Paris, 1910；Hyrvoix de Landole (éd.), *Vauban. Lettres intimes* (*inédites*) *adressées au Marquis de Puyzieulx*, 1924 が出されている。[4]

　このように、ヴォーバンの著作についても書簡についても、すでにかなりの程度まで公表されている。しかし、ヴォーバンの軍事、経済、政治、宗教等にわたる思想の全体を正確に知るためには、各地に分散するこれらの膨大な資料のすべてが、綿密な考証のもとに整理され刊行される必要があるであろう。

（1）Le colonel de Rochas d'Aiglun, 'Pensées et Mémoires politiques inédits de Vauban,' Journal des économistes, 15 mai 1882, p.170.

（2）Do., *ibid.*, pp.171~176.

（3）『閑話・閑論』の内容、版本および所在については、ロシャ・デグランの前掲論文の pp.176~182 および、久保田明光「ヴォーバンの業績と其経済思想の生成」『早稲田政治経済学雑誌』、四三号、昭和一〇年一〇月、四九~五三頁、参照。ただし、両者の記載にはかなりのくい違いがある。例えば、第五巻と第七巻の内容は、両者全く逆になっているばかりか、表題そのものも異なっている。すなわち、ロシャ・デグランでは、第七巻が Projet du vigtième, ou de la taille réelle となっているのに、久保田氏では、第五巻が Projet du vingtième, ou de la taille royale (Dixme royale) となっている。「第七巻は他ならぬ『王国一〇分の一税案』である」と断言している（p.181）ロシャ・デグランと「滞仏中国立図書館に於いて自ら調べ」られた（五七頁）久保田氏のいずれが正しいか、現在の筆者には判断のつきかねるところである。

（4）ヴォーバンの軍事関係の著作集としては、*Favé, Mémoires militaires de Vauban et des igénieurs Huc de Coligny, précédés d'un avant-propos.* Paris, 1847, avec trois plars があるという。

〈c〉　ヴォーバンの思想史的位置づけ

従来のヴォーバンに関する思想史的研究には、ヴォーバンを、㈠単なる重商主義者として取扱うもの、㈡重農主義の先駆者として位置づけようとするもの、㈢近代租税思想の先駆者として評価しようとするもの、のおよそ三つの方向がみられる。

㈠の代表的なものはゴナールであり、彼はその『経済学説史』のなかで、「人々は長いあいだ、ボワギユベールの名に、『王国一〇分の一税』（一七〇七年）とともにヴォーバンの名を結びつける慣習を保ってきた。しかし、たとえヴォーバンが、その同時代者のもっていた人道主義的見解や農業上ならびに財政上の見解をともにもっていたとしても、彼が重農主義あるいは自由主義経済学の先駆者とは考えられないこと、そして彼が、基本的には、たいした学説上の独創性もない単なる一重商主義者にとどまっていることは、今日では人々の認めるところである」、と言っている。[(1)] しかし既に述べたように、ヴォーバンは、その富の観念や国民経済把握の視点において流通主義的観念や国家主義的・宣房学的思考方法を揚棄しているのであって、従って、ヴォーバンを「単なる一重商主義者」と規定することは、不当であると言わなければならない。

(二)の代表的なものは、レオン・セイとウーレルスである。レオン・セイは、ヴォーバンの『王国一〇分の一税案』における「きわめて民主的な感情」や「正義感」を高く評価する。しかし彼は、その構想を「単一税」(impôt unique) と解し、これに重農学派の「土地単一税」の先駆的形態を見出したのである。[2] これは、明らかに誤りである。ヴォーバンは、単に土地からの所得のみならずあらゆる所得に対する平等比例課税を主張したのであって、彼は、土地単一税論者でも直接税単一主義者でもなかったのである。またウーレルスは、ボワギユベールの『フランスの現勢』とヴォーバンの『王国一〇分の一税案』のなかに、「当時王国内で猛威をきわめていた財政の窮迫と地価の低落という二重の光景に動機づけられた重農主義的諸傾向の出現」を、「否定し難い」ものとして認めている。[3] 確かに、これは正しい。しかし、同じ財政の窮乏と地価の低落を解決するにしても、重農主義者たちは、なによりも生産様式(生産手段および生産方法)の変革を重視することによって、租税制度の改革に対しては、生産様式の変革を助長し効果あらしめるいわば副次的役割を与えたにすぎなかったのに対し、とりわけヴォーバンは、租税制度の改革そのもの——それは流通と分配の正義の確立をめざすことにほかならない——に第一次的役割を賦与したのである。われわれは、問題解決の方法に関する両者の思考方法の違いを見落してはならないであろう。

さて、租税思想史ないしは財政学史のなかにヴォーバンを位置づけようとしたものはさほど多くはないが[4]、それでも、シュムペーターやモリス・ヴィーニュなどの試みがみられる。

シュムペーターは、その『経済分析の歴史』(Joseph A. Schumpeter, *History of Economic Analysis*, 1954) の第二編第三章の六で「公財政論」の歴史的展開過程を論じた際、「一五世紀以来のあらゆる財政危機または論争」を契機として生れてきた「財政計画家」の「分析的研究」のなかで「第一級の重要性をもつ二つの著作」の一つとしてヴォーバンの

『王国一〇分の一税案』を取り上げ、「この書物は、公財政の分野にあって、その整然さと説得力とにおいて、前後にならぶものがないほど傑出した業績の一つである」といい、その理由として、第一に、ヴォーバンが財政政策を「経済治療の用具」であり「経済過程の包括的調査の究極的結論」であるとみなしたこと、第二に、彼が「あらゆる細目においてその結論を数字的事実にもとづかしめた」こと、を挙げている。(5) そしてこれらの点において、シュムペーターはヴォーバンを、「経済学の古典的人物」、「近代的傾向の先駆者」と評価するのである。(6) これらの指摘や評価はさほど目新しくないし、またヴォーバンは、シュムペーターの考えるほど「経済過程の包括的調査」を行なっているわけではない。さらに、とくにヴォーバンについては、単に「分析的」側面だけを重視してはならないであろう。しかし、きわめて該博な知識を縦横に駆使して「分析的技術の歴史」のなかにヴォーバンを位置づけようとしたシュムペーターのパノラミィクな叙述は、全く見事である。

最後に、モリス・ヴィーニュ(J. B Maurice Vignes, 1868〜1943)の研究に触れておこう。『フランス租税思想史——課税原則との関連で考察されたフランス大革命の諸原因——』(*Histoire des doctrines sur l'impôt en France. Les causes de la Révolution française considérées par rapport aux principes de l'imposition*, réédition revue et conrigée par Emanuelle Morselli. Paris, 1961)(Storia della finanza pubblica 5. Collezione diretta da Emanuelle Morselli. Opere publicate ad iniziativa dell'instituto di scienze finanziarie dell'università di Palermo)と題するモリス・ヴィーニュの研究は、一九〇九年の旧版の副題が「ヴォーバン『王国一〇分の一税』の起源と運命」(Les Origines et les déstinnées de la Dixme royale de Vauban)となっているように、ヴォーバンの租税思想の起源と運命の問題を中心として、フランスにおける租税改革の歴史を、膨大な文献と資料とにもとづいて徹底的に追究しようとした画期的なものである。

ところで、この研究は三部から成り、第一部は「現物税」(l'impôt de nature)に関する、第二部は「定率税」(l'impôt de quotité)に関する、そして第三部は「普通税」(l'impôt universel)に関するヴォーバンの思想の起源と運命(帰結)

を論じているが、いまここにその叙述の要点のみを示すならば、次のようである。すなわち、㈠、ヴォーバンの「現物税」（第一種財源）の、否、単にそればかりでなく第二種および第三種財源の、そして「租税の普遍性」（l'universalité fiscale）という課税原則そのものの起源は、ボワギユベールやラゴー・ド・ボーモン師（l'abbé Ragot de Beaumont）ではなく、『フランス政治論』（*Traité de la politique de France, présenté au Roi en 1667, et publié en 1669 en Hollande*）の著者エ・デュ・シャトレ（Paul II Hay du Chastelet）である。[8] ㈡、当時納税者たちは、金納よりもむしろ物納の方を望んでいたし、一八世紀における租税改革提唱者たちも、ヴォーバンの反対者よりも賛成者の方が多かった（その比率は大体三対五）。[9] ㈢、「割当税」（l'impôt de répartition）対「定率税」（l'impôt de quotité）の対立・抗争において、前者が不評であったにもかかわらず勝利したのは、それが絶対王制の「統治手段」（un instrumentum regni）として必要でありかつまた有効であったからである。[10] ㈣、一八世紀の後半とくに最後の四分の一世紀においては、絶対王制といえども世論を無視し得なくなり、ここにもはや恣意的な割当や増税は行ない得なくなり、妥協策として、登録された法令にもとづいて「定額割当制度」（le système du contingent fixe）が実施されるにいたった。[11] ㈤、しかし、大革命の勃発と議会制度の確立は、基本的に租税の不平等をなくし、割当制度を不要ならしめ、かくして、所得平等比例課税というヴォーバンの原則が再び実現されるにいたった、というのである。

このような主張を含むヴィーニュの研究は、きわめてサジェスティヴである。とくに、彼がヴォーバンの租税思想の源泉としてエ・デュ・シャトレを断定的に挙げている点は、われわれをして瞠目せしめる。しかし、著者の自信に満ちた立証にもかかわらず、ヴォーバンの一切の想源がなぜエ・デュ・シャトレ一人に全面的に帰せられねばならないのか、どうしても納得できないのである。果してヴォーバンは、エ・デュ・シャトレの単なる模倣者であって、なんらの個性も創造性ももたなかったのであろうか。かりにヴィーニュの着眼に誤りないとしても、一人の個性ある思想家の想源をある特定の人物のみに帰することは危険ではなかろうか。思想はイデオロギーであり、それは思想家のおかれている社会的・経済的・政治的諸条件の所産であり、時代の精神といったものの産物ですらある。それを思うとき、われわれは、思想の源泉や影響を確定する仕事がいかに困難で慎重を要する仕事であるかを痛感するのである。

（1）René Gonnard, *Histoire des doctrines économiqnes de Platon à Quesnay*, 3 vols. Paris, 1931～32, tome I, p. 262, note.

（2）Léon Say, *Les Solutions démocratiques de la question des impôts*. Conférences faites à l'école des sciences politiques. 2 vols. Paris, 1886, tome I, pp. 79～105.

（3）Georges Weulersse, *Les Physiocrates*. Paris, 1931, p. xiii.

（4）例えば、非常に広汎かつ綿密な租税制度史ないしは租税思想史を叙述したJ.-J. Clamageran, *Histoire de l'impôt en France*, 3 vols. Paris, 1868にしても、またMarcel Maricn, *Histoire financière de la France depuis 1715*, 4 vols. Paris, 1927～1931にしても、ヴォーバンを含む一七世紀から一八世紀初頭にかけての租税改革思想にはほとんど触れていない。

（5）デールはこの点について、「ヴォーバンは統計学の創始者とみなされねばならない」と言っている（Éd. E. Daire, p. 13）が、これはいささか過大評価であり、少なくとも、「フランスにおける」という限定を付さなければならないであろう。

（6）東畑精一訳『シュムペーター　経済分析の歴史』1、岩波書店、一九五五年一〇月、四二三頁、四二五～四二六頁。

（7）これは、編者のエマヌエレ・モルセッリが、一九〇七年八～一二月にMonde économique に掲載されたヴィーニュの論文（第一および第二部）を「慎重に再検討・補正し」、それに第三部を未刊の草稿から全く新しく付け加えたものである。J.-B. Maurice Vignes, *Histoire des doctrines sur l'impôt en France*. Réédition revue et corrigée, 1961, p. 1, note.

（8）J.. B. Maurice Vignes, *op. cit.*, pp. 17～20.

（9）*Ibid.*, pp. 36～37, p. 52.

（10）*Ibid.*, p. 348.

（11）・（12）*Ibid.*, pp. 348～349.

二　フランス革命前夜における自治的行政機構確立の試み

――デュポン・ドゥ・ヌムール『自治体に関する意見書』（*Mémoire sur les municipalités*, 1775）を中心として――

一　はじめに――本稿の課題――

本稿は、一八世紀の後半においてフランス絶対王制の危機打開のために提案されたさまざまな自治的行政機構確立案のうちの一つを取りあげ、それがどのような意味と現実性をもっていたかを考察することを企図したものである。まず、この課題設定の意味を歴史的背景にそくして明らかにしておきたい。

周知のごとく、フランス絶対王制は、一七八九年に始まる一大革命のなかでその破局を迎えたのであるが、その危機は、皮肉にも、絶対王制最盛期といわれたルイ一四世時代にすでに大きく醸成され、その後、絶対権力それ自体の腐敗・堕落、国内諸身分・諸階級間の矛盾・対立、財政の窮乏、繰返される経済的恐慌、オランダやイギリスからの反教権的ならびに反絶対主義的思想の浸透などの諸要因によって、絶対王制の危機はますます深められていった。

フランス絶対王制の危機を形作ったこれら諸要因のなかで、財政の窮乏は大きな位置を占めていた。それは、単に宮廷における国王や王妃のはなはだしい浪費のみによるものではなかった。絶対権力に寄生する特権階級扶養のための膨大な支出、不平等で非能率的な租税体系や徴税機構、さらには相つぐ対外戦争遂行のための莫大な出費がその原因であった。いいかえればそれは、封建的絶対王制の制度的矛盾そのものに由来するものであった。

コルベール自身、このことを知らなかったわけではない。彼は、公債発行の抑制や予算制度の適用など国家財政の合理的運用をはかり、また封建的租税体系や徴税制度の是正に努めた。しかし、前者はある程度の成功を収めたが、後者は、従来の慣習や利権に大きく抵触するものであったため、利害関係者の激しい反対を受け、その意図を達成することができなかった。コルベール死後、抑制者を失ったフランス財政は再度悪化し、支出は収入をはるかに上廻った。そのため、公債の発行や後年度分租税の先取りあるいはさまざまな「臨時措置」(affaires extraordinaires)(王領地の売却、臨時税の設定、特権の増設・売却、超過税の徴収、富くじの発行、貨幣の改鋳等々の不正・不当な非常手段)が相ついで行なわれ、ルイ一四世末期には、国家の財源は前もってほとんどくいつぶされ、国家財政はまったく救い難い混乱と荒廃に陥った。そして、こうした国家財政の乱脈ぶりは、必然的に民衆の生活の上にはね返り、ヴォーバンやボワギユベールらが伝えているようなきわめて悲惨な状態を出現させ、各地に農民一揆や騒乱を誘発し、絶対王制の政治的・社会的危機を醸成していった。

かくして、オルレアン公フィリップがルイ一五世の摂政として権力を握った一七一五年には、フランスの国庫はほとんど枯渇していた。国庫の手持は七〇万リーヴルを超えたことがなく年収入の総額も五〇〇万リーヴルを出ず、他方フランス国家の負債は二五億リーヴルに達していたといわれる。[1] オルレアン公は、その摂政時代（一七一五〜二三年）の初期にはいくつかの「自由主義的改革」（検閲の緩和、国内穀物取引諸制限の廃止、減税）を行なったが、やがてのちには、一たん復活された高等法院の権利を廃止し（一七一八年）、また、諸顧問会議（Conseils）を解体して、いわゆる「ポリシノディ体制」（régime polysynodique）（多元会議制）に代わって摂政直轄政治を行なった（一七二二年）。これは、あたかもルイ一四世の官僚主義的中央集権政治の復活を思わせるものであった。[2] その上、摂政の恐るべき浪費と民衆の窮乏は、ルイ一四世時代にまさるとも劣らなかった。かくして摂政は、あらゆる策を弄して金策に奔走した。ジョン・ローの「体制」（Système, 1716〜20）は、まさにそのための窮余の一策であった。これは、独占的貿易会社[3]からあがる利益を担保として貨幣不足を補うため紙幣発行銀行（「一般銀行」（Banque générale, 1716）→「王立銀行」（Banque royale, 1718））を設立し、国家や民間の信用を発展させようとする独特の金融体系で、一時はかなり成功を収めたが、やがて貿易会社の株券は投機の対象となり、その株券の異常な高騰（五〇〇リーヴルの株券が二万リーヴルにまで高騰）とそのあとの大暴落によって、それとの相互交換が許されていた銀行券も一片の紙くずと化し、破局に陥った。このようにローの金融政策は失敗に終ったが、しかしその経済的影響は甚大であった。すなわち、ロー体制後の注目すべき現象は、紙幣による膨大な国庫負債の大部分の返済、商品価格の騰貴による商人たちの債務の返済と商品の有利な販売の可能性、頻繁な土地所有の移動と大土地所有の細分化[4]（土地の封建的制約からの解放と流通過程への導入）、貨幣から物財（とりわけ土地財産）への価値観の転換などであった。

ところで、国家財政の危機として集中的に表現されていた以上のような一八世紀初頭のフランス社会の危機に対しては、ボワギユベールの『フランス詳論』（*Le Détail de la France*, 1696）や『フランスの現状』（*Factum de la France*, 1707）あるいはヴォーバンの『王国十分の一税案』（*Projet d'une Dixme royale*, 1707）[5]における封建的租税制度批判もしくは封建的租税体系改革案をはじめとして、多くの対策案が出された。

古賀英三郎氏の研究[6]によれば、とりわけ摂政時代には、ジョン・ローの金融政策のほかにも、キュヴリエ、モリソン、ベルナール、サン＝コンテ、プロラン神父、モンテスキュー、ブーランヴィリエといった人々による、あるいは匿名による種々な立場からの、さまざまな提案が出され、そしてこれらの提案は、当時のフランス財政の危機に対して、「(1)金融業者および投機業者に対する直接的な行政措置、(2)徴税請負制度の改革、(3)国家債務の部分的破産政策、(4)新旧債券交換方式による間接的破産政策、(5)新旧債券交換方式による破産政策回避の信用および商業再建案、(6)銀行設立案、(7)中央権力機構以外に解決の鍵を求める諸案」あるいは「租税改革案」の形で臨んでいた、という[7]。

ところが、ジョン・ローの「体制」の破産ののちには、現状打開のための実際政策の提案という形よりもむしろ理論的な形でいくつかの著作が出されるようになる。例えば、ムロンの『商業に関する政治的試論』（*Essai politique sur le commerce*, 1734. 2e éd., 1736）、デュトの『商業および財政に関する政治的考察』（*Réflexions politiques sur le commerce et les finances*, 1738. 2e éd., 1743. 3e éd., 1754）、パリ＝デュヴェルネの『〔デュトの〕財政および商業に関する政治的考察の検討』（*Examen des Réflexions politiques sur les finances et le commerce*, 2 vols. La Haye, 1740）、フォルボネの『一五九五年より一七二一年にいたるフランス財政に関する研究と考察』（*Réflexions et considérations sur les finances de France, depuis l'année 1595 jusqu'à l'année 1721*, 2 vols. Basle, 1758. 6 vols. Liège, 1758）といった著作がそれである。これらは、多かれ少なかれローの政策の破綻に対する反省を契機として書かれ、貨幣、商業、財政等に関する従来の考え方を再検討しつつ、新たな方策を理論的に模索しようとするものであって、その考察の対象は経済問題全般にまで広げられていた。かくして、財政問題は経済問題として考えられるようになり、財政政策は経済問題の理論的考察と一体の形で論じられるようになった。そしてこのような傾向は、やがて、ケネーを中心とする重農学派の人々による国民経済学的考察を生む媒体としての役割を果たすにいたったのである。

周知のように、ケネー、ミラボー侯、チュルゴー、デュポン・ドゥ・ヌムール、ル・メルシエ・ドゥ・ラ・リヴィエール、ル・トローヌらの重農学派の人々は、それぞれの立場に若干のニュアンスの差はあれ、新しい農業知識および農業技術の導入にともなう農業生産力発展の開始という事実を背景として、国家財政の危機を単に財政上の次元にとどめることなく、フランス王国全体の経済的再建という観点から、農業生産力を中心とした国民生産力の封建的桎梏からの解放という課題を理論的に追求し、かつ政策的に提言した。なかでも、ケネーの『借地農論』(*Fermiers*, 1756)、『穀物論』(*Grains*, 1757) あるいは『経済表』(*Tableau économique*, 1758〜68)、また、チュルゴーのリモージュ時代の数多くの租税に関する著作草案、書簡、意見書、公文書等は、独自の経済理論ならびに租税理論にもとづいて封建的租税制度を改善し(不平等な租税を改廃し、恣意的な租税の割当・徴収機構を改善する)、国民経済の再興と国家財政の再建を同時的に実現しようとするものであった。また、デュポン・ドゥ・ヌムールやル・トローヌは、合理的・能率的な租税の割当て・徴収を主要目的とした「自治体」(municipalités) や「地方議会」(assemblées provinciales) を確立することを意図した。すなわち彼らは、農業唯一生産論およびその帰結たる土地単一税論を基礎として、国家財政の問題を租税制度と行政機構の同時的改革という形で解決しようとしたのである。

何らかの形で自治的行政機構を確立しようとする試みは、本来の重農主義者たち以外にも、ダルジャンソン侯、ネッケル、カロンヌ、コンドルセらによって、あるいはより旧守的・穏健な形で、あるいはまたより急進的・民主的な形で、主張された。しかし、一七七五年のデュポンの『自治体に関する覚書』は、一七七四年〜七六年におけるチュルゴーのあの一連の大改革の過程のなかでチュルゴーのために書かれ、そしてチュルゴー自身の一定の承認を得たといわれる。なるほど、その『覚書』は国王に提出されずに終り、その構想は実現をみなかったが、そこに展開されている構想は、当時のフランス絶対王制の直面していた危機の打開にとっては大きな意味をもっていたように思われる。従って、それがどのような歴史的意味と現実性をもっていたかについては十分な検討が行なわれなければならないのである。本稿の目的は、かかる検討を行なうことである。

(1) 邦訳ソヴィエト科学アカデミー版『世界史』近代3、東京図書株式会社、一九六一年、七七七頁。

(2) Sagnac, Ph.: *La Formation de la société française moderne*. Tome II. *La Révolution des idées et des mœurs et le déclin de*

l'ancien régime (1715~1788). Paris, P. U. F., 1946, pp.3~5.

（3）北アメリカの植民地ルイジアナとの貿易独占権を握るまったく投機的な団体、いわゆる西方会社、別名、ミシシッピー会社。

（4）邦訳ソヴィエト科学アカデミー版前掲書、七七九頁。

（5）拙稿「ルイ一四世治下における絶対主義批判と変革の試み――ヴォーバン『王国一〇分の一税案』(*Projet d'une Dixme royale*, 1707) を中心として――」、『商学論集』第三六巻第四号、一九六八年三月（本書、主論一）を見よ。

（6）古賀英三郎「一八世紀初頭のフランス社会の危機とその対案――一七一五～一八年の諸提案とモンテスキューをめぐって――」（一）、（二）、（完）、『一橋論叢』第六三巻第四号、同第六号、『社会学研究』11、昭和四五年四月、六月、四六年三月。

（7）古賀英三郎、前掲論文（完）、二三八頁。

二　一八世紀フランスにおける行政機構の全般的情況とその改革の試み

(i)　行政機構の全般的情況

フランスでは、アンリ四世からルイ一四世の時代にかけて強力な中央集権化政策が推進され、ヨーロッパ諸国のなかにあっていち早く絶対主義国家が作り上げられたが、それにもかかわらず、ついに国内の行政的統一の完成をみるにいたらなかった。そして、この行政的統一を完成する能力をもたなかったこと自体が、絶対王制衰退の要因の一つであったと考えられている。

確かに、コルベール以降一八世紀においては、行政権力は国王の地方派遣官僚である「地方長官」(intendants) の手に急速に集中したが、しかしその行政制度は錯綜し混乱していた。「地方長官管区」(intendance) という行政区分のほかに、「財務管区」(généralité) とか「州」(province) という区分が存在していたし、また「州」の概念は、地方長官管区や財務管区あるいは軍管区にも適用されていて、明確な行政上の区分は大革命前においてもなお存在していなかったのである。(1) 以下に、革命前夜におけるフランス行政機構の概要をまずみておきたい。

革命以前のフランスには総合的な土地台帳もなく正確な土地測量も行なわれなかったので、土地の境界線は、大部分暗黙の同意と歴史的由来とにもとづいて定められていた。自然的・地理的条件にもとづく若干の軍事境界線があったが、それらは通常の行政上の区分とは別に存在していた。「州」の数は三二で、このほかに州としては数えられない八つの小さな行政区域があった。これらの州の境界線は、大抵の場合大封建領主の領地の境界線と一致していた。また、租税徴収の目的のために、フランスは三五の「財務管区」または「地方長官管区」に分けられ、三四人の知事によって行政が行なわれていた（トゥールーズとモンペリエは一人の知事によって治められていた）。州の数と財務管区の数が比較的一致しているが、これは両者の地域区分が本質的に一致していたことを示すものではなく、一つの州が二人以上の知事によって治められていないような州は一つもなかった。しかも、はっきりした測地が行なわれたわけではなかったので、管轄権が系争中の境界地に住んでいる住民が二重に課税されることも稀ではなかった。

元来地方長官は、国王の代理官として「国務会議」(Conseil d'Etat) から派遣された委任官僚 (commissaires départis) であって、王税《タイユ》の徴収とその法的管轄権以外の一切の地方財務をひき受けていた。ところが、王権の伸張にともない、地方長官は徐々に治安、福祉、土木、軍務に関するすべての権限を掌握するにいたった。王税の管轄権は、もともと「エリュ」(élu) とよばれる王税担当の特別な役人[2]の手にあったが、のちにそのエリュから王税管轄権が剝奪されて地方長官の権限に加えられた。そして、地方長官の決定に対する訴えは「御用金裁判所」(Cour des Aides) とよばれる裁判所にもちこまれたため、地方長官は司法官僚と直接接触し対立することとなった。また、王税以外の問題に関する地方長官からの訴えは、「財務総監」(Contrôleur général des Finances) および「国務会議」に対して直接行なわれた。これは、上司あるいは上級機関に対する地方長官の一定の独立性を示すものであった。地方長官たちはまた、その多くが有能であっただけに、地方の封建領主たちからは、彼らの国王への従属を完全なものにする役割をもった者として恐れられ、彼らと正面から対立するにいたったのである[3]。

さて、大革命前夜のフランスは、その全土が徴税制度上の型態にもとづいて、「ペイ・デタ」(pays d'États)、「ペイ・デレクシオン」(pays d'élection) および「ペイ・ダンポジシオン」(pays d'imposition) に区分されていた。ペイ・デタとは、「地方（州）三部会」（États provinciaux）を有し、この三部会が中央から割当てられた租税を自治的に各「聖堂区」（小教区）（paroisse）に割り当て、徴収し、国庫に上納する権限をもつ州のことで、七・八世紀には、早くから一定の財政的自治権をもっていたラングドックのほかに、王領への併合がおくれた辺境の地にみられ、ブルゴーニュ、ブルターニュ、プロヴァンス、アルトワ、ベアルン、フランドル（ヴァロン地方）など、その数は少なかった。ペイ・デレクシオンとは、かつて「エレクシオン」（élection）とよばれる徴税区裁判所[4]を有し王税《タイユ》の割当てのための役人《エリュ》が王権によって任命されていたが、のちにその実権が地方長官に移り、地方長官を通じて国王が直接に課税・徴収するようになった州のことで、大部分の州がこれに属していた。また、ペイ・ダンポジシオンとは、一七・八世紀にフランスに併合され、地方三部会も徴税区裁判所もおかれず、もっぱら知事が税務行政を担当していた州のことで、アルザス、ロレーヌ、フランシュ＝コンテ、フランドル（沿岸地方）、ルシヨンなど、ごく小数であった[5]。

ところで、一八世紀の租税制度も行政制度に劣らず複雑で、かつ苛酷であった。租税を負担するのはもっぱら第三身分とりわけ農民大衆であって、彼らは聖職者と領主・地主と国家による三重の搾取機構のなかにがっちりと組込まれていた。まず聖職者からは、「聖職者一〇分の一税」（dîme ecclésiastique）が課せられた。これは、穀物およびその他の収穫物ならびに家畜飼育に対して原則として現物で徴収されるもので、本来貧民の救済や祭祀のために用いられるべきものであったが、もっぱら高位聖職者や僧院の収入となっていた。第二に、領主権にもとづいて課せられる「貢租」（cens）があり、地主権にもとづく「地代」（rente）や物納年貢たる「シャンパール」（champart）があった。さらに領主は、身分的強制こそほとんど行なわなくなっていたが、市場や漁場に対して独占権を行使して税を徴収し、「コルベ」（corvée）とよばれる無償の強制労役を課し、さらに、もろもろの生産用具に対して強制使用権を行使して使用料（banalités）を徴収していた。しかも領主は、領主裁判権を行使してこれらの支払いを強制した。一七七〇年代および八〇年代のいわゆる「封建的反動」（réaction féodale）の時期には、農産物価格の下落にともなう地代水準の低下のために、領主たちは、証文類の調査、土地台帳の改修、租税滞納分の発見とその再請求、債務者に対する執拗な訴訟などによって農民に対する搾取を強化した。第三に、国家権力によって課せられる王税があった。そのうち直接税としては「タイユ税」(taille) があり、これには、もっとも広く、ほとんどすべてのペイ・デレクシオンで行なわれていた担税者の「能力」(facultés) の査定にもとづく「タイユ・ペルソネル」(taille personnelle) と、主としてペイ・デタにおいて実施されていた財産税（おもに土地財産税）たる「タイユ・レェル」(taille réelle) があったが、いずれもその割当ての恣意性の故に悪税の典型となっていた。さらに、財政の悪化にともなって新設され、いくたびか廃止・復活をくりかえした割当て税形式の「人頭税」(capitation) や所得税たる「二〇分の一税」(vingtième) があった。タイユ税が平民にのみ課せられたのに対し、これらは全身分に課せられたが、実際の課税は特権身分に対して有利に行なわれていた。さらに平民に対しては、道路夫役、軍事輸送や民軍に従事する労役、軍隊への無償の宿泊施設等提供の義務などが課せられた。間接税としては、内外の商品流通に際して関税の形で徴収される「トレート」(traites)、「エード」(aides) とよばれる飲料品消費税、強制購買制にもとづく「塩税」(gabelle) があって、民衆の生活に重くのしかかっていた。しかもこれらの間接税は、その徴収が請負制になっていたため、この制度を悪用して徴税請負人たちが私腹を肥やしていたのである。(6)

一八世紀には、こうした苛酷な租税制度改善のために、「王国一〇分の一税」(dixme royale) や「定率タイユ税」(taille tarifée) もしくは「比例タイユ税」(taille proportionnelle) とよばれるものの設定など、さまざまな改革案が出され実際に試みられたが、ここにわれわれが問題にする行政機構改革案もまた、まさにこのような租税制度の、とりわけタイユ税課税の恣意性の改善を一つの主要な狙いとするものであったのである。

（1）邦訳ソヴィエト科学アカデミー版前掲書、七九七頁、参照。

（2）初めは司教区毎に選出されていたが、一六世紀以降王権によって任命されるようになり、その官職は売買された。

（3）Cf. Shepherd, R. P.: *Turgot and the Six Edicts.* Reprint. N. Y., 1971. pp. 43〜44. なお、一八世紀における地方長官たちの役割について、アンリ・セーはつぎのように述べている。「地方長官に関する限り、一八世紀において一段と増大し、彼らがしばしば熱意と叡知を傾けて果たすその職務の重要性と広さをここで力説する必要はない。しかし、その社会的役割は重大であるといわなければならない。彼らは、……しばしば本格的な門閥を形成しているし、高等法院界にぴったりと密着して、しばしばその一員となっていた。……

多くの人々は、大きな個人的財産をもっている。この社会的地位のおかげで、彼らは彼らの行政権上の独立性を増している。彼らは、リムーザンにおけるチュルゴーのように、しばしば進取の気性を示している。アンシァン・レジーム末期頃には、彼らは経済問題に——時として巧妙に——取組む。彼らが不人気なのは、自治の試み、すなわち州議会制度〔地方三部会制度——筆者〕に対して敵意を示すからであり、彼らに《専制主義》の代行人をみるからである。」Henri Sée: *La France économique et sociale au XVIIIe siècle.* 5e éd. Paris, 1952, p.98. 宮崎洋訳『フランスの社会構造——一八世紀における——』、法政大学出版局、一九七一年一〇月、一一六頁。ただし、引用は邦訳の通りではない。

(4) 徴税区裁判所《エレクシオン》は、パリ、トゥール、ルーアンなど二〇の財務管区に五ないし二一おかれ、ペイ・デタのブルゴーニュなどに四箇所、合計一七八設置されていた。

(5) 以上、つぎのものを参照。Shepherd, R. P.: *op. cit.* p.45; Marion, M.: *Dictionnaire des institutions de la France au XVIIe et XVIIIe siècles.* 1923. Réimpression. Paris, 1968. pp.198~201, pp.219~222; *Larousse du XXe siècle.* Tome V. p.435. 宮本又次『フランス経済史概説』、有斐閣、昭和二三年二月、一二九頁。

(6) Cf. Marion, M.: *op. cit.* articles: aides, capitation, cens, champart, corvée, ferme, gabelle, impôt, taille, traites, vingtième, etc.

(ii) 行政機構改革の試み

一八世紀における行政機構改革の最初の試みは、ペイ・デタの拡大・普及の試みとして行なわれた。ペイ・デタとは、すでに述べたように、地方三部会を有する州のことであり、地方三部会とは、「一つの州の三つの身分が、正規に組織され、定期的に召集され、かつ若干の政治的ならびに行政的権限——その主たるものは租税の票決権であった——をもつところの議会に集まること」[1]であった。またその仕事は、「その州の御用金(subsides)について票決し、その徴収、管理ならびに使用を行なう」[2]ことであった。地方三部会のもつこうした一種の自治的権限と自由が、ペイ・デタの方がペイ・デレクシオンよりもはるかにすぐれているという見解を生み、この見解はフェヌロン、サン＝シモン伯、モンテスキューらによって流布され、フェヌロンやブルゴーニュ公周辺の改革派の小グループは、例えばラングドック州の三部会をモデルとしてすべての州に三部会を設置することを最も切実な願いの一つとしていた、といわれる[3]。しかし、マリオンによれば、地方三部会制度に満足していたのは「三部会をみたしていた特権者たちにしか目をむけなかった人々」であった。彼は、その制度についてつぎのように述べている。「それらの州がそれ〔三部会〕に満足していたかどうかは、不幸にしてきわめて疑わしい。三部会は、本質的に寡頭政治的で、すべての進歩、すべての革新、全体の利益に対するすべての配慮にさからう機関であった。三部会の運営には金がかかり、著しく浪費的であった。その租税の割当ては、ベイ・デレクシオンにおけると同様非常に不公平であり、非常に不完全であった。それは、決して〔民主的な〕代議機関ではなく、三身分の形において議会に出る権利を与えていた時代おくれの奇妙な慣習と同様、このような代議機関にはまったく似ていなかった。事実、三身分のいずれも、それが選んだ人々によって代表されているにはほど遠かった。……選挙の役割は、ペイ・デタではほとんど無に等しかったし、納税者大衆は三部会成員を選ぶ権利をまったくもっていなかった。もしペイ・デレクシオンよりも彼らの租税負担が少なかったとすれば、……その原因は、何らかの抵抗に出会うところでは実際に国の徴税に手加減が加えられていたことによるのである」[4]、と。

かくして一八世紀後半になると、一方に、ミラボー侯[5]のように依然として「地方三部会の有用性」を主張する者もいたが、他方には、ダルジャンソン侯[6]のように「フランスに民主主義を拡大する」一方策として地方行政官を民衆のなかから選出してそれに一定の自治的権限を与えることを提唱したり、あるいはまた、チュルゴー[7]、デュポン・ドゥ・ヌムール[8]、ル・トローヌ[9]あるいはコンドルセ[10]のように地方三部会の欠陥やペイ・デタの地方的特権を厳しく批判し、これらを廃止して新しく「自治体」(municipalités)もしくは「地方議会」(assemblées provinciales)を設置することを提案する者が現われてきた。さらにまた、地方の州が三部会を要求するにしても、それはもはやペイ・デタの三部会をモデルにしたものではなく、旧来の三部会とは正反対のもの、つまり、第三身分の数を二倍にし自由な選挙によって代表を選ぶような方式の三部会であった。そして、一七八九年に「全国三部会」(États généraux)の召集が決まったとき、ラングドックやブルターニュやプロヴァンスでは、全国三部会への代表をみずから指名する従来の権利を依然として地方三部会が主張するのをみて、人々の怒りは州全体に広がり、一七八九年の最初の数箇月は、ペイ・デタにおけるほど革命的気運の高揚したところはほかになかった、といわれる。かくして、「地方三部会の消滅は、王国の再生と国民的統一の必要条件として立ち現われた[11]」のであった。

それではペイ・デレクシオンにおいては問題はなかったかというと、決してそうではなかった。エリュ、つまりタイユ税割当てのために王権の任命した役人たちの腐敗・堕落は恐るべきものであった。彼らは、一六世紀初頭にすでに、「利己的で、堕落し、地方の利益に汲々とし、ほとんど常にさらに大きな誤りの責任者となっていた。」リシュリュは、日常茶飯事な彼らの汚職を嘆き、彼らを「民衆の貧困の真の原因」であると考えていた。またコルベールは、エリュたちのうちに自分の善政の計画に対する妨害をみて、一六六二年に全面的廃止を準備したが、彼らの職を保障することが不可能であったため、精々地方長官たちに彼らの行動を監視させるにとどめなければならなかった。また、地方長官や地方三部会からは、エリュたちの弊害やその数の縮少あるいは徴税区裁判所撤廃についての訴えが頻繁に出された[12]。そして一八世紀には、エリュたちの活動の場は税務局(bureaux des finances)や地方長官たちによって侵蝕され、その権限は大巾に剝奪され、徴税区《エレクシオン》裁判所の権限もほとんど無に帰した。徴税区裁判所の廃止は、一七八八年五月の諸勅令によって一時実現した。かくして革命前夜においては、「エレクシオンは、もはや、そこにタイユ税の割当てが行なわれる財政上の区域としての重要性しかもっていなかった[13]」のである。

こうした情況のなかで、一七七五年五月には、租税法院《クール・デ・ゼード》みずから現行租税制度にみられる悪弊の改革について国王に建言書を提出し、ネッケルは、一七七八年にルイ一六世の同意を得てベリ州に実験的に「地方(州)議会」を設置し[14]、その後もいくつかの州(オート・ギエンヌ、ドフィネ、ブルボネ)に相ついで設置を試み、地方(州)議会を中心とした地方行政確立の利点と必要性を主張しつづけた[15]。さらにカロンヌは、ネッケルの仕事を受けつぎ、一七八七年の名士会にデュポンの「自治体」案にきわめて類似した提案[16]を行ない、ついで同年六月二二日の勅令によって全国のペイ・デレクシオンに地方議会を設置することを決定した。

(1)・(2)・(3) Marion, M.: *op. cit.* p. 219.

(4) Marion, M.: *op. cit.* pp. 219~210. マリオンはまた、「ペイ・デタよりもペイ・デレクシオンの方が文明がおくれていたというのはまったく真実に反するであろう」と述べ、むしろ「地方三部会をもたない州」での「地方長官たちの開明的で豊かな行政」を強調している。Marion, M.: *op. cit.* pp. 220〜221.

（5）ミラボー侯は、一七五〇年に、ペイ・デタの利点として、「租税の徴収における査定の正確さと公平さ」、「査定の恒常性と経済性」、「個々の内部行政の穏健さ」を挙げ、「地方三部会の有用性」を説き、「ペイ・デレクシオンをペイ・デタにすること」の利点を強調した。〔Marquis de Mirabeau〕: *Précis de l'organisation, ou Mémoire sur les États provinciaux*. Avignon, 1759, pp. 82〜83. これは、同著 *Utilité des États provinciaux relativement à l'autorité royale, relativemet aux finances, et relativement au bonheur des peuples*. 1750 の第一編および第二編の再録。なお、ダルジャンソン侯は、ミラボーのこの著作をモンテスキューの著作とする一方、彼はそこに主張されている「旧い制度」(ancien système) には反対の立場であることを表明している。*Journal et mémoires du marquis d'Argenson. Pub. pour la première fois d'après les manuscrits autographiques de la Bibliothèque du Louvre pour la Société de l'histoire de France par E. J. B. Rathery*. Vol. 6. Paris, 1764, p. 221.

（6）*Considération sur le gouvernement ancien et présent de la France par Mr. le Marquis d'Argenson*. Arnsterdam, 1764. Chaps. VI, VII.

（7）チュルゴーの考えは、一七七五年八月にデュポンが起草した『自治体に関する覚書』のなかに大部分とりいれられているように思われるが、一七六三年のつぎの著作はその萌芽を示すものとして重要である。Observations sur un projet d'édit remplaçant les vingtièmes par une imposition territoriale et préparé par le Contrôleur général〔L'Averdy〕. Schelle, G.: *Œuvres de Turgot et les documents le concernant*. Tome deuxième. Paris, 1914. pp. 251〜293. spéc. p. 265. なおこの著作は、デール版では、Observations sur un projet d'édit portant abonnement des vingtièmes et deux sous pour livre de dixième pour tout le royaume, avec un règlement pour la répartition desdites impositions となっている。Daire, E.: *Œuvres de Turgot*. Tome premier. pp. 444〜482.

（8）Mémoire sur Les Municipalités. Septembre 1775. Au Roi. 本稿三、四参照。なお、シュタインブレッヒャーは、デュポンの草稿の想源はミラボー侯やダルジャンソン侯にあるのではなくチュルゴーにあり、とりわけ彼の一七六三年の著作（注（7））に注目すべきである、としている。Adolf Steinbrecher: *Turgot-Du Ponts Munizipalitäten-Entwurf. Ein kritischer Beitrag zur Geschichte der Reformbestretungen vor der französischen Revoiution*. Marburg, 1910. S. 66 ff.

（9）Le Trône: *De l'administration provinciale, et de la réforme de l'impôt*, 1 vol. Bâle, 1770. nouvelle impression. 2 vols. Paris, 1788. Livre V. ル・トローヌも重農主義の線にそっているが、しかし、地方議会の設置方法、成員の条件・機能、下級の議会を指導・監督する「行政評議会」(Conseils d'Administration) や土地所有者と借地農《フェルミエ》で構成される「農村自治体」(Communautés Agricoles)

の設置等、多くの点でデュポンの構想と異なっている。Cf. Jérôme Mille: *Un Physiocrate oublié. G.=F. Le Trosne* (*1728～1780*). *Etude économique, fiscale et politique*. Paris, 1905. pp. 164～197.

(10) Essai sur la constitution et les fonctions des assemblées provinciales, 1788. *Œuvres de Condorcet publiées par A. Condorcet O'Connor, et M. F. Arago*. Tome huitième, 1847, pp. 115～558. spéc. première partie. Cf. H. Archambault de. Monfort: *Les idées de Condorcet sur le suffrage*. 1915. Reprint, 1970. Chap. III. コンドルセの場合も基本的には重農学派の線の上に立っているといえるが、しかしその主張（とくに成員の選出資格と方法）は、他の重農主義者たちに比べて、一層民主的でラディカルである。

(11) Marion, M.: *op. cit.* p. 221.

(12) Marion, M.: *op. cit.* p. 199.

(13) Marion, M.: *op. cit.* p. 200.

(14) *Mémoire concernant l'administration provinciale, donné au Roi, par M. Necker Directeur Général des Finances*. Strasbourg, 1781. 29 pp.（一橋大学メンガー文庫所蔵）参照。この中味は、*Mémoire donné au Roi, par M. Necker en 1778* で、ネッケルはここで、日毎に高まる地方行政に対する苦情に正当な非難を受けることなく無関心でいられる限界に達したとして、「地方行政制度もしくは自治的行政制度」(une Administration Provinciale ou Municipale) を「財務管区」(Généralité) にのみ実験的に設置する改革案を提唱している。

(15) Cf. *De l'administration des finances de la France par M. Necker*. Tome II, 1784, pp. 132～180.; *Compte rendu au Roi, et Mémoire sur les Administrations provinciales, par M. Necker*. Tome V, 1785, pp. 98～110. ネッケルにも重農学派の影響が多分にみられるが、しかし身分の区別は温存されており、その主張は全般的に保守的である。

(16) Cf. Denkschrift des Ministers Calonne über die Einrichtung von Provinzialversammlung (Ende November 1786). Hans Glagau: *Reformversuche und Sturz des Absolutismus in Frankreich* (*1774～1788*) München und Berlin, 1908. SS. 370～375. カロンヌの場合にも、身分別代表制が踏襲されており、代表の被選出資格は厳格である。

三　デュポン・ドゥ・ヌムール『自治体に関する意見書』（一七七五年）の諸テクストについて

一七七五年にデュポン・ドゥ・ヌムールによって起草された『自治体に関する意見書』のテクストについては、筆者の知り得た限りでは、つぎの七種類のテクストがある。筆者は、これらのうち、(1)の"L'original"以外はすべて参照し、相互に比較検討を行なった。そこで、『意見書』の内容の紹介・考察に入るに先立ち、各テクストの成立事情や特徴等について述べておきたい。

(1) "L'original," rédigé par Du Pont de Nemours "d'après les ordres et les instructions" de Turgot, "à la fin d'août 1775."（以下、「オリジナル」と呼ぶ。）

まず、この「オリジナル」の書かれた時期とプランの実施予定時期について、一七七八年二月一二日付バーゲン辺境伯カール・フリートリッヒ宛デュポン書簡は、つぎのように述べている。「殿下が私にお示し下さるご信頼にお応えし、かつまた、すぐにも実施されると思われる施策のプランを殿下のお目にかけるために、私は殿下に、私が一七七五年八月に起草しました(1)一編の意見書をお送りする光栄を得たいと存じます。私は、この意見書に従えば、翌年一〇月からフランスにおいて実施しはじめることができると考えておりました。チュルゴー氏は、どうしても必要な予備的措置のためにより多くの時間が必要であると考えて、このプランの実施を一七七六年の一〇月に延ばしました。と申しますのは、フランスでは会計年度は一〇月にはじまりますので、地租に関する手筈がその時期に間に合わなければ、一年間延ばさざるを得ないのです。けれども、一七七六年一〇月には、私たちはすでに五箇月前に免職になっていました(2)。」また、シェルが引用している一七八七年七月三日付Journal de Paris宛のデュポン書簡も、つぎのように述べている。「その保護者にして友人の命令と指示とに従って一七七五年八月の末にこの意見書を起草したのは、この最後の人〔『チュルゴーの生涯と著作についての回想録』の著者、すなわちデュポン・ドゥ・ヌムール――筆者〕であった。この意見書は、一度も国王に提出されなかった。彼の著作は、最初の下書としてのみなされねばならない。なぜならチュルゴー氏は、自治体に関する彼の見解の実施を翌年に延ばさなければならないと思っていたので(3)、彼が考えていたことの予備的な作業を行なわせることさえしなかったからである(4)。」ここには、一七七五年八月の草案の起草はデュポンの手によって行なわれたが、その理念はチュルゴーのものであること、また、その草案自体「最初の下書」にすぎず、早晩完全なものに書き改められる筈であったことが暗示されているが、これらの点については、一七七五年九月二三日付デュポン宛チュルゴー書簡、シェル引用の前記デュポン書簡および一八〇九年版デュポン編『チュルゴー著作集』第七巻三八六頁の付記が、よりはっきりと示している。すなわち、最初の書簡でチュルゴーは、「私は下書しか必要としていませんでした。私は、約一五年来この問題についてあまりに考えすぎてきましたのであなたが推測できないほど多くの考えをもたないわりにはゆきませんでした。ですから、私たちが全体について意見が一致したことは、見事な偶然でしょう。[5] 従って、最終の草稿は恐らく書きなおすことが必要となるでしょう。その上、私たちは会うことになるでしょう[6]」、といっている。またデュポン書簡は、「チュルゴー氏は、鉛筆で、文章上の多くの必要な訂正を指示し、また、この草案の思想上のいくつかの訂正さえ指示した[7]」、と述べている。さらに、デュポンの付記はつぎのようにいっている。「以下の覚書のすべての思想は、チュルゴー氏のものである。それらの思想は、彼が国民と国王の相互の利益のためにフランスに与えようと望んでいた機構の計画案を示している。その起草は、彼以外の人の手によって行なわれた。彼は、その最初の試案を、彼のもっとも親しい友人に委ねた。しかし、彼はこの試案を承認していたが、彼が友人たちの協力を許したすべての著作についてそうであったように、彼はこの上なく細心厳密にこの試案を訂正し、かつ全面的に書きなおそうと考えていた[8]。」

以上の説明から、この一七七五年八月のオリジナル草稿について、筆者はつぎのように考える。「全体について意見が一致した」というチュルゴーの言明ならびに「以下の意見書のすべての思想はチュルゴー氏のものである」および「彼はこの試案を承認していた」というデュポンの付記にもかかわらず、前者は必ずしも細部にわたってすべて完全に一致したことを示していないし、後者はデュポンが大巾に改作した一八〇九年版についていっていることである。しかも、チュルゴーおよびデュポン自身認めているように、この草稿は「下書」ないしは「最初の試案」にすぎず、また、チュルゴーによって文章上ならびに思想上の訂正がいくつか指示され、最終草稿は書き改められる必要があるとされている以上（現に、クニース編集の草稿でみる限り、非常に急いで書かれた形跡が歴然としており、文章はラフであって誤りが随所にみられる）、それらの訂正が施され、完全に書き改められない限り、いな、それは望み得ないとしても、少なくともチュルゴーが指示した訂正通りの草稿[9]が作成されない限り、この草稿をそのままの形でチュルゴーの著作とすることはできないであろう。たとえチュルゴーの思想が相当程度とりいれられているとしても、この草稿は、文章的にも思想的にも[10]、デュポンの著作とすべきであろう。それ故本稿では、この草稿のコピーといわれるクニース編集の草稿も、デュポンの著作として取扱うことにした。

(2) *Œuvres posthurms de M. Turgot, ou Mémoire de M. Turgot, sur les Administrations provinciales, mis en parallèle avec celui de M. Necker, suivi d'une Lettre sur ce Plan, & des Observations d'un Républicain sur ces Mémoires; & en général sur le bien qu'on doit attendre de ces Administrations dans les Monarchies.* Lausanne, 1787, 167pp.（小樽商科大学シェル文庫所蔵。以下、一七八七年版と呼ぶ。）

シェルが引用している一七八七年七月三日付チュルゴー勲功爵（財務総監チュルゴーの兄）宛デュポン書簡は、この著作に関してつぎのように言っている。「それが公刊された経緯はつぎのようです。あなたの弟さんがまだ生きておられた頃、ミラボー伯がヴァンセンヌ〔の監獄――筆者〕にあって無聊に死ぬ思いをし、大いに勉強して有益な著作に注目すべき熱意を示していたとき、私は彼を慰めるため日曜日毎に彼に会いに行っていました。彼はたえず私に、彼の勉強の役にたち、彼が下獄したときその入獄が彼を有用な人物になし得るような資料や覚書や論文を求めました。この目的のために私が彼に貸し与えた私の非常に多くの書き物のなかに、この著作が、すなわち、私の書いたもっとも悪くない著作の一つがありました。彼は私にそれを返しましたが、その写しをとったことを自慢するようなことはありませんでした。その後、彼はそれを自分自身の著作だとしてカロンヌ氏に与えました。それ故私は、ミラボーが時としてどんなふうに自分の作品を書いたかを示すために、私の手になるオリジナル（あなたの弟さんの鉛筆による書込みのある原稿）を大臣に提出しなければなりませんでした。その後、彼は金が必要になり、あなたの弟さんの名前がその覚書により高い値段をつけると考えて、その原著者を私であるとはせず私の保護者だとすることによって、それを書店に売り渡したのです。しかも彼は、どうみてもその著作は彼が受けとったかあるいは受けとりたいと思っていた金に相当するほど大部なものではなかったので、二つの雑駁な文章をつけ加えてその分量をふやしたのです。私は、この二つの文章のうちの一つはミラボーのものであり、もう一つはクラヴィエール（Clavière）のものだと思っています。[11]」また、「抗議」の意味で送られた同日付Journal de Paris宛デュポン書簡は、つぎのように述べている。「出版されたばかりの海賊版は、その上、きわめて不正確である。それには多くの脱落や間違いがみられ、そのためひどい誤りを犯している。それには非常に奇妙な付録がつけ加えられているので、その著作がチュルゴーのものでないことが人々に知られたときそれはほとんど買われないだろうということを著者が分っていなかったとすれば、彼はその公刊について二重に苦しむことになるだろう[12]」、と。

この著作の出版のいきさつが真実デュポンのいうとおりであるとすれば、それはきわめて遺憾なことであるが、それはともかくとして、これは、Préface de l'éditeur（二頁弱）、Mémoire sur les municipalités à établir en France, / Tiré du porte-feuille de M. Turgot, Contrôleur-général des Finances（九四頁）、Lettre / Adressée à M. le Comte de M***, par M...sur le plan de M. Turgot（一四頁）およびObservations d'un républicain, Sur les différens systêmes d'Administrations provinciales, particulièrement sur cenx de MM. Turgot et Necker, et sur le bien qu'on peut en espérer dans les Gouvernemens monarchiques（五五頁）から成っており、Mémoireについて「オリジナル」のコピーといわれるクニース編集のそれと比較してみると、デュポンのいうとおり多くの脱落や誤りがあり、ひどく杜撰なものであって、とうていテクストとしての用をなさない。しかし、チュルゴーおよびネッケルの地方行政についての思想や政策を批判したObservations d'un républicain,…は、それなりにかなり興味深いものである。

(3) *Des Administrations provinciales, Mémoire présénté au Roi, par feu Turgot.* Lausanne, 1788, 168 pp.（一橋大学メンガー文庫所蔵。以下、一七八八年版と呼ぶ。）

これは、前記一七八七年版の再版と思われる。[13] Préface de l'éditeurがないこと、MémoireのタイトルのTiré du……以下がないこと、および組版の関係で一頁多くなっていることのほかは、構成・内容ともまったく前年版と同一である。

(4) Mémoire au Roi / Sur les Municipalités, sur la hiérarchie qu'on pourroit établir entre elles, et sur les

services que le Gouvernement en pourroit tirer. *Œuvres de Mr. Turgot, ministre d'état, Précédées et accompagnées de Mémoires et de Notes sur sa vie, son Administration et ses Ouvrages.* Tome septième. Paris, 1809, pp.387～482.（以下、デュポン版または一八〇九年版と呼ぶ。）

これには、冒頭にPlan d'administrations municipales と題する一頁たらずの付記（本節七五頁の引用文（注(8)）を見よ）が、また末尾に「彼〔チュルゴー〕がこの草案に行なおうと考えていた主要なかつきわめて重要な付加」とデュポンが称するところのものを述べた二頁強の付記が併載されている。Mémoire本文には、クニース編集のものと比較すると、句読点やパラグラフの区切り方のみならず、標題や文章にも多くの変更（追加、削除、書変え）がみられ、かつまた長文の書加え（とくに四六四～四六六頁）や註記が行なわれていて、まったく別文の感を与える。従って、これはもはやチュルゴーの著作どころではなく、純然たるデュポンの著作というべきであって、チュルゴーの著作集にも入れられるべきではなかったであろう。かつてミラボー伯の「海賊版」を非難した当人が、みずから堂々とこのような改作を行なったことは不思議というほかはない。

(5) Mémoire au Roi, sur les Municipalités, sur la hiérarchie qu'on pourrait établir entre elles, et sur les services que le gouvernement en pourrait tirer. (…1775.) *Œuvres de Turgot. Nouvelle édition classée par ordre de matières avec les notes de Dupont de Nemours augmentée de lettres inédites, des questions sur le commerce, et d'observatians et de notes nouvelles par MM. Engène Daire et Hippolyte Dussard et précédée d'une note sur la vie et les ouvrages de Turgot par M. Eugène Daire.* Tome second. Palis, 1844, pp.502～550.（以下、デール版と呼ぶ。）

これはデュポン版の再刷であるが、デュポンの冒頭の付記の一部が省略されているほか、綴字がモデルニゼされ、句読点や字体に多くの変更が加えられている。さらに、わずかながら、文章の区切りが変更されている。しかし、内容的にはまったくデュポン版と同一である。

(6) Mémoire sur Les Municipalités. Septembre 1775. Au Roi. *Carl Friedrichs von Baden brieflicher Verkehr mit*

Mirabeau und Du Pont. Bearbeitet und eingeleitet durch einen Beitrag zur Vorgeschichte der ersten französischen Revolution und der Physiokratie von Carl Knies. Erster Band. Heidelberg, 1892. SS. 244～283.（以下、クニース版と呼ぶ。）

この版に関して、クニースはつぎのように言っている。「つぎの復刻版は、まえに述べたように、デュポンが一七七五年九月にカール・フリートリッヒ・フォン・バーデンに送ったところの原本（Exemplar）から忠実に引用されている[15]」、と。しかし、デュポンが一七七五年九月に辺境伯に送ったというのは疑問である。なぜならデュポンは、彼の一七七八年二月一二日付けパリ発カール・フリートリッヒ宛書簡のある箇所で、「私は殿下に、私が一七七五年八月に起草しました一編の覚書をお送りする光栄を得たいと存じます（aurai）[16]」と未来形でいっており、また別の箇所でも、「私が殿下に献呈したいと願いまたそうしなければならないその著作は、今ここにはもっておりません。それは、すべての私の文書とともに私の田舎にあります。私は、その写しをとり（copierai）、それを殿下のもとにおとどけさせる確かな機会をみつけるでありましょう（chercherai）。と申しますのは、私はそれを、郵便の無思慮に委ねたくはないからです[17]」と、やはり未来形でいっているからである[18]。また、この「写し」が前記「オリジナル」とまったく同じであったかどうかは、その「オリジナル」が発見されない限り確認の方法がない[19]（例えば、「オリジナル」が「一七七五年八月末」に書かれたとすれば、テクストの「一七七五年九月」という日付は何を意味するであろうか）。が、少なくとも現時点では、このクニース版が知られている他のすべての諸版よりは「オリジナル」に近い、と推定できるであろう[20]。従って筆者は、本稿の執筆にあたってこの版を底本として用い、随時他の諸版を参照した。

(7) Mémoire sur les municipalités. *Œuvres de Turgot et les documents le concernant avec Biographie et Notes par Gustave Schelle.* Tome quatrième. Paris, 1922, pp. 574～621.（以下、シェル版と呼ぶ。）

『意見書』についての簡単な解説とそれをめぐるミラボー伯の事件の説明等のためにシェルがこのテクストにつけた付記によれば、この版の公刊にあたりシェルが従ったのはクニース版である[21]（「一八〇九年にデュポンが行なった変更のうちもっとも重要なもの」が注の形で示されている)。にもかかわらず、クニース版と比較してみると、どうしたわけか(多分読みやすくするためであろう)、このシェル版にも、字体、句読点の打ち方、文の区切り、段落のとり方に多くの相違がみられるばかりか、さらに、単なる誤植とは思われないいくつかの字句の変更や語の脱落すらみられるのである。テクストの厳密な校訂の必要が痛感される。

(1) この起草がデュポンの所領であるシュヴァンヌ(Chevannes)において行なわれたことが、この書簡および一七七五年九月一一日付けのデュポン宛チュルゴー書簡によって知られる。Carl Knies: *Carl Friedrichs von Baden brieflicher Verkehr mit Mirabeau und Du Pont.* Erster Band. Heidelberg, 1892, S.194.; Gustave Schelle: *Œuvres de Turgot et les documents le concermant,* Tome quatrième. Paris, 1922, p.676.

(2) Knies, C.: *op. cit.,* ibid.

(3) シェルは、この延期の理由について、デュポンに依拠しながらつぎのように述べている。「チュルゴーの意図は、会計年度更新以前の一七七五年一〇月にこの大改革を成功させることであった。このためには、七月には詳細にわたってプランが完成していることが必要であった。それは、国務会議に提出され、ついで国王に提示され、そして公表されたであろう。〔一七七五年四月から五月にかけての――筆者〕穀物騒動〔いわゆる小麦粉戦争〕がその仕事をおくらせたので、チュルゴーは、一七七七年会計年度の準備のとき、すなわち一七七六年の秋にはじめてそれを確固たる提案の対象とするよう考えなければならなかった。しかるに彼は、この年の五月に失脚したのであった。」Schelle, G.: *op. cit.,* 569~570.

(4) Schelle, G.: *op. cit.,* p.571.

(5) 一七七八年二月一二日付カール・フリートリッヒ宛デュポン書簡は、彼が「地租の割当て」の問題についてチュルゴーとともに考える「多くの機会」をもったことを示している。Kies, C.: *op. cit.,* S.193.

(6) Schene, G.: *op. cit.,* p.676.

(7) Schene, G.: *op. cit.,* p.571.

(8) Du Pont de Nemours: *Œuvres de M^{r}. Turgot, ministre d'état, Précédée et accompagnée de Mémoires et de Notes sur sa Vie, son Administration et ses Ouvrages.* Tome septièeme. Paris, 1809, p.386.

(9) 筆者は、このような草稿を作成する目的で、デュポン自身の手に成るこの「オリジナル」、すなわち、チュルゴーの「鉛筆による書込みのある原稿」(Schene, G.: *op. cit.,* p.574)の所在をフランスの Bibliothèque Nationale と Archives de France に、またアメリカの Eleutherian Mills Historical Library に問合わせたが、いずれからも所蔵していないとの回答があった。

この「オリジナル」は、ミラボー伯がデュポンからみせられたこの草稿をもとにして一七八七年にいわゆる「海賊版」(l'édition furtive)を出したとき、ミラボー伯の欺瞞を証明するために、デュポンはそれを大臣カロンヌに「提出しなければならなかった」といわれる(Schene, G.: *op. cit.*, pp. 570~574)。そこで筆者は、カロンヌもしくはデュポンの文書のなかにそれが保存されていないかどうかを問合わせたわけであるが、残念ながら、回答は否であった。

(10) 右に指摘した点以外に、クニース版でみる限り、(イ)あまりに重農主義的で農業唯一生産論および土地単一税論に固執していること、(ロ)教育に関する「国民」中心の思想と自治体の構成に関する「土地所有者」中心の主張との間に必ずしも論理的に整合しない側面がみられること、(ハ)王権の位置づけについてチュルゴーらしからぬラディカルな側面がみられること、(ニ)借地農の役割を意外に軽視していることなど、内容的にも、この草稿の思想は、必ずしもチュルゴーのそれと完全に一致するものではないように思われる。本論文の四、五を見よ。

(11) Schene, G.: *op. cit.*, pp. 573~574.

(12) Schene, G.: *op. cit.*, p. 572.

(13) 一七八七年版の編者は、その最終頁の注で、みずからをコンドルセとおぼしき人物に擬しており、また、新版を印刷中である、と述べている。*Œuvres posthumes de M. Turgot*,… Lausanne, 1787, p. 167.

(14) この点について、クニースはつぎのように述べている。「一八〇九年にデュポンによって刊行され一八四四年にE・デールによって再刷された『自治体に関する意見書』は、一七七五年のもとのテクストのもっとも重大な変更を示しており、その限りでは、一八世紀のアンシアン・レジーム時代の文献にはまったく属しない。デュポンは、明らかに、チュルゴーの行政に出来する歴史的文書の復刻が問題なのだという考えからはまったくほど遠く、デュポン版『意見書』にあとから多くの改変をほどこすことによってチュルゴーの名声を高めなければならないと信じていたのである。……しかしこの一つの文章〔デュポンが一七七五年の草稿に書き、一八〇九年版では故意に省いた最後の一つの文章――筆者〕は、私の考えでは、この『意見書』がデュポンの作品であるということだけでなく、それが彼によって一つの「最初の試案」としてではなく、国王への最終的報告用に確定された意見書として提出されたのだということの証拠として十分であろう。デュポンが、一八〇九年に、すっかり書き改められかつ内容に種々変更が加えられた『チュルゴーの意見書』に、チュルゴーが話すことも聴くこともできなかったような命題をもち出させていることにほとんど憤りを感じないためには、人々はつぎのことを想い出す必要があろう。古典古代を模範として培われた一八世紀のフランスの歴史家たちにとっては、事実の細部についての文献学的な考証の正確さを求める現代の努力よりもむしろ、表現技術にもとづく一著作の実際的影響の方が重要であったのである。そして、おまけにデュポンは、長年の編集者としての活動を通じて、明らかに他の人々以上に、あとの思考方法に慣れることができたのである。さらに、まさしくデュポンが、再び、もっとも親密で大いに尊敬する著者〔チュルゴー〕からこの点について叱責を受けなければならなかったことは、実際、事実として認めなくてはならない。」Knies, C.: *op. cit.*, SS. 242〜243.

(15) Knies, C.: *op. cit.*, S. 243.

(16) Knies, C.: *op. cit.*, S. 194.

(17) Knies, C.: *op. cit.*, ibid.

(18) 実際に送られた正確な時期は不明である。シェルは、「一七七八年に、デュポンは彼が起草した覚書の写しをバーデン辺境伯に伝えた (communiqua) としている (Schelle, G.: *op. cit.*, p. 574) のに対し、シュタインブレッヒャーはつぎのように述べている。「一七七九年にカールスルーエに送られたこの写し《コピー》は、なおもそこに存在しており、バーデン歴史委員会の命令のもとにカール・クニースによって出された出版物（ハイデルベルク、一八九二年）、すなわち『ミラボーおよびデュポンとのカール・フリートリッヒ・フォン・バーデン往復書簡集』第一巻二四四〜二八三頁に公表された。」（傍点筆者）Steinbrecher, A.: *op. cit.*, S. vii.

(19) シュタインブレッヒャーは、この「写し」をとった段階ですでにデュポンが改作したことを示唆しているが、それは果たしていかなる根拠にもとづくのであろうか。「チュルゴーが鉛筆でそのかたわらに≪文章上の多くの必要な訂正と思想上のいくつかの訂正までも≫指示したオリジナルは失われている。手稿の形および印刷によって伝えられている諸草案については、H・グラガウの研究（『歴史学雑誌』第九七巻四八〇頁以下）に従ってつぎのように考えなければならない。デュポンはしばしば自分の諸テクストを改変した。彼がバーデン辺境伯カール・フリートリッヒのために写しを作成したとき、すでに彼はこの自由を利用した、と。」Steinbrecher, A.: *op. cit.*, S. viii. なお筆者は、グラガウの上記論文をみることはできなかった。

(20) Cf. Steinbrecher, A.: *op. cit.*, S. 21, Anmerkung 2.

(21) Schelle, G.: *op. cit.*, p. 574.

四　『意見書』の構想

デュポンの『意見書』は、つぎの八つの部分から成っている（番号は筆者による）。

(1) この『意見書』の「目的」およびフランスの行政の現状について述べたいわば序文にあたる部分。

(2) 国民を新たな社会機構に組み入れさせる方法について述べた部分（「個人および家族をよき社会機構に立派に組み

入れさせる方法について」(De la Manière de préparer les Individus et les familles à bien entrer dans une bonne constitution de la Société))。

(3) 農村の構成とその自治的行政組織について述べた部分（「農村の自然的構成ならびに農村に設置する自治的行政の種類について」(De ce qui constitue naturellement les Villages, et de l'espèce de l'Administration municipale dont ils sont susceptible))。

(4) 都市の自治的行政組織について述べた部分（「都市および都市自治体について」(Des Villes et des Municipalités Urbaines))。

(5) 第二段階のエレクシオンの自治的行政組織について述べた部分（「第二段階の自治体あるいはエレクシオンについて」(Du second Degré de Municipalités ou des Élections))。

(6) 第三段階の州の自治的行政組織について述べた部分(「第三段階の自治体あるいは地方議会について」(Du troisième Degré de Municipalité ou des Assemblées Provinciales))。

(7) 最終段階の自治的行政組織である全国議会について述べた部分（「大自治体あるいは王国自治体または王国全国自治体について」(De la Grande Municipalité, ou Municipalité Royale, ou Municipalité générale du Royaume))。

(8) 以上の行政組織を確立するにあたっての注意事項、諸段階の自治的行政組織相互の間の連絡方法、これらの行政組織の利用方法ならびに全体の要約を述べた部分（「上記提案の組織の確立のためにとるべき注意。諸段階の自治体間の連絡方法。これらの自治体の可能な利用方法。全体の要約。」(Précaution à prendre pour l'établissement proposé. Marche de la correspondance entre les différents degré de Municipalités. Usage qu'on en pourra faire. Résumé général.))。

つぎに、これらの各部分の概要を示す。

(1) この『意見書』の執筆者は、まず、行政に関する従来の慣習を批判することから始める。彼は言う。「人々は重大な事柄について、無知と野蛮の時代にわれわれの祖先が作ったものを検討しそれを例としてなすべきことを決定するというあの慣習を、あまりにも多く用いてきた。この方法は、権威として示される事実の多様性のなかに正義を迷い込ませるのに役立つにすぎない」、と（p. 224. 以下、本節の本文中の頁数はクニース版の頁数を示す）。では、どうすればよいのか。まず、「人間の権利と利益」は何であるかを知り、理由もなく作られた過去の制度をやめ、もろもろの悪弊を改革して、この人間の権利と利益とに立脚した行政を行なうべきである。「国王は、その命令の実施にあたり、みずからを絶対的立法者とみなし、そのよき国民を信頼することかできる」が、それを可能とするためには、過去の状態の歴史を知るよりも、現在の国民の状態（situation）や要求（besoins）や能力（facultés）を十分詳しく知ることが必要である。また、「行なわれるべきことの大部分がおのずから行なわれるような〔行政の〕形態」を考えなければならない（pp. 244～245）。そして、この『意見書』の目的は、まさにこのような行政形態の探求にあったのである。

デュポンは、フランス国民の不幸の原因はフランスに確固たる行政機構がないことであるとし、人間的つながりの面でも行政機構の面でもばらばらな状態にあって「共通の利益」の欠如したところには決して「公共の精神」は生まれないことを強調する。彼は、国王に対してつぎのように言っている。「陛下、不幸の原因は、陛下の国民がまったく組織された機構（constitution）をもっていないということからきております。陛下の国民は、結びつきの悪いさまざまな身分と相互の間にほんの僅かな社会的絆しかもたない人々によって構成された社会であります。従ってそこでは、ほとんど誰もが独りよがりな個人的利益にしか専念しないし、そこには苦労して自己の義務を果たす者も、他人との関係を知ろうとする者もほとんどおりません。それ故、お互いの理性と明識も解決できなかった主張と策謀のこの永遠の争いのなかでは、陛下は、すべてを、みずからあるいは陛下の代理人によって決定しなければなりません。……陛下は、すべてについて、しかも大抵の場合、個別意志によって決定しなければなりません。ところが、もし陛下の国の必要不可欠の部分が正規の組織をもち明確な関係をもっているならば、陛下は神として一般法によって統治し得るでありましょう」、と（pp. 245～246）。彼はまた、つぎのように公共の精神の欠如を嘆く。「そこ〔収入の秘匿と摘発の戦い――筆者〕には決して公共の精神はありません。なぜなら、そこには目にみえるはっきりした共通の利益がないからであります。その成員がかくもばらばらな村や都市では、彼らが属している地域での彼らの間のつながりはもはやみられません。彼らは、彼らに必要な公共事業のいかなるものも共同して行なうことはできません。」(p. 245)

デュポンは、従来のペイ・デタに関連してつぎのように批判している。「しかしながら、これらの州の若干のものは、一種の組織された機構を、一種の公共の意思である議会をもっている。それは、ペイ・デタと呼ばれるものである。しかし、この三部会は、その主張が非常に多様でそしてその利益が相互にかつ国民の利益ともきわめてかけ離れた諸身分で構成されているので、それがその行政に関与している州のために望ましいすべての改善を行なうには程遠い存在である」(p. 247)。だから、「地方のこうした中途半端な良策〔=地方三部会〕は恐らく愚策」であり、「この良策を享受している州はそれだけ改革の必要を感じることが少ない」ので、まったく機構をもたない他の州には、ペイ・デタよりも『もっとよく組織された機構』を与えねばならない。なぜなら、そうすることによってペイ・デタも現行形態の欠陥を正すことを望むようになるからである、と(ibid.)。かくしてデュポンは、現在の「分裂の精神」(esprit de désunion)をなくし、「秩序と団結の精神」(un esprit d'ordre et d'union)を実現するために、『拒むことのできない一つの教育により、きわめて明白な一つの共通の利益により、この利益を知りその利益について熟考しかつそれに服する必要性によって結びつけるところの、すなわち、個人を家族に、家族をそれの所属する村や都市に、地域をその一部をなす州に、最後に州を国家に結びつけるところの計画』を立案しなければならない、と力説するのである(ibid.)。

(2) そこでデュポンは、「必要と考えられるすべての制度のなかで第一にして恐らくもっとも重要なもの」として「国民教育評議会」(un conseil de l'instruction rationale)の設立を挙げる。その理由は、「国民の第一の絆は道徳《ムルス》であり、道徳の第一の基礎は社会における人間のすべての義務について幼時から行なわれる教育である」からである。彼は、「市民を作り上げる」「方法と制度」がないことを指摘し、「国民教育」が「公共の観点と首尾一貫した原則にもとづいて」この評議会によって行なわれるべきことを要求する(p. 248)。

では、この国民教育評議会の仕事は何か。それは、「すべての教育政策を監督する」ことであり、「文人たちを有用ならしめる」ことである。そして同評議会は、その監督のもとに小学校からアカデミーまでのすべての機関を包括し、「新教育体制」(un nouveau système d'éducation) の確立をめざすが、その目標とするところは、「社会のあらゆる階層のなかに、高潔で有用な人間、公正な人間、純粋な人間、情熱をたたえた市民を作り上げる」ことであり、とくに青少年のすべての教育に「祖国愛の目」を一貫してゆき渡らせることである (ibid.)。そのための第一の仕事は、「家族と国家の成員たる市民の義務の研究が他のあらゆる研究の基礎となり、その他の研究は社会に対する有用性の順位に従って位置づけられるように、一つの首尾一貫した計画にもとづいて標準的教科書を編纂すること」である (ibid.)。当時何らかの一貫性をもって行なわれていた唯一の教育は「宗教教育」(l'instruction religieuse) であったが、これに対してはデュポンは、その一貫性の不十分さ、教科書の多様さを指摘し、しかも、「宗教教育は特殊に天上の事柄に限定されている」だけに市民道徳のためには十分ではなく、それが日頃行なわれている「排他的特権」の横暴を抑制できないでいるのもその証拠である、と批判している (pp. 248〜249)。彼は、すべての市民に対する教育の機会均等の利益を説き、「道徳的ならびに社会的教育」の必要性を強調する。(2) 彼は、向う一〇年間における教育効果を期待して、「これからの一〇年間に、陛下の国民は見違えるようになるでありましょう。また、明識とよき道徳と陛下ならびに祖国に対する献身への理性的情熱とによって、陛下の国民は現在存在しまた過去に存在した他のいかなる国民よりもはるかにすぐれた国民となるでありましょう」、と述べている (p. 249)。彼は、「特別の覚書」を用意して国民教育に関する詳細を国王に進言するつもりでいたようであるが、結局それは果たされなかった。もしそれが果たされていたら、コンドルセが立法議会ならびに国民公会で起草した国民公教育計画(3)に比肩し得るほどのプランがその二〇年も前に実現していたかも知れない。が、それはともかく、デュポンは、恐らくチュルゴーの強力な示唆を受けてであろうが、このような国民教育=市民教育によって国民の知性を開発し、公共の精神と祖国愛を培い、社会的紐帯を確立し、もって、彼の意図する行政機構改革(ならびに当時彼らの考えていた財政、経済および宗教的教育に関する一連の大改革)のための精神的基礎を築き上げようとしたのである。

(3) デュポンによれば、新しい行政機構の第一段階の地域区分は、従来の宗教行政上の区分である「聖堂区」(paroisses)(若干の広域聖堂区の場合は「支聖堂区」(succursales))を基礎とするのが適当である。これは、一人の主任司祭がその職務を行なうのに適した広さをもっていて、すでに村のために利用されてきたが、これを村の政治行政に利用しようというのである。彼は、全国の村の聖堂区に「聖堂区議会」(assemblée paroissiale)を設置することを提案するが、その仕事は、(イ)租税の割当を行なうこと、(ロ)村道の建設等村にとくに必要な「公共事業」(ouvrages publics)を行なうこと、(ハ)「貧民の救済」(police des pauvres)とそのための福祉事業を行なうこと、(ニ)隣村や郡の大規模な公共事業と聖堂区との関連を知り、この点についての聖堂区の希望を、その決定権をもつ上級の機関に提出することである(pp. 250~251)。しかもデュポンは、これらの仕事を従来の行政官吏にまかせないで、新しい行政担当者を形成しようとする。では、その原理は何か。村の行政のための労力は「各人がみずから自発的にみずからの利益のためにとる」べきものであるから、他村の者や上から任命された役人を当てたりせず、同村の者を用いなければならない。では、この「村の自治行政」は誰が行なうのか。それは「不動産を所有する者」である。デュポンによれば、一見、村に居住するすべての「家長」が参加すべきであるようにみえるが、その場合には数が多すぎていろいろな争いや支障をきたし、彼らが貧しいと売職によって腐敗しやすく、また日傭農民《ジュルナリエ》は居住が不安定で「どこにも属しない」ので、結局、「土地所有者」のみが聖堂区議会に参加し、そこでの投票権をもつ、というのである(pp. 251~252)。しかし、この理由の背後には、明らかにつぎのような重農主義的理念が存在していたのである。いわく、「動産の富は、才能と同様失われやすい。また不幸なことに、土地をもたない者は、心情や意見や幼時からの仕合わせな臆断によってしか祖国をもち得ないであろう。彼は必要にかられて祖国をもつのではない。彼は強制をまぬがれ、租税をのがれる。彼が租税を支払うようにみえるとき、彼はその支出の全体を転嫁し、彼に賃金を支給する不動産の所有者に支払わせるのである。これは、商人も必ず行なうことである……」、と(p. 252)。かくして、「土地の所有は、それの生む果実と収入とによって、賃金を必要とする人々にその賃金を与える手段をもたらし、人を社会の《賃金労働者》(gagistes)の階級にではなく《支払者》(payeurs)の階級に所属させるだけではない。それはまた、所有者を絶ちがたく国と結びつけることによって真の《市民》権（droit de *cité*）の基礎を構成する。それ故、聖堂区内に不動産をもつ人々にのみ、この権利の行使、いいかえれば聖堂区議会での投票権を、合法的に与えることができるように思われる」、というのである（p. 253）。

ではすべての土地所有者が平等に一票の投票権をもち得るかというと、デュポンによれば、そうではない。その資格に制限が加えられるのである。すなわち、一人の市民が生活し得るだけの土地をもつ者に対してのみ一票の投票権が与えられる。なぜなら、土地財産が細分化されつつある現状においては「時には耕作も行なわれず何の価値もない数ペルシュの土地によってしか土地所有者の仲間に属しない者」がおり、このような者が五万リーヴルの地代を得る土地所有者と同様に一票の投票権をもつことは「自然でない」と考えるからである（ibid.）。彼はつぎのようにいっている。「一人の市民が生きてゆけないような小さな土地を購入することによって、投票権を、別の言葉でいえば、市民権を与えるところの一票を、獲得できるというのは自然ではない」、と（pp. 253～254）。しかしデュポンによれば、一家族を養うだけの土地をもたない者は「家長的土地所有者」（propriétaire chef de famille）ではないが、だからといって彼はまったく投票権をもたないわけではない。彼はその投票権を、土地所有者としての資格においてはもたないが、いわばその土地の大きさにおいてもつのである。デュポンは、一家族を養うだけの土地財産をもつ者、すなわち、「最少限六〇〇リーヴルの土地純収入もしくは麦約三〇スチエ相当の土地純収入」をもつ者を「完全市民」（un citoyen entier）、「自由保有農」（un franc-tenancier）、「自由市民」（un franc citoyen）あるいは「家長的市民」（le citoyen chef de famille）と呼び、そうでない者を「部分的市民」（citoyen fractionnaire）と呼ぶ。例えば、土地純収入を三〇〇リーヴルしかもたない者を「二分の一市民」（un demi-citoyen）、一〇〇リーヴルしかもたない者を「六分の一市民」（un sixième de citoyen）と呼ぶ。そして、前者には一人一票の「市民的投票権」（une voix de citoyen）が与えられるが、後者には二人または六人に一票の割でしか投票権が与えられない。つまり、彼らは二人または六人で一つのグループを作って一人の「代表」（un député）を指名し、その代表が家長的市民となる。そして、聖堂区議会に加わることが許されるのはこの家長的市民だけである。従って、「部分的市民」または「部分人」（fractionnaires）たちは、彼らのグループ（その組合わせは自由で、もっとも適した形が選ばれる）による「個別小会議」（une petite assemblée à eux particulière）で代表を選ぶ権利をもつのみで、「全体会議」（l'assemblée générale）に加わる資格もそこでの投票権ももたない。かくして、市民的投票権をもつ者は約一〇〇家族もしくはそれ以上に五ないし六人（その大部分は部分的市民の代表）の割となり、聖堂区議会は比較的小人数で構成されることになる。また、それに加わる「市民」の選挙、すなわち部分的市民による完全市民の選挙は毎年行なわれるので、「公民的投票権」（voix civique）はもっともふさわしい人に与えられる、というのである（pp. 254〜255）。

ところで、部分的市民にはその土地収入の合計が六〇〇リーヴルに達する幾人かの集りに対して一票の市民的投票権が与えられるのに対し、一人で六〇〇リーヴル以上の収入をもつ者には六〇〇リーヴルの倍数だけの票が与えられ、しかも複数の聖堂区において収入をもつ者にはその各々においてそれぞれの収入に応ずるだけの票が与えられるのである。デュポンは、この点についてつぎのようにいっている。「陛下御自身さまざまな資格で多くの地位をもっておられます。陛下は、ナヴァールの王であり、ヴィエノワの王太子であり、プロヴァンスの伯爵であります。それ故、市民二人分の持ち分をもつ人間を二人の市民とみなすことは矛盾致しません。かくしてその人間は、一つの聖堂区における持分が他の聖堂区においてて何物も与えたり奪うことなく、多くの聖堂区で多くの持分をもつことができます。彼にこの特権を享受させることは、彼の財産の本性が彼に与えるところのものだけを彼に許すにすぎません」、と（p. 256）。しかもこのやり方によれば、「大抵の場合もっとも教育を受けた者に大多数の決定権を与える」ことになり、それだけ議会をそうでない場合にくらべて「より理性的」なものにする、というのである（ibid.）。この考え方は、まさにブルジョワ的でありかつまた貴族的でさえあるが、それにもかかわらずデュポンは、聖堂区議会で討議されることは、富者が貧者の抑圧者となるような事柄ではなく、両者に共通の利益となるような事柄である、と考えている（ibid.）。

デュポンは、「財産に応じて市民的投票権を配分する方法」の利点として、(イ)投票権の数が財産の額を表わしているので、その数を基準として租税の割当てを公平かつ容易に行ない得ること、(ロ)各人は十分な投票権を得るために財産の正直な申告を行なうようになること、を挙げている（p. 257）。しかし、(ロ)についてはその確たる保証はないであろう。また彼は、村の自治的行政組織設置の利点として、(イ)「それぞれの土地において、とくにそこに必要な公共事業の完成を確実ならしめること」、(ロ)「王国の総土地台帳（un terrier général）の簡単で費用のかからない作成」を挙げ、前者については、農業に対する道路建設の重要性を説き、公共事業が住民の生活を安楽にし、租税支払能力を増し、貧民の救済を容易にすることを指摘する。また後者については、デュポンは、「測量と地形図」（arpentage et cartes topographiques）による土地の詳細な記録は「投票権認定」に役立つことを強調している（pp. 257～259）。

デュポンは、聖堂区議会の仕事の「唯一最大の障害」は種々な租税の性質の違いによる割当ての困難さにある、と租税体系簡素化の必要を指摘するとともに、「土地と収入の最小部分しかもたない民衆に公租の最大部分の負担を転嫁することを強いてきた」現行租税制度をきびしく批判し、貴族および聖職者たちの享受する免税の特権を非難する（p. 259）。デュポンによれば、元来租税は「国の一切の収入に対して平等に」割当てられるべきものであるにもかかわらず、現実の割当てはきわめて不公平であるため、「その所有地の維持と改善のために民衆のなかの土地所有者たちの手に残るべき富」をあまりにも少なくさせているのである。またデュポンは、あらゆる種類の取引と消費に課せられる「間接税」の悪影響を指摘し、「もっと負担が重くなく破壊的でない形態」を導入する必要を説く（pp. 259～260）。この点には『意見書』の最後の部分で再度言及されるが、そこにもまた重農主義的色彩が強くうかがわれる。

つぎに議会への参加の仕方についていえば、聖堂区議会において租税の割当てが審議される際、現実に負担する租税が問題にされるときにのみ、その関係者がすべて参加し投票権を行使するのである。例えば、貴族も聖職者もともに免税されている「不動産タイユ税」（taille de propriété）およびその「付帯税」（accessoires）が問題にされるときには彼らは審議に加わる必要はないが、二〇分の一税が問題にされるときには、それを負担する貴族は第三身分の土地所有者と同様審議に参加してその収入の総額が許すだけの市民的投票権をもち、また、公共事業や貧民の救済あるいは間接税に代わる何らかの租税の割当てが問題にされるときには、三身分ともこれにかかわりをもつであろうから等しく審議に加わり投票権を行使すべきである、という[4]。そして、聖堂区議会も、当面、現行租税形態の複雑さに応じて、第三身分のみが負担する租税だけを取扱う「小会議」(petite assemblée)、第三身分と貴族が負担する租税を取扱う「中会議」(moyenne assemblée) および三身分に共通する事業や割当てを討議する「大会議」(grande assemblée) の三つの形で召集する以外になく (pp. 261～262)、デュポンは、このような方式を、「聖職者および貴族の現実の諸特権を侵害しないための適当な」「措置」と考えるのである (p. 263)。

土地所有者に対する課税の点で注目すべきことは、現実に収入のある土地の所有者ばかりでなく、現実に収入はないが肥沃でない土地よりもはるかに少ない支出でもって収入をあげ得ると思われる土地、例えば「装飾用庭園に用いられた土地」の所有者にも課税し、同時に議会への参加を許し市民的投票権を与えるべきである、とされていることである。デュポンは、こうした課税、いわば潜在的土地収入に対する課税はきわめて富裕な人々に対してのみ行なわれることになるが、民衆の負担を軽減することによって国の必要に応えようとする場合には、金持ちに対するこのような「臨時税」もその割当ての基礎がしっかりしておれば差支えない、と考えるのである (p. 262)[5]。さらに、「地代」(rentes foncières) や「物納年貢」(champarts) や「領主一〇の一税」(dîmes seigneuriales) あるいは「聖職者一〇の一税」(dîmes ecclésiastiques) もまた土地からの収入であるから、それらの取得者に対しても、それらを支払う土地の所有者 (それらを支払う場合にはその分だけ土地収入から控除される) と同様、その収入に応じて投票権が与えられなければならない、とされている (p. 263)。けだし、このことは重大である。なぜなら、従来免税の特権を享受してきた領主や地主や教会すなわち貴族や聖職者に対して議会への参加を許しそこでの投票権を与える代わりに、土地収入取得者たるの理由で課税することになるからである。これは、彼らの現実の特権を直接廃止することを宣言しない代わりに、土地収入に対してのみ課税するという重農主義的土地単一税の原則を貫徹することによって封建的租税制度の不合理を是正し、特権諸身分の特権を実質的に無効にし形骸化しようとするものであった、と考えられるのである。

かくして、聖堂区議会への参加を許され、そこでの投票権を与えられるのは、いかなる地位・身分の者であろうと、その聖堂区内に有する土地財産もしくは土地収入の額に応じてである。いいかえれば、貴族や聖職者が聖堂区議会に参加するのは決して「別個の身分」としてではなく、「土地収入をもつ市民」としてである。従って、上述の「措置」にもかかわらず、聖堂区議会は、聖職者、貴族、平民それぞれが身分として参加していた従来の身分制議会たる地方三部会と決して同じものではなく、それ故また、聖職者と貴族が「別個の身分として別々にではなく、一様に著名市民のなかの第一人者として投票する」ことを規定した「名士会」に関する一七六四年の勅令の原理にもそうものである、とデュポンは強調する（ibid.）。

つぎに聖堂区議会の運営上注目すべき点は、「〔議決が〕賛否同数の場合、同数票に対する裁決権は最大多数の人間すなわち部分的市民にゆくように定める」とし、また、一人の領主または金持ちがその収入によって投票権の半数ないし半数近くをもち、しかも残りの半数が一致して彼の意見に反対しているような場合には、異議申立人は請願書によって一段階上級の議会であるエレクシオンの議会に上訴し判断を仰ぐ権利をもつ、としていることである（p. 264）。これらはともに、富裕者によるその有利な条件の濫用を防ぐためのものとして注目される。

最後に聖堂区議会は、三人の「役員」（offiers）を、すなわち、議題提出権もしくは投票集約権しかもたない「総代、区長もしくは議長」（syndic, mayeur ou président）一名、聖堂区の文書および台帳を保管する「書記」（greffier）一名およびエレクシオン議会への「被選出者もしくは代表」（élu ou député）一名を決めるが、これら三人の役員を三年毎に全員交替させるか再任を許すかは、各聖堂区の自由に委ねられる（pp. 264〜265）。

(4)　都市行政に関しては、デュポンは、既存のそれ[6]の批判から始める。彼は、すべての都市に「一様にみられる」「ギリシア・ローマの都市制度に由来する統制的精神」が各都市を孤立させ、個々に小共和国と化し、田園や農村を悪しき利益のために犠牲にしてきたこと、また、都市の通商と公共事業の妨げとなってきたことを指摘する。そして彼は、この「無秩序と排斥の精神」に代わって「団結と平和と互助の精神」を確立する必要を説く（p. 265）。では、現在の都市行政を「改革する」原理は何か。それは、農村の場合と同様、「誰も自分に関係することと自分の財産の管理以外には口を出さないこと」である。具体的には、「家屋と土地」である。従って、「都市の問題がとくにかかわりをもつのは常に都市の家屋と土地の所有者に対して」であり、「都市自治体を形成するのは彼らの役割である。」（pp. 265〜266）。

ところでデュポンによれば、農村の市民的投票権と真の対等性をもつように彼らに市民的投票権を付与するためには、「六〇〇リーヴルの家賃収入」をもつ者にではなく「一万八、〇〇〇リーヴルもしくは麦約九〇〇スチエ相当の土地」の所有者に付与すべきで、これが農村における六〇〇リーヴルの収入もしくは麦三〇スチエの収穫をあげ得る土地財産の所有者に匹敵する、という[7]（p. 266, pp. 267〜268）。なぜなら、そもそも家屋は「生産的財産」ではなく「高価な商品」であり、その価値はその建築に用いられた資本の価値であって、家屋の賃貸料は大部分がこの資本の「利子」にすぎない。ところが、家屋の性質上、この資本はそこから引出される利子と同様消滅しやすいので、家賃だけで生計を立てている家族は「国に根づいた家族」ではなく、「単にその場所にいるにすぎない」（デュポンは、土地所有者を「市民」（citoyen）と呼ぶのに対し都市の家屋所有者を「都市生活者」（citadin）と呼んで意識的に区別する）。だから、「家屋所有者の祖国に対する真の確固たる紐帯」、すなわち、彼の「真の市民権」が帰着するのはこの「土地の価値」にである、というのである（pp. 266〜267）。要するに、そこにはつぎのような土地財産に対する絶対の信頼感があった。すなわち、「家賃」のなかには「家屋の建築に投下された資本の利子」と「土地財産の真の収入」とを区別することが困難であるから、市民的投票権は「一定の収入」（un certain revenu）にではなく「土地によって決定される一定の資本」（un certain capital déterminé en terrain）に与えられるべきであり、そして、「資本投下と収入の間の比率」（une proportion entre l'employ des capitaux et les revenus）によって計算された市民的投票権付与に適した都市における土地の価値は上記の価値である、というのである（p. 267）。

デュポンによれば、パリにおいても実際に一万八、〇〇〇リーヴルの価値の土地をもつ者は非常に少なく四〇人そこそこである。だから、大部分の家屋所有者は部分的市民で、彼らは二五人ないし四〇人で「投票市民」（citoyens votants）

一人を選ぶことになり、都市の各「聖堂区議会あるいは地区議会」(assemblée paroisiale ou de quartier) は、農村のそれと同様、非常に少人数で構成され、それだけ都市行政が容易となる (p. 268)。また、都市の行政担当者については、一聖堂区しかない小さな都市では「投票市民」のなかから市長その他の役員を選出してもよいが、聖堂区の数が多く従って投票市民の多い大きな都市では、各聖堂区から一、二名の役員を選出するかあるいは各聖堂区議会で一定数の選挙人を選出しそのなかから役員を選出することによって「市の役員」を構成する。さらに非常に大きな都市では、各聖堂区の選挙人が選出した人々のなかから国王が任命してもよい。パリやリヨンのような大都市の治安は、市の役員だけに任せないで国王が任命した行政官が当たる。大都市は、いくつかの聖堂区あるいは地区の集りで、一つの「共同体」であるから、聖堂区議会あるいは地区議会への行政の「細分化」(subdivision) もしくは「都市内小自治体」(petites municipalités intérieures) が不可欠である (pp. 268～269)。貧民救済は聖堂区議会が担当し、公共事業、公共施設・港湾・道路等の管理は市の役員が行なって聖堂区の代表に報告する。租税の割当ては、各聖堂区議会で投票権の配分に従って行なわれる (p. 269)。

デュポンは、当時の大部分の都市が抱えていた政府公債の引受けあるいは市債の発行にもとづく多額の債務の返済方法や「公設穀物倉庫」その他の公共施設の都市自治体への移管の利点について説明し、さらに、穀物入市税廃止の利益を強調する (pp. 269～270)。都市自治体は、農村自治体と同様、それが属する「エレクシオン」(élection) もしくは「郡」(arrondissement) に代表一名を送り、かくして全行政体系のなかにみずからを組み入れる (p. 271)。

(5) 第二段階の自治体たるエレクシオンの議会は、そのエレクシオンもしくは郡に含まれる第一段階の各自治体の代表各一名によって構成される。ただし、市民の数が多い州都の場合は、代表は各二名、パリは四名にしてもよい。また、エレクシオン内の聖堂区の数が多すぎる場合、各エレクシオン内の聖堂区の数が州内の郡の数とほぼ一致するように聖堂区を再配分し調整してもよい。さらに、エレクシオン議会に参加する代表の「順位」が彼の代表する聖堂区の市民的投票権の数によって決められ、同数の場合は抽選で決められる。この順位は、各聖堂区のいわば富裕度を表わし、毎年更新される。代表には重要な問題を決定し得る権限が与えられるが、同時にまた、下級の自治体の問題を上級の自治体にもちこまないようにすることが望ましい、とされる（pp. 271〜272）。

エレクシオンの議会は毎年二回開かれ、最初に議長一名と書記一名を選出し、二回目に州議会への代表一名を選出する。彼らの任期は一年、また会期は「二回で精々八日か一二日」である。エレクシオン議会の仕事は、代表が書記に提出する各聖堂区の市民的投票権数を記載した「台帳」（registres）によって都市および村の「順位」を決めることである。この台帳に記載されている市民的投票権の数は各「聖堂区の現勢と収入額」を表わしているので「聖堂区間の比率」は各聖堂区への租税の割当ての基準として役立つのである。租税の割当ては、州議会開催後に開かれる二回目の会議で行なわれるが、それは、各聖堂区毎に作成される「小会議」、「中会議」および「大会議」の各「名簿」（rôle）によって行なわれる。すなわち、第一の名簿によって第三身分だけが負担する租税が、第二の名簿によって貴族と第三身分がともに負担する租税が、そして第三の名簿によって全身分が負担する租税が、各身分のもつ市民的投票権の数にもとづいて割当てられる（pp. 272〜273）。

租税の割当てについで、各代表は、郡全体にとって有用でしかも郡内のすべての聖堂区の協力を必要とする公共事業の要求を出し、議会が多数決で決定したのち、それに必要な費用を、各聖堂区の全身分の市民的投票権数に応じて算定し割当てる。その場合、天災等の被害を蒙った聖堂区は負担分の軽減を申し出ることができ、申請者を除いた裁決によって認められれば、その軽減分は残りの聖堂区に割当てられる。また被害がきわめてひどく他の聖堂区によっても負担しきれぬ場合には、州議会に援助を求めることができる（pp. 273〜274）。

さらにエレクシオン議会は、聖堂区議会からその代表を通じて提出される上述の請願を審議する。そしてその決定は、当該聖堂区にとっては法律としての効力をもち、全員一致の議決とみなされる（p. 274）。最後にこの議会は、州議会への代表一名を選出し、州議会に提出すべき決定事項と郡内全聖堂区の台帳の「抜粋」を記載した書類（これには聖堂区のリストと各聖堂区の人口、部分的市民数、身分別市民的投票権数が記載される）の写し一通を彼に託す。また、聖堂区の代表は、自己の聖堂区の「地形図」の写し各一通をエレクシオン議会に持参するが、後者は、郡の地形図とともにその作成の基礎となった全地形図の写しを州議会に送る（pp. 274〜275）。

(6)　第三段階の自治体である「州議会」（Assemblée Provinciales）は、第二段階の自治体すなわち同一州内のエレクシオンおよび郡の議会の代表各一名によって構成され、その人数は三〇名を超えない。この議会は、やはり年二回開かれ、初回に、エレクシオンもしくは地域（郡）の状態を確認し、そこに含まれる公共体（聖堂区）の数およびそれら公共体の有する市民的投票権の数に従ってその「順位」を決める。つぎに、自然災害の有無を調査し、負担の軽減もしくは援助を行なう必要がある場合には直ちにその決定を行なう。また、州全体あるいは郡のために行なうべき公共事業の費用負担の決定を多数決で行なう。公共事業は、州内ではエレクシオン規模あるいは聖堂区規模でも行なわれるが、他州にまたがるときには文書で協力を申し入れたり、王国全体におよぶ場合には、全国議会への州代表を通じて協力を求める。自然災害についても同様である。州議会は、全国議会に対して州の台帳の写しと地域諸議会の台帳の抜粋を提出する。全国議会開催後に開かれる第二回会議で、自州の租税負担額を各地域に割当てる。会期は、第一回が三週間、第二回が八日間（pp. 275〜276）。

(7)　「王国全国自治体」（Municipalité générale du Royaume）は、自治的行政ヒエラルキーの最終段階であって、これの成立によって王国のもっとも辺鄙な場所をも包括する自治体網が完成する。これは、州議会の代表各一名で構成されるが、一名の「補助者」（adjoint）をつけることができる。この補助者は、不慮の事故の場合の代理をつとめるほか、代表の仕事を手伝う。補助者は議会に傍聴者として出席し得るが、議席も投票権ももたない。全国議会には閣僚も議席と投票権をもち、必要に応じて国王が臨席して討論に参加し、意見を述べることができる。そこでは、全国的規模の公共事業に関する、あるいは災害または公共事業のための州への援助に関する支出額の決定が行なわれる。また、その他さまざまな目的のための国費の支弁に要する額を、国王みずからもしくは財務総監を通じて全州に要求する。被災州のための軽減額または援助額は、租税負担額に按分比例して当該州以外の州に割当てられる。デュポンは、これらの割当ての決定は初年度には現行の行政形態のもとに知事によって各聖堂区に割当てられるのでやや恣意的に行なわれるかも知れないが、次年度以降は各自治体の実情が明確にされるので、割当ての欠陥を是正して、最大限に完全で公正なものにすることができる、という。最後に、全国議会は、各自治体の記録を基礎にして、王国全体の土地台帳すなわち「総土地台帳」(un terrier général) を、「一年間」で、「何の苦労も出費もなく」、「すべての人々の満足のいくように」作成する (pp. 276~277)。

(8) デュポンは、古い行政形態に代わる全国の新しい自治的行政組織の内容について以上のような構想を述べたのち、この構想を実現するに当たっての前提条件ともいうべきいくつかの事項を提案する。

その第一は、現行租税制度とりわけ王税《タイユ》の改正である。彼は、タイユ税およびその付帯税について、国民に向ってつぎのような趣旨をもった声明を国王に出させるつもりでいた。その趣旨とは、(イ)タイユ税の割当てにおけるあらゆる恣意件を排除する、(ロ)貧しい農村労働者のタイユ・ペルソネルと人頭税を廃止する、(ハ)農村において「タイユ・デクスプロワタション」(taille d'exploitation)、「タイユ・ペルソネル」(taille personnelle) およびタイユ・ペルソネルの「付帯税」(accessoires) の名のもとに課せられているすべての租税を「タイユ・レエル」(taille réelle) のもとに統合し、それを不動産に対してその収入に応じて割当てる、(ニ)いかなる地位・身分にあれ、土地所有者のみがこれを支払う、(ホ)租税支払いの基準は耕作物や動産ではなく不動産の価値そのものとする、(ヘ)「借地農《フェルミエ》」が契約の初め以来借地契約によって支払ってきたタイユ税およびその他の付帯税と、契約の終りまでに土地所有者に対し毎年一定して支払わなければならない年平均額」について、現在のすべての借地農と土地所有者との間で確認を行なわせる、(ト)あとから必ずその分を決済するという条件で、土地所有者はその租税の支払いを借地農に委託したり、代わって支払わせてもよい、(チ)タイユ税の割当てのため聖堂区内に行政機関を設ける、(リ)この行政機関はすべての土地所有者で構成され、各人はその収入に応じて参加する、(ヌ)この機関に参加し討議し得るのは一家族を生活させ得る土地財産をもつ者だけで、彼らにのみ議席と完全な市民的投票権を与える、(ル)その他の土地所有者は合同して議席と投票権をもち得る、などである (pp. 278~279)。

デュポンによれば、自治制度確立の手順はつぎのようである。まず最初に聖堂区議会に与えられる特典やその運営の詳細についての「規程」が出され、その「一箇月後」、都市自治体のための「第二の声明」が出され、さらに「三、四箇月後」、自治制度網確立のための「大勅令」が出される。彼は、これらの手続きのために翌年初めまでかかり、最初のエレクシオン議会が開催できるのはすべての収穫が確定する「一七七六年一〇月の初め」であろう、という（p. 279）。

つぎに、各段階の議会に送られる代表について、デュポンはつぎの点を指摘している。(イ)聖堂区議会からエレクシオンの議会へ代表を出すことは容易であるが、後者から州議会へ代表を送ることは、「これらの成員の大部分は農村の立派な土地所有者である」が故にその仕事の都合上困難なこともあるので、代表を送るか否かは議会の自由に委ねられる、(ロ)聖堂区の代表で州議会にまで出る時間と能力に欠けている場合には、他の聖堂区の代表を送ることもやむを得ない、(ハ)聖堂区議会およびエレクシオン議会の代表の俸給は、二回の会期一箇月についてのみ支給され、例えば、一日一二フランまたは一期間一五ルイとする。また州議会の代表の俸給は、パリ滞在期間六週間に対して一、〇〇〇エキュ、補助者は一、〇〇〇フランとする（pp. 280～281）。

各議会開催の時期は、つぎのように考えられている。(イ)聖堂区議会は、「日曜日に、聖式ミサが終り晩課ののちに」行なわれる（p. 279）、(ロ)州議会の第一回会議は、エレクシオン議会の第一回会議終了三日後、つまり一〇月一一日頃開かれ同月末までに終了する、従って、全国議会はパリで一一月の初めに開催できる。(ハ)全国議会に参加する州議会代表は、持参する各州の記録の抜粋に従って、一箇月でそのリストを作り、半月で各州への租税の割当てを行なう。またその間、州のための公共事業または援助に関して討議を行なう、(ニ)第二回州議会は、一二月下旬に約八日間開かれ、エレクシオンへの租税の割当てのみを行なう、(ホ)州議会に参加したエレクシオンの代表は、翌年一月初めの第二回エレクシオン議会（約四日間）に州議会での決定を報告し、一月八日から一五日の間に聖堂区への租税割当てを行なう、(ヘ)議会の解散からつぎの選挙までの期間についても、議長、書記および代表は、台帳を閲覧しその保存を管理する資格と権限を保持する（p. 281）。

最後にデュポンは、以上のような自治的行政機構の性格および特徴について、とくにつぎの点を強調する。(イ)議会を通じて租税の改革を要求させ同じ議会を通じて改革を行なうことになるが、議会は所詮議会にすぎず、国王は依然としてこれら改革の主体として存在し得る、(ロ)身分制議会（三部会）の長所はすべて備えているが欠点はすべて取除かれており、国民を国に対する現実の有用性と土地財産によって占める地位とによって区分しているにすぎず、国民を一体となすのに貢献する、(ハ)貴族や聖職者を現在免除されている租税の改正に慣れさせ、その割当ての確かな基準を与える、(ニ)租税の増収をもたらすことによって民衆の負担を軽減し、さらに第三身分のみが負担する租税を徐々に廃止することを可能にする、(ホ)すべての土地収入に対する唯一の統一的租税を確立することによって、フランス国民を、全土地所有者を基礎とした完壁で明白な社会とすることができる、(ヘ)聖堂区から州にいたる「地形図」によって数年のうちに「フランスの状態」を完全に知ることができる、(ト)自治制度は、青少年教育のよき素材となり、彼らに公正と公共の精神を自覚させる。とくに「国民教育評議会」の行なう公民教育とそれの作成する教科書は、子供たちの心に「人間愛と正義と慈愛と祖国愛の原理」を植えつけることができる、等々（pp. 282～283）。

かくしてデュポンは、数年ののちには、「新しい国民にして、諸国民のなかの第一の国民」（p. 283）が誕生することを保証するのである。

（1）デュポンは、「社会に結合した人間の権利は、人間の歴史にではなくその本性にもとづいている」と述べているが、この点、人間の諸権利の根拠をそれらの歴史的起源に求めるチュルゴーの考えと一致するかどうか疑問である。Cf. Turgot: Plan d'un ouvrage sur le commerce, la circulation et l'intérêt de l'argent, la richesse des États, vers 1753～54. Schelle, G.: *Œuvres de Turgot*. Tome premier. pp. 378～381, etc.

（2）高等教育は、コレージュにおいて、「生徒の席次が社会において果たさせ得る職務に応じて」行なわれる（p. 249）。

（3）松島鈞『フランス革命期における公教育制度の成立過程』、亜紀書房、第一版第二刷、一九六九年九月、五六～七〇頁を見よ。

（4）借地契約のもとにおかれ従って「開拓地タイユ税」（taille d'exploitation）を負担する土地については、その土地の借地農《フェルミエ》に申告を行なわせるとともに、彼または彼の代理人に投票権を行使させる（p. 261）。

（5）デュポンは一八〇九年版で、このような課税は、「財産権の行使に対して当然示すべきすべての尊重を示すことであり、同時にまたその正しい限界を示すことである」、と言っている。Schelle, G.: *op. cit.* p. 597.

（6） 旧制度下の都市行政の実態に関しては、Marion, M.: *op. cit.*, article: Municipalités. pp.387〜391を見よ。

（7） デュポンは一八〇九年版で、今日では麦の価格と都市の土地資本に対する評価が変わったので、二四、〇〇〇フラン（＝リーヴル）もしくは麦八〇〇スチエ（パリでは、一スチエ＝四ミノ＝約一五〇リットル）または九六〇キントー・メトリック（一キンタル・メトリック＝約五〇キログラム）相当の土地をもっていなければならない、と述べている。Du Pont: *op. cit.*, pp.442〜443.

五　結び――『意見書』の特徴、問題点およびその評価――

一七七五年八月にチュルゴーとのいくたびかの討議の末、彼の「命令と指示とに従って」デュポンによって書かれたという『自治体に関する意見書』の内容は、おおむね以上の通りである。つぎに、その特徴と問題点およびそれに対する評価を述べておきたい。

(i) 特徴

第一に、この『意見書』の構想は、租税改革と行政機構改革と国民統合の同時実現を狙った非常に規模の壮大なものである。すなわちそれは、一方において、現実のフランスのきわめて不平等な租税体系ときわめて恣意的な租税割当制度の根本的改革を主眼として行政機構を下から段階的に再組織するとともに、他方において、「国民教育評議会」を中心とした上からの「道徳的ならびに社会的教育」の普及によって知的・精神的に再教育された新しい国民を育成し、これらの新たな組織と新たな主体とをもって国民国家としての新たな統一体を創出しようとするものであった。なるほど、この構想においては、絶対王政と封建的身分制度の枠組は温存されており、聖職者や貴族の「現実の諸特権」を侵害したり国王の「権威」を低下させることのないよう考慮が払われている。しかし、ここに執拗なまでに貫徹されているところのすべての土地財産もしくは土地収入に対する比例的課税といういわゆる重農主義的土地単一税の原理は、土地所有者もしくは土地収入取得者という共通条件において「身分」の枠を打ち破り、特権諸身分の免税の特権を事実上無効にし形骸化するものであったし、また、議会を通じて改革を要求させ議会を通じて改革を実施する（pp. 281〜282）という新しい行政形態は、国王は依然として国政の「長」(le maître) たり得るとの主張 (p. 282) にもかかわらず、政治の主体は国王から国民の側に推移し、必然的に王権の絶対性の相対的低下を招かざるを得ないことも否定できないであろう。われわれはこの点に十分注目すべきであって、それは、上からの改革であるとはいえ、封建的絶対王制のなしくずし的改革にほかならなかった、といい得るであろう。

第二に、この構想を財政・経済上の観点からみるならば、苛酷なまでに重い租税負担に打ちひしがれていた農民大衆をそれから解放することによってその生産力と購買力を培養し、また、その租税負担を富裕な土地所有者もしくは可処分所得としての土地純収入取得者に転嫁することによって不生産的支出を抑制し、国庫収入を確実ならしめ、もって国家の経済的再建と財政の建全化を同時に実現しようとするものであった。とくに、財政経済上の重要な基礎として「自由保有農」や資本家的企業者農民である「借地農」に着目していることは、行政機構改革の理論的根拠として重農主義的経済学説を積極的に導入しようとするものであった。

第三に、この構想は、コルベール以来のフランス絶対王制における官僚統制主義的中央集権化政策を是正しようとするものであった。すなわち、租税の割当て、公共事業、貧民や災害の救済事業等限定された範囲内においてであれ、従来の行政政策の隘路となっていた諸問題について地方の行政組織に自治的権限を委ね、地方の実情と民意を中央に反映させることによって中央行政を適正かつ円滑に機能させようとするものであった。

第四に、とくにその教育論には、啓蒙主義特有の人間と歴史とに対する楽観的信頼感が強くうかがわれる。さまざまな「排他的特権」によって分断され疎外されたフランス国民に、教育を通じて「公共の精神」と「祖国愛」を自覚させ、真に「市民」としてまた「国民」として再生させ、もって彼らを政治行政の基礎とし担い手たらしめようとするその教育理念は、フランス革命期の公教育理念の先駆をなすものであり、まさに一八世紀啓蒙主義の所産であった。

しかし、以上のような民主的で地方自治的な国民国家創出の構想にも、つぎに指摘するようないくつかの問題が含まれていた。

(ii) 問題点

第一に、「自治体」における「自治」の内実が上記の諸事項に限定されていて、その範囲に十分な広がりが与えられていない。それは、いわば、締めすぎた官僚主義的中央集権の手綱を幾分ゆるめ、中央政府の手にあまる仕事を「自治体」に肩代わりさせるといった程度のものであった。目的は、十分な地方分権、完全な地方自治制度の確立よりも、むしろ中央行政の、とくに租税の割当て・徴収事務の、円滑かつ効率的な運営にあった。従って、この「自治体」には予算権や立法権は与えられておらず、サニャックやウーレルスも指摘しているごとく[1]、王権ならびに中央政府に対するそれの関係は単に諮問的な関係にとどまっており、「自治体」は諮問機関としての性格を脱していない。すなわち、それは精々、旧来の「地方三部会」[2]からその封建的・身分的性格としばしば保身的・反王権的であったその抵抗権(具体的には課税承認権)を取り除き[3]、あるいは「名士会」を一層非身分制化した形で組織されたものであり、従って「王国全国自治体」も、構成・機能ともに、「全国三部会」とも革命期の「国民議会」ともその性格を異にしていた。それは、決して現代的意味での代議機関ではなかったのである。

第二に、新行政機構と従来のそれとの関係は必ずしも明確ではない。例えば、従来の「地方長官」や「地方三部会」の権限と新設の「自治体」のそれとの関係、あるいは「地方長官管区」や「ペイ・デタ」等の従来の行政区分および「財務管区」等の財政上の地域区分と新行政機構の母胎となる「聖堂区」――「エレクシオンおよび郡」――「州」との関係は、明らかではない。デュポンによれば、チュルゴーは最初ペイ・デレクシオンについてのみ改革を行ない、その改革の利点が証明された暁にペイ・デタの改革についても国王に要請するつもりであったといわれ[4]、また、「自治体」の構想は彼の考える行政機構改革の「ほんの一環」にすぎなかったといわれるので[5]、いずれ全面的な改革が予定されていたのであろうが、少なくとも新旧両機構併存期における関係は明らかにされていない。

第三に、従来の複雑で不平等な租税体系を土地単一税という簡明な原理で整理統合しようとする意図は十分理解できるが、近代的租税原理としてはそれはあまりにも単純であり、また、政治的原理としても十分合理的ではないであろう。デュポンは、第三身分を租税の重荷から解放しようとするあまり土地所有者のみを過度に重視しており、現実の教育水準の問題があったとはいえ、そのために富裕な土地所有者に不当に多くの投票権を与えることになったし、工業者や土地をもたない農民などの土地所有者以外の民衆をまったく議会から排除する結果になった。換言すれば、デュポンは身分の不平等を打ち破るのに土地所有の不平等をもってしたのであり、彼のいう「国民」＝「市民」とは結局「土地所有者」にほかならなかった。われわれはここに、重農主義的課税原則ならびに政治原則の歴史的・階級的限界をみるのであり、また、全国民に対する教育の機会均等を標榜するその公教育理念との論理的不整合をみるのである。

第四に、租税制度の改革は、課税原則や租税体系の改革のみにとどまってはならず、徴税制度についても行なわれなければならないであろう。しかるに、租税割当ての方法についてはその改革の方策が具体的に示されているが、その徴収方法については、奇妙にも、何も示されていない。とくに、当時もっとも大きな弊害をもたらしていた間接税の徴税請負制度の改廃は、当然問題にされるべきであった。『意見書』は、直接税たるタイユ税の改革と同時に間接税の廃止を考えていたようであるが、その具体的構想は示されていない。とくに、徴税請負人たちによる抵抗やその職の補償の問題は十分に考えられるべきであったと思われる。

最後に、技術的な点でとくに問題が予想されるのは、財産もしくは収入の申告の信憑性と市民的投票権確定の作業であろう。前者についてはデュポンは、富裕者にはそれだけ多くの市民的投票権が与えられる（議席は名誉的なものとみなされている）ので、申告に偽りがなくなるだろうと確信しているが、租税負担という代償の上に立って、果たして期待通りにゆくという保証はないであろう。また後者については、「部分的市民」の取り扱いにおいて、「完全市民」となるためのグループの作り方や彼らの間における租税の割当てと徴収の作業等々において複雑で面倒な問題が起きることが予想されるが、これらの点についても、デュポンはきわめて楽観的である。

(iii) 評価

以上のような特徴と問題点をもつデュポンの『意見書』を、われわれはどう評価すべきであろうか。筆者は、この評価にあたって、それのもつ歴史的意味と現実性について考えてみたい。

この『意見書』は、すでに述べたように、階級的にみて著しくブルジョワ的である。デュポンがなぜ土地所有者にのみ議会への参加を許したかは、これもすでにみたように、教育水準上の問題や経済理論上の帰結にもとづくものであった。では、その政治的意味は何であったか。たとえ婉曲な形で表現されているにしても、結局それは、第一身分と第二身分の免税の特権を実質的に形骸化し無効にすることによって、彼らを第三身分の上・中層階級とともに王権の支配下に組入れることであった。換言すれば、それは、従来の特権諸身分を中心とした行政機構――それは積年の腐敗を露呈していた――を第三身分を中心としたそれに組み変え、再編し、もって、王権の維持・強化に資することであった。

ところで、フランスにおける王権と特権諸身分との闘争の歴史は長い。特権諸身分の主たる牙城は、三部会(地方三部会と全国三部会)および高等法院(とりわけパリの高等法院)であった。彼らは、三部会においては課税承認権を武器とし、また高等法院においては法令登録権を盾として、王権としばしば激しく対立した。彼らのそうした権限は、元来王権の濫用に対して掣肘を加える限りにおいて一定の意味をもっていたが、逆にまた王権の伸張にとっては邪魔物となり、また彼らがそれらの権限を利己的・保身的に用いるにおよんで、特権諸身分と王権との対立は決定的となった。そして、全国三部会は一六一四年以来召集されなくなり、地方三部会も官僚行政の拡大にともない次第に衰退の過程をたどった。パリの高等法院もまた、一八世紀だけでも、一七九一年九月に最終的に廃止されるまでに四度以上(一七二〇年、一七五三年、一七七九年、一七八七年等)の追放と一度の全面的解体(一七七一年)を蒙らねばならなかった。そして王権は、「全国三部会」に代わってその成員を国王が選任する「名士会」を利用し、また従来の高等法院に代わって一時「モプーの高等法院」(le parlement Maupeou)と呼ばれるもの(国王選任の諸「評議会」(conseils)の集り)を創設した。

「自治体」(Municipalités)あるいは「地方(州)議会」(Assemblées provinciales)の問題は、こうした情況のもとに生じてきたのである。すなわち、全国三部会を奪われた特権諸身分は、地方三部会を依り所として、王権側の政策とりわけ特権諸身分に対する課税をともなう新税(例えば一〇分の一税)の設定に激しく抵抗していた。他方、次第にその勢力を伸張させてきた第三身分は、国内関税の撤廃、穀物取引の自由、生産物課税の廃止、同職組合の廃止等固有の要求をもって王権と対立するにいたった。そして第二身分は、一方で特権諸身分に対して対等の地位を要求しながらも、他方において増税や新税の設定には彼らと同盟して王権と闘うようになった。ここにおいて王権側は、第三身分の要求に応えながら特権諸身分の抵抗を抑制する方策をとった。それは、特権諸身分と第三身分の同盟に楔を打込むことであった。一八世紀後半におけるマショー・ダルヌヴィル（Machault d'Arnouville, 財務総監在位 1745~54）、ベルタン（Bertin, 同 1759~63）、ラヴェルディ（L'Averdy, 同 1763~68）、チュルゴー（Turgot, 同 1744~76）、ネッケル（Necker, 同 1777~81, 1788~90）、カロンヌ（Calonne, 同 1783~87）らの比較的開明的な財務総監たちの施策は、その方向を如実に示している。彼らは、特権諸身分の激しい抵抗を受けながら、租税の前の平等を、穀物取引の自由を、夫役ならびに宣誓同職組合の廃止を、そしてまた地方（州）議会の設立を、提唱したのである。

ところで、デュポンの「自治体」について言えば、それは、従来の地方・全国三部会における身分制議会としての運営形式すなわち三身分同数代表および身分別投票の形式を改めるため、土地所有者もしくは土地収入取得者の名において「身分」の枠を突き破り、同時にその資格において、第三身分所属者を可能な限り議会に参加させようとしたのである。これは、三部会の従来の運営形式に対するいわば妥協的対案としてすでに以前から出されていた第三身分倍数代表・個人別投票の要求をさらに一歩進めて、「身分」そのものの枠を突き破ろうとしたものと考えることができるであろう。しかし、土地財産もしくは土地収入に比例してそれだけ多くの投票権が与えられるということは、「身分」の枠に代わって「財産」＝「所有」の枠をはめることであり、特権諸身分一人当りの土地所有量が第三身分一人当りのそれをはるかに上廻っていた現状においては、たとえ第三身分所属者の数が特権諸身分所属者のそれよりも多かったとしても、投票権の数では前者の方が上廻り、議会においては依然として旧特権諸身分が「財産」の名において優越を誇示し得たであろう(6)。

しかしながら、このような矛盾にもかかわらず、旧特権諸身分はその土地財産に比例してそれだけ多くの租税を徴収されるのであり、大部分の下層農民は租税の重圧から解放されて、その購買力と生産力を開放する可能性が与えられる。また、この新しい、限定的ではあるが民主化された行政機構によって、旧来の絶対主義的官僚行政の専制と腐敗が一定程度克服され、それまでの中央集権体制が刷新される見通しがあったのである。現に、ネッケルによって行なわれた「地方（州）議会」の実験の成果は、かなり決定的であった、といわれる。また、一七八八年一一月六日に開かれた「名士会」は、一七八九年五月五日の「全国三部会」の召集を準備し、後者における第三身分の国民議会宣言（六月一七日）は、同年七月九日の「憲法制定国民議会」(Assemblée Nationale Constituante) となって結実し、それは、もはや国王の単なる諮問機関ではなく、文字通り国民の最高の代議・立法機関となったのである。

このような事実を顧みるとき、デュポンの「自治体」（それは、ネッケルやカロンヌの考える「地方（州）議会」よりも広い範囲に広い権限をもって設置される予定であった）を中心とした自治的行政機構は、形態・機能ともに、従来の「三部会」や「名士会」と来るべき「国民議会」とを結ぶ中間的・過渡的行政機構として一定の歴史的意味をもっていたように思われる。しかしながら、その構想は、全身分に対する土地財産（土地収入）平等比例課税という原理の上に立脚していただけに、一七七四年〜七六年のチュルゴーの諸改革がそうであったごとく、とりわけ特権諸身分からの激烈な反発と抵抗が予想され、その実現ははなはだ困難であった、と思われる。

（1）Sagnac, Ph.: *La formation de la société française moderne*. Tome II. *La Révolution des idées et des mœurs et le déclin de l'Ancien Régime* (*1715〜1788*). P. U. F. Paris, 1946, p. 250.; Weulersse, G.: *La Physiocratie sous les ministères de Turgot et de Necker* (*1774〜1781*). P. U. F. Paris, 1950, p. 127. なお、当時の地方議会についてはラヴェルニュの研究 Léonce de Lavergne: *Les Assemblées provinciales sous Louis XVI* があるといわれるが、筆者は参考にできなかった。

（2）わが国におけるフランス・アンシアン・レジーム下の地方三部会の研究については、高橋清徳「地方三部会の研究試論——フランス絶対王制の研究その一——」（一）、（二）、（三・完）、『法学』（東北大学法学部）、第三三巻第二号、第三号、第四号、昭和四三年七月、一〇月、一二月、同「国家と身分制議会——フランスにおける《parlementarisme》をめぐる諸問題——（一）」、『明治大学法制研究所紀要』、第一三・一四合併号、昭和四六年七月、一六四〜一六七頁、参照。

（3）それはまた、法令登録権を盾にとった高等法院の財政への関与を排除しようとするものであった。

（4）Schelle, G.: *Œuvres de Turgot*…Tome quarième, p. 569.

(5) Du Pont: *Œuvres de M. Turgot*…Tome septième, p. 484.

(6) この点はなお具体的な数字をもって論証する必要がある。因みに、ソブールによれば、「革命前夜」におけるフランスの土地所有の情況はつぎのようであった。

一 非農民的土地所有

(イ)聖職者(約一三万人、全人口比一、八%)……全体の約一〇%

(ロ)貴族(約三五万人、全人口比一一~一二%)……全体の約二〇%

(ハ)ブルジョワジー(例えばトゥールーズでは、自己の収入で生活する者四%、自由職業者七%、貿易商人《ネゴシアン》および卸売商人《マルシャン(グロシエ)》一七%、手工業者《アール・エ・メチエ》および小売商人一八%)……全体の三〇%

二 農民的土地所有

パリ地方

ヴェルサイユ周辺……一~一、五%

他地区……一七%

北部地方

ノール県……三〇~三一%

アルトワ……三八%

エーヌ……三〇%

ブルゴーニュ……三三%

西部地方

コート・デュ・ノール県……一八(西部)~四八%(東部)

カルヴァドス……四〇~七〇%

レ・モージュ……一八%

中部地方

リムーザン……約五五%

チエール地方……六〇%

南西部地方

トゥールーズ地区　……二二、五%
サン・ゴダン地区　……二九%
ベアルン　……九八%以上
地中海沿岸南部地方
モンペリエ教区　……三四%
王国全体では、農村人口二、〇〇〇万人以上（全人口比約八四%）、その土地所有は全体の約三五%。
Cf. Albert Soboul: *La France à la veille de la Révolution. I Economie et société*. Société d'Edition d'Enseignement Supérieur. Paris, 1966, p.63, p.88, p.116, p.151, pp.153～154.

追記　本稿執筆終了直前に、Eleutherian Mills Historical Library の Dr. Williams を通じて、ヘレン・オースチン氏（Helen Austin）が「名士会」の文書のなかに二種類の『自治体に関する意見書』の手稿（一つはチュルゴーに提出された時のもの、他の一つはカロンヌに提出するために手を加えられたもの）があると述べていることを教えられたが、残念ながら、成稿までにそれらのコピーをとりよせ検討するだけの時間的余裕がなかった。つぎの機会を期したい。

三　ケネーの経済学説における歴史と理論

一　はじめに――経済学史の研究方法について――

経済学史の研究が、経済学の研究であると同時に歴史の研究でありうるためには、単に経済学の系譜や方法のみの研究であったり、徒に穿さく的な実証的研究にとどまってはならないであろう。もとより、経済思想なり経済学説なりの影響関係を追跡する系譜学的研究(1)や経済分析の方法や基本概念の分析を中心とする方法史的研究(2)あるいは厳密な資料の考証にもとずく実証的研究(3)の重要性や必要性を否定するものではない。経済学史研究の課題として、系譜学的研究や方法史的研究は十分に存在しうるし、実証的研究を土台としてこそ新分野の開拓や新しい解釈も可能となるであろう。しかしながら、経済学史研究が個々の経済学の構造論的・分析的研究であると同時にそれぞれの経済学の存在論的・綜合的研究でありうるためには、その経済学における歴史と理論の、さらには、政策という形を通しての理論と歴史の相互関連を問題としなければならないであろう。即ち、一つの経済思想なり経済学説なりを経済学史研究の対象として取り上げる場合、元来思想や学説は特定の歴史的現実から汲み上げられさらにはその歴史的現実へと働きかける志向をもつものとして形成されるものである以上、その思想や学説がいかなる歴史的・社会的情況のもとにいかなる必然性をもって発生・展開して行ったか、またその歴史的現実に対していかなる志向と結果とをもって働きかけて行ったか、そしてその必然性や志向がそれらの理論的性格をいかに決定づけたかについてまずもって検討を加えなければならないであろう。このような作業を経てこそ、経済史学の研究は経済学の研究であると同時に歴史の研究たりうる(4)のではないかと思われる。

そこで、本稿においては、フランス重農学派経済学の創始者であるケネーの経済学説について、歴史と理論の相互開運とその理論的性格がいかなるものであったかについて検討したいと思うのである。

いうまでもなく、フランス重農学派は、その先駆者のボワギユベール（Pierre le Pesant Boisguillebert, 1647〜1714）やカンティロン（Richard Cantillon, 1680?〜1734）からケネー（François Quesnay, 1694〜1774）、ミラボー侯（Victor Riquetti, marquis de Mirabeau, 1715〜1789）、ボードー師（L'abbé Nicolas Baudeau, 1730〜1792）、デュポン・ドゥ・ヌムール（Pierre Samuel Dupont de Nemours, 1739〜1817）、ル・メルシエ・ドゥ・ラ・リヴィエール（Paul Pierre Le Mercier de la Rivère de Saint Médard, 1720〜1793）、ル・トローヌ（Guillaume François Le Trosne, 1728〜1780）らを経てチュルゴー（Anne Robert Jacques Turgot, 1727〜1781）に至る一群の社会経済思想ないしは社会経済理論の提唱者によって形成された一派のことであり、しかも彼らのいわゆる重農主義学説（doctrine physiocratique）にはそれぞれに色合の違いがみられるが、ここではまずフランス重農主義の創始者であるケネーについて考察したいと思う。

（1）例えば、Charles Gide et Charles Rist: *Histoire des doctrines économiques, depuis les Physiocrates jusqu'à nos jours*. Paris, 1909（宮川訳『経済学説史』上下、昭和一一年）。

（2）例えば、J. A. Schumpeter: *Epochen der Dogmen-und Methodengeschichte*, 1924（中山・東畑訳『経済学史―学説並びに方法の諸段階―』、昭和二五年、do.: *History of Economic Analysis*. N. Y., London, 1954（東畑訳『経済分析の歴史』昭和三〇年〜三七年）。

（3）例えば重農主義に関しては、Georges Weulersse: *Le Mouvement physiocratique* (*de 1756 à 1770*), 2 vols. Paris, 1910; do.: *La Physiocratie sous les ministères de Turgot et de Necker, 1774〜1781*. Paris, 1950; do.: *La Physiocratie à la fin du règne de Louis XV* (*1770〜1774*). Paris, 1959, etc.

（4）このような志向をもった従来の研究には次のものがある。Adolphe Blanqui: *Histoire de l'économie politique en Europe, depuis les anciens jusqu'à nos jours*, 2 vols. Paris, 1837（吉田訳『欧洲経済思想史』上下、昭和二七年）、René Gonnard: *Histoire des doctrines économiques*, 3 vols. Paris, 1922〜24, etc.

二　フランス重農主義成立の歴史的・社会的基盤

フランス重農主義は、ごく一般的には、フランス重商主義に対するアンチ・テーゼとしてとらえることができるけれども、詳しくは、その生成・展開の基盤は、第一にフランス重商主義の破綻、第二にそれに対応する反重商主義的・自由主義的経済思想および重農の気運の発生、そして第三にフランス農業自体の資本主義化・近代化という三つの要素のうちに求められるであろう。

(1)　フランス重商主義の破綻

フランスにおいては、既に一五世紀の中頃から国富増進の国家政策として重商主義政策が行なわれていたが、ルイ絶対王政下に入りますます強力に推進されるに至った。とりわけルイ一四世の時代（1643〜1715）には、コルベール（Jean Baptiste Corbert, 1619〜1683）によって代表される重商主義政策いわゆるコルベール主義（Colbertisme）が強力に推進された(1)。即ち彼は、財務総監（Contrôleur Général des Finances）の地位にあった一六六五年から一六八三年までの間に、ルイ一四世の権力政治の敏腕な支持者として、それを財政的に支援するために、重商主義政策を強行したのである。コルベール主義の最も大きな特徴は、自国の商工業の利益のために徹底した保護規制政策を行ない、そのため農業を殆ど完全に犠牲にしたことであった。もとより、農業の軽視ないしは無視は重商主義の一般的特色であるが、コルベールの場合にはそれが特に典型的だったのである。即ち彼は、自国産業の育成を理由に、農民の利益や小生産者の創意を無視して厳格な産業規制（réglementation industrielle）を行ない、特権的手工業（大ギルド・マニュファクチュール）を保護奨励し、国宮マニュファクチュール（manufacture d'Etat）や王立マニュファクチュール（manufacture royale）を設立・援助した。ところがこれらのマニュファクチュールは大部分、生活必需品よりも高級品・奢侈品・軍需品製造のためのものであり、しかも外国（特にイギリス）の重商主義政策のため海外市場からは閉ざされ、国内市場も企業として存立しうるには十分でなく、いわばそれ自身の拡大発展のための経済的条件をもたなかったため、やがてその殆どが失敗に帰した。

この間、農業は産業（マニュファクチュール）のための低廉な原料・食料および労働力供給の源泉として完全に産業の犠牲に供せられ、輸出産業の促進と原料の確保のためにとられた農産物の輸出制限ないしは禁止等の規制措置によってもたらされた農産物価格の著しい低落（低穀価政策）は、農民を極度の疲弊に陥れた。さらにその上、豪奢な宮廷生活、厖大な特権階級の寄生および度重なる対外的侵略戦争のために破綻に頻した王室財政は、その危機を打開せんとして、農民の搾取をますます強化し、しかも金融ブルジョワジーが徴税請負制度を利用して私欲をほしいままにした。かくして農民は、三重四重の搾取の下にプロレタリア化して農村を離れ、そのため農村はいたるところで荒廃に帰し、農業資本も農村から逃避して、徒に不生産的な金融資本（高利貸資本）に向けられるに至った。そしてこのような傾向は、コルベール死後もフランス重商主義の特徴として長く残り、とりわけジョン・ロー（John Law, 1671~1729）の「体制」（le Système, 1716~1720）はこの傾向に新たな拍車をかけたのであった。

このような情況下にあって、ケネーは、これらの不生産的資本の農業生産への転化、農業生産規模の拡大、農産物の取引制限の除去を実現し、その実現によって生ずる農業余剰即ち「純生産物」（produit net）の増大をもって国家の財政および経済の回復を計ろうとしたのである。

(2) 反重商主義的・自由主義的経済思想および重農の気運の発生

しかし、ケネー以前にもこのような情勢を憂慮し改革案を提唱する者がいなかったわけではない。[2] ヴォーバン元帥（Sébastien le Prestre, marquis et maréchal de Vauban, 1633~1707）は、ルイ一四世に仕える築城家として令名を馳せた人であるが、彼は四〇年以上におよぶ国内遍歴の生活によって、フランスの貧窮が当時の複雑で苛酷な租税制度にあることを痛感して、一七〇七年には『王国一〇分の一税案』（*Projet d'une dîme royale*）を著し、課税対象および課税方法の改革を提唱した。即ち彼は、統一的な「王国一〇分の一税体系」（le Système de Dîme royale）を作るために土地生産物課税と収入比例課税を提唱し、人頭税・消費税・国内関税・御用金等の撤廃を訴えたのである。[3] またヴォーバンのいとこで親友であったボワギユベールは、ルーアン地方官として司法・行政にたずさわるうちに当時のフランスの社会経済状態をつぶさに観察研究し、『フランス詳論』(*Détail de la France*, 1697)、『穀物の性質・耕作・取引および利益に関する論説』(*Traité de la nature, culture, commerce et intérêt des grains*, 1704〜1705)、『フランスの現状』(*Factum de la France*, 1706) などの著作を公にしたが、とりわけ『フランス詳論』では、フランスの貧窮の原因がすべてコルベール主義にもとづく農村の疲弊にあることを指摘し、この疲弊を打開するためには、穀物の低価格政策の打破および穀物取引の自由によって適正な穀物価格の成立を可能にし、同時に、徴税請負制度の廃止、タイユ税賦課の公平化、国内関税の軽減によって農業資本の蓄積と農業生産の活況化を計らなければならないと説いた。[4] しかし、これらの辛辣な批判は、ついに当局の怒りに触れ、彼に六カ月の流刑を招いたのであった。ボワギユベールは、確かに理論的にけ、富と消費とを同一視したり富の転形の過程についての理解に欠けていたりしていて、まだ十分に科学的な認識にまで到達していなかったとはいえ、富の源泉を土地の生産性に求め、貨幣を単なる交換の手段として考え、あるいは、自然法的な観点から等価交換の原則を主張することによって重商主義的な富や取引の観念を否定した点において、功績が認められるのである。さらにまた、アイルランド系のイギリス人でパリで銀行を営なんでいたカンティロンは、パリ滞在中に執筆したその『商業一般の性質に関する試論』(*Essai sur la nature du commerce en général*, 1755) において、まだ決して重商主義思想から自由でなかったとはいえ、経済事象の体系的考察の努力を示し、地主の社会経済的機能の重視、総生産物と純生産物の区別、社会階級の三区分、純生産物を基準とした必要貨幣量の算定等の重要なしかも著しく重農主義的な見解を示すことによって、重農学派のすぐれた先駆者の一人となった。[5] また、ヴァンサン・ドゥ・グルネー (Jean Claude Marie Vincent de Gournay, 1712〜1759) は、商人としてのまた通商監督官 (intendant du commerce) としての経験にもとづき、イギリスのトーマス・カルペパー(父) (Thomas Culpeper, the elder, 1578〜1662) やジョサイア・チャイルド (Josiah Child, 1630〜1699) らの著作を通して、自由貿易論を展開し、高利子率に反対し、チュルゴーによれば、三つの自由、即ち「取引の自由」、「労働の自由」および「競争の自由」を主張した点において、反重商主義者・経済的自由主義者として重農主義学説成立の思想的基盤を準備したのである。[6]

このように、ケネー以前にあって既に、封建的租税制度に対する批判、対外貿易および国内取引の自由に対する主張、富の源泉としての農業生産の重視、貨幣や地主の社会経済的機能に対する考察等の形で、重農主義学説成立の思想的基盤が準備されつつあったのであるが、さらに一般には、上層階級の華美豪奢な生活に対する反発の形で、あるいは、特にローの「体制」崩壊後は唯一の堅実な財産としての土地財産に対する再認識の形で、田園生活や農業生産尊重の気運が高まっていたのである。

しかしこのような思想的基盤の他に、もう一つ重農主義学説を成立せしめるに至った重要な歴史的・社会的要素があった。それはフランスの農業の資本主義化・近代化ということであった。

(3) フランス農業の資本主義化・近代化

フランス全土にわたる農業の本格的資本主義化は一九世紀後半を待たなければならないが、しかしアンシアン・レジーム下においても、一部の地方即ちフランス北部および北西部地方においては、前期的資本主義化とも称すべき農業の資本主義化が進行していた。

一般に一八世紀前半までのフランスにおいては、農具および農耕技術はきわめて幼稚かつ素朴であって、集約的農法(culture intensive)は殆ど知られていなかった。そのため未耕地や荒蕪地が多く休閑地制度(système de la jachère)が殆ど全面的に行なわれていた[7]。即ち当時は、概してロワール河を境として、南部においては一般に二圃式(耕作と休耕の一年交替)の牛耕による小農経営(petite culture)が行なわれ、北部においては三圃式(冬麦・春麦・休耕の循環耕作)の馬耕による大農経営(grande culture)が行なわれていた。最も肥沃なピカルディ地方においてすら三年に一度の休耕地制度が行なわれていた。ところが一七五〇年頃を境として、イギリスで開発された集約的農法(ノーフォーク式農法)や馬耕に関する新しい知識が、いわゆるアングロマニ(anglomanie)(イギリスかぶれ)の風潮にのって、科学・哲学・政治・経済等に関する新知識とともにフランスに輸入され、また政府の有識者たちの積極的努力[8]とも相まって、ここにフランスの農業は耕作法の改善によって生産力を高め、農作物の資本主義的商品生産化を可能にしたのである。勿論このようなフランス農業の資本主義化は、絶対王制と領主地主制度の枠内において行なわれたものであったが、そこには本格的なブルジョワ的資本主義的生産への萌芽がみられたのであって、やがて現実化する農村マニュファクチュールの資本主義的発達とともに、それは一八世紀後半のフランス農村社会に大きな変動をもたらしたのである。重農主義者たちはこの事実に着目し、とりわけケネーは、このような農耕技術の進歩によって生産力が高まり従ってそれだけ地主の純生産物収入が増加し、またそれによってより多くの人口を維持することが可能となったフランス北部および北西部（特にイール・ドゥ・フランス地方）の「富裕な借地農」（riche fermier）における農作物の資本主義的商品生産を自己の研究対象として取り上げたのである。従って重農学派の理論および政策は、このような歴史的・社会的基盤のなかから、まさしくその産物として生成・展開していったのである。そこで以下に、ケネーがこの歴史的現実をどのように認識しそれを理論のなかにどう結実させて行ったかについて、彼の思想の変遷の過程に沿って検討してみよう。

（1）次のものを参照。C. W. Cole: *French Mercantilist Doctrines before Colbert.* N. Y., 1931; do.: *Colbert and a Century of French Mercantilism.* N. Y., 2 vols, 1939; do.: *French Mercantilism, 1680~1700.* N. Y., 1943; Pierre Clément: *Lettres, instructions et mémoires de Colbert,* 10 vols. Paris, 1861~82; do.: *Histoire de Colbert et de son administration,* 2e éd, 2 vols. Paris, 1874.

（2）ケネー以前における重農主義思想については次のものを参照。Georges Weulersse: *Le Mouvement physiocratique en France (de 1756 à 1770).* Paris, 1910. の Introduction（I. Les origines lointaines. II. Le mouvement pré-physiocratique（1748~1755）; Henry Higgs: *The Physiocrats. Six Lectures on the French Economistes of the 18th Century.* N. Y., 1896. の I（Rise of the School）; Max Beer: *An Inquiry into Physiocracy.* London. 1939. の IV（Pioneers of Physiocracy）、坂田太郎「ケネーと重農主義」（大河内編『続経済学を築いた人々ー時代の思想と理論』一九六四年所収）のII（「重農主義の系譜」）。

（3）Cf. Vauban: *Projet d'une dîme royale.* Collection des Principaux Économistes I: Economistes Financiers du XVIIIe siècle. éd. Daire, 1851.

（4）Cf. Boisguillebert: *Détail de la France.* Éd. Daire, 1851.

（5）Cf. Cantillon: *Essai sur la nature du commerce en général.* Essai sur la nature du commerce en général by Richard Cantillon edited with an English Translation and other material by Henry Higgs, London, 1931（戸田訳『経済概論』昭和一四年）。

（6）Cf. Turgot: *Eloge de Vincent de Gournay,* 1759. Œuvres de Turgot. Éd. Schelle, 1er tome, pp 595~622. なお手塚寿郎『国際

貿易政策思想史研究』昭和六年、第八章「グルネーの経済思想―"Laissez faire, laissez passer"の起源」を見よ。

（7）Henri Sée: *La France économique et sociale au XVIIIe siècle.* Paris, 1952, pp.30～31.

（8）Cf. Henri Sée: op. cit., pp.33～35.

三　ケネーにおける重農主義学説の形成と展開

ケネーが経済問題（農業経済）に関する最初の論文『借地農論』（Fermiers）を発表したのは、一七五六年、彼が六二才の時であった。それまでのケネーの仕事は外科医としてのそれであった。彼は二四歳の時マント市で外科医を開業した。一七三四年以降はパリに出たが、しかし単なる開業医としての生活に満足せず、医学の進歩と外科医学の社会的地位の向上のために努力した。例えば彼は、一七〇三年には若輩の身を顧みず、パリ医科大学の権威シルヴァ（Jean Baptiste Silva）と瀉血（saignée）に関する論争を行なってこれを論破したり、一七三六年には自己の医学の研究をまとめた『動物生理に関する自然学的試論』（*Essai physique sur l'économie animale*）と題する書物を刊行したり、また一七四三年には『王立外科医学会紀要』（Mémoire de l'Académie Royale de Chirurgie）の第一巻に「序文」を寄せて、外科医学の在り方や研究方法を論じたのである。

ところで、これらの著作はわれわれの研究にとっても重要な文献である。というのは、ケネーは、前者の第二版（一七四七年）第三篇で、人間の精神機能の特徴を人間の理性的機能たる「自由」（liberté）のうちに見出すとともに、この「自由」の哲学的規定を行なうことによって重農主義学説の重要な観念である「自然的権利」（droit naturel）および「自然的秩序」（ordre naturel）の観念を引き出しており、また後者においては、外科医学の「諸真理が出てくる源泉」であり「外科医学の基礎」であるところの「観察と実験自然学」（l'observation et la physique expérimentale）の二つの重要性を強調して旧態依然たる従来の外科医学を批判したが[1]、この経験主義的な態度と方法はまた彼の経済問題研究の基礎を形作ったからである。

ところでケネーは、一七四九年以降、ルイ一五世の寵妃ポンパドゥール侯爵夫人（Antoinette Poisson, marquise de Pompadour, 1721～1764）の侍医となってヴェルサイユ宮殿内に生活するようになったが、ここではかの有名なサロン「中二階の会合」（réunion de l'entresol）をしばしば催して、当時の著名な文学者や哲学者や経済学者と談論するうちに、次第に自己の興味を哲学や経済（農業）の問題へと深めて行った。そして一七五六年には、ディドロ（Denis Diderot, 1713～1784）とダランベール（Jean Le Rond d'Alembert, 1717～1783）が一七五一年以来編集出版していた『百科全書』（***Encyclopédie ou dictionnaire raisonné des sciences, des arts et des métiers***, par une société des gens de lettres, mis en ordre et publié par M. Diderot et quant à la partie mathématique par M. D'Alembert, 1751～1765, 17 tomes）の第六巻に『明証論』（***Evidence***）および『借地農論』（Fermiers）を、また一七五七年の第七巻には『穀物論』（***Grains***）を寄稿するに至ったのである（ケネーはこのほか『人間論』（***Hommes***）、『租税論』（***Impôts***）および『金利論』（***Intérêt de l'argent***）の三篇の論文の寄稿を用意していたが、一七五九年の『百科全書』への弾圧を機に寄稿を中止した）。

ところで『明証論』は、ケネーが自己の哲学的見解を表明した殆ど唯一の論文であるが、彼はこの論文で、まず、真理獲得の確実な手段として、一つには「信仰」（foi）を、そしてもう一つには「理性の光」（lumière de la raison）である「明証」（évidence）を挙げ、これら「二種の確実性」は別の次元に属しながらも互に補完し合うことを示した後[2]、さらに、一方において感覚論的ないしは唯物論的観点から人間の認識機能（connaissances）のメカニズムを解明すると同時に、他方においてこの人間の認識の原因（第一原因）を神の力に求めるという形でマルブランシュ（Nicolas de Malebranche, 1638～1715）的形而上学即ち偶因論（occasicnalisme）の立場を示した[3]。つまり彼はここで、一方の側からは宗教的被膜で、また他方の側からは感覚論的ないしは唯物論的被膜で包まれたところの理性主義的真理認識論を展開したのである。換言すれば、ケネーは信仰と理性と感覚の三つの要素を人間の真理認識の問題に集約して彼なりの仕方で統一的に把握しようとしたのである。このようなケネーの哲学をどう評価すべきかはそれ自体きわめて重要な問題であるが、彼のこうした多元的要素の統一的把握の努力は、経済問題の研究においても、後に示すように、自然法的（先験的）把握と経験的・現実的把握および実証的把握との統一（あるいは予盾?）という形で受け継がれて行ったのである。

さてケネーは、現実の経済問題に対する見解を、最初、『借地農論』という形で発表した。彼はこの論文で、先に述べたフランス農業の前期的資本主義化の担い手となっていたフランス北部および北西部における借地農の馬耕による三圃式大農経営とフランス中部・西部および南部における分益小作農（metayer）の牛耕による二圃式小農経営の生産力の優劣を、投下資本の効果という観点から綿密に比較検討することによって、前者の圧倒的優位を論証し、もって、フランス王国再建の方式をこの資本主義的大借地農経営の振興のうちに求めるべきことを指摘したのである。このように、この論文はきわめて実践的な性格をもつ論文である。しかしこの論文はまた、このような実践的性格に加えて、ケネーが農業のみを生産的とする重農主義の基本的考え方をはっきりと示し、かつ土地単一税論を萌芽的な形で表明している点でも、重要な意義をもっているのである。

一七五七年の『穀物論』は大体において『借地農論』を敷衍したものであるが、しかし単に大農法と小農法の優劣の比較にとどまらず、資本主義的大農経営を維持発展せしめる社会的条件として、(1)穀物取引の自由の確立、(2)タイユ税賦課の適正化（比例課税[4]）、(3)国内関税、飲料品消費税を中心とした間接税及び夫役の廃止、(4)農産物の「良価」（bon prix）の確立、(5)農村工業の繁栄を挙げて重農主義本来の主張を掲げているほか、「純生産物」概念の成熟、「金銭的富」（richesses pécuniaires）と「真実の富」（richesses réelles）の区別、貿易差額説の否定、コールベール批判とシュリーの賛美等反重商主義的姿勢を明確にするに至っている。

次に、『人間論』と『租税論』を取り上げてみよう。ケネーは前者で、人口と富の関係を追求する。彼によれば、一定の大きさの人口は、穀物取引の自由、適正な租税政策等の「国家の良好な統治」が存在する限り、有効な消費を形成し、農産物の「良価」（「売上価値」（valeurs vénales）のことで、「基本価格」（prix fondamental）に利潤を加えたもの）を実現し、農村により多くの人間が引き寄せられて農業は活溌となり、「豊富」即ち富の増加が実現するというのである。

このようにケネーは、富の生産における消費者としての人口の意義を強調するのであるが、しかし真の狙いは、富を増加させるためには、人口よりも農業企業者即ち借地農の収入を増し、農村により多くの資本を導入することが肝心であることを示すことであったのである。『租税論』の狙いは、従来のタイユ税の恣意的な割当てや経費のかかる徴税請負制度の弊害即ち農村の富の収奪と農業資本の逃避を事実にもとづいて示すことによって、これらの改善や撤廃を訴えることであった。しかしこの論文では、「純生産物」の概念がはっきり打ち出されている反面、(1)対外商業に従事する「貿易商人」(**négociants**)をも「生産的」とみて「生産階級」に入れ、[5]「生産的」の意味があいまいで重商主義的思想が混在している(この点は『人間論』も同様)、(2)財産税や商工業者課税が容認されていて[6]「土地単一税」の考えがみられない、(3)分益小作農への課税方法が地主の収入に対する定率課税ではなく分益小作農の取得する収穫の分け前に比例する課税方法が提唱されている[7]等の思想上の混乱がみられ、その意味で特に執筆年代が問題となる[8]のである。

さて、以上のような諸論文を執筆していた頃(大体一七五五~五六年)とほぼ同じ頃、ケネーはまたこれらの思想を土台として、社会的総資本の流通と再生産の問題の解明に努力していた。そして彼はその成果を、一七五八年一二月、『経済表』(*Tableau Œconomique*)なる標題のもとに発表した。彼はこの問題のヒントをハーヴィイ(William Harvey, 1578~1657)の血液循環の発見から得たといわれているがそれはともかく、一枚のジグザグ表によって国民所得の循環と再生産の態様を示したのである。

ところで、『経済表』の「表」自体は、第一版の「原表」(**zigzag**)のほかミラボーが解説のために作成したものを加えると十数種類に達しそれぞれに特徴がみられるが、[9]ケネーが一七六七年の『農業国における年々の支出の分配に関する経済表の算術的範式の分析』(*Analyse de la formule arithmétique du Tableau économique de la distribution des dépenses annuelles d'une nation agricole*)の第二版において作成した「経済表の範式」が、彼の構想を知る上で最もよい手掛りを与えてくれる。そこでこの「範式」によって彼の基本的前提と構想を説明すれば次のようである。

ケネーはまず次のことを前提とする。(1)大農法の普及により資本主義的大借地農経営が支配的となり、(2)「商業の自由競争と農業経営の富の所有権の完全な保証」とによって「恒常的価格」(les prix constants) が不断に成立する大王国を仮定する。また、⑶そこでは国民は、全農業部門の従事者を含み借地農経営者を代表とする「生産階級」(classe productive)、地主・主権者・一〇分の一税徴収者を含み地主を代表とする「土地所有者階級」(classe des propriétaires)、および内外商業の従事者を含み工業者を代表とする「不生産階級」(classe stérile) の三階級に分かれ、⑷「生産階級」は一〇〇億〔リーヴル〕の「原前払」(avances primitives) 即ち固定資本と二〇億の「年前払」(avances annuelles) 即ち流動資本とをもって毎年五〇億の価値の再生産を行ない、「土地所有者階級」は五〇億の年再生産物から「前払」の補填用「回収」分三〇億即ち「原前払」の年補填分一〇億と「年前払」補填分二〇億を差引いた二〇億の剰余生産物即ち「純生産物」(produit net) を地代として「生産階級」から受け取る。また「不生産階級」は、一〇億の「原料」用「前払」と一〇億の「生活資料」とをもって二〇億の加工品を製造する。かくて、⑸社会の総再生産過程の出発点において「生産階級」は五〇億の生産物と二〇億の貨幣を、「土地所有者階級」は地代請求権を、そして「不生産階級」は二〇億の加工品を持つ、とする。

次に、ケネーの社会的総再生産の運動過程についての構想は以下の通りである。⑴「生産階級」は貨幣二〇億を地代として「土地所有者階級」に支払うと同時に、生産物二〇億を「年前払」補填用に保留する、⑵「土地所有者階級」は地代として受取った貨幣二〇億のうち一〇億をもって「生産階級」から「生活資料」を買う、⑶また同階級は残りの一〇億をもって「不生産階級」から消費用加工品を買う、⑷後者はこの貨幣で「生産階級」から一〇億の「生活資料」を買う、⑸「生産階級」は自己の手に還流した二〇億の貨幣のうち一〇億をもって「不生産階級」から「原前払」補填用加工品を買い、⑹最後に、「不生産階級」はこの貨幣一〇億をもって「生産階級」から一〇億の「前払」用「原料」を買う。かくして、「生産階級」の年生産物五〇億は全部前払補填用もしくは生活資料に費され、二〇億の貨幣も階級間を流通して自己の手に還流し、ここに一生産期間を終り、翌年再び同一規模の再生産を即ち単純再生産を繰り返すのである。

かくてケネーは、一七五七年頃から一七六七年にかけて、大農経営論や穀物取引自由論を基礎として社会的総資本の流通と再生産についての理論を確立するとともに、これを自己の学説の核心に据えて、弟子のミラボーと協力しつつ大々的に宣伝普及にのり出すのである。ミラボーは、最初農業の振興方法についてケネーとの間に意見の相違があったが、一七五七年の会見後はケネーの説に改宗し、積極的に師の説の普及に努める。例えば彼は、自己の著作『人間の友、別名、人口論』(*L'Ami des hommes ou Traité de la population*, Avignon, 1756〜60, 6 tomes, 7 vols.) の第四部(一七五八年)にケネーとドゥ・マリヴェル(de Marivelt)との共著『人口・農業および商業に関する重要質問』(*Questions intéressantes sur la population, l'agriculture et le commerce*) ほかいくつかの論稿を発表したり、一七六〇年の第六部には『経済表とその説明』(*Tableau économique avec ses explications*) と題して『経済表』(原表)の詳細な解説を行なったり、また一七六〇年にはケネーの指導の下に『租税論』(*Théorie de l'impôt*)[10]を執筆する。さらに、一七六三年には『農業哲学』(*Philosophie rurale, ou économie générale et politique de l'agriculture, réduite à l'ordre immuable des lois physiques et morales, qui assurent la prospérité des Empires*, Amsterdam.) を、また一七六七年には『農業哲学要綱』(*Elemens de la philosophie rurale*, La Haye.) を著して、前者では詳細かつ系統的に、また後者では簡潔に、『経済表』(原表)の解説を試みるのである。

これと同じ頃、ケネーの周囲にはデュポン・ドゥ・ヌムール、ル・トローヌ、ル・メルシエ・ドゥ・ラ・リヴィエール、ボードー師といった新しい有力な弟子が集り、ここにはっきりと学派(secte)を形成するに至り、自らの機関誌を通じて学説の普及と宣伝活動を行なうようになる。

例えば、『農業・商業・財政雑誌』(Journal d'Agriculure, du Commerce et des Finances)(一七六五年七月創刊)には、ケネーの『自然権論』(*Le droit naturel*)(一七六五年九月号)、『金利に関する考察』(*Observations sur l'intérêt de l'argent*)(一七六六年一月号)、『経済表の分析』(*Analyse du Tableau Économique*)(一七六六年六月号)、『(第一)経済問題』((*Premier*) *problème économique*)(一七六六年八月号)等の重要論稿が掲載され、『商業時報』(Gazette du Commerce)(一七六三年創刊[11])には、デュポンの重要論文『穀物の輸出入について』(*De l'exportation et de l'importation* des grains）が一七六四年四月号に掲載された。さらにまた、ボードー師が一七六五年一一月以来刊行していた『市民の暦、別名、国民精神年代記』（Éphémérides du Citoyen, ou chronique de l'esprit national）なる雑誌も、一七六七年一月から『市民の暦、別名、道徳・政治諸科学に関する論叢』（Éphémérides du Citoyen, ou bibliothèque raisonnée des sciences morales et politiques）と副題を改めて重農学派の機関誌となった。これにはケネーの『支那の専制政体』（*Despotisme de la Chine*, mars–juin, 1767）をはじめ学派の多くの人々の論稿が発表されたが、特にチュルゴーの『富の形成と分配に関する考察』（*Réflexions sur la formation et la distribution des richesses*）（一七六六年執筆、一七六九年一一・一二月号および七〇年一月号掲載）は、次稿において示すように、デュポンを代表とする「学派」とチュルゴーとの微妙な見解の相違を示すものとして重要な論稿である。

一七六七年は、学派の発展にとり一つの転機となる。即ちこの年、デュポンはケネーの主要著作を集めて『重農主義《フィジオクラシ》―人類にとり最も有益な統治の自然的機構―』（*Physiocratie, ou Constitution naturelle du gouvernement le plus avantageux au genre humain*）なる標題の下にライデンから刊行したが、これは決して完全なケネー著作集ではなく、経済表以前の諸論稿が収録されなかったばかりか、収録された論稿も相当に彼の手で改作されたのである。これは何を意味するか。これはとりもなおさず、ケネーがかつて意図した事実の厳密な観察と調査とにもとづく経済理論の構築と現状批判の態度が忘れ去られ、徒に師を偶像化し、師の学説をドグマ化して、自らセクトの牙城に閉じこもろうとしたものにほかならなかった。現にケネーは、当時弟子たちからは「ヨーロッパの孔子」とまで偶像視されるに至り、弟子たちの経済理論も、歴史の進行に沿った発展をみせることもなく、精々師の学説の祖述宣伝にとどまった。チュルゴーがその『富の形成と分配に関する省察』を『市民の暦』に発表した際に一時デュポンとトラブルを招いたのもそこに原因があった。[12]かつて宮廷のなかで育ったケネーの思想は、成程弟子たちの手で巷間に持ち出され、民衆の啓蒙に役立ちはしたが、他面、彼の科学精神や批判精神は稀釈され、徒に神秘化もしくはドグマ化されたのである。

それはともかく、重農主義学説は、一七七〇年以降においては、一七七四年に財務総監に就任したチュルゴーの積極的な現実への適用の努力により一時生気を与えられ再興の兆をみせたが、一七七六年の彼の失脚は、一七六四年のポンパドゥール侯夫人の死および一七七四年のケネーの死と相まってこの学説の衰退に拍車をかけ、やがてアダム・スミスの経済理論がこれにとって代わるのである。しかし、重農主義学説の衰退の真の原因は、実はこうした推進者の沈滞や喪失よりもむしろ、それ自身の理論構造と歴史の進行自体のうちに胚胎していたのである。

（1）Quesnay : Préface aux Mémoires de l'Académie Royale de Chirurgie. *Œuvres économiques et philosophiques de F. Quesnay.* Éd. Oncken, Francfort S/M, Paris, 1883, p. 724. 平田訳『王立外科医学アカデミー紀要序文』、世界大思想全集六、昭和三四年、二五五頁。

（2）*Œuvres de Quesnay.* Éd. Oncken, pp. 764~765. 坂田訳『ケネー『経済表』以前の諸論稿』、昭和二五年、二五頁。

（3）特に第五六項参照。*Œuvres de Quesnay.* Éd. Oncken, p. 793. 前掲坂田訳七一頁。

（4）ケネーは、タイユ税の課税方法については、土地の評価を基準としてではなく、地主や借地農の申告する土地、収穫及び家畜の量に比例して課税する「比例的課税」(imposition proportionnelle) の方法を提唱している。Quesnay : Grains. *Œuvres de Quesnay.* Éd. Oncken, pp. 220~229. 前掲坂田訳一八三~一九七頁。なお Quesnay : Fermiers. Éd. Oncken, pp. 190~192. 同訳一二九~一三三頁参照。

（5）ケネー『租税論』、坂田訳三六〇~三六一頁。

（6）ケネー『租税論』、坂田訳三九一~三九五頁。

（7）ケネー『租税論』、坂旧訳四〇六頁。

（8）前掲坂田訳「解説」、三四~三五頁参照。

（9）『経済表』の諸版の内容および意義については、坂田訳『ケネー『経済表』』（昭和三 年）の詳細な「解説」を参照。

（10）本書は当時の租税制度の欠陥を指摘・批判し、ケネーの説に従って土地単一税を説いたもので、そのためミラボーは国王の不興をかってヴァンセンヌに投獄され、ヴィニョンに蟄居を命ぜられた。

（11）これは、一七六五年九月にデュポンが刊行者になって以来それまでの中立性を破ってあまり学派的色彩を濃く打ち出したため、六八年一〇月に刊行者の地位を解かれるに至ったいわくつきの雑誌である。

（12）この経緯については次稿で述べる予定。

四　むすび――ケネーの経済学説における歴史と理論――

ミラボーはケネを賛えて、彼は「医学においては動物の生理学（économie animale）を、形而上学においては精神の生理学（économie morale）を、農業においては政治の生理学（économie politique）を発見した[(1)]」と述べた。それでは、ケネーにおいてはこれら三つの生理学は互にどのような形で把握されていたのであろうか。

ケネーにおいては、それらはともに、「自然法則」（lois naturelles）の支配する「自然的秩序」（ordre naturel）の三つの分野を解明する学問として把握されていた。換言すれば、彼は「動物の生理学」により人体の機構を、「精神の生理学」により人間精神の機構を、そして「政治の生理学」によって人間社会の機構を解明し、もって神の作り成した「自然的秩序」における「自然法則」の実体を明らかにしようとしたのである。

彼はこの探求の方法を「観察」と「実験」に求めて臆測や類推を排除しようとした。また事実の調査と算術的計算による立証を旨として先験的思惟の入り込むのをできる限り防ごうとした。しかし彼は、まさに彼の自然法的思惟方法の故に、経験主義と実証主義に徹底することができなかったのである。

例えば『明証論』が示していた如く、ケネーは一方において人間の認識のメカニズムを感覚論的ないしは唯物論的に追求しながら、他方において人間の理性や感覚を神の力の偶因として即ち神がそれを通じて自らの意志を示すところの受動的機会因（causes occasionnelles）としてとらえるというように、その理論に二重性（二元論的性格）がみられる。また『経済表』は、当時最も発達していたブルジョワ的大借地農を起点として、社会諸階級間における資本転形の過程を、即ち社会的総資本の流通と再生産の態様を描いたものであり、その点では歴史的現実の鋭い観察の上に立っていたが、しかしそこに彼が描いたのは、動的に発展する拡大再生産ではなく、永久に同一の規模を繰返す単純再生産にすぎない。従って、「経済表の秩序」はあくまで仮想のないしは理想の秩序であって、現実の秩序とは異なるものである。彼にとってはかかる流通と再生産が「自然法則」であり、かかる秩序が「自然的秩序」であったのである。また、彼の「純生産物」即ち剰余生産物も、確かに重商主義の場合とは異なり流通過程にではなく生産過程のうちに見出されているが、しかしそれは人間の労働の産物としてではなく、土地の純粋の「贈り物」(don) としてとらえられている。ケネーが労働一般の価値を認めながらも、商業や工業をすら「不生産的」(stérile) とするのも、単に彼の反重商主義的立場や工業の未発達の実情に由来しているのではなく、実際、彼のこのような剰余生産物の自然主義的把握に由来しているのである。

同様のことは、彼の基本観念である「自由」(liberté) や「財産権」(droit de propriété) についても言える。ケネーの場合、「自由」も「財産権」も資本主義的大借地農発展のための必要不可欠な社会的条件であったが、彼はまたこれらを自然法的観点から考えていたのである。

ケネーは一七四七年の『動物生理に関する自然学的試論』第二版第三篇において、人間の精神的機能の特徴をその理性的機能たる「自由」のうちに見出すとともに、「自由」とは物事をみずから決定する (se déterminer) 際の理性的な「熟慮」(délibération) ないしは「注意」(attention) の能力であると規定している。[3] 彼によれば、この「自由」は神の力とは無縁にかつ純道徳的な活動のためばかりでなく生活の一切の問題のために行使されるのであり、そして彼はかかる自由を「自然的自由」(liberté naturelle) と呼んでいるが、[3] 以下に見る如く、この「自由」によって人間社会の「自然的秩序」が成立し、「自然的権利」(droit naturel) としての「財産権」が保証されるのである。彼によれば、「自然的権利」とは「自然そのものがわれわれに付与したところのもの」であり、「例えば、自然が眼を与えたすべての人間が光に対してもつところの権利[4]」であって自明のものであるが、しかしそれは「事実上自然そのものによって自己保存に必要な財の分量に限られる[5]」のであり、また一七六六年の『自然権論』によれば、「現実においては自己の労働によって獲得しうる部分に限られる[6]」のである。従って人間は、仮令それが自然的権利であっても、財産権を無制限に主張してはならないのである。ところで、人間にかかる自己抑制ないしは他人の権利の尊重を行なわしめるのは、理性をもって行なわれるところの「熟慮」、即ち「自然的自由」の発動であり、行使である。換言すれば、「自然的自由」の発動なくしては互いの自然的権利も尊重されず、従ってこの尊重の上に成り立つ自然的社会秩序も成立しないのである。かくしてケネーにおいては、

「自然的自由」は理性を有する人間の本質的属性であると同時に、社会的存在としての人間の社会道徳的規範（責任倫理）として考えられているのである。ここには実に、啓蒙思想特有の人間の理性に対する楽観的な信頼と人間社会の自然的調和への確信がうかがわれるのであるが、ケネーが干渉主義的な重商主義政策に反対して laissez-faire（自由に行わしめよ）の自由主義政策を主張したのも、その政策の社会的必要性と同時に、このような「自然的自由」についての哲学的ならびに社会的観念にもとづいていたのである。

　ところでケネーは、「自然的秩序において考察されるすべての人間は根源的に平等である」と言い、「人間の自然的権利は根源的に平等である」と考えているが、[7] しかし実際には「無数の自然的原因」のために「不可避的かつ必然的に」不平等が生ずることを認め、さらに、「これらの原因はすべてのものの保存のために働くのであり、その作用は宇宙を構成し支配しかつその存続を保証する至高の知性の見解と構想とによって規律される」[8] が故に、むしろこの「不平等」(inégalité) こそ現実の人間社会の自然的秩序であると考えて、ここに現実への妥協と現実の肯定を行なうのである。実際ケネーの描いた経済社会は、不平等な所有と分配関係の上に成り立つところの封建的外被をまとったブルジョワ社会であった。彼はこのような社会においても、個々人の「自然的自由」の発動や行使が行なわれる限り「自然的秩序」が成立すると考えていたのである。だからこそ、資本主義的大借地農の生産力の増大を望みながらも土地所有者階級を社会の中心に据えて地代徴収者として存続することを許したり、またプロレタリア化した農民や工業労働者の利益を無視することができたのである。さらにまた、本来相予盾する幾かの社会諸階級を統括する政治体制としていわゆる合法的専制君主政体（déspotisme légal）を理想とするに至ったのも、[9] 彼の自然法的社会秩序観によるものであった。ケネーは「自然」の名において、一方で現実を批判すると同時に他方でこれを正当化したのである。

　このようにケネーは、一度は当時の歴史的現実のリアルな観察と調査から出発してフランス農業の資本定義的発展のための理論と一般的政策規準（maximes générales）を打ち樹てるべく努力したのであるが、しかしその理論化の過程において自然法的思惟方法によって歴史的現実を抽象化し、固定化し、いわば非歴史化してしまったのである。彼の学説がやがて発展をやめ衰退を余儀なくされたのも、それがようやく台頭するに至った近代手工業的産業資本の利益を代弁する理論ではなかったことのほかに、その自然法的・静態的理論構造そのもののうちに原因をもっていたのである。実際、自然法的思惟方法からは歴史の発展に沿った動態的な理論は生じ得なかった。理論が動態化されるためには何らかの形で歴史的思惟方法が導入される必要があったのである。その点を多少とも意識的に行なおうとしたのがチュルゴーであった。

それ故、次稿においてチュルゴーの経済理論における歴史と理論の相互関連の問題について考察することにしたいと思う。

(1) Éloge funèbre de M. François Quesnay, prononcé le 20 du même mois, dans l'assemblée des disciples, par M. le marquis de Mirabeau. *Œuvres de Quesnay*. Éd. Oncken, p. 9.
(2) Éd. Oncken, p. 748, p. 751. 坂田訳『自由論』、五、九頁。
(3) Éd. Oncken, p. 752. 坂田訳一一頁。
(4) Éd. Oncken, p. 754. 坂田訳一五頁。
(5) Éd. Oncken, p. 755. 坂田訳一六頁。
(6) Éd. Oncken, p. 366. なおケネーの自然法思想については、坂田太郎「フランソワ・ケネー――「自然権論」を中心として」(『一橋論叢』第五三巻第四号所収) を見よ。
(7) Éd. Oncken, p. 755, p. 757. 坂田訳一六、一九頁。
(8) Éd. Oncken, p. 757. 坂田訳二〇頁。
(9) Cf. Qusnay : *Despotisme de la Chine*, 1767. 勝谷訳『ケネー支那論』昭和一五年。

四　チュルゴーの経済理論の歴史的性格[1]

一　はじめに——社会思想史研究の方法[2]について——

われわれが一つの思想なり理論なりを研究の対象として取りあげようとする場合、元来思想や理論は、特定の歴史的現実から汲みあげられ、さらにはその歴史的現実へと働きかける志向をもって形成されるものである以上、その思想や理論がいかなる歴史的・社会的情況のもとでいかなる必然性をもって発生し展開していったか、また、その歴史的現実に対していかなる志向と結果とをもって働きかけていったか、そして、その必然性や志向がそれらの理論的性格をいかに決定づけたかについて、まずもって検討を加えなければならないであろう。すなわち、その研究が、個々の思想や理論の構造論的・分析的研究であると同時にそれぞれの思想や理論の存在論的・総体的研究でありうるためには、それらの歴史的現実との交錯の態様を問題としなければならないのである。

ところで、思想史の研究方法には、いくつかの思想や理論の影響関係を追跡する系譜学的研究や個々の思想や理論のうちに含まれている基本概念や分析方法自体の分析を中心とする方法史的研究あるいは比較論的研究、さらには、資料の厳密な考証にもとづく実証的研究等々の方法が考えられる。もちろん、思想史の研究方法として、系譜学的研究や方法史的研究あるいは比較論的研究は十分その有効性を発揮しうるし、実証的研究を土台としてこそ未開拓領域の探索や新しい解釈も可能となる。しかしながら、思想史の研究が思想の研究であると同時に歴史の研究でありうるためには、単に思想の系譜や比較や基本概念のみの研究であったり、徒に穿鑿的な実証的研究にとどまっていてはならないのであって、なによりも思想を歴史的に規定するところのイデオロギー的構造を解明しなければならないであろう。実際、思想の歴史性は、そのイデオロギー的構造のうちに表明されているのである。現実の観念的投映形態としての思想のイデオロギー的構造こそ、まさしくその思想の歴史的・社会的性格を示すものである。それ故、思想史研究は、イデオロギー的構造の解明においてはじめて、思想の研究であると同時に歴史の研究たりうる、といえるであろう。

さて、思想史をイデオロギーの歴史としてとらえることから、思想史研究におけるもう一つの課題が生じてくる。それは、思想史を弁証法的にとらえるということである。周知のように、歴史は生産力と生産関係との矛盾対立を基底的動因として弁証法的展開を示す。また思想は、イデオロギーとして、一定の歴史的・社会的規定性を必然的に内包する。それ故、思想史もまた、そのような歴史のダイナミックスを映し出さざるをえない。とくに経済思想の展開過程は、端的にそれを示しているように思われる。

このように筆者は、思想史を、いわば唯物史観によって再構成したいと考えているのであるが、こうした志向から、思想史の内容や性格もまたおのずから規定されてくる。すなわち筆者は、思想史を、人類がこれまでに抱いてきたすべての社会的意識や関心や理想の歴史という漠然とした形においてではなく、もう少し明確に「変革」という観点から、人間ならびに社会の解放闘争の思想史としてとらえ再構成したいと思うのである。このような観点に立ってこそ、思想史が単なる思想史ではなく、社会思想史として成立しうるのだと思うし、また、そのような社会思想史こそ今日において意義をもちうるのだ、と筆者は信じている(3)。

以上、社会思想史研究の方法と観点について筆者の考えの一端を述べたのであるが、本稿では、このような考えにもとづいて、封建的情況のなかでフランス重農主義学説（それは、フランス啓蒙思想の重要な一側面である）を継承しつつ近代的国民国家の形成に全力を傾けつくしたチュルゴーの経済思想の生成展開の過程とイデオロギー的構造を、重農主義経済学の祖といわれるケネーのそれと対比しつつ、解明したいと思う。

（1）本稿には、発表の都合上、以前に発表したものの一部を、簡略化した形で再掲載しなければならなかったことをお断りしておきたい

（とくに二の部分)。
（２）いずれ稿を改めて、社会思想史の研究方法について研究史的に詳しく検討したいと考えている。
（３）従って、筆者の考えている社会思想史は、変革の思想史であり、特定の階級や民族や思想や学問をさまざまな桎梏から解放しようとする闘争の思想史であって、社会学的思想史とも、いわゆる「思想の社会史」とも異なる。なお、筆者が教えを受けた、または筆者の考えに近い社会思想史に関する文献としては、次のようなものがある。André Lichtenberger, *Le socialisme au XVIIIe siècle*. Félix Alcan, Paris, 1895; J. B. Bury, *A History of Freedom of Thought*. Oxford University Press, London, 1913, 2nd ed., 1952; Maxime Leroy, *Histoire des idées sociales en France*, 3 tomes. Librairie Gallimard, Paris, 1947-1962; Roger Garaudy, *Les sources françaises du socialisme scientifique*. Editions sociales, Paris, 1949（平田清明訳『ガローディ近代フランス社会思想史』、ミネルヴァ書房、昭和三三年); В. П. Волгин, *Развитие Общественной Мысли во Франции в XVIII Веке*. Издательство Академии Наук СССР, Москва, 1958; То же, *Французский Утопический коммунизм*. Издательство Академии Наук СССР, Москва, 1960; *История Социалистических Учений*. Сборник статей, Издательство Академии Наук СССР, Москва, 1962. 大塚金之助『解放思想史の人々国際ファシズムのもとでの追想一九三五－四〇年』、岩波新書青版1、岩波書店、昭和二四年。三木清他『社会史的思想史』、岩波書店、昭和二四年。湯川和夫『社会思想史』、青木書店、昭和三四年。高島善哉他『社会思想史概論』、岩波書店、昭和三七年。大塚金之助編『岩波小辞典 社会思想』、岩波書店、第一版昭和三一年、第二版昭和四〇年。

二　チュルゴーにおける経済思想の萌芽的形成

ケネーの経済問題への関心が、フランス絶対王制下の経済的危機に直接触発され、しかも比較的晩年にいたって形成されたのに対し、チュルゴーの経済問題への関心と接近方法は、若き勉学時代（1746～51）における百科全書家的研究のなかにおいて培われた。すなわち、勉学時代におけるュルゴーの経済問題に対する関心と接近方法は、一方ではジョン・ローの「体制」(le Système, 1716-20) に対する批判のなかで、また他方では、人類史の「普遍史」(世界史) 的考察という形での彼の歴史哲学の構想のなかで培われた。

〔1〕チュルゴーのジョン・ロー「体制」批判

チュルゴーは、一七四九年の『アベ・シセ宛第二書簡』(Deuxième lettre à l'abbé Cicé)[1] のなかで、モンテスキューの『法の精神』(*De l'esprit des lois*, 1748) から刺戟を受け、さらにはジョン・ロックの貨幣論から学びつつ、大量の紙幣発行によるローの人為的信用創出体制を批判した。その目的は、ジョン・ロー (John Law, 1671-1729) やデュト (Dutot) あるいはアベ・テラッソン (l'abbé Terrasson, 1677-1750) らの誤った信用論や貨幣論を批判することであった。すなわちチュルゴーは、アベ・テラッソンの「よく管理された商人の信用はその資本 (fonds) の一〇倍に達する」といった漠然とした根拠のない議論や、貨幣は単に商品の購買手段にすぎないから貴金属貨幣の代わりに紙幣を用いてもよく、しかも貨幣はもともと「章標的富」(richesse de signe) にすぎないから、国王の肖像ないしは何らかの公的な印章さえあれば紙幣を無制限に発行しうるとする誤った考え方 (金属貨幣と紙幣との混同、従ってまた「信用」についての誤解) を批判しようとしたのである。チュルゴーはまず、ロックの貨幣数量説的見地からローの大量紙幣発行政策の危険性を指摘するとともに、テラッソンらの機能主義貨幣観に対しては、素材論的・使用価値論的観点から、それ自体商品としての価値を有し同時に他の商品の価値尺度となるところの貨幣の交換における本質的形態について論じようとした。(2) さらにまた彼は、紙幣の信用と安定性はその兌換性にあることを強調し、紙幣発行にともなうインフレーションの一般的危険性を指摘した。(3) これらの試みは未完に終ったが、これはチュルゴーにとっては、ジョン・ローの「体制」崩壊後テラッソン、ムロン (Jean François Melon, vers 1680-1738)、デュト、モンテスキュー (Charles Louis de Secondat, Baron de la Brède et de Montesquieu, 1689-1755) らによって展開された紙幣をめぐる論争(4)に対して自己の見解を表明して、重商主義的貨幣観ならびに貨幣政策に批判を加えようとするものにほかならなかった。そして同時にこれは、チュルゴーの社会経済思想形成への最初のステップとなったのである。(5)

(1) チュルゴーのこの論文については、Dimitri Angelesco, D., *Après l'expérience de Law. La lettre de Turgot sur le papier-monnaie* (Lettre à l'abbé de Cicé). Paris, 1928, 113p. がある。
(2) Deuxième lettre à l'abbé de Cicé. *Œuvres de Turgot*. Éd. Schelle, t. I, pp. 145-148.
(3) *Ibid.*, pp. 148-151.
(4) Terrasson, *Trois lettres sur le nouveau système de finances*, 1728; Melon, *Essai politique sur le commerce*, 1734; Dutot,

Réflexions politiques sur les finances et le commerce, 1738; Montesquieu, *De l'esprit des lois*, 1748. Livre vingt et deuxième.

(5) ここに取りあげたチュルゴーの論文は、その前年に作成された『著作予定表』(Liste d' ouvrages à faire.) のなかに彼が書き残した「流通論。利子、銀行、ローの体制、信用、為替および商業」(Traité de la circulation; intérêt, banque, système de Law, crédit, change et commerce) と題するテーマを論じようとしたものと思われるが、このような問題はこの頃から終始チュルゴーの念頭にあったようで、のちにも、『商業、貨幣の流通と利子、諸国家の富に関する著述プラン』(Plan d'un ouvrage sur le commerce, la circulation et l'intérêt de l'argent, la richesse des États, 1753-54) や『富の形成と分配とに関する考察』(*Réflexions sur la formation et la distribution des richesses*, 1766) あるいは『価値と貨幣』(*Valeurs et monnaies*, vers 1769) といった論文で論じられる。

〔2〕「普遍史」(世界史) の構想と経済思想の形成

ソルボンヌでの勉学時代におけるチュルゴーの問題関心の広さは、一七四八年頃に作成されたと推定されている『著作予定表』(Liste d'ouvrages à faire) が示しているように、まさに百科全書家的広がりをもっていて、その研究領域は、単に神学にとどまらず、文学、言語学、哲学、歴史学、法学、経済学、数学、物理学等、諸学全般におよんでいた。なかでも歴史研究は、チュルゴーの最も力を注いだ研究領域の一つであって、彼は、一七四八年から五一年にかけての人類史に関する一連の講演および論文において、彼自身の哲学および言語学の研究を基礎とし、一方でボシュエ流の神の摂理を中心としたキリスト教的歴史観を、また他方では、アベ・デュボスやモンテスキューの風土論的歴史観を批判的に摂取することによって、一八世紀フランス啓蒙思想特有のきわめて楽観的な進歩史観を表明した。すなわちチュルゴーは、一七四八年の『学問および芸術の進歩ならびに衰退に関する研究、あるいは人間精神の進歩の歴史に関する考察』(Recherches sur les causes des progrès et de la décadence des sciences et des arts, ou Réflexions sur l'histoire des progrès de l'esprit human) (未完) を始めとして、一七五〇年の二つの講演『キリスト教の成立が人類にもたらした諸利益に関する講演』(Discours sur les avantages que l'établissement du christianisme a procurés au genre humain, prononcé en latin à l'ouverture des Sorboniques par M. l'abbé Turgot, prieur de Sorbonne, le vendredi 3 juillet 1750) ならびに『人間精神の連続的進歩についての哲学的展望』(Tableau philosophique des progrès successifs de l'esprit humain. Discours prononcé en latin dans l'école de Sorbonne, pour la clôture des Sorboniques, par M. l'abbé Turgot, prieur de la maison, le 11 décembre 1750)、さらには、一七五一年の『政治地理学に関する著作草案』(Plan d'un ouvrage sur la Géographie politique)、同年頃の執筆と推定される「普遍史」(histoire universelle) に関する二つの論文の草案『諸政体の成立ならびに諸民族の混交に関する第一論文草案』(Plan du premier Discours sur la formation des gouvernements et le mélange des nations) および『人間精神の進歩に関する第二論文草案』(Plan du second Discours sur les progrès de l'esprit humain) 等において、人間を類的・社会的存在として把握し、個人と社会、諸民族と人類、キリスト教的ヨーロッパと非キリスト教世界とを一体化的傾向にあるものとしてとらえ、そしてまた、歴史を、理性を中核とした人間精神の連続的進歩の過程として、あるいは人類の無限の発展・完成の過程としてとらえることによって、人類の歴史を全地球的規模において「普遍史」なる構想のもとに再構成しようとしたのである。そしてチュルゴーは、この構想のなかに、経済的事象を、他の政治的・社会的・文化的事象とともに、人類史形成の重要な要因として織り込んだのである。

　チュルゴーによれば、人類の進歩の根源的起動力は「理性と情熱と自由」(la raison, les passions, la liberté)[1] である。人類という「一個の巨大な全体」は、このような根源的起動力に導かれて、「それ自体あたかも一人の個人と同じように」、その「幼年期と生長期」を経てきたのである。[2] 諸帝国の興亡、諸政体の変遷、諸民族の合体、諸言語の接触・融合、習俗の醇化、学問・芸術の興隆、機械技術の完成。チュルゴーはこうした経過のなかに、「環境と人材とに従って進歩に遅速の差があった」[3] にせよ、「未開」(barbarie) から「文明」(civilisation) へと進化し、「人類が完成する」[4] 姿を見てとったのである。そして彼は、こうした人類の「進歩」をもたらす「諸原因」については、「民衆の言語の状態」(l'état de la langue du peuple)、「政治的組織」(la constitution du gouvernement)、「天才輩出の偶然」(le hasard du génie) あるいは「環境の偶然」(le hasard des circonstances) といった文化的・社会的諸要因と偶然的諸要因とに要約し、[5] さらに人類の進歩や完成を促す契機もしくは条件に関しては、「気候・風土」(les climats) 等の「自然的諸原因」

(les causes physiques) と「宗教」(religion) や「習俗」(mœurs) あるいはその他の社会的諸条件をも含む「道徳的諸原因」(les causes morales) とを挙げてそれぞれについて検討を加え、前者については、偶然的諸要因よりも文化的・社会的諸要因を重視し、また後者に関しては、「道徳的諸原因」の影響力を強調する。(6) そして、チュルゴーがこうした検討のなかで得た結論は、「商業と政治がついに地球のすべての部分を結び、人類の全体は、静と動、善と悪との交替によって、徐々にではあるが、常により大いなる完成に向って進む」(7) というきわめて楽観的で直線的な展望であって、彼はこのような人類の一般的な歩みを、「普遍史」なる構想のもとに描いたのである。(8)

ところでチュルゴーは、人類の進歩の過程における経済的側面と経済的要因を重視する。例えば彼は、未開状態におけるすべての人間の平等が、農耕社会の成立の結果富の蓄積によって崩れ、そこから商業が発生し、職業の分化、教育の格差、生活条件のより大きな不平等が生ずるにいたった過程を重視する。(9) あるいはまた彼は、生産様式の発達に従って人類の歴史を狩猟・牧畜・農耕の三段階に区分したり、(10) 環境や能力や富の不平等にもとづく交換や分業の発生ならびに商業・交易の発達が、換言すれば民衆の日常の「生活上の欲求」(besoins de la vie) という根源的要因から発するところの「商業の精神」(esprit de commerce) が、「平等の精神」(esprit d'égalité) を維持するのにいかに貢献したかを示す。(11) このようにチュルゴーは、「政治」(la politique) とともに「商業」(le commerce) を、「天才」(génie) とともに「民衆」(peuple) の不断の活動を、社会の発達および人類の連帯性の拡大にとっての最も重要な要因と考えたのである。この点こそ、チュルゴーの社会発展史的進歩史観がボシュエの護教論的歴史観やヴォルテールの英雄主義的・教訓的歴史観とも異なる点である。がともかく、人類史展開の重要な要因としての「政治」と「商業」に対する着目は、チュルゴーの場合、一七五一年の『政治地理学に関する著作草案』および一七五三―五四年頃執筆の『政治地理学について』(Sur la Géographie politique) と題する断片的諸論稿において一層詳細かつ理論的な形で展開され、そしてそのなかから、彼の政治経済学思想の原初形態が形成されたのである。

(1)・(2) Tableau philosophique..., *Œuvres de Turgot*. Éd. Schelle, t. I, p.215.

(3) Plan du second Discours... *Ibid.*, p. 302.

(4) Tableau philosophique... *Ibid.*, p. 218.

(5) Recherches... *Ibid.*, p. 117.

(6) *Ibid.*, p. 140 ; Cf. Plan du second Discours... *Ibid.*, p. 304. チュルゴーのいう「道徳的諸原因」とは、一般には勤勉・質朴を重んずる精神的風土のことであり、狭義にはキリスト教の「宗教」ないしは「道徳」のことであった。『第一講演』は、この狭義の道徳的諸原因が人間の完成と人類の進歩にいかに貢献したかを示すことを目的としたものであった。しかしチュルゴーは、一七五一年頃のものと推定される他の断片的草稿においては、「道徳的諸原因」を、「政体の本性、政治的変動、民衆の富裕もしくは貧困、隣接諸国民に対するその位置の関係、およびその他類似の関係」(Autres pensées, 9. *Œuvres de Turgot*. Éd. Schelle, t. I, p. 339.) と規定し、さらに広く、地理的要因すらも含む社会的諸条件の意味に解している。そしてチュルゴーは、『第二講演』以下の諸論文で、これらの社会的諸条件が、他の諸条件とともにいかに人類の進歩に寄与したかを示すのである。

(7) Tableau philosophique... *Œuvres de Turgot*. Éd. Schelle, t. I, p. 215 ; Cf. Plan du premier Discours..., *Ibid.*, p. 285.

(8) チュルゴーをして人間精神の進歩ならびに人類の完成への確信を抱かしめたものは、まず第一に、人間の「理性」(la raison) の確かさへの確信であり、さらに究局的には、この「理性」を通して人間をそしてまた人類を導くところの神の「摂理」(la Providence) への信頼であった。しかしチュルゴーの場合、ボシュエとは異なって、人間の「理性」の活動の自律性が強調されており、歴史の主体はあくまで人間としてとらえられている。第二に、チュルゴーのみならず一般に一八世紀フランスの啓蒙哲学者たちに楽観的な世界史像を描かしめたものは、ルネサンス以来展開されてきた人間の主体性の回復、ヨーロッパ世界の拡大、科学技術の発達、知識の普及・増大あるいは物的生産力の向上といった事実にもとづく将来の歴史に対する熱烈な期待であった。とりわけ市民勢力の勃興と自然諸科学の著しい発達は、コンドルセに典型的にみられるように、彼らをして将来の歴史をバラ色に色どらせ、「進歩」を法則化させさえするのに十分であったのである。なお、チュルゴーの「普遍史」の構想については、次の拙稿を見よ。「Turgot の歴史意識の構造と論理」、『一橋研究』9(本書、**補論一**)、一九六二年九月、一三―二四頁。「フランス重農主義学説における歴史と理論(二)ノ(一)――チュルゴーの経済学説における歴史と理論――」『千葉商大論叢』第五号(本書、**主論四**)、昭和四一年六月、一三七―一四一頁。

(9) Tableau philosophique... *Œuvres de Turgot*. Éd. Schelle, t. I, p. 217 ; Cf. Plan du premier Discours... *Ibid.*, p. 282.

(10) Plan du premier Discours... *Ibid.*, pp. 278-282.

(11) *Ibid.*, p. 287.

〔3〕「政治地理学」の構想と経済思想の形成

チュルゴーの「政治地理学」(la Géographie politique) の構想の詳細については別に発表した論稿[1]に譲るとして、ここではのちの叙述との関連において必要な限りでの要約にとどめたい。

チュルゴーの「政治地理学」は、要するに、先の「普遍史」の構想を補完し、それに対して基礎的関係に立つものにほかならない。すなわちそれは、歴史的・時間的・因果連関的あるいは道徳的の諸側面よりも、地理的・空間的・相互連関的および自然的の諸側面にアクセントをおいて、人類のさまざまな活動を一層詳細に考察し、そこから「普遍史」の「理論」を引き出そうとするものであった。

チュルゴーによれば、地理的・自然的条件は人類史の展開の重要な契機となり、とくに国家の経済活動と政治政策とに重大な影響をおよぼす。そして、これらの経済活動や政治政策は国家の現在および将来の在り方を規定する。従って、国家の何らかの変革のためには、経済や政治の在り方を変えなければならず、そのためにはまた、「生産活動の多様性」(diversité des productions) と「交通の便宜」(facilité des communications) という二つの「変動的要因」(éléments variables) ないしは「原理」(principes) によって事物の相関関係を十分に把握しなければならない[2]、というのである。

この考え方は、まさにモンテスキューのチュルゴー的解釈ともいうべきものであるが、ともかくチュルゴーは、『政治地理学に関する著作草案』においては、国家の在り方に対する「経済」(とくに生産様式) や「政治」(とくに「法」の在り方) の重要性に着目し、それらに対する地理的・自然的諸条件の関係を過去の歴史に即して立証しようとしたのである。それればかりか、彼は、一七五三—五四年頃の『政治地理学について』と題する別の断片的草稿においては、この観点を一層政治経済学的な形で理論的に展開しようとしたのである。すなわちチュルゴーは、ここにおいて、まだ断片的で萌芽的な形においてではあるが、「生産活動の多様性」にもとづく国内および国際間の分業の必要性、「相互の必要」(besoins réciproques) を基礎とした諸外国および植民地との対等な貿易、「貨幣の継続的な流通」をめざす国内の自由な交易、特権的集中マニュファクチュールに代わる各地域の自然的諸条件を基礎とした分散マニュファクチュールの設立、コルベール主義的工業偏重政策に代わる農業の十全の開発、「自然権」としての土地所有権の本源的自由と公共的性格、欲望と能力の差にもとづく社会の分化と不平等の必然的発生、社会の進歩の契機としての富＝所有の不平等、といった一連の重要な政治経済思想を獲得するにいたったのである。

かくしてチュルゴーは、人類史の「普遍史」的考察によって歴史推進の契機としての経済活動の重要性を認識し、その発展としての「政治地理学」的考察によって過去・現在および未来の歴史に対する経済活動の影響を多面的に検討し、そしてその多面的検討のなかから、彼の政治経済思想の原初形態が形成されたのである。従ってこれら二つの考察、就中後者は、ジョン・ローの「体制」に対する批判を契機として書かれた貨幣についての考察とともに、チュルゴーの政治経済思想形成の起点をなしている、ということができる。しかもチュルゴーは、すでにこれらの考察において、現実の重商主義的経済体制を批判の対象として取りあげることによって反重商主義的で自由主義的な立場を明示し、また財産権の考察[3]にみられるように、経済事象の考察に対して、その起源に遡って本質と根拠とを問うという歴史的思考方法を意識的に適用しているのである。

このあと、チュルゴーの政治経済思想は、彼が司法官あるいは行政官として現実の複雑な問題と取り組み、チャイルド（Josiah Child, 1630-99）やタッカー（Josiah Tucker, 1713-99）らのイギリス自由貿易論者の著作を読み、さらにグルネー（Claude Marie Vincent de Gournay, 1713-59）やケネー（François Quesnay, 1694-1774）と接触するにいたって、一層自由主義的色彩が強められるとともに、他面において重農主義的色彩が与えられるのであるが、そこには、上にみたようなチュルゴーの政治経済思想形成の経緯や立場や思考方法が強く影響をおよぼすのである。

（1）前項(2)の注（8）に示した拙稿を見よ。
（2）チュルゴーは、これら二つの要因にさらに「諸国家の分裂」（la division des États）という要因を加える必要があろう、といっている。Plan d'un ouvrage sur la Géographie politique. *Œuvres de Turgot*, éd. Schelle, t. I, p. 256.
（3）Cf. Sur la Géographie politique. *Ibid.*, p. 439.

三　チュルゴーにおける経済理論の成立と実践化

一七五一年の初め聖職者としての道を捨ててソルボンヌを去ったチュルゴーは、一七五二年一月パリ高等法院主席検事補（substitut du Procureur général au Parlement de Paris）の職につき、同年一二月高等法院評定官（conseiller au Parlement）として裁判所請願受理院（Chambre des Requêtes du Palais）の一つに入り、翌年請願審理官（maître des requetes）に任命された。ちょうどこの頃、パリ高等法院は宗教的寛容の問題をめぐる紛争の真只中におかれていたが、チュルゴーも請願審理官の一人としてこの渦中にあって問題と真剣に取組み、「市民的寛容」（tolérance civile）に関する重要な思想を表明した（一七五三〜五四年）[1]。他方、同じ頃彼は、グルネーのイギリス経済学書の翻訳に接するとともに、それまでロックやモンテスキューから学びつつ培ってきた自己の政治経済思想を、商工業の立場に立ったグルネーの自由主義経済思想の影響のもとに、一層明確な形で政治経済学へと結実させ始めた。すなわちグルネーは、一七五四年、時の財務総監トリュデーヌ（Daniel Charles Trudaine, 1703-1769）のために、イギリスのTory Free Traderの一人であったチャイルドの『貿易と利子についての概説』（*Brief Observations concerning Trade and Interest of Money*, 1668）を翻訳[2]したが、チュルゴーはこの訳注にコメントを加えるため、『チャイルドの訳書に付された注に対する見解』（*Remarques sur les notes qui accompagnent la traduction de Child*）（未完。以下『見解』と呼ぶ）を執筆し、断片的ながら、重商主義的低穀価政策や産業規制あるいは貿易規制政策を批判し、貨幣利子徴収の正当性と貨幣に対する需給の競合による利子率の決定を強調した[3]。チュルゴーはさらにこれと平行して『商業、貨幣の流通ならびに利子、国富に関する著作プラン』（*Plan d'un ouvrage sur le commerce, la circulation et litérêt de l'argent, la richesse des États*）（未完。以下『プラン』と呼ぶ）を執筆し、財貨主義的国富観、欲望と占有に根拠を求める所有権論、通商の全面的自由化の主張と重商主義的な産業規制と価格規制に対する批判、需給の完全な自由競争による価格決定論、「流通価格」ないしは「平均価格」と「自然価格」の区別、生産費説的「基本価格」論、主観主義的価値論（ただしその萌芽）等の重要な考え[4]

を示し、のちの彼の経済理論の基本思想を形作ったのである。

さて、グルネーと相識ったチュルゴーは、一七五五年には彼の勧めにより、国家の経済的繁栄に対する宗教的寛容の影響を論じたタッカーの書物を翻訳し(5)、五五～五六年にはグルネーの国内視察に同行して商工業の実情をつぶさに観察した。と同時に、チュルゴーは、グルネーの自由放任論をますます深く受け容れて自己の思想を強化し、一七五五年の『百科全書』第七巻には二つの論文『指定市場』(*Foire*)および『財団』(*Fondation*)を寄稿し、さらに一七五九年のグルネーの死に際しては、彼の死を惜んで『グルネー賛辞』(*Éloge de Vincent de Gournay*)を発表した。チュルゴーは、『指定市場』では、従来特権商人の暗躍の場となっていた「大指定市場」(grandes foires)の有効性に歴史的・社会的検討を加えることによってその弊害を指摘し、「商業の自然の動き」(le cours naturel du commerce)に沿った「自由市場」(marché)こそ国民を重税から解放し国家に繁栄をもたらす(6)、と主張した。また『財団』では、かつて教会や修道院が人々の寄附金によって作った救貧院や病院などの社会的公共施設が今や腐敗堕落の極みに達していることを鋭く指摘してこれらの撤廃を主張し、それに代わる個人の自由意志と相互援助の精神および私有財産の完全な自由とにもとづく労働と資金の有効適切な利用を強調した(7)。さらに『グルネー賛辞』では、グルネーの称揚したという三つの自由、すなわち「通商の自由」、「労働の自由」および「競争の自由」に賛意を呈するとともに(8)、彼が一斑をもって全貌を推したり偏見に固執したりするような「体系の精神」(l'esprit de système)の持主ではなかったことを述べることによって、謙虚な実証的精神の必要を指摘した(9)。

このようにチュルゴーは、一七五三ないし五四年から五九年の間に、自己の反重商主義的・自由主義的政治経済思想を、イギリス流の自由主義経済原則とりわけグルネーの「新体系」(système nouveau)のもとに、すなわち個人の利益に基礎をおき公益の実現をめざす「一般的自由」(la liberté générale)のもとに、一層徹底させたのである。実際、チュルゴーはこの間に、歴史的思考方法を自然法的思考方法に代わる経済事象実証の方法としてさらに一層経済現象の考察のなかに採り入れるとともに(10)、普遍史や政治地理学に関する考察のなかで示した人類の進歩における商業の重要性に対する確信を、国家経済の発展における農業、工業、商業それぞれの重要性に対する確信にまで拡大し、かつ、それら全産業の発展の基本原則を、グルネーとともに、「われわれのなすに任せよ」(laissez-nous faire) という主張のうちにはっきりと確認するにいたったのである。(11)

さて、一七五六～五九年は、ケネーが『借地農論』や『穀物論』において重農主義の基本思想を示し、それを土台として『経済表』において社会的総資本の再生産と流通の理論を発表した年である。チュルゴーもいつの頃からかケネーの主催するサロン「中二階の会合」に出入して、ここに集まる人々の意見に耳を傾けていた。そして彼は、すでにグルネーの強い影響下にありながら、他方においてケネーの思想を、とりわけその純生産物論と土地単一税論を摂取し始めたのである。チュルゴーの純生産物論摂取の前兆は、すでに『グルネー賛辞』のうちにみられるが(12)、それが理論的に最もはっきりした形で現われるのは、一七六六年の『富の形成と分配に関する考察』(Réflexions sur la formation et la distribution des richesses)(以下『考察』と呼ぶ)である。

一七六一年リモージュ財務管区 (la généralité de Limoges) の地方長官《アンタンダン》に就任したチュルゴーは、一七七四年海軍大臣に任ぜられるまでの十三年間、グルネーとケネーの影響のもとに、封建的租税制度の改廃(13)、土地単一税計画の立案、土地台帳の作成、農業純生産物の調査、夫役・軍役制度の改革(14)、穀物取引の自由化(15)、新しい農産物や技術や産業の導入といったさまざまな改革を試み、幾多の公文書を通じてこの徹底を計った。他方また彼は、こうした改革の実践を踏まえて、前記『考察』のほかに、『鉱山および採石場に関する意見書』(*Mémoire sur les Mines et Carrières, et avis sur le renouvellement de la concession des mines de plomb de Glanges*, 1764)、『リモージュ農業協会より授賞された論文に関する所見』(*Observations sur les mémoires récompensés par la Société d' Agriculture de Limoges*. I. Sur le mémoire de Graslin; II. Sur le mémoire de Saint-Péravy, 1767)『価値と貨幣』(*Valeurs et monnaies*, vers 1769)、『貨幣の貸付けに関する意見書』(*Mémoire sur les prets d'argent*, 1770) 等を書いて、自己の経済理論の確立と発展に努力した。実際、チュルゴーのこうした努力のうちには、歴史の現実から理論を汲み上げ、同時にまた自己の理論を現実のなかで試そうとする理論と実践の統一に対する激しい情熱がみられるのである。

一七七四年五月、チュルゴーは海軍大臣に抜擢され、同年八月二四日財務総監（Contrôleur général des finances）に任命された。就任の日、彼は間髪を入れず国王ルイ一六世に書簡を送り、当時極度に悪化していた国家財政の危機を打開するための対策として、「破産を避けよ、増税を行なうな、借入れをするな」（Point de banqueroute; Point d'augmentation d'imposition; Point d'emprunts）の三大原則を示して国王に理解と協力を求めた。[16] チュルゴーはまた九月一三日には、「王国内における穀物取引の自由ならびに輸入の自由を確立するための国務会議布告」（Arrêt du Conseil établissant la liberté de Royaume et la liberté de l'importation）を発して、不作と穀物騰貴のために悪化していた食糧事情を打開しようと試みたが、結果は却って悪化した。翌年に入ると、世論は硬化し、各地に暴動が相つぎ、五月には暴動は首都にまでおよんだ。チュルゴーはやむなく官憲の出動をもってこれを抑えたが、民衆の不満はますます拡大した。そこで彼は抜本的な改革の必要を痛感し、一七七六年一月まず国王に『意見書』（Mémoire）を送って彼の意図する改革の大要を説明して協力を要請したのち、同年二月、㈠道路夫役の廃止、㈡パリにおける穀物に対する取締り規制および課税の廃止、㈢パリの河岸・市場・港湾における取締り事務所の廃止、㈣宣誓同職組合《ジュランド》の廃止、㈤食肉取引によって不当利益を得ていたポワシ食肉用家畜取引金庫の廃止、㈥油脂税の改正、の六項目におよぶ布告[17]を発した。その際チュルゴーは、これらの布告の一つ一つに前文としてそれぞれの事項の歴史的由来と現実の弊害についての詳細な説明を付して、予想される反対を前もって説得しようと努めた。しかし、長年の伝統に逆らってフランス全土にわたる空前の大改革を意図した㈠と㈣に対しては、とくに激しい反対が行なわれた。実際、これらの布告をめぐって行なわれた特権階級や高等法院あるいは利害関係者たちの反対と陰謀は、歴史の進展をくいとめようとする者の必死のあがきを示していて興味津々たるものがある。[18] がともかく、チュルゴーは同年三月一二日、これらの布告を、ヴェルサイユでの国王臨席の会議「親裁座」（Lit de justice）において強権をもってパリの高等法院に登録させることに成功した。[19] しかし彼は、やがて周囲の抵抗の前に孤立し、また民衆の支持も得られずして、同年五月財務総監の地位を辞さねばならなかった。この間彼は、一七七五年六月一一日のルイ一六世の聖別式に際しては、マルゼルブ（Chrétien-Guillaume de Lamoignon de Malesherbes, 1721-1794）と諮って意見書を送り、国王に「宗教的寛容」の必要を説いて「異端絶滅」の宣誓をやめさせようとしたり、また同年、デュポンらの協力を得て『自治体に関する意見書』（*Mémoire sur les municipalites*）を作成し、土地所有者を中心とする中央集権的代議体制の確立を目的とした行政機構改革案を提出しようとしたが、いずれも実現をみなかった。かくして、財政・経済の問題から広く行政機構の問題におよぶチュルゴーの改革の構想——これらはまさしく彼の政治経済思想の全面的適用にほかならなかった——は、その歴史的洞察の鋭さの故にかえって周囲の理解と支持を失なうという皮肉な結果に終った。だが、その時フランスには、決定的カタストロフが刻一刻と近づきつつあったのである。

以上は、チュルゴーの生涯に即してみた彼の経済理論の成立と実践化の過程である。次に、われわれは、主著『考察』を中心として、チュルゴーの経済理論の基本構造とその歴史的意義について検討することにしたい。

（1）拙稿「チュルゴーにおける『寛容』の問題」(上)(下)、『一橋論叢』第五五巻第一号、第二号、昭和四〇年一月、二月（本書、補論二）、を見よ。

（2）Vincent de Gournay et Butel-Dumont, *Traité sur le commerce et les avantages qui résultent de la réduction de l'intérêt de l'argent, par Josiah Child, chevalier baronnet, avec un petit traité contre l'usurie par le chevalier Thomas Culpeper, traduits de l'anglais.* Amsterdam et Berlin, 1754. この仕事は、すでに一七五二年の秋に完了していたが、グルネーの主張する同職組合廃止論が世間におよぼす影響を恐れて、財務総監マショーによって出版をさしとめられていた、といわれる。また訳注も、大部分がグルネー自身の手で削除されなければならなかったという。（*Œuvres de Turgot.* Éd. Schelle, t. I, p.65, p.373, note (a).）

（3）*Œuvres de Turgot.* Éd. Schelle, t. I, pp.374-375. グルネーは低利子率を国家繁栄の原因と考えたが、チュルゴーはむしろその結果と考え、自由な形での利子率の決定を主張した。

（4）*Œuvres de Turgot.* éd. Schelle, t. I, pp.376-386. 津田内匠訳『チュルゴ経済学著作集』（以下邦訳と呼ぶ）、一九—二七頁。なおチュルゴーの初期の経済学諸論稿に関しては、シェルの次の論文を見よ。Schelle, G., 'Premiers travaux économiques de Turgot d'après ses manuscrits inédits.' *Revue d'histoire des doctrines économiques et sociales*, 1911.

（5）*Questions importantes au dernier bill de naturalisation des protestants étrangers, de Josiah Tucker*, 1755.

（6）*Foire, Œuvres de Turgot*. Éd. Schelle, t. I, pp. 580-583. 邦訳、三〇―三二頁。
（7）*Fondation, ibid.*, pp. 584-593. 同、三三―四〇頁。
（8）*Eloge de Vincent de Gournay, ibid.*, pp. 606-609. 同、四九頁。
（9）*Ibid.*, pp. 618-624. 同五七―五九頁。
（10）例えば、『政治地理学について』と題する断片的草稿においては、「自然権」の観点から土地所有権の本源的自由と平等が説明されていたのに対し、『プラン』では、「欲望」と「占有」という人間的・歴史的要素によって土地所有権の根拠が説明され、また「不平等」をもって社会の始源とされるというように、自然法的思考方法の意識的な排除が行なわれている。従ってチュルゴーには、ロックやルソーの想定したような「自然状態」や「社会契約」の観念はみられない。これは、あくまで経験的・実証的であろうとするチュルゴーに特徴的なことである。＊Cf. Plan du premier Discours sur l'Histoire Universelle, 1751.
（11）しかし注意すべきことは、チュルゴーはこのような個人の利益を中心とした自由主義的経済原則を主張しながらも、たえず「公益」（l'intérêt public, le bien public）や「国家全体の利益」（l'intérêt general de l'État）の尊重を説き、個人の利益が偏狭な形であるいは無制限に主張されるときにはそれに対する立法者による規制もやむを得ない、と考えていることである。すなわちチュルゴーは、個人の利益と公益との究局的な調和を確信しながらも、決して手放しで傍観していてよいとは考えていないのである。これは、彼が何よりも独占的・特権的行為を警戒していたことによるものであろうが、この点こそチュルゴーのケネーやスミスと異なるところであり、彼が意識的に自然法的秩序観（手放しの自然的調和観）を排除しようとする一つの根拠なのである。実際、チュルゴーの「公益」に対する考え方のうちには、多分に現実主義的・国家主義的色彩がうかがわれる。だがそれは、決して重商主義的・干渉主義的な形のものではない。
（12）例えば、「国家が年々その必要に応じて使いうる総額は、常に国内で年々生産される収入総額の整除部分であり、この収入総額は、それぞれの土地の純収入と各産業の純生産物とからなる」（*Œuvres de Turgot*. Éd. Schelle, t. I, p. 605. 邦訳四七頁）とか、「国家が収入を必要とする以上、国家財政は必要である。しかし、農業と商業とが、というより商業によって活気づけられた農業が、この収入の源泉である」（*Ibid.*, p. 608. 同、五〇頁）といった言葉がそれを示している。
（13）Cf. Avis sur l'imposition dans la généralité de Limoges pour l'année 1762, 1761 ; Maintien de la taille tarifée, 1761 ; Observations sur un projet d'édit remplaçant les vingtièmes par une imposition territoriale, et préparée par le contrôleur général, 1763 ; Plan d'un mémoire sur les impositions, 1763 ; Notes sur l'article *Impôts* de Quesnay, 1763, etc.
（14）Cf. Lettres à Trudaine sur la corvée des chemins, 1762 ; Lettre au Contrôleur général sur l'aboliiton de la corvée pour le transport des équipages, 1765, etc.

(15) Cf. Projet de lettre au Contrôleur général Bertin sur un projet d'édit, 1761 ; Circulaire aux officiers de police des villes, 1766 ; Lettres au Contrôleur général, abbé Terray, sur le commerce des grains, 1770, etc.
(16) Lettre au Roi en prenant possession de la place de Contrôleur général, Compiègne, 24 août, 1774. *Œuvres de Turgot*. Éd. Schelle, t. IV, p.109.
(17) (1) Édit de suppression de la corvée des chemins. (2) Déclaration Royale supprimant les règlements de police, ainsi que les droits et offices établis à Paris pour les grains. (3) Édit de suppression des offices des quais. (4) Édit de suppressions des jurandes. (5) Édit de suppressions de la Caisse de Poissy. (6) Lettres Patentes modérant les droits sur les suifs. これらの改革案について、いずれ稿を改めて検討する予定である。なお、次のものを見よ。Shepherd, R. P., *Turgot and the Six Edicts*. Columbia University Publications, Studies in History, Economics, and Public Laws, vol. XVIII, No.2, 1903 ; Edgar Faure, *La Disgrâce de Turgot*. Paris, 1961, 3e partie, IV.
(18) Cf. Observations de Garde des Sceaux (de Miromesnil) et Réponse de Turgot. *Œuvres de Turgot*. Éd. Schelle, t. IV, pp.163-200.
(19) Cf. Lit de justice à Versaille le 12 mars, Extrait du procès verbal. *Œuvres de Turgot*. Éd. Schelle, t. IV, pp.273-298.

四　チュルゴーの経済理論の基本構造とその歴史的性格

チュルゴーは一七六六年一二月九日付けのデュポン宛の書簡で、『考察』執筆の動機と目的について次のように説明している。「私はあなたにお会いして以来、多くのものを書きなぐってきました。〔財務総監のベルタン氏から〕求められていた『リムーザン州の租税に関する意見書』のための「大農法」と「小農法」についての説明とは別に、あなたにお話ししたことのある二人のシナ人のために『質問』[1]を書き、その目的と意味を理解させるために、その前文として、社会のもろもろの労働と富の分配とに関する一種の分析的スケッチを描きました。私はそこには、代数は用いませんでした。そこには『経済表』の純理論的な部分（la partie métaphysique）しかみられません。私は、なお多くの問題を残しておいたので、その著作を完全なものにするためには、さらに論じなければなりません。しかし、資本の形成および運動、貨幣の利子等に関する事柄については、かなり徹底的に論じました。それは一つの梗概です[2]。」

これによれば、『考察』は、ケネーの『経済表』の「純理論的な部分」を継承し発展させようとしたものであろ。ではチュルゴーは、それをどのような形で行なおうとしたのであろうか。以下、社会階級論、価値・価格論および資本の理論に集約して検討してみよう。

〔1〕 社会階級論

チュルゴーは、『考察』の第一〜一八節で、おもに社会諸階級の発生過程とそれらの社会的・経済的諸性格とについて論じているが、そこにはすぐれて歴史的な分析方法が導入されている。チュルゴーはまず、土地が平等に分割され、各人が自己の生存に必要なもののみを生産し、従って交換も分業も存在しない社会を仮に想定する。しかし彼は、土地は分割される以前にすでに耕作されていた、最初の耕作者は自己の生存に必要以上の土地を耕作した、どの土地もすべてのものを産出するわけにはいかない、といった事実にもとづいてこれを否定する。すなわち彼は、平等ないわゆる「自然状態」の仮説を否定し、不平等を人類の歴史の出発点と考えるのである。続いてチュルゴーは、生産活動の多様性と欲望の増大とによる労働の分業と交換の発生過程を示す。また、生活の必要以上の余剰を産出するかどうかが社会諸階級区分の重要な指標であると述べ、次のようにいう。農業労働者は、社会の他のすべての成員に食糧を供給することによって彼らを自己に依存せしめるという「物理的必然の優越」と、その余剰が社会の他のすべての成員の賃金の「唯一の基本」となるという事実とによって、加工する手工業者に対する「優位」を有し、「労働循環の最初の原動力」となる。また農業労働者は、「自然が無償で彼に与えるその労働の賃金以上の余剰」を産出し、この余剰をもって社会の他の成員たちの労働を買うことができる故、彼は「あらゆる富の唯一の源泉」である。これに反し、腕と技能しかもたない単純労働者の賃金は、「労働者間の競争によって生活必要費に限定される[3]」。かくして社会は、「事物の本性にもとづく必然性」によって、「労働によってたえず再生する富を生産する」「生産階級」(la classe productive) と「生産された材料を人の使用に適するように加工し変形する仕事に従事し、その労働を前者〔生産階級〕に売ってそれと交換に自分の生活資料を受けとる」「被雇用階級」(la classe stipendiée) の二つに区分される、と。

次いでチュルゴーは、耕作労働による「土地所有権の確立」がいかなる形で社会の一層の階級分化をもたらしたかについて、すべての耕作者が同時に土地所有者であった段階、すなわち「土地所有耕作者」(le propriétaire-cultivateur)であった段階から、土地所有権の不平等が進むにつれて土地所有と耕作労働との分離が、従ってまた、「土地所有者」(le propriétaire)と「耕作者」(le cultivateur)との区別が生じ、ここに社会が、「耕作者、手工業者および土地所有者の三階級」に、すなわち「生産階級、被雇用階級および自由処分階級」(la classe productive, classe stipendiée, et classe disponible)に(従って、富を自由に処分しえない階級は、「耕作者の階級である生産階級と社会の他のすべての被雇用者たちを含む不生産階級(la classe stérile)」の二階級に)分かれたその経緯およびこれらの諸階級の本質的差異について示す。

ここにおいてチュルゴーは、『グルネー賛辞』におけるケネーに対する鑽仰的態度をさらに進めて、農業を社会における唯一の「生産的」産業とするケネーの考えを殆ど全面的に受け容れるが、しかしなお彼は、(a)手工業者階級については、その「不生産階級」としての性格よりもむしろ「被雇用階級」としての社会的存在形態を重視する、[4] (b)土地所有者の土地所有権の保証を、「自然的秩序」という形而上学的観念に求めるケネーや「土地前払い」という経済的範疇に求めるデュポンに対して、「人間の慣習と市民的法律」という歴史的・社会的要素に求めるというように、[5] ケネー学派との微妙な考えの違いをみせるのである。これは、ケネー的社会階級論ひいてはその純生産物論のなかに、全産業の生産的性格を強調するグルネーの見解と歴史的事実を重視するチュルゴー自身の実証的態度とを貫徹させようとする努力の現われである、と解せられる。

さてチュルゴーは、以上のように土地所有者の発生をもって社会の階級分化の一応の到達点と考えるのであるが、彼はさらにこの点に関連して、土地所有者がその土地から収益を最も有利な形でひき出し得る方法の検討を行なう(第一九―二八節)。すなわちチュルゴーは、㈠賃金労働者による耕作、㈡奴隷または農奴による耕作、㈢地代支払を条件とする土地の譲渡、㈣分益小作による耕作、㈤借地農による耕作、の五つの方法を検討し、国がすでに富裕な場合には借地農による大農経営が最も有利である、と結論する。

いうまでもなくこの結論は、ケネー学派のそれと一致するものである。しかし、ケネーが大農的借地経営の有利性を耕作規模と耕作方法の問題に集約し、また政治算術的方法をもって立証したのに対し、チュルゴーはこの推論の方法をとらず、もっぱら歴史的事実に立脚して論証するのである。さらに、確かにチュルゴーも大農法と小農法の収益性の比較の問題に関心がなかったわけではなく、リモージュ財務管区において熱心にこの問題の実地調査を行ない、その結果、借地農の資本家的企業者としての重要性に改めて注目するにいたった。しかし彼は、牛耕か馬耕かの耕作方法にもとづく農業形態の区別方法には必ずしも同調せず、むしろ資本の効率あるいは土地の賃貸借契約の方法（すなわち借地耕作(fermage)か分益小作(métayage)かの区別）によってそれを行なう方が妥当だと考えていた[6]。さらにまた、リムーザン州のように農業の立遅れが著しく「貧しい分益小作農」が殆どを占める地方（『考察』第一七節及び第六四節参照）では、ケネーの主張するような土地単一税の全面的適用は不可能であり、課税にはかなりの多様性を必要とする、と考えていたのである[7]。

もとよりこのような違いは、ケネーとチュルゴーの間の問題意識ならびに立場の相違にもとづくものである。国家財政の窮乏と国民の貧困化というフランス積年の危機を農業の再建によって救い、その農業再建のための基礎を借地農大経営振興のうちに見出したケネーは、農業者階級の「生産的」性格を強調するあまり他の商工業者階級を過度に「不生産的」と呼ぶ傾向があったし、農業資本の再生産と循環のメカニズムを分析しようとする彼の目には、商工業者階級は農業資本の補填ならびに転形循環のための補助的役割をなすものとしてしか映らなかった。さらにまたケネーは、農業資本の蓄積を計るため、一切の間接税を排除した地主負担の土地単一税の適用を主張した。もちろんそこには、ケネー独自の分析と現実政策的考慮が見出される。しかしながら、グルネーから商工業者階級の生産的性格と社会的重要性を十分に学び、またかつてみずから歴史的・実証的観察方法を培ったチュルゴーは、基本的にはケネーの純生産物論に同調しながらも、商工業者階級を過度に「不生産的」と呼ぶことには同意できなかったし[8]、また、土地単一税の効果を十分に認めながらも、それを機械的に適用することには慎重さを示した。むしろ彼の関心は、小農経営を大農経営に導くことができるような資本蓄積を可能ならしめる租税体系を探し求めることにあったのである（一七六六年のグラスランおよびサン・ペラヴィの論文に対するチュルゴーの『所見』を見よ）。

〔2〕 価値・価格論

ケネーが「原表」から「範式」に至る一連の『経済表』の構想において表出しようとしたものは、農業資本の価値的ならびに素材的両側面における補塡と転形の過程であった。ケネーの着想の「天才的」たる所以は、彼がまだ始ったばかりの資本主義的農業経営におけるこうした資本の循環と再生産のメカニズムを洞察し、これをきわめて簡明な図表に定着させることに成功したことである。しかしながらケネーは、このような資本主義的再生産過程の中心的担い手となる商品の価値とはそもそもいかなるものであるのかの問題については、問うところ甚だ稀薄であった。実際、価値の実体についての分析は、彼の関心の外におかれていたようにみえる。これに対してチュルゴーは、商品の価値とは何か、それはいかにして測定され・実現されるかの問題に関して以下にみるような分析を行なっている。

チュルゴーは『プラン』のなかで、まず事物の価値について、「欲望」(besoins) ないしは「快楽」(plaisirs) を判断の基礎と考えるとともに、「占有」(l'occupation) と「力」(la force) を、そして一般的には「利用」(l'usage) を、人類の自然の進歩の過程における「所有もしくは財産の真の観念」の根拠とした。[9] 次に商品の価格については、「買手を保護する」低価格政策や「生産を有利ならしめる」産業保護政策すなわち重商主義的価格規制政策を批判し、価格決定の「唯一の原理」として、自由な競争にもとづく需要と供給の競合関係を強調した。[10] また彼は、需給関係において定まる「売上価値」(la valeur vénale) すなわち「流通価格」(le prix courant) と、生産費によって決定される「基本価値」(la valeur fondamentale) すなわち「基本価格」(le prix fondamental) とを区別し、「自由な競争」の存在する社会においては、「流通価格」は「平均価格」(un prix commun) もしくは「自然価格」(un prix naturel) として実現し、しかもそれはたえず「基本価格」に近づく傾向をもっていることを、指摘した。[11]

これらの考えは、さらに『考察』や『価値と貨幣』に受け継がれて発展させられた。チュルゴーは、『考察』においてはその第三一〜三八節で、物々交換経済から貨幣経済の発生にいたるまでの歴史的経過の考察を通じて商品の価値および価格について論じているが、とくに注目すべきことは、「価値」に関して、『プラン』における「欲望」を基礎とした主観的価値論から『価値と貨幣』における「労働」ないしは「能力」を基礎とする独自の価値論にいたるいわば中間的見解を示していることである。すなわちチュルゴーは、ここにおいて、商品価値の評価基準として「欲望」(besoins)を挙げると同時に、商品価値測定の尺度として「能力」(facultés)の比較均衡という考えを導入して、「小麦とぶどう酒の価値は、もはや二個人間だけの相互の欲望と能力に関して掛け合われるのではなくて、小麦の売手全体の欲望と能力とぶどう酒の売手全体のそれとの均衡によって決定される」[12]、と説明するのである。この考えは、「価値」を漠然と「欲望」だけによって説明していた『プラン』からみれば一歩の前進を示すものであり、しかも支配労働価値説に類似した観点をも含んでいるようにみえるが、しかしここでもまだ交換価値決定の要素として主観的な「欲望」が考えられているのであって、主観的価値論の域を脱してはいない。

これに対して、『価値と貨幣』では次のように展開される。チュルゴーはまず、「もろもろの財貨の価値の尺度であり担保」としての「貨幣」(monnaie)の機能を説明[13]したのち、「価値」(valeur)とは何かを問い、それを、「われわれの欲望との関係における財貨の適性」である、と規定する。次いで、この「相対的適性」としての財貨の価値を評価する三つの要素として、「効用」(utilité)、「卓越性」(exellence)、「稀少性」(rareté)を挙げ、これらの諸要素によって決定される価値を「尊重価値」(la valeur estimative)と呼ぶ[14]。つまり、「尊重価値」とは使用価値のことである。続いてチュルゴーは、孤立人が自然から物を引出す場合を、すなわち「自然との最初の取引き」を想定し、その孤立人は物を獲得するのに自分の「労働」(travail)つまり自分の「能力」(facultés)と「時間」(temps)を用いなければ何一つ獲得できないので、「彼の労苦と時間の分量、両者を一言でいえば……彼の能力の分量」が「評価」(évaluation)の基準となり、かくして「能力の総計」こそ、この価値尺度の「唯一の原理」であり、彼が出発し得る「唯一の定点」である。従って孤立人にとって、ある財貨の尊重価値とは、まさに「彼の能力全体のなかで彼がその対象に対してもつところの欲望に対応する部分、すなわち彼がその欲望を充たすのに用いようとする能力の部分であり、いいかえれば、「人間の能力全体に対するこの〔能力の〕比例部分の比率」である、という。[15]

さらにチュルゴーは、商業の発生により二人の個人間で交換が行なわれる場合を想定し、この交換においては、自分の財貨よりも相手の財貨に対してより多くの尊重価値を与えること、すなわち「尊重価値の優越性」が動機となるが、その差は相等しく、従って交換される二つの物は「等価」(équivalent) であり、「等しい交換価値」(une valeur échangeable égale) をもつことを示す。つまり、交換される二つの物は、尊重価値=使用価値に関しては不等価であるが交換価値に関しては等価である、というのである。チュルゴーは、この「交換価値」を、交換当事者間における「平均的尊重価値」(une valeur éstimative moyenne) または「評価価値」(valeur appréciative) と呼ぶが、それは結局、「二人がそれぞれの交換の対象物の探求にあてようとする各自の能力の分量の合計とこの二人の能力〔全体〕の合計との比率」に他ならず、そしてまさしくこの「比率」が「交換の本質的条件」をなす、という。[16] またチュルゴーは、「価格の表明は常に価値の表明を含んでいる」故、「価格はもっぱら貨幣をともなった交換価値である」、という。[17]

このようにチュルゴーは、『価値と貨幣』においては、尊重価値=使用価値については「効用」、「卓越性」、「稀少性」の主観的三要素を評価基準とし、また評価価値=交換価値については、従来その尺度と信じられていた「利益」(intérêt) にとって代わって、[18]「能力」という客観的要素を測定の尺度と考えて、その差異を明確にするのである。これらの議論は、チュルゴー自身述べているように、アベ・ガリアーニ (Ferdiando, abbé Galiani, 1728-87) の『貨幣論』(*Della moneta, libri cinque*. Napoli, 1750) における「人間」を中心とした価値論、およびグラスラン (Jean Joseph Louis Graslin, 1727-96) の『富および租税に関する分析的試論』(*Essai analytique sur la richesse et sur l'impôt*, Londres, 1767) における価値の比例的説明を受け継いで、『プラン』および『考察』における「欲望」を中心とした自己の価値論を発展させたものであった。またこれらは、より積極的には、その等価交換論によって一方でケネー学派の等価交換論を支持するとともに、他方において、商業を不等価交換と見誤った重商主義的商業観、とりわけ「ローの体制」(système de Law)を批判しようとするものであった[19]。

ところでわれわれは、チュルゴーのこのような価値・価格論をどのように評価すべきであろうか。まず第一に、評価価値を財貨の獲得に要する能力の能力全体に対する比例部分であると説明する彼の考えを労働価値論と考えてよいかどうか、という問題である[20]。答えは否である。なる程チュルゴーは、「評価価値」の測定にできる限り客観的な尺度を導入して主観的な「尊重価値」との差異を強調しようとするが、しかし、(a)「評価価値」はあくまで「欲望」を基礎とした主観的な「尊重価値」の「平均」として理解されていること、(b)チュルゴーが「評価価値」測定の尺度と考える「能力」(facultés)の内容は不明確であり、仮りに「労働」と解するとしても、その総量は個々人に相対的なものであって、従って「能力全体に対するこの(能力の)比例部分の比率」もまた相対的・主観的であることを免れ得ないこと、(c)「この能力の計算に時間を考慮に入れなければならない」としながらも、欲望の対象物を得るために人間の能力が用いられる「さまざまな時間の長さをどのように評価するか」の問題に対しては、「時間は人間のあらゆる欲望を通りすぎてゆくが、個々の欲望に関しては不均等な持続時間としてしか計算されない」(傍点イタリック)故、「その基礎がすべて不確実であるこのような計算の迷路」においては、「価値をそれ自体として表現することは不可能」であり、従って「この点について人間の言語が表明しうるのは、せいぜいある物の価値が(相対的に)他の物の価値に等しい、ということだけである」と、価値の確実で客観的な計算の基礎を見出すことを断念していること[21]、によって、チュルゴーの価値論は、労働価値論への萌芽を含みながらも、結局主観的・相対的価値論に終っている、と言わなければならない。一つの価値論が労働価値論であるためには、そこにおいて少なくとも、価値の実体が労働として明確にとらえられており、しかもその労働がすべての人間およびあらゆる種類の労働を超えて抽象的にあるいは社会的に等質的なものとして把握され、かつまた、その労働が相対的な形においてではなく何らかの共通の客観的尺度(例えば労働時間)によって測定されることが明示されていなければならないであろう。第二に、チュルゴーの価値論は、「価値」と「使用価値」ならびに「交換価値」との混同という点において、ペティやカンティロンの価値論に一歩を譲っている、と言わなければならない。周知の如く、カンティロン（Richard Cantillon, c. 1680-1734）は、その『商業一般の性質に関する試論』（*Essai sur la nature du commerce en général*, Londres, 1755）の第一篇第一章において、「富」（la Richesse）を使用価値的視点から「生活の糧、便宜品および享楽品」（la nourriture, les commodités et les agrémens de la vie）の三種類に分類するとともに、同篇第一〇・一一章において、ペティの考えを踏襲して、財の「本質的価値」（valeur intrinsèque）はその財の生産に要した「労働」（travail）の分量で測定されるとする考えを表明している。もっとも彼の場合、価値の実体として、「労働」とともに「土地」（la terre）が、というよりはむしろ、土地に還元された労働が考えられており、物の価値は結局「食糧」によって通約される、ときわめて素材的に捉えられているが、ともかくそこには、価値の実体に関する投下労働価値論の未成熟な一形態をみることができる。ところがチュルゴーにおいては、右に見た如く、価値の実体が主観的・相対的な形でとらえられているばかりか、「この平均的尊重価値（＝平均的使用価値＝評価価値）こそたしかに交換価値となる」[22]というように、「価値」と「使用価値」ならびに「交換価値」の区別が不明確のまま終っているのである。

このようにチュルゴーは、「能力」を尺度とする価値測定の問題と取組んだが、それは精々交換の等価性の指摘に終り、価値の実体に関しては、「価値をそれ自体として表現することは不可能である」と、彼自身「迷路」に陥ってしまったのである。しかしながら、非財貨的価値論すなわち素材から離れた「価値」の抽象的把握への努力と交換価値実現の自由主義的原則の主張は、交換の等価性の指摘とともに、彼の反重商主義的・自由主義的商業観の基礎づけとなっているのであり、チュルゴーは、ケネーの「自然的秩序」の観念にもとづく等価交換論、あるいは「流通の正義」（la justice commutative）の観念にもとづく自由主義的通商論とは別の角度から、彼独自の価値論をもってそれらの主張を行なったのだ、と言えよう。また、チュルゴーの価格論についていえば、それは、ケネーの「良価」論ほど重農主義的性格のものではなく、ケネーの「基本価格」の考えを包摂しながら、アダム・スミスの「自然価格」論を先取りしたものであり、かくして古典的均衡価格論の確立に貢献している点に、その歴史的意義を見出すことができるであろう。

〔3〕 資本の理論

チュルゴーが先のデュポン宛の書簡で述べているように、『考察』の目的の一つは、「資本の形成および運動」について徹底的に論じることであった。現に彼は、『考察』百小節のうちの後半の殆どを、資本の形成の歴史的過程と資本の使途別収益性の考察にあてている。そこでのチュルゴーの狙いは、(a)「資本」(capital) はすべての企業・すべての労働にとっての「不可欠の前提条件」(un préalable indispensable) であること、(b)とりわけ「貨幣資本」(capital en argent) の蓄積は、諸企業の飛躍的発展を促し、社会の一層の階級分化をもたらしたこと、(c)諸企業間における資本の自由な流動が存在する社会においては、資本の「利潤」(profit) は均等化する傾向をもっていること、(d)資本は「節約」(l'épargne) によって蓄積されるのであり、それは結局のところ土地の剰余価値である「純生産物」(le produit net) の蓄積によってのみ形成されること、を示すことであった。

チュルゴーはまず、貨幣資本の導入以前においては、生産物から節約によって蓄積された「動産の富」(les richesses mobiliaires) すなわち家具、家屋、食器類、貯蔵商品、道具類、家畜、それに奴隷が、前払資本として用いられ、それらは「すべての営利的労働にとっての不可欠の前提条件」をなしていたこと、これらの最初の基本は土地によって与えられそれ故土地は「あらゆる富の最初のそして唯一の源泉」であったこと、そしてまた、土地の評価においてこの「動産の富」の価値が基準となり、「土地の価値と〔土地の〕収入の価値〔これが動産の富の価値で表わされる〕との比」を表わす「地価のドゥニエ」(le denier du prix des terres) なる概念が生じたこと、を示す。

次いでチュルゴーは、「貨幣資本」の五種類の使用法、すなわち、㈠一定の収入をもたらす土地の購入、㈡土地を賃借して耕作企業へ投資する方法、㈢工業あるいは製造業への投資、卸商への投資、㈣貨幣の利子付き貸付け、について詳しく検討し(第五八―八二節)、さらにまた「貨幣のさまざまな用途相互間の影響」について考察し(第八三―八九節)、そこから大要次のような結論を引出している。(a)貨幣が土地の購入に投じられる場合、貨幣資本はその総額の一定部分と等しい収入を産出する土地の等価物として評価される。(b)工業にも、他のすべての企業におけると同様「前払」資本が必要である。しかし、この投資はすべての者に可能なわけではなく、「資本すなわち動産の富」の所有者、いいかえれば「企業者」(entrepreneurs)あるいは「資本家」(capitalistes)にのみ可能である。従って「工業被雇用階級」は、この「資本」の形成によって、さらに「資本家たる企業者と単純労働者(simples ouviers)とに細分される」にいたった。また工業の利潤は、その資本回収分と土地収入以上のものでなければならない。(c)農業の場合にも全く同様に巨額の資本が必要であるが、この必要のために、「耕作者の階級は、企業者すなわち借地農(fermiers)と単なる賃金労働者すなわち作男(valets)あるいは日雇労働者(journaliers)とに細分される」に至った。また農業資本は、「前払い」(原前払いおよび年前払い)回収分とあらゆる種類の「利潤」(何ら労働しなくてもその資本で獲得し得る収入と同額の利潤+労働、危険および技能の価格+動産資本の年々の償却分)の回収分の他に、小作料の価格であり土地所有者の収入となるところの「純生産物」を産出しなければならない。かかる条件が存在しない場合には、耕作経常は小規模経営に限定される。また小作料の相場は、資本家的耕作企業者=借地農の「計算」と「競争」とにもとづいて計算される。(d)商業は、生産者と消費者とを媒介して双方に「二重の利益」をもたらすものとして有用であるばかりでなく、その前払い資本は、他の企業におけると同様「利潤」をもって回収されなければならない。その点、「貿易商人」(négociants)は資本に新たな用途を開いた。(e)貨幣の利子付き貸付けは、決して中世のスコラ哲学者たちの主張するような「不正な」ものではなく、何よりも貨幣が自分のものであるという「所有権」にもとづいて正当化される。貨幣は、「貨幣量」すなわち他の財貨と比較された一定量の「金属」(素材)としての評価と、「利子」すなわち一定量の価値の「一定期間の使用権」としての評価の二つの評価をもち、これら二つの評価は相互に「無関係」であり、「全く異なる原理」によって規定される。すなわち前者は、市場における貨幣量の増加によって低下する(貨幣価値の下落)のに対し、後者はそれと必ずしも直接的な関係によって下落せず、逆に高められることがあり、利子率は「直接的には借手の需要と貸手の供給の関係に依存する」。(f)五種類の資本の使用法のうち、土地の購入に投下された貨幣のもたらすものが最も少なく、貸付け貨幣のもたらすものはそれより多少多く、耕作、製造および商業の諸企業に投下された貨幣のもたらすものは、貸付け貨幣の利子以上でなければならない。しかし、これらの資本の使用から生ずるもろもろの収入は、相互に制限し合い、不均等ながら一種の均衡状態を作る。また、これらの資本の用途は、すべて貨幣利了の実際の利率と相関的である。すなわち、貨幣利子はあらゆる営利企業に影響を与える故、貨幣の市場利子率は、それによって資本の多寡を判断しうる寒暖計であり、ある国民が耕作、製造業および商業の諸企業に資本を与えうる程度の尺度となる。

チュルゴーはこれに続いて、第九〇節以下で「国富」の問題を論じ、次の点を指摘する。(a)一国の富の総額は、すべての不動産の純収入に土地価格の率（＝土地売買の市場ドゥニエ）を乗じたものと国内に現存するあらゆる動産の富すなわち資本総額とを加えたものであるが、貸付け資本は、それを保証しその利子を支払うのは借手であり、従って企業に必要な前払い資本の合計総額をふやさないから国富総額のなかに含めてはならない。(b)貨幣の貸付け資本家は、利子の使用に関しては全く自由であるから「身分に関しては」自由処分階級（土地所有者階級）に属するが、この利子に課税することは企業に絶対に必要な前払い資本を減少させることになるから課税すべきではなく、従って、その「富の性質に関しては」自由処分階級に属さない。(c)一国内で真に自由に処分しうる収入は、結局土地の純生産物以外にはなく、従ってまた土地こそすべての産業の一切の前払い資本を提供する唯一の源泉であるが、そうした資本の形成は、実際には貨幣の節約という形で行なわれる。

かくしてわれわれは、チュルゴーのこのような資本の理論およびそれと関連した国富論から、ケネーのそれと対比して、少なくとも次の二点を指摘することができる。第一に、ケネーとチュルゴーとの間には、資本の概念および機能について重要な違いが見出される。すなわちケネーは、生産資本に重点をおき、しかもそれを著しく財貨的な形態においてとらえた。このため彼は、農業と工業にしか前払い資本の存在を認めず、流通資本としての商業及び貸付け資本の役割を軽視し、全体に資本の貨幣形態の考察には欠けるところがあった。これに対してチュルゴーは、現物前払い資本とは形態を異にした「貨幣資本」の役割に着目することによって、農業のみならず商業、工業および貨幣貸付けにおいて果たす貨幣前払い資本の一般的機能を明らかにすることができた。（もっとも、チュルゴーの資本の概念にもケネーの影響とみられる素材主義的観点がまつわりついている。「資本」を「蓄積された動産の富」と規定する仕方や、貨幣資本総額を土地の等価物と考えたり、貸付け貨幣資本を一国の資本総額から控除しようとする考え方がそれを示している。）またケネーは、その限定された資本の概念を彼独自の純生産物論と結びつけたため農業資本以外には生産性を認めることができなかった。これに反してチュルゴーは、貨幣資本の機能を認めることによって、流通部門を含めたあらゆる企業部門における資本蓄積の可能性と従ってまたすべての企業における「資本家的企業者」（entrepreneurs capitalistes）の形成とを明らかにすることができた。チュルゴーは最初、ケネーの純生産物論に従って社会階級論を展開していったが、やがてあらゆる労働の生産性とすべての企業における資本蓄積の可能性を認めるに至るや、これを修正ないしは発展させなければならなかった。すなわちチュルゴーは、あらゆる労働の分野における資本の形成を認めることによってケネーの重農主義的限界を超えようとしたのである。しかし彼は、基本的にはケネーの純生産物論を受け容れるため、農業以外の産業に利潤の存在と資本の形成を認めながらも、それらの利潤や資本は究局においては農業余剰すなわち純生産物地代の転化したものにすぎない、と考えるのである。（チュルゴーが利子に対する課税を認めず、従って貸付け資本家の階級帰属を「身分」と「富の性質」の両面に分けて考えているのも、ケネーの純生産物論、従ってまた土地準一税論の影響である。）チュルゴー白身、農業純生産物論と全企業における資本蓄積可能論とは相矛盾するものであることに気付きながら[23]、後者を前者の枠のなかに戻して、両者の調整を計ろうとしたのである。

第二に、経済現象分析の視角と方法とに関してケネーとチュルゴーとの間には顕著な相違が認められる。一連の『経済表』の構想が示すように、ケネーは、生理学者・解剖学者として、またその独自の自然的秩序の観念にもとづいて、農業を起点とした社会諸階級間における前払い資本の再生産と転形・循環の法則を明らかにしようとした。これに対してチュルゴーは、哲学者・歴史家として、また現実政治家として、社会諸階級における資本形成の一般法則を明らかにしようとしたのである。なるほどチュルゴーにも、「均衡」という言葉によって象徴される自然的秩序の観念は存在する。しかし彼は、そうした自然的秩序それ自体変化するものと考えていたから、たえずそれに歴史的検討を加えることによってそれを抽象的・固定的に考えることを極力排除しようとした。従って彼は、ケネー学派の静態的で形而上学的な自然的秩序観は受け容れることができなかったのである。そのうえチュルゴーは、グルネーとともに、ブルジョワジー一般の立場に立っていたので、ケネー学派の自然的秩序観ならびに経済理論に付着していた封建的外被に対しては、これを取り除かねばならないと考えていた。つまりチュルゴーは、グルネーの思想（自由放任論および労働の一般的生産性論）と彼自身の歴史的研究方法とをもって、ケネー学派の理論の独断的・抽象的および封建的側面を打破して、これにより一層具体的で、現実的で、ブルジョワ的な性格を付与しようとしたのである。

しかしながら、みずから現実社会の再生産機構そのものに分析のメスを加えようとしなかったことは、何としてもチュルゴーの欠点であった。周知のようにケネーは、ブルボン絶対王制の成立以来強引な重商主義政策と度重なる対外侵略戦争とによって醸成されたフランス王国の危機、とりわけ農業の疲弊と農民の窮乏という事実を眼前にして、この深まりゆく王国の危機打開の道を、当時ようやく普及の兆しをみせ始めていた資本主義的借地農大経営のうちに見出し、それの振興によって生ずる農業余剰すなわち「純生産物」の増大によって、農民の貧窮を救い、国家財政の窮迫を打開しようとした。彼はこのため、一切の重商主義的経済政策および経済観念の打破、封建的租税体系に代る「土地単一税」(impôt unique foncier) 体系の樹立および穀物取引の自由に象徴される「自由」(liberté) の原則の確立を訴え、ここにいわゆる「重農主義」の基本思想と一般的政策規準を提示した。ケネーの重農主義の経済理論は、このような彼独自の危機意識の結実したものであり、彼は自己の経済理論をいわば救国の理論たらしめようとしたのである。それればかりではない。ケネーは、その『経済表』の構想にみられるごとく、現実社会の再生産構造の中核を農業前払い資本の転形・循環のうちに見出し、社会的総資本の年々の再生産と流通のメカニズムを、多くの矛盾を含みつつもともかくも明らかにし、かくしてその重農主義の理論を初めて一個の経済学にまで体系化することに成功したのである。この点こそ、ケネーの最大の功績であった。それにもかかわらずチュルゴーは、殆どそれに触れることもなく、また彼独自の再生産機構分析を対置することもなく、ケネーのこの分析に対しては、その苦心にみちた努力を暗黙のうちに無視したのである。

だが、恐らくそれは次のような理由にもとづくものであった。上に述べたように、ケネーは、彼の生存の時点における歴史の問題を、借地農大経営の普及に、換言すればフランス農業の資本主義化をもたらすべき生産様式の変革という課題に集約して、その重農主義の理論を展開した。しかしながら、このような現実即応の努力にもかかわらず、彼はその理論化の過程において、「自然」(nature)の名において現実を批判すると同時にこの現実(封建的所有関係ならびに封建的生産関係)を正当化したり、「自然的秩序」(ordre naturel)ないしは「自然法」(loi naturelle)の名において現実をかってなく鋭く把握しながら、同時に、これを一面化し、固定化し、いわば非歴史化したのである。実際ケネーの経済理論のうちには、「純生産物」=剰余価値のあまりにも自然主義的な把握、同一規模の単純再生産を繰返す静態的経済秩序観、多分に公式的で楽観的な、そのためにまた現実の不平等をもそのまま容認するような「自由」の概念、近代的・市民的租税理論であろうとしながらもなおかつ地主による土地所有と君主による家父長的土地所有とに立脚する租税理論等、ケネー特有の自然法的発想にもとづく方法的ならびにイデオロギー的二面性がいたるところに見出されるのである。それはまさに、宮廷的憂国者としてのケネー自身の立場に由来するものであった。

これに対して、実際政治家として今日から明日への歴史的動向を重視するチュルゴーは、自己の経済理論をもって、ケネーの経済理論のうちに潜む経験的・実証的分析方法と自然法的・非歴史化的思考方法との、またブルジョワ的見地と封建的イデオロギーとの二面的錯綜を克服し、そこに、歴史的観点とブルジョワ的見地、すなわち国民生産力の封建的桎梏からの全面的解放という見地を貫徹させようとしたのである。チュルゴーの経済理論は、まさに、勃興しつつあった一八世紀フランス市民階級全体のための理論であったのである。

(1) ここにいう『質問』とは、当時イエズス会修道士に伴なわれてフランスに留学していた高(Ko)および楊(Yang)という二人の青年僧が帰国するに際して、帰国後通信を送るようにとチュルゴーが彼らに書き与えたシナの経済、社会、文芸、歴史等に関する『質問』(*Questions sur la Chine adressées à Deux chinois. Œuvres de Turgot.* Éd. Schelle, t. II, pp. 523-533. 邦訳、六一〜六九頁)のことである。チュルゴーは、『考察』を『質問』の「前文」として役立てようとしたのであるが、結果的には、『質問』が『考察』のための問題提起となっている。

（2）Lettre à Du Pont de Nemours, Limoges, 9 décembre. *Œuvres de Turgot*. Éd. Schelle, t. II, p. 519; Cf. Lettre au docteur Tucker, Paris, 12 septembre, 1770. *Œuvres de Turgot*. Éd. Schelle, t. III, p. 422.

（3）ここに、いわゆる「賃金鉄則」(loi d'airain de la salaire, das eiserne Lohngesetz) が明白に指摘されている。しかしチュルゴーは、労働者の賃金にも、ちょうど機械におけると同様、「ある程度の必要なゆるみ」(un degré de relâchement nécessaire) がある、という。Lettre à Hume, 25 mars, 1767. *Œuvres de Turgot*. Éd. Schelle, t. II, p. 664.

（4）この考え方は、ケネーよりもむしろカンティロンに近い。Cf. Cantillon, R., *Essai sur la nature du commerce en général*, Chaps. XII, XIII.

（5）Cf. *Œuvres de Turgot*. Éd. Schelle, t. II, p. 542, note (ε). 邦訳、七八頁、注㈠。

（6）Cf. *Œuvres de Turgot*. Éd. Schelle, t. II, pp. 21-22 et note (4).

（7）チュルゴーの租税論については、次のものを見よ。島恭彦『近世租税思想史』(昭和一三年) 第三篇第四章「チュルゴーの租税論」。津田内匠「Turgot の土地単一税の主張の一面」『経済研究』、第一〇巻三号、一九五九年。同「Turgot の改革における租税の問題」『経済研究』、第一一巻三号、一九六〇年。Marcel Marion, *Histoire financière de la France depuis 1715*. Paris, 1927, t. I, Chap. X.

（8）チュルゴーが手工業者階級を「不生産階級」と呼ぶのは、第一八節ただ一箇所だけである。彼は、手工業者階級を過度に「不生産的」と呼ぶデュポンに反対してその不当なことを指摘し、むしろ商工業に対する現実の諸規制にもっと強く反対すべきことを説いている。Lettre à Du Pont de Nemours, Limoges, 20 février, 1766. *Œuvres de Turgot*. Éd. Schelle, t. II, pp. 507-508.

（9）*Œuvres de Turgot*. Éd. Schelle, t. I, pp. 378-381. 邦訳、一一〇～一一三頁。

（10）*Ibid.*, pp. 382～383. 同、一一三～一一四頁。

（11）*Ibid.*, pp. 383～386. 同、一一四～一一五頁。

（12）*Œuvres de Turgot*, Éd. Schelle, t. II, p. 553. 邦訳、八六頁。

（13）これは『考察』の第三九～四八節で行なわれた貨幣の機能および価値についての考察を敷衍したものである。

（14）*Œuvres de Turgot*. Éd. Schelle, t. III, pp. 84-87. 邦訳、一五二－一五五頁。

（15）*Ibid.*, pp. 87～88. 同、一五五～一五六頁。

（16）*Ibid.*, pp. 89～93. 同、一五六～一六〇頁。

（17）*Ibid.*, pp. 93～94. 同、一六〇頁。

（18）*Ibid.*, p. 95. 同、一六一頁。

（19）*Ibid.*, p. 96. 同、一六二頁。

（20）これを「一種の〈労働〉価値論」とするものに、次の論文がある。斎藤佳倍「「価値と貨幣」におけるTurgotの価値論について」『明治大学大学院紀要』、第三集、昭和四〇年。

（21）*Œuvres de Turgot.* Éd. Schelle, pp. 94～95. 邦訳、一一六〇～一六一頁。

（22）*Ibid.*, p. 92. 同、一五九頁。

（23）『考察』第九四節を見よ。

（24）例えばデュポンは、『考察』第二一節の「奴隷による耕作」を勝手に三節に分けたばかりでなく、チュルゴーが「奴隷は、人間の一切の権利を侵害することによって彼らを奴隷の状態に陥れた者に対しては、いかなる権利ももたない」としたのに対し、デュポンは、「奴隷は、一切の秩序および道徳の法と人間の一切の権利とを侵害することによって……」（傍点イタリック）と書き改めた。これに対してチュルゴーは、「秩序の法（lois de l'ordre）というようなエコノミストの用語は、私は断じて用いたくない」（同）と抗議し、原文通りの別刷りを作るよう申し入れている（Lettre à Du Pont de Nemours, Limoges, 2 février, 1770. *Œuvres de Turgot.* Éd. Schelle, t. III, p. 374.）。この他にもデュポンは、『考察』を『市民の暦』に掲載する際に、いたるところにおいてチュルゴーの原文を無断で削除したり改竄(ざん)したりして彼を自派の主張に近づけようとしたが、チュルゴーは断乎としてこれに反対し、デュポンの偏狭な「セクト的精神」（esprit de secte）を批判した。Cf. Lettres à Du Pont de Nemours, Limoges, 20 février et 23 mars, 1770. *Œuvres de Turgot.* Éd. Schelle, t. III, pp. 378～379, 383～384. しかしチュルゴーは、「私は両者〔ケネーおよびグルネー〕の弟子であったことを生涯私の名誉とするであろう」と、ケネー自身に対しては衷心敬意を表している（Lettre à Du Pont de Nemours, Limoges, 20 février, 1776. *Œuvres de Turgot.* Éd. Schelle, t. II, p. 507.）。なお『考察』のテクストについては、ランドバーグの次の克明な研究を見よ。I. G. Lundberg, *Turgot's Unknown Translator. The "Réflexions" and Adam Smith.* Nijhoff, The Hague, 1964.

五　むすび

以上、社会階級論、価値・価格論および資本の理論に集約して、チュルゴーの経済理論を検討してきた。チュルゴーは、社会階級論においては一応ケネーの純生産物論に従って分析を進めたが、商工業者階級を「不生産的」と呼ぶことにも、商工業を農業の単なる附属物とみなすことにも反対した。彼はまた、土地単一税の機械的適用は避けるべきであり、むしろそれは、全産業の育成を可能ならしめるような租税体系のなかに再編成されるべきである、と考えていた。価値・価格論においては、重商主義的価値観および価格政策に対決する姿勢のなかで自由主義経済原則を主張するとともに客観的価値論の確立を計ったが、労働の抽象的把握に完全に成功しなかったため、その価値論は結局、交換の等価性の主張にとどまり、主観的・相対的価値論の域を脱することができなかった。また資本の理論においては、チュルゴーは、貨幣資本範疇の導入によってケネーの資本の理論の　面的で非近代的な側面を打破して、これに一層現実的でブルジョワ的な性格を与えた。彼は、労働賃金には賃金鉄則が貫徹されることを認めながらも、不完全競争の場合と労働が「資本」と結びつく場合には、その労働に「利潤」が発生し、新たな資本が蓄積される可能性が生じ、従ってまた新たな「資本家的企業者」の階級が形成される可能性があることを明確に認識した[1]。

ケネーもチュルゴーも、ともにフランスの現実社会を分析の対象とした。それは、封建社会から抜け出ようとする初期資本制生産社会であった。ケネーはこの初期資本制生産様式をもっぱら当時の借地農大経営のうちに見出し、分析の焦点をそこにしぼった。しかし彼は、その分析から封建的色彩を払拭することはできなかった。彼が土地所有者階級に与えた地位と役割は端的にそれを証明している。これに対してチュルゴーは、グルネーから、そして彼を介してイギリスの経済学者たちから、商工業の資本制的性格を学びつつ、また彼独自の歴史認識に支えられて、重農主義の枠を脱却し、その分析に全面的にブルジョワ的色彩を与えた。彼はケネーほど、地主階級や土地所有の支配に重要性を与えてはいない。彼は、あらゆる産業に浸透しつつあった資本制生産様式そのものに重要性を見出したのである。ケネーの理論が「ブルジョワ社会が封建的仮象を受けとる[2]」理論であったとすれば、チュルゴーのそれは、この「仮象」を極力取り去ろうとする理論であったと言うことができるであろう。

実際、チュルゴーの経済理論は、封建社会の全面的ブルジョワ化のためのものであった。一七七四〜七六年の財政・経済・政治機構全般にわたる大改革の試みは、まさしくこの経済理論によって現実の体制を根本的に変革しようとする試みであった。われわれは稿を改めて、その大改革の試みのうちにチュルゴーの経済理論のアクチュアリティを問わなければならない。

（1）チュルゴーの階社会級の概念とりわけ「資本家的企業者」の概念と、カンティロンのそれ（*Essai...*, Chaps. XII-XV）との間には、かなり近似性が見出される。なお、次の諸論文を見よ。Sée, H., "La Doctrine politique et sociale de Turgot." *Annales historiques de la Révolution française*, sept-oct., 1924, reproduite dans *La vie économique et les classes sociale en France au XVIIIe siècle*, 1924; Vigreux, P., "La Formation du capital selon Turgot." *Revue d'histoire économique et sociale*, 1939.

（2）Karl Marx, *Theorien über den Mehrwert*（Vierter Band des „Kapitals"), 1 Teil. Dietz Verlag Berlin, 1956, S. 16. 長谷部訳『剰余価値学説史』、青木書店版1、五八頁。

五　チュルゴーと道路夫役廃止令

Ⅰ　はじめに——本稿の目的——

Ⅱ　一七七四—七六年におけるチュルゴーの諸改革案提出の経緯と概要

一　一七七四年八月二四日付け国王宛書簡

二　一七七六年一月の国王への意見書

1.「道路夫役の廃止」

2.「パリにおける穀物取引取締りの廃止」

3.「［パリの］河岸、市場および船着場に関する諸事務所の廃止を規定する勅令」

4.「宣誓同職組合の廃止」

5.「ポワシ食肉用家畜取引金庫の廃止」

6.「油脂税の形式変更」

Ⅲ　道路夫役廃止令の内容

一　道路夫役の歴史的由来と経緯

二　道路夫役廃止令（一七七六年二月）の内容

(a)　序　文

(b)　条　文

Ⅳ　道路夫役廃止令をめぐるチュルゴーとミロメニルとの議論の全訳

Ⅴ　むすび——道路夫役廃止令の問題点とその現実性——

一 道路夫役廃止令の問題点
二 道路夫役廃止令の現実性
A. 道路夫役を廃止し、道路税を新設することの当否
(1) 道路夫役を廃止することの当否
(2) 夫役を金納化し、道路税を新設することの当否
B. 道路税を臨時的地方税とし、かつ、不動産二〇分の一税比例税とすることの当否
(1) 道路税を臨時的地方税とすることの当否
(2) 道路税を不動産二〇分の一税比例税とすることの当否
C. 道路税を不動産所有者、主として土地所有者にのみ課税することの当否

I はじめに――本稿の目的――

筆者は、前稿(1)において、不十分ながら、主としてケネーとの対比において、チュルゴーの経済理論の内容とその歴史的性格を明らかにした。すなわちチュルゴーは、一七四八―五一年のソルボンヌ大学神学部における百科全書家的研究のなかで、啓蒙主義的オプティミスム(人間の「理性」に絶対の信頼を託すユマニスム)とロック――コンディヤックの感覚論的哲学潮流に立つ実証的研究方法ならびにアンチ・ボシュエ的でヒュームの歴史研究から学んだ(2)社会発展史観(いわゆる「進歩史観」)とを培い、ついで司法官時代(一七五二―六一年)に、現実の重商主義政治経済体制(といっても、もちろんそれは、コルベール時代のそれよりははるかに緩和された形のものであった)の分析と批判を行なう過程のなかで、上述の心情と研究方法と歴史観とを基礎とし、グルネーの思想(3)(労働の一般的生産性の思想=商工業の重視)とケネーの思想(純生産物論ならびに自由主義的経済思想)とを摂取することによって、反重商主義的・自由主義的経済思想を形成していった。そしてリモージュ徴税管区の地方長官時代(一七六一―七四年)には、ケネーの社会階級論および土地単一税論を明確に受け容れるとともに、それをグルネーの労働の一般的生産性の思想と苦心の末折衷させることによって、半

重農主義的な経済思想を展開した（われわれは、チュルゴーのこの苦心の跡を、とくに資本の理論のうちにみることができる）。他方またチュルゴーは、自己の「欲望」（besoins）の理論とガリアーニおよびグラスランの価値論とを調和させつつ、独自の主観的・相対的価値論を形成した。さらにまた彼は、ケネーの土地単一税論を慎重に適用することによって、公正な市民的租税論の構築とそれによる封建的租税制度の改廃を企図した。要するにチュルゴーは、グルネーの商工業重視の思想をケネーの重農主義理論によって補い、しかも、ケネーの重農主義理論のうちにひそむ一面性と抽象性と封建的性格を払拭することによって、一八世紀フランスのブルジョワ的（市民的）生産力の全面解放の理論を形成し、かつ、それを実践しようとしたのである。

確かにチュルゴーには、ケネーに見られるような社会の再生産構造分析の理論は見られない。また、ケネーとチュルゴーは、視点や問題接近の方法において異なっていた。しかしながら、問題意識の点では、すなわち、ブルジョワ的生産力を封建的桎梏から解放することによってはじめてフランス国家の繁栄を期待しうることを示そうとした点においては、両者は共通のものをもっていたのである。ただケネーの場合には、救国の担い手となるべきそのブルジョワ的生産力をもっぱら「借地農」（fermiers）のうちに見出したのに対して、チュルゴーは、借地農、大貿易商人、マニュファクチュール経営者を含めた「資本家的企業者」（entrepreneurs capitalistes）全体のうちに見出したのである。そして、理論的には、ケネーは、「借地農」を中心とした社会的総資本の再生産および流通の過程の分析に心血を注いだのに対し、チュルゴーは、「資本家的企業者」生成の歴史過程＝資本の本源的蓄積の歴史過程を追究するとともに、ケネーが分析の対象とした再生産構造を土台とし、その上に立って、資本一般の示す法則（例えば「賃金鉄則」や限界生産力逓減の法則あるいは産業諸部門における利潤率平均化の法則）の分析に努力したのである。また実践的には、ケネーが、その自然法思想（自然権ならびに自然的秩序の思想）および土地単一税論とによって、結果的に、地主階級を、ひいては封建的秩序＝絶対王制を「形骸化」したのに対して、チュルゴーは、そのような思想や理論に依拠するよりもむしろ現実の経済的・政治的諸矛盾の改革によって、より意識的・積極的に、絶対王制の「変革」を企図したのである。したがってわれわれは、両者の相違を端的に述べるならば、ケネーがなお封建的外被を厚くまとった分析的理論家であったのに対して、チュルゴーは、この封建的外被を極力かなぐりすてて、綜合的な歴史的展望のうちにフランス社会の全面的ブルジョワ化（市民社会化）をめざした改革的実践家であった、ということができるであろう。実際、ケネーの経済理論は、彼独自の哲学思想＝自然法哲学と実証的分析とにもとづいて構築され、現実社会における実践での検証を受けるべく形成された一つの規範的理論であった。これに対してチュルゴーのそれは、多年にわたる現実観察と政治的実践のなかから構築され、現実社会をすぐれて歴史的・批判的意識のもとに把握しようとする現実改革的理論であったのである。

ところで、チュルゴーの現実改革家としての側面は、すでに早く、一七五二―六一年の司法官としての諸政策のうちに現わるが、一七六一―七四年の一三年間にリモージュ徴税管区の「地方長官」（intendant）として行なわれた財政・経済の広汎な領域にわたる諸政策のうちにいかんなく発揮され、そして、一七七四―七六年のあいだに「財務総監」（Contrôleur général des finances）として構想された諸改革案――財政・経済・行政機構等の諸分野におよぶ抜本的改革案――のうちに集約的に示された。本稿では、この最後の時期に構想されたチュルゴーの諸政策[4]――それはきわめて構想雄大なためとても一度には取り扱えない――のうち、わが国ではこれまでほとんど取り上げられることのなかった道路夫役廃止令を取り上げ、その内容、理念、歴史的意義などについて考察したいと思うのである。

（1） 本書、「**主論四**　チュルゴーの経済理論の歴史的性格」
（2） 津田内匠「Hume と Turgot」(1)、(2)『経済研究』、第三三巻第二号、第三四巻第二号、一九八二年四月、一九八三年四月を見よ。
（3） グルネーの思想については、津田内匠氏のつぎの一連の精力的な資料の発掘と研究を見よ。
「Vincent de Gournay の未発表資料（I－1）、（II－2）――Josiah Child の "A New Discourse of Trade" のフランス語版への "Remarques" (1752)」『経済研究』、第二七巻第三号、一九七六年七月、第二八巻第一号、一九七七年一月。

「自由放任 Laissez faire, laissez passer 論の原型――Marquis d'Argenson と Vincent de Gournay――」『経済研究』、第三〇巻第三号、一九七九年七月。

「Vincent de Gournay の未発表資料（II）――『問題：死手人の労働とかれらに認可される生産物の販売権は国家に有益であるか有害であるか』――」『経済研究』、第三一巻第二号、一九八〇年四月。

Takumi TSUDA (éd), *TRAITES SUR LE COMMERCE de Josiah Child avec les REMARQUES inédites de Vincent de Gournay. Texte intégral d'après les manuscrits conservés à la Bibliothèque municipale de Saint-Brieuc.* Economic Research Series No. 20. The Institute of Economic Research Hitotsubashi University. Kinokuniya, Tokyo, 1983.

「グルネの生涯の不明な部分、そして辞表」『一橋大学社会科学古典資料センター年報』No. 5、一九八五年三月。

（4）これら諸政策についてのこれまでの主たる研究書としては、つぎのものがある。

Foncin, P., *Essai sur le ministère de Turgot.* Paris, 1877. Slatkine Reprint, Genève, 1976.

Neumark, A., *Turgot et ses doctrines.* Paris, 1895. Slatkine Reprint, Genève, 1967. Tome premier, première partie, livre III.

Shepherd, R. P., *Turgot and the Six Edicts.* N. Y., 1903. Burt Franklin Reprint, N. Y., 1971.

Dakin, D., *Turgot and the* Ancien Régime *in France.* London, 1939. Chaps. IX-XV.

Gigneux, C.-J., *Turgot.* Paris, Fayard, 1945. Chaps. IV-VIII.

Weulersse, G., *La Physiocratie sous les ministères de Turgot et de Necker* (*1774-1781*). Paris, P. U. F., 1950. Première partie.

Faure, E., *La Disgrâce de Turgot.* Paris, Gallimard, 1961. 2e et 3e parties.

Bordes, C. et Morange J. (sous la direction de), *Turgot, économiste et administrateur.* Paris, P. U. F., 1982. Deuxème partie.

岩根典夫「チュルゴーの「ギルド廃止令」に現われた自由放任主義産業政策」西南学院大学『商学論集』、第六巻第一・二号、昭和三四年一二月。

同『フランス貿易政策の思想史的研究』、所書店、一九七〇年、第二章Ⅲ。

二　一七七四－七六年におけるチュルゴーの諸改革案提出の経緯と概要

チュルゴーの道路夫役廃止令をとりあげるまえに、まず、一七七四－七六年における諸改革案提出の経緯と概要を述べておきたい。

一　一七七四年八月二四日付け国王宛書簡

一七七四年八月二四日、チュルゴーは、海軍大臣から財務総監に就任するや、間髪をいれず、同日、国王に対してつぎのような書簡を送った。

「……陛下は、常にそして以前にもまして今日不可欠となっている節約案を実施するにあたって私をご支持下さるという陛下ご自身のお約束を、陛下に再びお示しすることをお許し下さいました。私は、できますれば、現下の財政状態が示唆する考えをこと細かに申し上げたかったのであります。時間がそれを許しませんし、もっと正確な情報が得られたときにさらに詳しく私の考えをご説明申し上げるために、今は差し控えておきます。今は、陛下、つぎの三つの言葉を思い出していただくだけにとどめておきます。すなわち、

〈破産を避けよ〉(Point de banqueroute)

〈増税をするな〉(Point d'augmentation d'impositions)

〈借り入れをするな〉(Point d'emprunts)

であります。

〈破産を避けよ〉――破産は、一方的な平価切下げによって容認されるものでも、隠蔽されるものでもありません。

〈増税をするな〉――その理由は、陛下の民の状況と、それ以上に、陛下の御心のうちに存しております。

〈借り入れをするな〉――なぜならば、借り入れはすべて、常に自由な収入を減ずるからであります。借り入れをすれば、しばらくして必ず、破産か増税を招きます。平時には、旧い負債を清算するためか、さらに高い利率で発行された他の公債を償還するため以外には、借り入れをしてはなりません。

これら三つの点をみたすためには、ただ一つの手段しかありません。それは、出費を収入以下に切りつめることであり、旧い負債を返済するために、毎年二、〇〇〇万リーヴル節約できるほどに出費を切りつめることであります。これなくしては、大砲の最初の一撃で、国家は破産にいたるでありましょう。……」(1)

王国の危機が財政の紊乱にあることをかねてから憂慮していたチュルゴーは、この危機を救うためには思い切った財政の緊縮以外にないことを国王に説き、右の三点に要約して、国王の英断をせまったのである。

彼はまた、徴税請負人制度に象徴される租税制度上の悪弊の廃止を訴えて、つぎのように述べている。

「……節約を妨げているもっとも大きな障害の一つが、陛下をたえず悩ませ前任者たちのあまりの安易さが不幸にも認めたところの無数の要求であることを、陛下はご存知です。

陛下の善意に対して、陛下の善意そのものによって武装しなければなりません。陛下が廷臣たちに与えられる金がどこからくるのかを考えなければなりません。また、ときにはもっとも厳しい執行によって金をとりたてられる人たちの貧しさを、陛下の恩恵をうる最大の資格をもつ人々の状況と比較してみなければなりません。

国庫に直接負担がかからないため一層容易に承認しうると信じられているいくつかの恩恵があります。

この種の恩恵とは、もろもろの利益金、利益分与、[2] 特権のことであります。それらは、すべて、もっとも危険で、もっとも不当なものであります。租税を種にして取得されるすべての利益、それは、租税の徴収にとっては全く必要なものではなく、納税者の負担軽減もしくは国家の必要に向けられるべき一種の負債なのであります。

それ故、徴税請負人たちのこうした利益分与は、すべての悪弊に対して強力にして人目につかぬ保護者を与えることによって、貴族にとっては腐敗の原因となっており、人民にとってけ苦悩の原因となっております。……[3]」

チュルゴーは、「農業の改善」、「徴税上の悪弊の廃止」および「租税の一層公平な割当て」によって、「公的収入をひどく減ずることなく人民の負担を著しく軽減することができる[4]」と考えるが、しかし、「節約が先立たなかったならばいかなる改革も可能ではない[5]」というのである。チュルゴーはこうして、「節約」の緊急不可欠なことを説くとともに、「食糧について広まっている不安」を指摘し、こうした不安は、「数年来の精神の動揺」、「為政者たちの方針の変動」、「無謀な取引」、そしてとりわけ「不作」によって強められた[6]といい、つぎのように述べている。

「この問題については、他の多くの問題についてと同様、陛下みずから、あるいは陛下の御前で、信頼すべき人たちによって検討することなく私の方針をご採用下さいとは申しません。しかし、陛下がひとたびその正当性と必要性をお認めいただいたときには、いかなる方針に従いいかなる行動をとろうともこの問題に関して絶対に避けることのできない激しい批難を恐れることなく、断乎としてその実行をご支持下さるようお願い致します。[7]」

ここには、かつて地方長官時代に行ない、そしてやがて再び行なうであろうところの穀物取引についての諸政策(投機的取引の打破や自由流通政策等)に対する確信が暗示されているように思われる。しかしチュルゴーは、国王の強力な支持を訴えながらも、これから行なうもろもろの改革のためには、孤軍奮闘しなければならないことを予想していた。

「……しかし同時に私は、私が身をさらしていたあらゆる危険を感じました。私は、あらゆる種類の悪弊によって利益を得ている人たちの抵抗に対して、すべての改革に反対して無秩序を恒久化しようと企んでいる人たちの手中で強力な手段となっている多くの偏見に対して、一人で闘うことになろうと予想しました。私は、陛下や陛下にもっとも親しい人たちの天性の善意や寛大さに対してさえ闘わねばならないでしょう。私は、宮廷の大部分と恩恵を求めるすべての部分から、恐れられ、憎まれさえするでしょう。……[8]」

チュルゴーの予想はまさに的中するのであるが、ともかく彼は、以上のような考えと決意とをもって改革の仕事に取り組んだ。彼は、トリュデーヌ・ドゥ・モンティニ、デュポン・ドゥ・ヌムール、コンドルセ、マルゼルブといった同僚や友人たちに協力を求めて、きわめて広汎な改革の構想をめぐらした。これらの改革は、単に財政の確保をめざすばかりでなく、積年のもろもろの悪弊を改廃して、王国の社会・政治・経済機構を抜本的に改革しようとするものであった。そしてこれらの構想は、穀物取引の自由に関する一七七四年九月一三日の布告[9]、一七七六年一月の六つの勅令に関する意見書、同年二月の六つの勅令その他多くの意見書、布告、行政通達等々において具体化されるのである。

二　一七七六年一月の国王への意見書

一七七六年一月、チュルゴーは、国王への長文の意見書を認め、1.「道路夫役の廃止」、2.「パリにおける穀物取締りの廃止」、3.「［パリの］河岸、市場および船着場に関する諸事務所の廃止を規定する勅令」、4.「宣誓同職組合の廃止」、5.「ポワシ食肉用家畜取引金庫の廃止」、6.「油脂税の形式変更」の六項目にわたって、それぞれの由来、現状、理由等を説明した。同年二月には、これら六項目に関する勅令、声明、開封勅書[10]が、それぞれ前文を付して発せられるが、この「意見書」は、それらをまえもって総括的に説明するものであった。ここに、それらの説明の概要を記しておきたい。

1.「道路夫役の廃止」

これは、従来、道路建設のための無償の強制労役である「夫役」(corvée) がタイユ税納税者のみに課せられていた「不公平」を改めて、夫役を金納化するとともに、この費用を、「その土地からほとんど専一的に利益を得ている土地所有者たち、従ってまた、王国の大部分の土地財産を所有している特権者たち」によって負担させようとするものである。チュルゴーは、つぎのように述べている。

「たんに夫役を廃止するためか、それを金納化するためならば、そしてこの金納化された費用がタイユ税納税者にのみ課せられるならば、恐らく、法律を［高等法院に］登録することが絶対に必要だとはいえなかったでありましょう。なぜならば、タイユ税納税者たちは、ずっと以前から、裁判所からの異議申し立てもなく夫役を課せられていましたので、金納化は、現存の負担を緩和するためのたんなる形式の変更にすぎなかったでありましょう。かくして、いくつかの徴税区においては、法律を登録することなく、夫役の金納化が行なわれていたのであります。

しかしながら、道路のためのすべての費用をタイユ税納税者にのみ負担させるならば、きわめて大きな不公平を存続させることになったでありましょう。正義は、この費用が、その土地からほとんど専一的に利益を得ている土地所有者たち、従ってまた、王国の大部分の土地財産を所有している特権者たちによって負担されることを要求しております。しかるに、彼らにこの費用を分担させるためには、新たな法律が必要なのであります。[11]」

チュルゴーは、地方長官時代のかつての経験にもとづいて、「夫役ほど人民にとって苛酷なものはない」と確信し、もしこれが首都の周辺で実施されたら、きわめて強い苦情をひきおこし、国王は公衆の怒りを買ったであろう、それが地方で行なわれているのは、首都周辺で行なわれるよりも印象がうすく、また、事実を隠蔽したりさまざまな口実によって正当化するのが容易だからである、という。[12] 彼はまたつぎのようにもいう。すでに一年以上も前に道路夫役を廃止する意見書が国王に提出され、国王も即座に同意して、その噂が地方にまで広がったことがあった以上、夫役が国王の名において要求されることがあってはならないし、いったん夫役の廃止が決定されたら、道路の建設が必要である限り、それを金納税によって代替しないわけにはいかない、と。[13]

チュルゴーは、この金納税を土地所有者に課すことの「正当性」を強調し、その課税にともなう困難さ、とりわけ、特権者に新たな負担を強いることによる「反感」を指摘したのち、課税方法について述べる。すなわち、ペイ・デレクシオンにおいては、土地所有者は、二〇分の一税 (vingtièmes) と地方土地税 (contributions locales et territoriales) の二種類が課せられているが、前者は、すべての聖職者財産が免除されていて、すべての特権者を含んでいないし、その割当てもきわめて不完全な状態にあるので、これを各徴税管区への道路税割当の基礎とすることはできない。ところで、道路税は一地方税 (une charge locale) とみなされるべきであるが、地方税の割当てについての一般的な法律もまたなんら制定されていない。こうしたことから、高等法院は、道路税法案作成に際して、「道路税と地方税のあいだの相等の原則」(le principe d'assimilation entre la contribution pour les chemins et les charges locales) を存続させながら、個人に対しては二〇分の一税台帳記載の納税査定額に比例し、二〇分の一税非課税の財産（聖職者財産）についてはその収入に比例して、個人の場合と同一の比率で、割当てることを望んだのである。(14)

チュルゴーは、道路にかかる費用がそれから受ける利益に比例して各人が支払うべき地方税とみなされる以上、聖職者もその土地財産のゆえに負担すべきことを繰返し述べる。聖職者の苦情を避けるため、彼らに「特別な一括払い」（un abonnement particulier）を認めることもできるだろうが、彼は「原則」の維持を主張する。また彼は、この道路税が不確かなため恣意的かつ無制限に増やされるのではないかとの恐れは現実的ではないと否定し、その総額については、ペイ・デレクシオン全体で決して一、〇〇〇万リーヴルを超えることはなく、多分それ以下になろう、と算定する。さらに彼は、道路税の基金の本来の目的からの逸脱を防ぐ予防策として、その額は可変的とし、毎年国務会議報告書によって確定し、高等法院、会計検査院および財務局の事務局に登記することによってそれを公表することにした、という。(15) そしてチュルゴーは、こうしたことを、きたるべき勅令の序文（彼はこの時点ですでにこれを書いていた）のなかで詳述することを明言している。彼は、一七七四年九月一三日の穀物取引の自由に関する布告の場合と同様、長文の序文を付して詳述するつもりであるが、そうすることこそ成功のもとである、と確信している。また、こうした法律のゆえに受ける批判は少しも恐れるものではない、なぜならば、そのような「人民の幸福」のための法律は、「理性と正義」にもとづいているからであり、それのみがこうした法律を永続させるのだ、という。(16) 最後にチュルゴーは、「夫役を不正なものとして廃止するという陛下の厳粛な宣言は、将来敢てこれを復活させることを提案するすべての大臣にとって乗り越え難い障壁となりましょう」(17) と述べて、この項を結ぶのである。

2.「パリにおける穀物取引取締りの廃止」

この項では、パリへの糧食供給に関する多くの旧い規則の廃止が提案される。チュルゴーによれば、これらの旧い規則は、実施できないほどバカげたものであり、もし実施されたならば、パリは一一日分の食糧しか得られず、パリ市内での穀物取引の確立を不可能にしている障害物となっている。一七六三年の声明と一七六四年の勅令によって国内での穀物取引の自由や輸出の自由さえ確立されたときにも、パリだけのための特別な規則が存続していた。そのため、パリには一粒の小麦も供給されなくなり、穀物価格の騰貴のため、人々は異常手段に訴えることを余儀なくされ、自由への信頼を失ってしまった。実際には、商人たちに王国内の食糧供給を行なわせないほど強力な通商上の障害がなお存続していて、真に自由が確立されたことはなかったのである。(18)

首都および首都周辺直径二〇里以内の地区では穀物取引は禁止されたままであった。また、過重な穀物税が穀物の流入を妨げていた。ボルドーがそのよい例であった。ルーアン市内の穀物取引は、一〇〇人の特権的商人団体によって独占的に行なわれ、彼らだけが周辺市場での買付け権をもっていたため、他の富裕な商人たちによる食糧供給ができず、余剰穀物のパリ市への供給が不可能となった。また、パリ地区が穀物の通過を妨げていたため、ブルゴーニュ、シャンパーニュ、ノルマンディ諸州相互の間で過不足を補うことができなかった。リヨン市では、公設穀物倉庫の設置ときわめて過重な穀物通過税のため、同市での穀物取引は潰滅した。

チュルゴーは、こうした事例を挙げ、穀物取引の自由とその成果としての食糧の確保のために、通商上のすべての障害物を撤去し、一七六三年と一七六四年につくられた「不完全な自由」を今こそ「完成」しなければならない、という。また彼は、ボルドーでの穀物税の廃止、ルーアンでの特権的商人団体の解体、リヨンでの穀物税の緩和と公設穀物倉庫の廃止といった好例にならって、パリおよびその周辺地区での障害の撤去を主張する。彼は、「駅逓税」(le droit de gare)の廃止にともなうパリ市への「補償」として、一七八二年まで毎年五二、〇〇〇リーヴルを、パリ市税徴収方法の変更等によって賄うことを提案する。(20)

3.「[パリの]河岸、市場および船着場に関する諸事務所の廃止を規定する勅令」

この勅令は、パリにおける穀物取締りおよび穀物税の廃止にともなって、穀物運送事務所および計量検査事務所ならびにその他の事務所を廃止することを目的としたものである。要旨は、つぎのとおりである。

これらの事務所の運営にはもともと多額の商品税が当てられていたが、運営方法がよくなかったため、その費用を賄うような状態にはなかった。なかでも、「鮮魚宣誓販売業者」(jurés-vendeurs de marée)は、鮮魚税の全額を費消する状態にあるので早急に廃止しなければならないが、それはきわめて容易である。

これらの事務所全体の廃止は、すでに一七五九年九月の勅令で宣告されていた。一七六〇年の勅令は、これらの事務所の廃止を裁可するとともに、その実施を一七七一年一月一日まで延期した。一七七一年には、廃止される事務所に対する補償が始まり、一七八二年に終るはずであった。ところが、国王臨席のもとに登録された一七六八年一二月五日の声明は、この期限を延期し、補償は一七七七年一月一日に始まって一七八八年に終ることになった。

もしこの声明が実施されると、来年(一七七七年)は、事務所とその債権者の補償のために約四〇〇〇万リーヴルの現金が国庫の負担となるが、この点を考慮して、今から、もっと負担のかからない形での廃止を決定しなければならない。また、徴税方法の簡素化によって徴税事務を容易にするとともに、補償に十分な減債基金を確保しなければならない。(21)

4. 「宣誓同職組合の廃止」

チュルゴーは、宣誓同職組合(jurandes)や商業組合(communautés de commerce)といった封建的同職組合の無用性について、つぎのように述べている。

「これらの組合、その独占的特権、組合が労働、競争心、技芸の進歩に対置している障壁になんらかの有用性があると、人々がまじめにかつ誠実に主張しているとは私には思えません。(22)」

彼は、組合の親方や組合と結託して利益を得ている連中が組合を温存するために言い繕っている口実は「幻想」にすぎないと断言する。彼は、勅令の序文のなかで、宣誓同職組合の設立がいかに不正なものであるか、また通商にとってどの点で有害であるかを詳述するつもりであるといい、「宣誓同職組合の解体」と「徒弟の全面的解放」を求めて、つぎのように熱意をこめて主張する。

「陛下、私は、宣誓同職組合の解散と、この設立が産業と陛下の臣民の貧しく勤勉な部分に生み出している人たちの全面的解放とを、陛下が臣民になしうる最大の善行の一つと考えます。それは、穀物取引の自由についで、王国の改善あるいはむしろ王国の再生に向けて政治が踏み出さなければならない最大の足どりの一つであります。この第二の措置が産業に対してもつ関係は、第一の措置が農業に対してもつ関係と同じものとなりましょう。

この措置の有益性はよく知られておりますので、それが行なわれるのが早ければ早いほど、産業の進歩が国富を増大させるのも早くなりましょう。[23]」

チュルゴーはまた、宣誓同職組合が生活必需品とくに小麦、パン、食肉の価格を「真の価格」以上につりあげていて、それらが値下りするのを妨げていることからしても、それを早急に廃止して、「最大限に自由な競争」を実現しなければならない、という。ここには、自由主義経済論者チュルゴーの面目が躍如としている。

「人々がそこ［真の価格］に達するのを期待しうるのは、最大限に自由な競争による以外にありません。人民の食糧の供給が、独占的組合によって結びついた少数の人々の手に集中しているかぎり、これらの連中は、いつも一緒にぐるになって、供給を止めるぞとおどかしながら、取締り当局を価格の騰貴に同意させるのであります。[24]」

最後にチュルゴーは、宣誓同職組合を「今ただちに」廃止すべきもう一つのしかも重要な理由として、アメリカの植民地との通商を断たれたイギリス産業の現状を挙げる。すなわち彼は、今こそ、アメリカとの通商の断絶によってイギリスの工場からあぶれた優秀な労働者とその技術をフランスに導入する千載一遇のチャンスであるのに、宣誓同職組合の存在が外国人労働者に門戸を閉ざしているのは王国に多大の利益を失わせることになる、というのである。[25]

5.「ポワシ食肉用家畜取引金庫の廃止」

家畜業者とパリ食肉業者のあいだを仲介し、食肉業者が購入する家畜代金を前払いする仲介業者としての家畜宣誓販売業者が設けられたのは、一四世紀に遡るが、その後いくたびかの廃止と復活を経て、一七五五年と一七六七年に、彼らの組合が、一二年間に六〇万リーヴルの税を取立てることを請負って設立された。彼らは、パリで消費される食肉用家畜の価格一リーヴルにつき一スーの消費税を手数料名目で取立てていたため、その分食肉の値段を高め、パリ住民のみならず、家畜業者および食肉業者双方から多くの苦情が出されていた。[26] チュルゴーは、宣誓同職組合全体の廃止のなかに含まれている食肉業者宣誓同職組合廃止の当然の帰結として、この食肉用家畜取引金庫をも廃止しようというのである。彼は、この取引金庫の廃止による国庫収入への影響を考えて、パリに搬入される家畜および食肉の税を「少し」（牛その他の家畜一頭につき一〇〇スー）上げることを提案する。彼は、この入市税の引上げが行なわれても、ポワシ食肉用家畜取引金庫の廃止による負担軽減が食肉取引の自由化とあいまってパリ住民の食肉価格の引下げにおよぼす影響の方が大である、と考えるのである。[27]

6. 「油脂税の形式変更」

油脂に対しては、従来かなり重い税金が課せられていたうえ、その徴収方法はきわめて面倒で、厳しい規制のもとに蠟燭業者の組合と結びついていた。しかも蠟燭業者は、肉業者のつくるすべての油脂を組合で一括して購入し、一般大衆に対してまったく独占的な取引を行なっていた。ところが、すべての宣誓同職組合の廃止にともない油脂税をこのような形で徴収することが不可能となるため、その形式を変更しようというのである。チュルゴーは、従来の油脂税の代わりに、油脂にする家畜に対して、それをパリに搬入する際に、従来の油脂税相当額を、他の税とともに課すことを提案する（その細かな点はここでは省略する）。同時に彼は、外国の油脂の輸入を容易にすることによって、その供給を豊かにすることを考えている。[28]

チュルゴーが一七七六年一月の国王への意見書において国王の「善意の措置」（des opérations de bienfaisance）として提案し、のちほど法令の形で実施しようとしたところのものの概要は、以上のとおりである。以下においては、道路夫役の歴史的由来と経緯をみたのち、一七七六年二月の道路夫役廃止令をとりあげ、その内容を明らかにするとともに、それの廃止をめぐる議論や廃止の歴史的意義等について検討したいと思う。

（1）Lettre au Roi en prenant possession de la charge de Contrôleur général. *Œuvres de Turgot*. Ed. Schelle, t. IV, pp. 109～110.

（2）原語は、croupes。Marcel Marion, *Dictionnaire des institutions de la France aux XVIIe et XVIIIe siècles*. Paris, 1923. Réimpression, 1968, p.160 の croupe の項には、Part d'intérêts allouée par les fermicrs généraux aux gens ayant contribué à leur fournir le très gros cautionnement exigé d'eux : par extension, et ici apparaît l'abus, part d'intérêt rémunérant les influences mises en jeu pour l'obtention de cette place ardemment convoitée, qu'était celle de fermier général : en ce dernier cas, le mot de pension était aussi souvent employé. と説明されている。Littré の croupe の項には，Intérêt qu'on donne à quelqu'un dans les profits d'une place ou d'une entreprise financière; expression figurée dans laquelle on compare cet intérêt à la place secondaire qu'occupe sur un cheval l'homme mis en croupe. という説明があり，Rev. des Deux-Mondes の一八七四年九月一五日号に載ったチュルゴーのこの国王宛書簡のこの部分が引用されている。同時に Littré は，Pot-de-vin que donnent les fermiers généraux au renouvellement de leur bail の意味も挙げている（Emile Littré, *Dictionnaire de la langue française*. T.2, 1956, p.1183.）。さらに，*Larousse du XXe siècle en six volumes*. T.2, p.600 には，Charges imposées, sous l'ancien régime, aux adjudicateurs des baux des fermiers généraux, ou aux intéressés dans certains emplois des finances dont les noms ne figuraient pas aux actes de nomination. (Le décret du 12 juin 1790 les a supprimées.) とある。なおチュルゴーは，この croupes も廃止することを考えていた。Cf. Mémoire au Roi sur la ferme générale et la suppression des croupes（11 septembre [1774]).（*Œuvres de Turgot*. Ed. Schelle, t.IV, pp.150〜154.）; Lettre de notification aux fermiers généraux de la décision du Roi supprimant les croupes（13 septembre [1774]).（*Ibid.*, pp.157〜158）

（3）*Ibid.*, pp.110〜111.

（4），（5）*Ibid.*, p.111.

（6）*Ibid.*, pp.111〜112.

（7）（8）*Ibid.*, p.112.

（9）Arrêt du Conseil établissant la liberté du commerce des grains et des farines à l'intérieur du Rayaume et la liberté de l'importation. Versailles, 13 septembre [1774]. *Œuvres de Turgol*. Ed. Schelle, t.IV, pp.201〜21).

（10）1. Edit de suppression [de la corvée des chemins]. Février. (*Œuvres de Turgot*. Ed Schelle, t.V, pp.200〜213.); 2. Déclaration Royale supprimant les règlements de police, ainsi que les droits et offices établis à Paris sur grains. 6 février. (*Ibid.*, pp.218〜229.); 3. Edit de suppression [des offices des quais]. Février. (*Ibid.*, pp.234〜238.); 4. Edit de suppression [des jurandes]. Février. (*Ibid.*, pp.238〜255.); 5. Edit de suppression [de la Caisse de Poissy]. Février. (*Ibid.*, pp.260〜265.); 6. Lettres patentes modérant les droits sur les suits. 6 février. (*Ibid.*, pp.267〜269.)

（11）*Œuvres de Turgot*. Ed. Schelle, t.V, pp.148〜149.

（12）*Ibid.*, pp.149〜150.

（13）*Ibid.*, p.150.

(14) *Ibid.*, pp. 150～151.

(15) *Ibid.*, pp. 152～153. チュルゴーはつぎのように述べている。「私は、この法律の序文のなかでとった心遣い、すなわち、第一に夫役は道路税よりも比較にならないほど負担の重いものであること、第二に夫役は本質的に不正なものであることの二点を示すためにとった心遣いほどには、こうした予防策を信頼いたしません。」(*Ibid.*, p. 153.)

(16) *Ibid.*, p. 153.

(17) *Ibid.*, p. 154.

(18) *Ibid.*, pp. 154～155.

(19) *Ibid.*, pp. 155～156.

(20) *Ibid.*, pp. 156～157.

(21) *Ibid.*, pp. 157～158.

(22)、(23) *Ibid.*, p. 159.

(24)、(25) *Ibid.*, p. 160.

(26) Marion, M., *op. cit.*, p. 68 の Caisse de Sceaux et Poissy の項を参照。

(27) *Œuvres de Turgot*. Ed. Schelle, t. V, pp. 160～161.

(28) *Ibid.*, pp. 161～162.

III 道路夫役廃止令の内容

一 道路夫役の歴史的由来と経緯

チュルゴーがあれほど熱意をこめて廃止と金納化を主張し、またその廃止をめぐってさまざまな議論が戦わされた「道路夫役」(la corvée des chemins) とはどのようなものであったのか、さらにまたそれはいつ頃から制度化されどのような経緯をたどったのか。筆者は、この点について、マリオンの『一七・八世紀フランス制度辞典』によって、みておきたい。以下は、同『辞典』の corvée の項(1)の要約である。

道路夫役は、すでにルイ一四世の時代に知られていなかったわけではなく、コルベールの多くの書簡がそれに言及し、一六八七年にはアルザスの地方長官がそれを強く勧めていたし、道路状況の悪い地方の聖堂区ではしばしば夫役が行なわれていた。しかし、それが王国の制度となったのはルイ一五世の時代であって、若干の地方長官たち、とりわけソワッソンの地方長官オリ（Orry）の主導で徐々に導入されてゆき、一七三〇年頃には王国全体に広まった。

道路夫役というのは、主要道路の建設や維持のために、地方の住民が一年になん日か無償で働くことを義務づけるというものであった。しかし、それを根拠づけるなんらの法令もなかったので、時代と地域によってまちまちであり、もっとも恣意的なものであった。一七三八年に財務総監オリが出した訓令があるだけであった。夫役は多くの者が免除されていて、貴族、聖職者、その家僕、都市の住民（ブルジョワ、商人、職人）、徴税期の徴税人、七〇才以上の者、郵便局長、教師、一〇〇頭以上を有する牧者等々が免除されていた。道路夫役は農村だけで行なわれていたのであるが、必ずしもすべての農村で行なわれていたわけではなく、修理ないしは建設作業場から二ないし四里以内にある農村の住民だけが行なっていたのである。

夫役労働は、年に六日ないし三〇日、あるいは四〇日のところさえあった。それは、最初の形態においては、本質的に、能力のいかんを問わずすべての夫役労働者（corvéables）（少なくとも腕で仕事をするすべての夫役労働者）に等しく課せられる現物税であって、濫用と恣意性の故に、きわめて重い負担となっていた。そのため、激しい抵抗にあい、ミラボーの『人間の友』や多くの高等法院への陳上書（トゥールーズ一七五六・五七年、グルノーブル一七五八年、ルーアン一七六〇年等）のなかで厳しく批判された。レンヌの高等法院は、夫役の悪弊に対する苦情を利用してブルターニュの総督エギヨン公（due d'Aiguillon）を失脚させようとしたが、実際には彼は、一七五四年および一七五七年の行政命令によって、夫役を制限し、緩和して、恣意的に利用されることを防いだのである（彼は、耕作が大々的に行なわれるときに夫役をさせることを禁じ、担税力に比例して（人頭税一リーヴルにつき道路一トワーズの形で）仕事を聖堂区と夫役労働者のあいだに配分した。彼はまた、農村に土地をもつ都市住民に対しても、五〇リーヴルの収入につき一トワーズの道路を作らせた)。

しかしそれにもかかわらず、夫役制度は、不平等で、厄介で、非生産的であったため、悪弊となっていた。『体系百科全書』(*l'Encyclopédie méthodique*) は、夫役によって行なわれる仕事の実際の費用を一、二〇〇万ないし一、三〇〇万リーヴルと見積っているが、それらの仕事は六〇〇万ないし七〇〇万リーヴルで行ない得たであろうと考えている。それ故、現物夫役(実際の肉体労働の形で行なわれる夫役)を金納化することは、一七六〇年頃から、公共事業にたずさわる多くの地方長官によって試みられ、カーンではオルソー・ドゥ・フォンテット (Orceau de Fontette) により、また、リモージュではチュルゴーによって試みられた。チュルゴーは、聖堂区に現金を納めることによって、夫役が三五年間になしうる以上のしかもよりよい仕事を一九年間に行なうことができると考えた。財務総監になったとき、彼は、夫役を、タイユ税にではなく二〇分の一税に付加される地租の形に改め、その結果、すでに二〇分の一税を負担していた特権者たちにもこれを負担させることにしたのである。

特権者たちはチュルゴーを失脚させ、現物夫役は継続されたが、若干の変更が行なわれた。一七七六年八月一一日の声明によって復活されたのち、同年九月の規定は、タイユ税付加税による任意買戻しの原則 (le principe du rachat facultatif par imposition additionnelle à la taille) を定め、各聖堂区内における仕事の配分は、夫役負担者にそのタイユ税に比例して行なわれるものとした。とりわけボルドーにおいて激しい闘争が続き、そこでは、地方長官デュプレ・ドゥ・サン゠モール (Dupré de Saint-Maur) が、買戻しの慣習と労働のタイユ税比例配分の方法を発展させようとした。政府の協力者たちは、懸命に買戻しをやめさせ、現物労働を続けさせようとした。人々は、政府を、夫役買戻しのために徴収された資金を他の目的に流用していると非難し、住民たちはこうした容赦ない闘争に同調して、何も支払わず、すべての夫役労働を中止しようとした。

夫役を金納化するという考えは前進しつつあった。ベリの地方議会は、三–四里の道路を作るために一年に六二万四、〇〇〇リーヴル相当の現物夫役が必要とみて、一七八一年、タイユ税一リーヴル当り上限六スーを徴収する二四万リーヴルのタイユ税付加税におきかえた。その場合、タイユ税査定額一〇リーヴル以下の者は免除したが、このタイユ税付加税は、既成の道路を維持するほか、六里の道路を建設することを可能にしたのである。

恣意的で非比例的な旧い現物夫役は、次第に消滅する傾向にあった。一七八四年頃には、夫役買戻しないしは比例的夫役（比例的タイユ税付加税）が、ベリ、リムーザン、トゥレーヌ、ポワトゥ、オート・ギエンヌ、プロヴァンス、ノルマンディ等で定められた。ラングドックでは一度も夫役が行なわれたことがなかったし、パリやヴァランシエンヌ徴税管区には、ほとんど馬車夫役（le corvée des voitures）しかなかった。一七八六年一一月六日の国務会議布告は、三年間の試みとして、タイユ税の六分の一あるいは平民人頭税の五分の三を超えない範囲での夫役の金納化を布告した。若干の高等法院は徹底して旧い夫役を支持したので、なおその布告に激しく反対したが、一七八七年六月二八日の声明は、臨時にかつ地方議会がこの問題の方針を確定するまでという条件つきで、新たにこの方式を確認し、一般化した。だから、一七八九年には、現物夫役はまさに消滅しようとしていたのである。

だが、現物夫役の支持者たちがいた。幹線道路はともかく、少なくとも小さな道路の状態は恐るべき状態であったので、しばしば農民たちは、もはや道路が作られなくなったことを嘆いた。例えば、一七八〇年には、ロ・エ・ギャロンヌ県のアグメ聖堂区は、同聖堂区内の道路が夫役をもってしても修理されることを懇請したし、一七八九年の多くの陳情書が、現物夫役に対するなんらかの選択を表明した。アルザスやロレーヌの地方議会も、現物夫役に賛意を表明した。そしてこの感情は、大革命後にもなお存続し、革命暦第一〇年、ソーヌ・エ・ロワール県の県議会は、ある程度壊れた道路を救うためにはただ一つの手段しかない、夫役だ、夫役のみが交易にとって有利で外国人の称賛の的となるすばらしい道路を共和国に取戻すことができる、と述べた。

幹線道路のための夫役以外に、やはり悪弊にみちた軍事輸送のための国家徴発夫役があった。チュルゴーは、これも、彼のリモージュ徴税管区で金納貢租におきかえ、徐々に王国全体に広めた。一七七五年の国務会議布告は、この目的のために、年一二〇万リーヴルの租税を創設した。

二　道路夫役廃止令（一七七六年二月）の内容

(a) 序　文

チュルゴーの道路夫役についての考えは、すでに一七七六年一月の国王への意見書のなかで概略述べられていたが、ここでは、一七七六年二月の道路夫役廃止令自体の序文にそくして、できるだけ重複をさけながら、その考えを明らかにしたい。

チュルゴーは、まず、とりわけルイ一五世の時代に商品の輸送に不可欠な道路の有用性が認められその建設が盛んに行なわれて、地方の地価の高騰という恩恵をもたらしたが、その大部分の道路の建設が「夫役」というもっとも貧しい階層の無償の労役によって行なわれたこと、しかもこの「強制労働」(un travail forecé) が農作業の多様性を無視して繁忙期に行なわれたことに、驚きと遺憾の意を表明する。「為政者のこうした誤りは、耕作者にいかなる賃金も償いえない時間を失わせることになる(2)」のである。しかし、「たとえ賃金を支払っても、耕作者から時間を奪うことは税を課すに等しい」のであり、「賃金を支払わずして時間を奪うことは二重の税となり、しかも、この税が生計のための腕の労働しかもたない質朴な日雇人に課せられるときには比較を絶したものとなる(3)」のである。

ついで彼は、夫役の非効率性を指摘する。「強制され無償で働く人は、いやいやなんの興味もなく働くから、同じ時間内により少ない仕事しかしないし、仕事の出来も一層悪い」ので、こうして行なわれた仕事は、「人と荷車の仕事量において、金を払って行なわれた場合の二倍かしばしば三倍かかる。(4)」これに反し、金を払って専門の知識と技術をもった道路職人に行なわせた場合には、長もちのするよい道路ができ、出来の悪い場合には自費でやり直しさせることができる。さらに、「維持」に関しても、夫役よりも金を支払って作られた道路の方が容易である。すなわち、冬の前後二度にわたる夫役による維持のための修理は、そのたび毎に道路が悪くなるばかりか、毎年人と荷車の仕事量において、最初の建設時に近い費用がかかる。(5)かくして彼は、「なんらかの指示、なんらかの特殊な器用さを必要とするすべての仕事は、夫役によって行なうことはできない(6)」、と結論する。

チュルゴーはこのほか、夫役労働にともなうさまざまな「事故」(家畜や人間の死亡・傷害・疾病)や夫役に関する法律や行政に対する反発・不満から生ずるいろいろなトラブル(強制・罰金・刑罰等)を挙げ、「われわれは、夫役が人民を犠牲とするところのものをすべて評定することは不可能と考える」[7]、と述べる。彼は、「夫役の慣習」(l'usage des corvées)の代わりに「金を払って道路を建設させる慣習」(l'usage de faire construire les route à prix d'argent) つまり金納の慣習をうちたてればこうした不都合をすべてなくすことができる、と力説するのである。

しかし、チュルゴーが夫役の金納化を力説する「より強く、より決定的な動機」は、「夫役の慣習と不可分な不正義」(l'injustice inséparable de l'usage des corvées) である。つまり、夫役の負担がもっぱら人民の貧しい部分にのみのしかかっていて、特権者である土地所有者が免除されていることである。彼はつぎのように述べている。「この負担の重荷は、わが臣民のもっとも貧しい部分、腕と勤労しか財産をもたない人々、耕作者と借地農にしかかからないし、かかることができない。ほとんどすべてが特権者である土地所有者たちは、それを免れているか、ほんのわずかしか負担していないのである。」[8]

この点はすでに国王への意見書において強調されたところであるが、チュルゴーのこの主張には、彼の年来の主張である重農主義的観点が色濃くうかがわれる。すなわち、さまざまな情報が土地の生産物の価値を高めることによって公共の道路が利益を与えるのは土地所有者であって、耕作者や日雇労働者ではない。借地農は、土地生産物の値上りを地代の増加の形で土地所有者に支払い、日雇労働者の階級は、いつか商品価値の上昇に比例した賃金の上昇をかちとり、社会の安楽の一般的増加に参加できるであろうが、しかし、迅速で直接的な富の増加を受け取るのは土地所有者の階級だけであり、しかもこの新たな富は、人民がさらに新たな労働によってそれを購入する限りにおいてのみ、彼らの間に分かたれるのである。「それ故、道路建設の成果を取り入れるのは土地所有者の階級であり、その利益を収めるが故にひとりその前払いをしなければならないのは、その階級である」[9]、というのである。

チュルゴーは、貧しい人々に夫役を負担させることの不当性をつぎのように非難する。「自分のものをなに一つもたない人々にそれ［夫役］を負担させることがどうして正当たりえようか！ 賃金を支払うこともなく彼らの時間と労働を提供するよう強制すること、彼らよりも富める市民たちの利益のために労働させるために、貧しさと飢えと闘うための唯一の手段を彼らからとりあげることがどうして正当たりえようか！[10]」、と。チュルゴーの道路夫役廃止の主張の根抵には、このような、貧しい人々に対する限りない同情と熱烈な正義感が横たわっているのである。

チュルゴーは、「禁制法」(des lois prohibitives)によって土地所有者に「真の価格以下で」農作物を提供させて貧しい人々の負担を軽くすることも、後者から土地所有者のために彼らの「汗と労働の正当な成果」をとりあげることも、ともに「誤り」であり「不正」であって、「もっとも妥当な競争の手段」を彼らから奪うことだと、彼の自由経済主義的観点を明確にする。彼にとっては、「自由」こそ「いつの時代でもわが国の行政の基礎」でなければならないのであって、王国の全土で夫役を廃止するのも、この「自由」を臣民の最大多数を占める部分に与えるためなのである。[11]

チュルゴーは、夫役によって交通手段がより早くひらかれ、富の流通と生産物の価値の増大がより早くなるとの従来の期待は「幻想」であると幾多の例を挙げて否定し、「金で雇う技術者」(des hommes d'art et à prix d'argent)の有効性を説く。[12] 彼はまた、道路建設への資金投下が国庫の負担となり、夫役の金納化が貧民の大きな負担となるとの議論に対しても、夫役の非能率性と金納化が支払能力のある土地所有者に対して行なわれる事実とをもって反論する。彼は、土地所有者による道路への投資が、やがて彼らが手にする収入の増大の「前払い」(avance)だと考え、そして、その前払いの国民経済全体への波及効果を予想するのである。[13]

道路建設のために徴収された資金が、とくに戦時に、他の目的に流用されはしないかとの恐れについては、チュルゴーは、それはもっともな心配であって、戦時には国防が他の必要に最優先すべきであるから、道路行政に関しては道路のたんなる維持・修理にとどめ、かつまた、戦時臨時税による負担の増大を軽減するために道路税を減らし、平時に戻ったときに再び増やすようにすればよい、という。彼は、夫役を廃止するためにあたっては、その復活や資金の他目的への流用を防ぐ措置を講ずる予定でいる。[14]

チュルゴーによれば、夫役に代わる道路税は、「普通定率税」(une imposition ordinaire et fixe pour sa quotité)でも国庫収入税でもなく、毎年国務会議報告書によって各徴税管区の必要限度内で定められ、そこにおいて使用さるべきものである。そして彼は、その年総額はペイ・デレクシオン全体で一、〇〇〇万リーヴルを超えないだろうと予測している。[15]

最後にチュルゴーは、この道路税はすべての土地所有者にとって有益であるから、すべての地方税と同様、特権的であると非特権的であるとを問わず全土地所有者がこれに協力するであろうこと、それ故、王国の土地はいかなる名目のもとにもこの税を免除されないことを強調して序文を結ぶ。[16]

(b) 条　文

道路夫役廃止令の条文は、つぎの一一条から成る。ここにその全文を訳出しておく。[17]

以上の理由にもとづき、国務会議の勧告により、永遠にして撤回不可能なる本勅令により、以下のごとく布告し、制定し、命令する。

第一条　わが臣民は、もはや戦時に国防のための臨時の労働が要求される場合を除き、道路建設もしくは他のすべての公共事業のために、夫役その他のいかなる名称のもとにも、無償または強制のいかなる労働も要求されない。戦時の臨時労働に関しては、地方長官、指令官その他の州行政官宛の命令により規定される。他のいかなる事情のもとにも、無償または強制労働を命令あるいは要求することをすべての命令執行者に禁止する。戦時に、必要のためやむなく労働を徴発される者に対しては、金銭を支弁する権利を留保する。

第二条　道路の建設、維持およびその他の州都市間の交通に必要な工事などこれまで夫役により行なわれてきた工事は、今後、二〇分の一税課税の土地または不動産のすべての所有者が支払う租税によって行なわれ、その割当ては、二〇分の一税台帳記載額に比例して行なわれる。わが国の土地ならびに不動産は、同一の比率でその租税を支払うものとする。

第三条　橋梁その他の基礎工事に関しては、これまで用いられてきた同じ資金をひきつづき当てるものとする。

第四条　道路建設のため横断もしくは破壊する必要のある土地および建物の所有者ならびに資材採掘のため損害を受ける者は、その土地、建物または損害の額を弁償される。この弁償金は、上記第二条規定の租税による資金をもって支払われる。

第五条　各徴税管区の上記租税額は、毎年その年に当該徴税管区において布告される建設、維持および弁償の額にもとづいて定められる。この目的のため、毎年国務会議において、上記一切の費用を記載せる徴税管区毎の個別報告書を作成する。

第六条　所定の書式により、見積り書および明細書を作成し、上記の工事契約およびその工事にかかわる維持契約を締結する。前条規定の国務会議報告書には、上記工事契約ならびに維持契約の金額を記載する。道路、見積り、工事契約ならびにそれらが含む全条項、従物の管理権は、従来通り国務会議に留保する。

第七条　第二条規定の租税総額の使途については、毎年国務会議において報告させる。全額使用されない場合には、その旨翌年の報告書において報告させ、未使用額を翌年度分より減額する。逆に、なんらかの予期せぬ原因のため契約に含まれぬ費用を必要とする場合には、その旨報告させ、その費用が承認せられた場合、それを翌年の報告書に含める。

第八条　上記報告書が作成された場合ただちに、資格・地位を問わずすべての者がなんらの費用・不便もなく縦覧しうるために、徴税管区毎に四通の写しを作成し、高等法院、会計検査院、御用金裁判所、徴税管区財務局の事務局に各一通登録する。上記報告書は、第一〇条および第一一条の説明にあるごとく、財務官による会計検査院への会計報告の基礎として役立つであろう。

第九条　本勅令第二条に規定された租税総額の徴収は、二〇分の一税の徴収と同一の形式で行なわれる。

第一〇条　徴収された租税は通常の収税官に引渡され、この収税官は、毎月費用の査定にあたり、上記租税一リーヴルにつき四ドゥニエを控除したのち、それを土木費用運用のため各徴税管区に設置された財務委員会に引渡し、さらにこの委員会が工事契約者にその資金を所定の形式により引渡す。その場合、いかなる理由のもとにも、上記資金が他の目的に流用されたり、国庫に収納されることがあってはならない。

第一一条　上記財務官は、工事契約者の領収証を報告することによってはじめて上記資金の責任を解かれる。上記財務委員会に対し、上記資金を他のいかなる目的にも流用することを厳禁する。これに違反した場合、財務官は本条の規定に反して支払われた全額を弁償しなければならない。会計検査院および財務局に対しては、それぞれ自己の責任に従い以上の規定を遵守するよう厳命する。かく命令する。

（1）Marion, M., *Dictionnaire des institutions de la France aux XVIIe et XVIIIe siècles*. Paris, 1923. Réimpression, 1968, pp. 153～155.
（2）*Œuvres de Turgot*. Ed. Schelle, t. V, p. 201.
（3）*Ibid.*, pp. 201～202.
（4）*Ibid.*, p. 202.
（5）*Ibid.*, pp. 202～203.
（6）*Ibid.*, p. 203. チュルゴーは、夫役では「舗石道路」（des chaussées de pavé）の建設は不可能で、それよりもコストが高く人民に負担のかかる「荒作りの割石（バラス）道路」(des chaussées d'empierrement grossièrement construites) しかできない、という（*Ibid.*）。

（7）*Ibid.*, p.204.チュルゴーによれば、夫役行政においては、「分配の正義が無限の細部のなかに見失われる。」(*Ibid.*)

（8）*Ibid.*

（9）、（10）*Ibid.*, p.205.

（11）*Ibid.*, pp.205〜206.

（12）*Ibid.*, pp.206〜207.

（13）*Ibid.*, pp.207〜208.

（14）*Ibid.*, pp.208〜209.

（15）*Ibid.*, pp.209〜210. その手続きは、国王への意見書において述べられたように行なわれる。また、使用されない余剰分は、翌年徴収分から減額される（*Ibid.*, p.210）。

（16）*Ibid.*, p.210. 道路の建設や資材の発掘のために失われる土地財産に対しては、正当な賠償金が支払われる（*Ibid.*）。

（17）*Ibid.*, pp.210〜213. 条文の訳出にあたっては、Shepherd, R. P., *Turgot and the Six Edicts.* N. Y., 1903. Burt Franklin Reprint, N. Y., 1971, pp.158〜161 の英訳を参照したが、この英訳には、いくつかの問題点が見出された。

Ⅳ　道路夫役廃止令をめぐるチュルゴーとミロメニルとの議論(1)の全訳

本節では、草案の段階で財務総監（Contrôleur Général des Finances）のチュルゴーと国璽尚書（Garde des Sceaux）のミロメニルとのあいだで交わされた興味ある議論を敢えてまず全訳することによって、何がどのように問題にされ、両者のあいだにどのような立場と考え方の違いがあったかを示すことにしたい。しかるのち、「むすび」の形で、同法案の問題点を整理し、その現実性を問うこととしたい（［　］の部分は、筆者が補ったものである）。

ミロメニル［以下、M.と略記する］：この法案が作成された意図に対して、真理が要求する注意を払わないわけにはいきません。それは、いかなる点からも称賛さるべき人道的観点と正義の原理を表明しており、私がこれから述べようとしている見解は、その提案に反対しているように見えますが、私の意図は、真の反論を提示することよりも、むしろかくも重大な事柄をそれに相応しい形で議論することであります。

「序文」について——幹線道路の建設は、商品や食料品の輸送を容易ならしめるために、旅行者の安全のために、従ってまた、商業を一層有利ならしめ王国を一層安全で一層繁栄したものとするために、絶対に必要であることは確かであります。

国家が幹線道路から得る利益は、きわめて明白できわめて確かなものでありましたので、それは、アンリ四世が王座を固めれたときシュリー公が取り組んだ最初の仕事の一つでありましたし、有徳で国王と祖国に対してきわめて忠実であったこの大臣は、いくつかの建設計画や路線設定を始めさせ、多くの地方で道路の跡を保存するために、樹木を植えさせたのでした。まだつい最近まで、かなり辺鄙な地方においてさえ、ロニ〔＝シュリーの生まれた館〕の名をとどめていた樹林が見られました。

シュリー公がこの点での彼の計画の実行をさらに押し進めようとしたとしても、それは恐らく困難であったでしょう。アンリ四世の平穏な治世は十分長くは続かなかったからです。その上、この国王が始めようとしていた戦争は——不幸にもフランスはそのとき彼を失ったのですが——、シュリーがつくってきた国庫金（épargnes）を使い果たしたうえに、さらに、彼が取りやめることができなかった租税内帑金を継続させたばかりか、補助金の増額をも彼に余儀なくさせたように思われます。

アンリ四世の死に続いて行われた大浪費、ルイ一三世未成年時代の騒乱、同治世時代の擾乱、この時代がほとんど常に経験しなければならなかった対外戦争や内乱、こうしたことのために、シュリー公は、歳入に彼の望む秩序をもたらすことも、いわんや、幹線道路の建設に専念することもできませんでした。

ルイ一四世の未成年時代はさらにもっと騒然としていたし、公金の横領はかつてないほどひどいもので、この国王が政治の全権を握ってコルベールに財政を担当させるまでは、僅かな善政を行うことも不可能でした。

コルベールの時代には、王国は新しい国家になるように見えました。この大臣は、それまでは知られていなかったようないくつかの貿易部門を創設しましたし、国内にはいくつかのマニュファクチュールを設立しました。彼が国王のためにつくった海軍力は貿易の後盾となり、彼はこれを拡大しました。

このような施策のもとで、フランス王国は新しい力を獲得しました。すべてを注意深く見守り、何事も逃さじと警戒怠りなかったかの有能な大臣は、彼がもち得たすべての力を行使しました。彼は、国家の機構をきわめて堅固なものにしましたので、彼が支援しなければならなかった戦争のために多種多様な租税を人民に課さねばならなかったにもかかわらず、ルイ一四世の戦勝に続いて生じたいくつかの不幸でさえ、この国家機構を消滅させることはできませんでした。

ルイ一五世の未成年時代はかなり平穏で、彼が後になって行わねばならなかったいくたびかの戦争にもかかわらず、国家の収入はなお相当に増加しました。通商はいくつかの点で変化しましたが、それにもかかわらず非常な拡大を続けました。マニュファクチュールが増加しましたので、膨大な借り入れと不適切で無思慮な使用のために国王の収入は現実には不足していましたが、王国は富裕でその上大きな財源をもっていたことは否定できません。

実際、まさにルイ一五世の治世において、幹線道路の建設のための作業が最も精力的に進められ、最も多く完成したのでした。この光栄は、父のトリュデーヌ氏のたぐいまれな才能のお陰だと、私は思っております。全徴税管区から徴収された資金を、巧みな運用によって、橋と道路と堤防の維持のために用いられるように最もうまく調整したのもあの人でした。彼は、計画を立て、道路の図面を引き、事業の監督を行う技術者たちの団体を作りました。彼はまた、彼らのあいだに有益な競争心をかきたて、彼らが老齢と障害のために働けなくなったときには、彼らに適当な賃金や補償金や退職年金までも保証してやりました。

しかし、橋と道路の建設と維持に充てられた資金は、幹線道路の建設には十分ではなかったので、夫役に頼らざるを得ませんでしたし、タイユ税を課税される田舎の人たちの資金によってこうした事業を行わざるを得なかったのです。テュルゴー［以下、T.と略記する］：道路夫役の慣習を取り入れたのは、トリュデーヌ氏ではありません。道路造成のためとしては、彼よりももっと以前のことです。ルイ一四世の最後の時代に始められたと思いますし、最初は、戦況が弾薬の輸送を容易にする道路をすみやかに建設することを必要とした地方で行われたと思います。そうした地方では、道路の建設請負業者を探したり、建設作業場を作ったりする暇がなかったし、おまけに、金がなかったので、周辺の農民に道路の建設を命ずるという方法を用いたのです。

後になって、これらの地方の地方長官たちが、この方法が便利で何の費用もかからないと考えたため、必要と思われるいくつかの道路をもっと耐久性のあるものに改修しようとして、この方法を用いたのです。いくつかの道路がこの方法で作られた後、さらに他の道路もこの方法で作られました。最初に行った地方長官たちに近隣の地方長官たち財務総監たちがこの方法を許可しました。しかし、この方法が真に確立されたのは、オリ氏が一七三七年に地方長官たちに送った訓令によるものでありましたし、民衆の側からの苦情や行政官たちの嫌気はきわめて強いものでした。

M.：道路夫役負担者たちは、タイユ税やタイユ税を負担する結果それに対していわば一定の比率で課税されるその他の諸税のために、すでにかなり惨めな状態に陥っていますので、彼らに要求される仕事は、真に重い負担の増大となっていること、しかも、行政のあらゆる欠陥のために一層そうなっていることは、否定できません。このことは勅令草案の前文のなかで非常に見事に述べられていて、ここで申し上げるのは無駄なことです。

ルイ一五世のもとで長いあいだ財務総監を努めていたオリ氏や父のトリュデーヌ氏自身が、私たち同様、道路夫役から生ずるすべての不都合を必ずしも感じていなかったと考えることはできません。彼らがこの目的のための特別税の方がもっとも簡単に見えると思わなかったとか、この租税を地主に負担させた方が、しかも全面的に負担させた方が一層公平で一層容易に見えると思わなかった、と考えることはもはやほとんどできません。

T.：オリ氏は、彼が勤めていた徴税管区ではおそらく夫役を用いる機会は多くなかったので、その後の経験によって初めて知られたような不都合は必ずしも知らなかった、と思います。

トリュデーヌ氏につきましては、そうした不都合を知らなかったどころか、できれば民衆をこの重荷から解放してやろうと望んでいたのを、しばしばこの目で見てきました。彼は、オリ氏に租税よりも夫役を選ぶことを決心させた動機についてしばしば私に釈明しましたが、その動機というのは、租税がその目的以外に用いられはしないかという心配であり、民衆が租税と夫役の両方に同時に耐えられるかという心配にほかなりませんでした。私は勅令の前文でこの反対論に答えるよう努力しましたが、彼を安心させるには私が提案している予防措置で十分だと思っております。国璽尚書閣下のお考えをたどる過程で、おそらくもう一度この問題を取り上げることになりましょう。

M.：では、有能で国家の利益のために献身的であったこれら二人の行政官は、なぜ租税よりも腕と馬による夫役を選んだのでしょうか。彼らは、田舎の住民たちの土地の耕作が最も暇なときに慎重に仕事が割り当てられるならば一番負担にならない、と考えたからだといえないでしょうか。

また、次のように考えたからだといえないでしょうか。すなわち、技師や技手や現場監督が、資材の使用やこの問題について勅令の序文のなかで触れられているこまごましたすべてのことについて細心の注意をもって監督に当たるならば、いかに多くの労働者を使おうとも、道路工事はきちんと行われることができる、と。

さらに、次のように考えたからだといえないでしょうか。すなわち、新しい道路の建設のためにはより多くの日数だけ夫役を用いなければならないとしても、いったんできてしまえば、その維持のためには毎年ほんの僅かな夫役しか必要でなく、従ってその仕事は非常に負担の重いものではなくなる、と。

彼らはまた、いろいろな聖堂区の仕事を注意深く決定し、その仕事が過重にならないようにし、あまり辺鄙な所で行われないように注意するならば、この種の労苦を大いに緩和できると考えた、といえないでしょうか。地方長官や技師の皆さんが配慮しなければならないのはこのような点であり、この種の行政が活動的で注意深くかつ間違いのない人たちに委ねられる所では、このような配慮が認められるのです。

T.：これまでの四つのパラグラフとそれに続くパラグラフでは、私が序文のなかで詳しく述べたこの方法の一部の不都合から［敢えて］目をそらせることによって、夫役を続けることが絶対に必要であることを理解させようとしています。

私は次のようにお答え致します。現場主任や下役が絶えず監督することによって夫役を我慢できるものにし得ることは事実でありましょうが、完璧な管理者を必要とするような行政制度は常にきわめて悪い制度であります。もし管理者が能力に乏しかったり、怠慢であったり、目を眩ませられたりしたら、苦しむのは誰でしょうか。農民大衆です。損をするのは誰でしょうか。国家です。複雑な計画はすべて、多くの知識と大きな努力によってしか実現できません。だから、一般に複雑な計画は、皆うまく実現されないのです。夫役とは、そのような計画なのです。

第二に、私は次のようにお答えしたい。地質、工事用資材、人口、村内の秩序の点で夫役管理が幾分やりやすい少数の地方を除いては、一般に、最も活動的で最も善意ある管理者にとってさえ、夫役の濫用を防ぐことは不可能であります。私自身の経験と私が行政を行った地方［リムーザン地方］を取り上げてみましょう。そこではいくら大きな努力を払っても夫役を我慢のできる状態には決してできなかった、とはっきりと確信しております。

道路の建設よりも維持のほうが費用がかからないという考えにつきましては、まだこの先非常に長期にわたって新しく建設すべき道路はいくつもありますし、それらが建設されるに従って維持の量も増えて行く、といえます。しかも、夫役の重さの違いが現金払いに比べて最も著しくなるのは、まさに維持のための夫役の場合です。ラ・ロシェル徴税管区やベリ地方のように石が柔らかいところでは、道路の維持費は最初の建設費の半分と見積ることができます。まったく似たような道路の維持費は、アングモワ地方では、最初の建設費の二〇分の一にすぎませんでした。石の状態がもっとよかったリムーザン地力では、維持費は四〇分の一にすぎなかったし、おまけに、現金払いによる最初の建設費は、夫役による場合に比べてはるかに安上がりでした。管理の仕方によって夫役制度を和らげることができると国璽尚書閣下がご指摘のすぐれた点につきましては、すべての地方において、あるいは大部分の地方において、いろいろな仕事を任せて当然と思われるような活動的で細心の注意をもった間違いのない多くの人材を見出すことができると、閣下があるいは人々が期待できるかどうか、疑問であります。

M.：国王の臣民のなかで一見して最も幸福で最も富裕な部分を構成しているように見える地主たちが、同時にまた最も重い費用を負担する部分となり、さらに、腕しか生活手段をもたない人々を雇用するという必然的理由によって、それらの人々に生活手段を与える部分となるのです。

T.：トリュデーヌ氏は、地主、とりわけ特権的地主が最も重い費用を負担する人々であると考えなかったことは確かであります。彼は、すべての租税は結局のところ地主に転嫁されて彼らの支払いを増すか収入を減らすことになると固く確信していて、私にしばしばそう語っていました。彼は、租税の本質と効果について考えたことのあるすべての人々と同じく、このように考えていました。けれども、地主がその定額小作農の破産のショックを強く感ずるからといって、この小作農が彼の主人自身以上に不幸ではないということにはなりません。駅馬が過労で倒れるとき乗り手も倒れますが、馬の方がさらにもっと同情に値するのです。

地主は、その支出によって腕しかもたない人々を生活させます。けれども地主は、自分の金で、すべての生活資材を享受します。日雇農民は、汗まみれになって働いて、その金で最低限の生活資料を購入します。だが、その日雇農民を無償で働かせる場合には、富者の支出による彼の労働の生活手段〔=賃金〕を彼から奪うことになります。

M.：地主だけが、手入れの行き届いた幹線道路の恩恵を受けるわけではありません。旅行者や荷車引きや歩いて行く農民さえ、同様にそれを利用します。旅行者は、より少ない時間と費用で、より遠くに行けます。荷車引きは、馬を疲れさせることが少なくなり、馬車も装備も少なくて済みます。歩いて行く一般の農民は、悪路よりも立派な道路の方が歩きやすいし、戸外に出なければならないときには、時間も少なくて済みます。その結果、幹線道路の恩恵は、国王のすべての臣民に相応に及ぶのです。

T.：旅行者は、道路が立派であれば、一層早く旅をすることができます。道路の美しさは旅行者を引きつけ、その数を増やします。これらの旅行者は、金を使い土地の食料品を消費しますが、これは常に地主の利益となります。荷車引きについては、彼らが荷車を引いている時間が少なくなればなるほど、運送にかかる費用は安くなり、装備や馬をもっと多く準備することができます。この運送費の低下の結果、食料品をより遠くまで運んで、より高く売ることができるようになります。だから、すべての恩恵は、食料品をより高く売る地主のものとなります。

歩いてゆく農民につきましては、国璽尚書閣下のお言葉は、よく舗装された道路を歩く楽しみは無償で道路を作らねばならなかった苦痛を償うものではない、と信じさせるものであります。

M.：人々は、国王のすべての臣民が幹線道路の利点を利用するので、彼らすべてがその建設と維持の費用を負担するのが公平である、と私に反論するかもしれません。しかし私は、土木税は他の特定の人々よりも地主に一層負担となるが故に、国王の臣民のすべてが実際分相応にその費用を負担するのだ、と答えることはできないでしょうか。

T.：土木税は、国王の臣民が道路の建設のために負担する負担分のなかで最小の部分です。というのは、土木資金で行われる仕事よりも夫役によって行われる仕事の方が多いからです。しかるに、ここで問題になっているのは、夫役なのです。

けれども、土木税が他の特定の人々よりも地主に一層負担となるというのは、正しくありません。この租税は、タイユ税の副配分表（second brevet）の一部をなすもので、タイユ税と一緒に課税されるのです。ですから、王国の土地の大部分を所有し利用している特権者たちは、この税を免除されるのです。

M.：自分の財産を運用している地主は、それから得られる生産物に比例して［租税を］支払っています。土地を小作に出している地主は、［土地から得られる生産物よりも］かなり少ない小作料を受け取ります。というのは、小作農は、小作契約を結ぶ際に計算を行い、その賃借料のなかに租税として支払わねばならない分を常に考慮に入れておくからです。

T.：小作農は自分の賃借料を決める際に自分の負担すべき租税を計算に入れるため、地主は、特権的地主でさえ［傍点部分は原文イタリック、以下同様］、タイユ税負担者に対して何ら現実的に有利な立場にいないことを、国璽尚書閣下は納得されたように見えます。このご意見はとても厳密なご意見とは申せませんが、それを厳密な意見にするためには、特権的な地主がタイユ税を負担する地主に対してもっているいくつかの有利な点を列挙しさえすればよいのです。

一、聖職者地主や貴族としての特権を享受している貴族たちは、すべてのタイユ税を免除されることによって鋤四台分相当の農地を運用することができますが、その農地は、パリ近郊では、通常約二、〇〇〇フランの租税を生み出してくれます。これが、第一に有利な点であります。

二、これらの特権者たちは、森林、牧場、ぶどう畑、沼地、館に接した囲い地については、それらがどれだけの広さであっても、びた一文支払いませんし、しかも、すべてこれ、鋤四台分の特権を何ら妨げることなく認められているのです。主な生産が牧場やぶどう畑で行われている非常に広い地域がいくつかありますが、その場合、自分の土地を管理させている貴族はすべての租税を免除されていて、この租税は結局タイユ税支払者の負担となっています。これが、第二に有利な点であり、これは計り知れないほど大きいのです。

三、貴族たちは、領主地代、封地一〇分の一税（dîmes inféodées）およびすべての封地収益に対する二〇分の一税以外にはまったく何も支払いません。これらの貴族の収入は、パリ近郊ではごく僅かですが、遠く離れた地方では土地の純収入のきわめて大きな部分を占めています。これが、貴族の第三に有利な点であります。

四、タイユ税を比例的に定めた地方では、タイユ税負担地主とその定額小作農または物納小作農とのあいだで税を分担させようと考えました。いくつかの地方では、開拓地タイユ税（*taille d'exploitation*）の名で地租の半分を定額小作農に支払わせ、他の半分を所有地タイユ税（*taille de propriété*）の名で地主たちに支払わせました。また他の地方では、開拓地タイユ税を地租の三分の二とし、所有地タイユ税を三分の一としました。この結果、これらの地方では、貴族たちは、自ら主張しているものに対して享受している免除のほかに、さらに、小作に出すか賃貸する土地に対する租税の半分ないし三分の二［原文は誤って三分の一となっている］の免除を享受することになったのです。これが、貴族の第四に有利な点であります。

五、確かに貴族は、タイユ税負担者と同様に人頭税を課税されますが、同じ比率で課税されるわけではありません。人頭税は本来、任意税（une imposition arbitraire）であります。それを盲人以外の全市民に割り当てることは不可能でした。ですから、完全に作られていると考えられていたタイユ税納税者名簿を基礎とするのがより便利だと分かったのです。タイユ税負担者の人頭税は、タイユ税付帯税（une imposition accessoire de la taille）となり、貴族用の特別の名簿が作られました。ところが、貴族たちは抵抗し、タイユ税負担者たちには彼らを弁護してくれる人が誰もいなかったため、貴族たちの人頭税は、ほとんどの地方で極端に僅かなものになってしまいました。他方、タイユ税負担者たちの人頭税は、タイユ税の額とほぼ同じになりました。この結果、貴族の上地が享受していたすべての特権に加えて、人頭税相当の特権をもたらしました。この人頭税というのは、その制度からして、国王のすべての臣民に対して彼らの負担能力に応じて割り当てられるべきものだったのです。これが、貴族の第五に有利な点です。

六、私は、土地が富裕な定額小作農によって耕作される地方――そこでは彼らが耕作の前払いを行い、契約にもとづいて毎年一定額を地主に支払います――と、富裕な定額小作農がいないため、地主が前払いのできない貧しい農民に土地を与え、彼らに家畜や耕具や種子や最初の収穫までの食料を提供し、従って、すべての収穫物が地主とその理由から折半小作農（*métayer*）と呼ばれる小作農とのあいだで折半される他の地方との違いを、国王にご説明申し上げる機会を何度かもちました。ほとんど法的な力をもっているこの慣習は、タイユ税やその他の租税がなかった時代に取り入れられたもので、その当時は、［地主と小作農の］双方に有利であり、地主は自分の土地から十分な利益を引き出し、小作農もある程度楽に生活し、家族を維持することができたようでした。［けれども］タイユ税やあらゆる租税が貧しい折半小作農の頭上に一斉に課税されるようになってからは、収穫物の分け合いの平等性はすべて打ち破られて、折半小作農が最も貧しい状態に追いやられたことは明らかであります。その惨めさは、土地の肥沃度の点でも、耕作に必要な資金の点でも、また農産物の価格の点でも、程度の差はあれまったくひどいものです。

いくつかの地方、とりわけリムーザン地方では、耕作者たちの窮状はきわめてひどいものでしたので、地主たちは、特権的地主でさえ、法律と特権にもかかわらず、小作農を見つけるために、租税の一部を進んで支払ってやることによって彼らの負担を軽減し、そうすることによって法の過度の厳しさを是正しなければなりませんでした。

しかし、地主たちのこのような心づかいは自発的なものであり、法律は小作農にとってまったく不利でしたので、地主は、この種の恩恵を、自分の土地が荒蕪地にならないために必要なぎりぎりの限度にとどめ、かくして地主は、耕作者に対して、彼が絶望と耕作不能に陥らずには絶対に負担することができないようなあらゆる負担を委ねたことを、指摘しておかなければなりません。確かに地主たちにとって、このような事態は得になりません。耕作者たちの生活が楽になれば、地主たちの生活も一層豊かになりましょう。しかし地主たちは、ほどほどの生活ができることによって、少なくとも、非常に惨めな生活しかできない者よりも有利な立場にいるのです。これが、特権的地主のタイユ税を負担する耕作者に対する第六の有利な点です。後者の不利益の方が前者の利益よりもずっと大きいことを認めなければなりません。

七、納税者名簿に載っているのは定額小作農と物納小作農だけですから、もろもろの追及が行われるのはもっぱら彼らに対してであります。従って彼らは、すべての出費、支払延滞のすべての結果、差し押え、執達吏や徴税吏の執行に、要するに、無知と貧困のためにあらゆる種類の虐待に対して我が身を守る手段が最も奪われている階層の民衆が負担させられる租税、それはきわめて重くしばしば割当ての不公平なものですが、その租税の徴収が生み出すあらゆる圧制と悪弊に、耐えているのです。このことは、以上の点に加えて、民衆に対する特権者たちの七番目に有利な点となっています。しかしそれは、民衆にとっては、前の点と同様、さらにもっと不利な点となっています。

八、タイユ税を負担する定額小作農にとってはもうひとつの大きな不利益となっているが地主にとっては事実としてまったく不利益ではない点として、この小作農は、彼が諸費用を負担する場合——国璽尚書閣下はその場合について述べておられますが——、契約条件を決定する前にその費用を正確に算定できないという点を挙げることができます。タイユ税はしばしば変動し、減少するよりもはるかに増加する傾向にあったことは、周知の事実であります。すなわち、いったん戦争になりますと、タイユ税負担者たちには、兵站税（*ustensile*）(2)あるいは冬営税（*quartier d'hiver*）(3)の名で知られた租税を負担させるのです。

私たちの本題に戻りますと、道路夫役は、決して規則正しく課されるものではありません。毎年それは変動しますし、ある地区に新しい道路が開かれる時には、それまで一度も課されたことがなかった聖堂区にまでしばしば夫役を課します。定額小作農の契約期間中に生じ、その補償については何の法律もないこのような負担の増加は、さもなくば行い得た計算を完全に狂わせ、彼を破産させることがあります。

タイユ税が、それを負担しない地主たちよりもそれを負担する人々にとってははるかに重荷になるものであることを、以上によって証明することができたと思います。トリュデーヌ氏が言っていたように、地主が常に最終的にすべての租税を支払うということは、大変真実でないというわけではありません。けれども、地主が租税を支払うのは、国璽尚書閣下が触れられた観点とは関係のない一つの循環によるのでありまして、それについて私はたった今議論したところであります。この循環の過程について十分詳しく述べるためには一連の長い推論が必要でありましょうが、ここはそれを行う場ではございません。

M.：腕しかもたない人たちは、ほとんどまったく租税を支払いません。

T.：夫役が問題になっているのであって、それ以外は問題にしてはなりません。

ところで、腕しかもたない人たちが途方もなく夫役に貢献していることは間違いありません。自分と家族が生活するのに自分の労働によって得るものしかもたない人、しかも一五日間の時間を取り上げられたうえ無償で何の生活の資も与えられることなく働かされる人は、あまりにも過度に道路建設に貢献しているのです。

M.：食料品の値段は、労働者の賃金が上がることなしに上昇することはあり得ないでしょう。だから、地主だけに課税した場合には、その租税は、そのゆとりが日雇いの人々の生活を保証する唯一の源泉であるような人たちによってのみ負担されることになるでしょう。

T.：（人々が穀物取引の自由を目の敵にしていた時代には繰り返し反対のことが起こりましたが）食料品の値段が日雇い仕事の賃金が上がることなしに恒常的に上昇することはあり得ないというのは、恐らく本当でありましょう。けれども、地主がまず富裕になり、日雇人は彼の生活に必要なものしか決して手にしません。地主の**ゆとり**（*aisance*）が日雇人に保証するものは、ゆとりではなく必需品（le *nécessaire*）なのです。ところで、道路事業によりそのゆとりが増す人こそ、本当にそれから利益を得ているのであるから、道路税を支払わなければならないのです。

M.：オリ氏やトリュデーヌ氏に地主に対する課税よりも腕と馬による夫役を選ばせたのは、これらの考慮からであったようです。ですから、実際、こうした考慮を注意深く吟味するならば、夫役の不公平さを完全に払拭させないにしても、恐らく不公平の外見を少なくすることにはなるでしょう。

T.：オリ氏に腕による夫役を選ばせたと思われる理由については既に述べましたが、それとは別の理由があったのではないかと、私は案じております。課税計画を発表し、それを［パリの高等法院に］登録させて苦情を招くようなことはしないで、それと分からぬ程度に夫役を設定し、抵抗しない民衆に対して徐々に重くして行くことが可能だったのです。私たちは、今日では有利な立場にあります。なぜならば、夫役はすっかり制度化されていて、しかも非常に重く不公平であると認められていますので、それをきっぱりと取り替えなければならないからです。

M.：幹線道路建設の進捗状況に関しては、人口のより少ない地方では、常にほかよりも早くありません。そのような所では、適度な課税を行っても、決して期待するような活気を与えることはできないでしょう。また、過重な課税は、同様に、地主たちにとって余りにも耐え難いものとなるでしょう。人口の少ない地方では、たとえ賃金を払ったとしても、労働者の数はそれほど多くないでしょうから、従って、仕事もそれほど強力に進められないでしょう。

T.：幹線道路の進捗状況について私が前文のなかで述べましたのは、夫役という方法によってすべての道路を同時にあるいは少なくともきわめて短時日のうちに作ることができると考えたために、人々が大きな思い違いをしたということを、証明したかったからにすぎません。

M.：夫役という制度が作られたのはそれ程昔のことではありません。それにもかかわらず、フランスでは非常に多くの道路が作られました。

T.：夫役が広く行われるようになったのは四〇年前のことであり、多くの地方で利用されたのはそれよりもずっと以前のことです。この時間の長さに比例して道路が進捗していないのは、確かなことです。

M.：道路建設の仕事が、恐らくその人口と資力に比例して他のどこよりも活発に進められたいくつかの地方があります。課税の方法によって、この仕事がそれ以上に早く行われると確信できるでしょうか。

T.：私は、道路建設の仕事が夫役による場合に主張されている早さと同じ早さで賃金によって行われるとは、全然主張しておりません。けれども、実際に夫役によって行われてきた以上の早さで行われるだろうと、確信しています。私がリモージュ徴税管区で行ったことから、そう判断しているのです。事実私は、夫役によって三五年間に行われた以上の仕事を一〇年間で行いました。

M.：地主に対する課税は、最も軽い場合でさえ、いくつかの徴税管区においては二〇分の一税の半分に、他のいくつかの徴税区においては三分の一あるいは四分の一になり、五分の一になる所はどこにもないように見えます。タイユ税、二〇分の一税、人頭税、塩税、騎馬憲兵隊貢納金（la contribution pour les maréchaussées）、消費税（droits d'aides）そして既に人々が支払っている土木税に加えて課されるこの税の過負担は、地主にとっては相当な増税となるでしょう。しかも彼らに対しては、建物の修理の際の二〇分の一税についての委託払い（amodiation）はまったく認められていません。

地主だけが二〇分の一税を、それはまさに地租ですが、これを負担し、さらにその他の租税の大部分を、あるいはみずから支払うことにより、あるいはまたその土地を小作に出して損をすることによって負担していること、さらに定額小作人は、私が既に述べたように、彼自身が支払う献納金（subsides）［＝租税］の額に応じその分少なく地主と小作契約を結んでいることは、覆い隠すことはできません。

T.：周知のように、二〇分の一税は、収入の実際の二〇分の一よりも少ない。さらにこれも周知のことですが、その割当ての仕方はきわめて悪い。二〇分の一税とさまざまな徴税管区のために夫役に代わるものとして提案されている租税とのあいだのいろいろな比率の原因として挙げなければならないのは、とりわけこの割当て方法の不完全さです。

夫役もまた、ここに列挙されているさまざまな租税に加えて賦課される税の過負担と同じですが、［夫役に代わって課税される税の過負担と］それとの違いは、次の通りです。

第一に、この過負担は、はるかに小さいこと。

第二に、夫役が一部の民衆により、しかも、国璽尚書閣下が今お話しになっている通り、その大部分が特権者には課税されていないこれらすべての税が全面的に課税されている部分によってのみ負担されてきたのに対して、この過負担はすべての地主たちに割り当てられるということ。その全体の負担は［夫役全体よりも］より小さくなるでしょうし、王国の臣民のうちこれまでそれを支払ってこなかったばかりか他の人たちよりも現在負担の軽い人々に、その一部を負担させることになりましょう。

地主たちの税の過負担についてのこうしたすべての非難に対しては、これまでの説明で私は十分すぎるほど答えてまいりました。

M.：前文のなかで、たとえ腕と馬の夫役の助けを借りたとしても、すべての道路を同時に作ることを期待することはできない、と認めています。

T.：認めておりません。しかし、夫役の支持者とは反対に、夫役によってはすべての道路を同時に作ることは不可能なことを証明しています。

M.：租税の方法をもってすれば、それができると期待できるでしょうか。

T.：勿論できません。私たちは、どのような種類のものであれ、そのような目的は提案しておりません。すべてを同時に行おうとしてはいけません。

M.：もしそれぞれの徴税管区の税金がその範囲内で用いられるならば、不都合は同じでしょう。労働者は［道路税の］課税額に応じてしか雇うことができませんので、道路もまた、手がつけられただけで時間の助けによってしか完成できないようなものが到る所に見られるようになるでしょう。

T.：不可能なことを行わないのは、決して悪いことではありません。もし魔法の杖しかなければ、何事も時間の助けによってしか完成できません。けれども、国璽尚書閣下は恐らく、すべての道路を同時に作ることができなかったから私が夫役制度を非難したのだ、とお考えになりました。しかしながら、私が申し上げたことからは、決してそのような解釈をすることはできません。

M.：それぞれの徴税管区において同じ道路のための租税基金を自由に利用できるという利点や、最初の道路が完成して適当と判断される時にはじめて他の道路に取りかかることができるという利点があることは、確かです。

T.：この利点は大変大きなものです。なぜなら、道路の建設が進むにつれて、大衆にその恩恵を受けさせることができるからです。

M.：この利点は考慮に値します。けれども、労働者の日給は食料品の価格に比例して上がりますので、思うように仕事を進められなくなったり、仕事をする人に支払う基金不足のために仕事が中途半端になったり、また、幹線道路の建設が促進されるどころか遅らせられるという心配はないでしょうか。

T.：もし労働者の日給の上昇が食料品の価格の上昇と地主がより富裕になることから生ずるならば、税の負担は一層軽くなるでしょう。ここで支出についていわれていることは、国王のすべての支出についても同様に当てはまります。もし王国が全般的にもっと豊かになり、工業と商業にもっと多くの貨幣や資本や活気があったならば、国王の支出はそれに応じて増大するでしょう。フランスではすべてのものがポーランドよりも高く、イギリスとオランダではすべてのものがフランスよりも高い。もしフランスが、その広さに比例してオランダと同じ程度豊かであれば、富の増大によって必然的にもたらされる支出に見合った租税を人々は確実に支払うことができ、誰もそれについて苦情をいうことはできなくなるでしょう。

立法者の政治はこの事態を予想しなければなりませんし、もしいつの日か財政制度の秩序と調和が、これこそ開明的な政治の目標でなくてはなりませんが、不変の法によって人民の資力と国家の必要支出とに応じて租税の額を決定することを国王に許すならば、この同じ法により、食料品の価値の増大に応じてこれらの租税の増税を決定することが賢明となるでしょう。私たちは、近くこのような時代がくるとはとても思えませんし、そのようなことを考えるのはまったく無駄です。食料品の価格の上昇が道路が立派になった結果このきわめて小さな不都合に備える暇がないほど早くなることは、恐らくありません。

M.：序文のなかで非常に巧みに論じられているもろもろの考えが、父のトリュデーヌ氏の知性によって気づかれなかったとはとても思えません。腕しか生活の手段をもたない人々を日常の仕事からできるかぎり遠ざけないようにしなければならないことを、彼は知らなかったわけではないでしょう。しかし恐らく彼は、地主に対する課税にあまりに多くの不都合を見出したので、それを選択することができなかったのです。彼は、都市や州の特定の必要に充てられた租税を国庫金に転用させることによって政府がしばしば行った濫用を知っていて、幹線道路の建設を目的とした金をこうした濫用にさらしたくなかったのです。彼はしばしば、オリ氏引退後財政を担当した大臣たちに反対して、土木事業に充てられた金を守らねばなりませんでしたが、恐らくいつも完全に守り得たわけではなかったでしょう。

T.：その点こそ、この政策に対する唯一の真の反論といえるものです。私は序文のなかで、心配される濫用を防ぐための予防策や、実際に濫用を不可能にするはずのいくつかの動機について縷々述べておきましたので、ここで新たに議論する必要はございません。

しかし、一つ付け加えておきたいことがあります。それは、資金を他の目的に転用する危険はここでは本当の危険ではなく、この危険は夫役が二度と復活されなければまったく存在しない、ということであります。夫役の復活を阻止する真の防護柵は、国王が勅令の序文のなかでご自分のお気持について行われる宣言である、と私は思っております。けれども、決してこの復活を恐れる必要がなければ、資金の転用はもはや名ばかりのものにすぎなくなる、と私は敢えて申し上げます。事実、戦争が起こった場合には、道路の建設はすべて中断して、道路の維持だけにしなければなりません。その場合、政府は二つの方法をとることができます。一つは、［地主に対する］課税は継続し、道路のために使われなくなった余剰資金を戦費に充てる方法であり、もう一つは、およそ戦争が必要とするだけの臨時税を設定する方法であります。

私はまず最初に、これら二つの方法は結局のところ民衆にとってはどうでもよいことだと、申し上げます。というのは、二つの場合、民衆は同じ額の税金を支払うのであって、税金の名称はどうでもよいことだからであります。私は、新税を設定するのが困難だといって人々が反対するとは思いません。戦時には、新税設定の困難は常に無に等しく、差し迫った必要がすべてを押し流し、すべてを克服するのです。

しかし、これらの方法のうちどれを選択するかは現実の民衆にとってはどうでもよいことだとしても、世論においてはそうでなく、道路用資金の目的の変更は、大衆を不安にし、不快にさせ、苦情や抗議のきわめてはっきりした根拠を与えるでしょうから、もしある大臣が、新税によって同じ資金を得るというまったく同じように容易でしかもよりごまかしのない方法の代わりにこの方法を選んだとしたら、その人は、最もへまな大臣となり、憎まれ、完全に自滅するでしょう。

通常の土木事業資金が何度も転用されたといわれていますが、それはきわめて確かなことです。けれども、ここでは全然似ていない二つの状況を比較しているのであって、一方の状況から他方の状況のための結論を引き出すことはまったくできません。土木事業資金は、王室金庫に算入された全租税額の一部です。それを他へ転用するためには土木事業金庫（la Caisse des Ponts et Chaussées）への算入を中断しさえすればよく、たった一言で足ります。すべては財務総監と財務監督官とのあいだで行われ、それについて苦情をいうのは財務監督官だけです。

M.：トリュデーヌ氏は、民衆がその使途も知らずしかも彼らとかけ離れたところへ支出される租税はそれを支払う特定の人々を苦しめること、また、その税収がそれを支払う人々と同じ場所へそれらの人々の監視のもとに支出される租税は彼らを慰めることを、確かに知らなかったわけではありません。しかし彼は、彼が王国内のいくつかの大きな河川につくらせた橋梁のための多額の支出は、資金をこれらの大事業に優先的に用いることを必要ならしめたため、土木税がそれが徴収される徴税区管内だけで使用されることは無理であることを知っていました。

T.：道路税については、話は別です。それを転用するためには、既存の事業の支払いを中断し、法的に連係している全州の財務官に命令を伝えなければなりません。そして、一度これを行うと、翌年もまた国王の報告書によって新たに課税を停止しなければなりません。さらに、この国王の報告書を、高等法院、会計法院、ならびに全財務局の書記課に提出しなければなりません。ところで、この報告書の提出は、正式に約束された租税の使途が前の年に守られなかったことに対して、この上なく激しい抗議を引き起こさないと考えられるでしょうか。新税の登録に反対して出される意見書と同じように正当な意見書が出されることを、同様に大臣は恐れないと考えられるでしょうか。意見書が相次いで出されるなか、大臣はどれを受け入れたらよいでしょうか。恐らく彼は、戦争のために避けられない必要が生じたとの反論の余地のない回答ができるものを受け入れて、何ら合理的な回答の余地のない、悪意から彼を個人的に非難するものは受け入れないでしょう。このような大臣を誠実な人だと考える必要はもはやありません。このような大臣は、常識の人だと考え、道路税をその目的から転用するよりも、それを減らして他の名目で同じ額を課税したがっている人だと考えれば十分です。

M.：その上、土木基金の使用に関する不都合は、新税［道路税］が設けられても、常に存続するでしょう。なぜなら、新税は土木税と何一つ共通点はないからです。

T.：従来の土木基金に関しては、この不都合は存続しますが著しく減少するでしょう。なぜなら、パリ徴税管区においては、腕による夫役を敢えて定めなかったため、この徴税管区の道路はすべて他の州の費用でつくらせたからです。しかしパリ徴税管区は、夫役代替税に協力する義務がありますので、それほど多くの州の基金を引き出すことはできないでしょう。［新税による］夫役の代替に関しては、この［土木基金に関する］不都合はどんな形においても生じませんし、この課税の形式そのものがそれぞれの徴税管区で課税されたものはその徴税管区で使われることを保証していますので、このことは間違いなく、地主によるその負担を軽減するのに大いに役立つでしょう。

M.：私は、これらの批判に加えて、夫役代替税は慈善作業場（*ateliers de charité*）の資力を奪う可能性がある、と申し上げたい。実際、収入の二〇分の一税に加えて［収入の］四分の一、三分の一、あるいは二分の一を支払わなければならない地主たちは、もはや自発的寄付を進んで行わなくなる恐れがあります。

T.：慈善作業場のための領主たちの寄付は、一般に非常に僅かなものですから、彼らはこれ位の出費はきっぱりと諦めることでしょう。

私は、次の二つの事をつけ加えたいと思います。第一に、寄付を行う大多数の人々は、貴族のうちのある人々を夫役代替税に対して抗議させるような利害関係を著しく超越している人たちであること、第二に、これらの寄付はほとんどすべて、寄付をする人たちにきわめて関係の深い道路を建設させることを目的としたものであり、また彼らは、通常、国王が支給する資金にもとづいて与えられるものの三分の一か精々半分しか寄付しないということです。

M.：次の条項は、勅令の草案が採択される際に、何らかの改正を行う余地があるように思われます。

国王は、夫役その他のいかなる名称のもとにも、無償または強制のいかなる労働ももはや要求しないと宣言されていますが、それにもかかわらず、戦時には国防のために必要とあらばそれを要求する権利を留保しています。――この留保は極めて賢明です。しかし次のことが、すなわち、国王はやむを得ず状況の必要からその労働が強制的に徴発される人々に対しても報酬を支払わせる権利を留保していることが、付け加えられています。

私は、この留保を残しておくことには賛成できません。なぜならそれは、国王が実行することが不可能な約束を含んでいるように思われるからです。

長期にわたる不幸な戦争は、過度の出費によって国家を弱体化します。そしてこのような戦争は、国王をして王国の諸州において多大の夫役を要求することを必要ならしめるような戦争にほかなりません。そのような時には、国王は、無償で夫役を要求せざるを得なくなるでしょう。

そうした事態が起これば、民衆は、正規の法によって約束された賃金が奪われるにもかかわらず労働を強制されることについて、不平を言うかも知れません。

私は、この［賃金の］支払いの保証を与えることを約束している公正の精神（l'esprit d'équité）に強く賛意を表しないわけではありません。しかし私は、実行できないような場合が起こり得ることを約束するよりも、できれば約束しないで［賃金の］支払いを行った方がよいように思います。

T.：国王が道路夫役を廃止しようとされる勅令のなかで、ほかの夫役をそれに対する［報酬の］支払いも約束せずに告示することは、相応しいこととは思われません。そのようなことは、国王に決意を促した正義の動機と矛盾さえすることであります。
国璽尚書閣下のご心配を鎮めるために、私は次のことをつけ加えさせていただきます。すなわち、夫役は、国境近くの諸州でそこが戦場となる時にのみ行われ、しかも緊急の場合にしか行われてはならないものですから、きわめて稀なものであり、また、［夫役の］命令を強制される人々への賃金の支払いをこれらの地方の行政当局に引き受けさせることが常に容易であるだけに、国王の財政にとってはそれほど金のかからないものである、ということであります。

私はまた、もう一つ別の、重要な、考慮すべき用件をつけ加えたいと思います。それは、この［報酬の］支払いを正式に約束することが必要である、ということであります。それは、常に拡大する傾向にある軍事的権限が、この［夫役という］手段を濫用したり過度に利用したりしないためであり、また、軍事的奉仕を口実として、平時にこの種の命令が輸送や城砦の建造のために勝手に行われないためであります。報酬の支払いの約束とそれが［夫役を］命じられた者に与える報酬支払いの請求権は、行政当局に報酬の支払いを強制し、かつ、その清算を監視させることになり、その結果、行政当局は、濫用を察知して、それをやめさせることができるのです。

M.：この条文［第二条］は、かなり多くの点で再検討の余地があるように思われます。
この条文によれば、夫役に代わって、特権的であると非特権的であるとを問わず、不動産および物権をもつすべての地主が課税の対象となります。それはまた、不動産の面積と価格に比例して［租税の］割当てが行われると言っています。

課税されない不動産の例外は聖蹟 (lieux saints) だけであり、しかし、課税されないのは聖職者一〇分の一税だけです。

この条文によれば、王室御料地の不動産と物権にも課税され、他の不動産と同じ比率で租税を支払うことになっています。

最後に、この条文は、その割当ては地方で行われている地租と同じ形式で行われると言っています。

第一に私は、草案の序文に関する私の批判のなかで腕と馬の夫役に代わる地租の設定のうちに一般的に見出される不都合について述べたことは、ここでは繰り返しません。しかし私は、これらのすべての特権を完全に廃止することは危険である、と申し上げたい。私は、特定の事務所に付属した特権のことを言っているのではありません。そのような特権は金で獲得した悪弊であり、正真正銘の特権にほかならないと私は喜んで認めます。けれども私は、フランスにおいては貴族の特権は尊重されなければならず、それを維持することは、実際、国王の利益のかかわることであると言わないわけにはいきません。

T.:国璽尚書閣下は、貴族は国家の政体に従ってすべての租税を免除されなければならないという原則をここにおいて採っておられるように思われます。閣下は、この原則は傷つけられることの危険な普遍的な予断 (préjugé) であるとさえ信じておられるように見えます。もしこの予断が普遍的なものでありますならば、私の全生涯において教養豊かな人々について私が見たすべてのことに関する考え方が、奇妙にも間違っていたに違いありません。なぜならば、私は、この考えは時代後れの主張とみなされており、貴族身分においてさえ開明的なすべての人々からは見捨てられた主張としてみなされていて、それ以外のものとみなされているいかなる社会も思い出せないからであります。

反対に、この考えは、利益がひどく傷つけられる国民の大部分にとっては、道理に合わない考えに見えることでしょう。今や平民が間違いなく大多数を占めており、われわれはもはや彼等の声が考慮されないような時代にはいないのであります。

加えて、そのご提案をそれ自体として議論しなければなりません。

このご提案を自然権（droit naturel）ならびに社会体制の一般的原理（principes généraux de la constitution des sociétés）の側面から考察致しますならば、それは最も明白な不公正を示しております。

租税とは何か。それは弱者に強権をもって課せられる負担でしょうか。この考えは、政府は征服権にのみもとづいて作られるという考えに似ているでしょう。もしそうならば、君主は社会の共通の敵とみなされるでしょう。最も強い人たちは可能な限りそれから身を守ろうとするでしょうし、最も弱い人たちは押し潰されるままになるでしょう。そのとき、富者と強者はすべての負担を弱者と貧者に押しつけて、この特権をあくまで守ろうとすることは火を見るよりも明らかであります。

それは、父権的政治政体（un gouvernement paternel）について行われる考え方ではありません。父権的政治政体とは、君主が全国民の幸福を保証するために国民全体の上に立てられるような国家体制の上に創設された政治政体であり、国内においては正義によって各人の繁栄を維持し、外国の攻撃に対しては武力によって国民を守るために、君主が公権力の受託者となるような国家体制の上に創設された政治政体であります。政府の費用は国民全体の利益を目的としていますので、すべての国民がそれを支払うべきであります。しかも国民は、社会の利益を享受すればするほど、その費用を分担することを名誉と感じなければなりません。この観点からすれば、貴族の金銭的特権が正当であるとはとてもいえません。

その問題を人道の側面から考えますならば、農民の鍋に差押えが行われるのを見るとき、免税されていることを貴族として喜ぶことはきわめて困難であります。

その問題を政治的利益ならびに国民の力の側面から検討致しますならば、まず分かることは、特権者の数が非常に多くかつ彼らが富の大部分を持っている場合には、国家の費用はきわめて多額を要しますので、この額が租税を支払う人たちの能力を超える事態が起り得るということであります。その場合には、政府はそれが必要とする防衛の手段を奪われるか、特権をもたない人たちがその能力以上に負担させられるか、恐らくそのいずれかとなり、そのことは、やがて確実に国家を貧しくし、弱体化致します。それ故、多数の富裕な特権者たちは、王国にとっては国力を現実に減少させることになるのです。

特権については、課税問題に関して、国家にとってきわめて有害なもう一つの不都合が存在します。と申しますのは、国家は、これらの特権に触れまいとして必然的に悪しき課税方式を採用せざるを得ず、特権者たちにはそれと気付かれなように支払わせねばならなくなるからであります。定額小作農や惨めな折半小作農に税金を支払わせてきたのは、[彼らの主人である] 貴族や聖職者に税金を支払わせることができなかったからであります。そのため、世間のすべての人がその嘆かわしい結果を認めているにもかかわらず、タイユ税の割当てとその徴収方式のすべての悪弊が今日まで続いているのです。消費税や商品税が増やされたのも、塩とタバコの独占が行われるようになったのも、特権に触れないためでした。こうして行われるようになった塩とタバコの独占は、国王に比較にならぬほど僅かな収入しかもたらさない割には国民に厖大な金額を支払わせますので、大変有害でありますし、新しく大勢の密輸業者や使用人が存在するようになったために、さらに一層有害なものとなっています。彼らは、すべての有益な職業にとっては無益な連中であり、密輸の誘惑や [相手の] 密輸を阻止する必要から生ずる殺人やリンチによって互いに傷つけ合っているのです。

特権は、こうした諸悪を生み出してきました。聖職者や貴族は塩税とタバコ税の二種類の消費税を支払っていますが、もし彼らがそれらの代わりに設定される租税を支払わないようなことになれば、どのようにして塩税やタバコ税を廃止したらよいでしょうか。私がこれまで申し上げてきたことはすべて明白な真理であり、個人的な利益だけを考える精神の持ち主は別として、この問題について深く考えたことのある人の誰からも反論を受けることはない、と私は敢えて信じております。

このことから、すべての特権を打破しなければならないということになるでしょうか。そうではありません。私は、他のすべてのことと同様、必ずしもなし得る限りのすべてのことをする必要はないこと、また、旧い制度の欠陥を徐々に改めることを断念してはならないとすれば、世論と事態の推移が可能にするにつれてゆっくりと改めさえすればよいことを知っております。

貴族と聖職者にタイユ税を支払わせようと思うことは、愚かなことでしょう。というのは、タイユ税が対人課税である地方では、もろもろの偏見のためにこの税は屈辱的な不評を買っているからです。しかし他方、ある行政担当者が、人頭税や二〇分の一税を廃止しようと考えたり、王国の昔の制度においては貴族たちはいかなる租税も支払っていなかったという理由で、彼らの人頭税や二〇分の一税を免除しようと考えるならば、それは奇妙な考えというべきでしょう。

私は以上のすべてのことから、タイユ税に対する貴族の特権は既成の事実として存続させるべきであり、それを変更することは賢明ではないと結論致します。けれども、その特権に欺かれたり、それをそれ自体正当なものとみなしたり、ましてやそれを有用なものとみなしてはならないと結論致します。（国璽尚書閣下が貴族の特権に見出し得ると考えておられる有用性の論拠については、私は後ほど議論するつもりでおります。）

私はとりわけ次のように結論致します。すなわち、この特権を存続させることによってそれを新たな対象に拡げないよう十分注意しなければならないこと、逆に、現実の枠内に慎重に限定して維持しなければならないこと、この特権のもつあまりにも過度な部分を徐々にできる限り取り除くように努力しなければならないこと、この点に関して一言で申しますならば、すべての財務総監たちが二五年以上も前から絶えずたどってきた道をたどらなければならない、ということであります。と申しますのは、貴族や聖職者の特権をも例外とすることなくすべての特権を全体として制限しようと絶えず努力しなかったような財務総監は一人もいないからであります。

貴族のこの特権を歴史的に検討し、それが設けられたときの状況と現状とを比較致しますならば、この点についての私の先任者たちの見方がいかに正しかったかが証明されますし、また、彼らは、君主政体を気でも狂ったように乱そうとしたのでは決してなく、反対に、もはやずっと以前から存在せずしかも復活できもしないし復活されてはならない体制のもとに生まれた諸特権を弱めることによって、慎重に事態を現体制に近づけようと努力してきたことが、証明されるのであります。

一部の国民に、それも最も富裕な一部の国民に、国家の費用をまったく支払わない特権を故意に与えようと考えるなどということは、かつて一度も起り得なかったし、いかなる国でも一度も起りませんでした。そのようなことは、外国におけると同様フランスにおいても、一度もありませんでした。君主制の旧い体制のもとでは、貴族は公の費用を免除されていたとはいえ、逆に、貴族だけが裁判と軍務の負担を委ねられていました。この二つの義務は、封地の所有に付随したものでした。貴族が君主から何の俸給も受け取ることなく自前で務めを果たさなければならなかったことは、周知のことでした。これは恐らく、国家が対外的に何の現実的な力ももち得ず、また、君主が対内的に十分な権力をもち得ない原因となった間違った制度でした。すなわち、経験がこの制度の弊害を教えてくれました。わが国王たちがその権力を拡大するにつれ、そして、その権力をますます堅固なものとするために、彼らは徐々によりすぐれた制度をつくろうと努力しました。まさかのときに備えて常備軍を置き、少しはより確かな警備によって国内の安寧を保障するために、恒久的な民兵隊の徴兵が試みられたのは、イギリス軍追放後のシャルル七世のときにほかなりませんでした。タイユ税が恒久的な形で設定されたのは、まさにこの時期でした。

けれども、貴族はまだ私的な軍務を担っていて、その手にはなお国家の最大の軍事力を握っていました。歩兵民兵隊(la milice des francs-archers)は民衆を武装させることによって国王に一つの軍事力を与えましたが、その民兵隊が、貴族の影響力を衰えさせる傾向にありました。貴族にこの民兵隊の費用を租税の形で支払わせたならば、貴族はこのような租税は私的に行う軍事の義務と重複する務めとみなしたでしょうから、打撃が与えられたことを貴族に知らせ、その不満を引き起すのではないかと恐らく人々は心配したでしょう。

それ故、新税は貴族には課税されないことになり、貴族の特権の原則は、この新税に既にずっと以前から悪評の高かったタイユ税の名称が与えられたことによって、それだけ確固たるものになりました。タイユ税の名称が悪評だったのは、それが、領主たちがある場合に平民の臣下たちから取り立てた租税の名称であったからです。

しかし南のいくつかの州では、貴族の免税に敬意を表して、賢明にもタイユ税を、貴族の人身にではなく、それが設定された時期に貴族たちが所有していた財産に、付帯させることにしました。この原則のお陰で、貴族たちに地租を土地財産の価値に比例して負担させることができるようになり、王国の残りの州が採用した対人的で恣意的なタイユ税の破滅的な結果をそれによって避けることが可能となりました。これらの州では、タイユ税の初期に平民財産として認められていたものを貴族がもっていた場合には、貴族がそれを支払っています。平民たちは、彼らがもっていた貴族の土地については、タイユ税を免除されています。その結果、その租税に関しては、貴族と平民のあいだにいかなる身分的差別もありませんでした。

これらの州では、その賢明さの成果を摘み取りました。と申しますのは、ラングドック州が今日なお享受している繁栄は、主としてその租税形態によるものだからです。

タイユ税の最初の設定以降、国家の費用は増大し、不幸にも、追加税および付帯税（*crues et accessoires*）の名でつぎつぎとタイユ税を増やすことによってその費用を賄う習慣を身につけてしまいました。その結果、貴族たちが歩兵隊の費用の支払いについてもっていた免除がいろいろな費用にも拡大され、その免除は、貴族たちにとって一層貴重なものとなり、民衆にとっては一層の負担となりました。けれども、この偏見はますます強固になっていったのです。

こうした新しいさまざまな費用については、すべての市民に対する一般税（des impositions générales sur tous les citoyens）を設定していたら賢明であったでありましょう。けれども、そのようなことを考えた者はなく、人々は、強力な団体［＝貴族］の特権を敢えて非難することもなかったし、あいついで設定されたそれぞれの追加税は、苦情を申し立てるにはあまりにも事が小さいと考えました。多くの場合人々は、食料品に対する諸税を増税することによって、特権には触れまいと決心したのでした。

王国は長期にわたり内乱によって動揺し、国王の権威は長いあいだぐらついていました。内閣が貴族に課税するだけの十分な力をもつことは、毎日がその必要を感じさせたにもかかわらず、困難でした。まず人頭税が、続いて一〇分の一税が設定されたのは、リスヴィック講和条約に先立つ戦争［一六八八－九七年のファルツ継承戦争］によって引き起された財政の枯渇後と［一七〇一－一四年のイスパニア王位］継承戦争のあいだのことにすぎません。それも、手心を加えて、短期間の予定で行われたにすぎません。一〇分の一税が、あいついで廃止されたり復活されたりしました。今日では、これら二つの租税は恒久的に設定されております。というのは、第二種二〇分の一税[4]は勅令によって限定が定められていますが、期限が切れるまでそれを続けないと考える人は誰もいないからです。第一種二〇分の一税の設定期限には限定がありません。ですから、いかなる租税も支払わないという貴族の主張が実際には打ち破られていることは事実でありまして、そのことは、国王にとっても民衆にとっても有害な特権に対する両者の大きな勝利であります。それは、財政に再びより健全な秩序を確立することに向けての大きな一歩であります。人が何と申しましょうとも、貴族はそのことによって品位を損なわれたわけでも、辱められたわけでもありません。貴族はそれにもかかわらず、依然として戦い好きであり、従順であって、しかも、君主政体はそのことによっていささかも弱められておりません。

もはや貴族のこの特権の主張を取り入れないことが正当であり同じく必要であることは、すべてが証明しております。もともと特権は、貴族だけが軍務を私的に自前で引き受けていたことにもとづいていました。一方、この私的な軍務は、有用であるよりはむしろ不便なものとなったために、すっかり廃れてしまいました。他方、国家の全軍事力は、常時国家によって支えられ国家から給料を支給される大勢の軍隊のうえに築かれております。この軍務に就いている貴族は、国家から俸給を支給されており、同一の階級的軍務を果たす平民と同額を支給されています。貴族たちは、軍務につく義務を何らもたないばかりか、逆に、民兵制度の創設以来その義務を強制されているのは平民だけであり、貴族やその従者さえそれを免除されているのであります。

それ故、貴族の特権の根拠となった理由がもはや存在しないことは明白であります。

軍隊の維持のための巨額の費用に、城砦と砲兵隊の費用、強力な海軍創設［の費用］、植民地と通商の保護の費用、国内のあらゆる種類の改善の費用、それに、長い不幸な戦争から生じた巨額な債務の重圧が加わりました。貴族にこれらの費用を免除する理由は、断じてありませんでした。

貴族が享受してきた特権は、お望みなら、所有、時効、譲歩の名目で尊重されてもよろしい。けれども、すべての租税と特権創設時にまったく存在しなかった費用にまでその特権を拡大する理由は何もありません。この拡大は、根拠がないだけでなく、不当であり、不可能でありましょう。

ある負担が非常に軽いときには、その分担の不公平が傷つける正義の範囲は狭く、しかも大きな害は与えません。

二人の人が一緒に二ポンドの重さのものを担う場合、一方の人が他方の人だけに二ポンド全部を担わせようとしたら、不都合が生じないわけはないでしょう。

重さが二〇〇ポンドになった場合には、それを一人で担う人は、担えるだけのものをすべてになうことになり、他方の人が何も担わないことに非常に耐えかねる思いで辛抱するでしょう。しかし、重さが四〇〇ポンドになった場合には、それが平等に分担されることが絶対に必要であり、そうしなければ、一人で担おうとする人は重さに押し潰されてしまって、決してそれを担うことはできないでしょう。租税についても同様です。すなわち、それが増えるに従って、特権は民衆にとってより一層不公平で、より一層厄介なものとなり、遂に維持しきれなくなったのであります。

貴族の特権は、もう一つ別の理由によって、より一層不公平で、より一層厄介なものとなり、同時により一層尊重できないものになってしまいました。それは、貴族の身分を金で獲得できる便利さから、すぐに貴族にならないような金持ちは誰もいないということであります。その結果、貴族の団体は金持ちの団体すべてを含むことになり、そして特権の根拠は、もはや平民に対してすぐれた家系であるということではなく、貧者に対して富者であるということになってしまいました。この特権を、たとえ昔の国家防衛者の一族に限ったとしましても、それが国家から横領した徴税請負人の一族と共有するものとなってしまったときには、それを尊重できるとする理由も、間違いなく、同じ目で見られることはあり得ません。そのうえ、すべての公的費用を貧しい人々に負担させて、すべての富める人々を免除する政府とはどんな政府でしょうか！

こうした理由が、すべての財政担当者たちにショックを与えたのでした。

M.：一大国民の特性や性格や先入見そのものを一挙に変えることは困難です。そんなことを企てるのは、必ずしも賢明ではありません。

T.：国璽尚書閣下は、国民の性格や特性や先入見を全面的に変える企てを話題にしておられますが、貴族の金銭的特権をその正当な限度内に戻そうと最初に試みたのは私であったように思われます。

しかしながらこれは、デマレ氏、オリ氏およびマショー氏以来のすべての財務総監によって例外なく絶えず追求された目標であり、非常に性格の異なっていた彼らの後継者たちも、皆同様に考え、行動したことは周知のことであります。すなわち、彼らは皆、二〇分の一税を強化し、タイユ税の特権を制限しようと努力しました。

M.：フランス国民は、もともと戦い好きな国民ですし、そうでなくてはなりません。

貴族の精神のうちにこのよい先入見を維持することによって初めて、フランス国民のうちにこの性格を保ち続けることができるのです。すなわち、この先入見こそ、貴族を軍職に献身させ、従ってまた、最も重要で常に必要な国家への奉仕に献身させるのです。「貴族のなかから」将校を生み出し、平民たちにさえ帯剣して貴族になろうとする希望を起こさせるあの健康な熱意を貴族たちの心のなかに維持できるのものは、栄誉そのものにほかなりません。

T.：貴族が二〇分の一税を支払うのと同じように幹線道路のための租税を支払うとき、その租税は、それにもかかわらず、軍職に充てられるでしょう。そのうえ、あまりにも排他的となったこの先入見は、恐らく、国璽尚書閣下の目に映るほどよいものではありません。まず第一にそれは、結果として必ず、他のすべての職業の、とりわけ行政官の職業の価値を低下させます。けれども、行政官の職業は、尊敬されていた方が非常によいでしょう。第二に、その先入見のために軍人のなかに無用な将校が多くなりすぎ、そのことは、フランス軍の構成がヨーロッパのなかで最も金のかかるものとなって財政を破綻させ、その余波を受けて、わが国の軍事力を非常に無力化してしまいました。この点について「のご説明」は、［陸軍相の］サン＝ジェルマン氏(5)に喜んでお任せ致します。

M.：貴族を平民の普通の身分に追いやることは、競争心を鈍らせ、国家にその主要な力の一つを失わせることになります。

T.：貴族を平民の普通の身分に追いやるなどとは、決して誰も申しませんでした。ですからこの点に関しては、閣下はご安心いただくことができます。

M.：フランスの貴族が国王に仕えるときの無私の精神を考えるならば、貴族が戦費のうちの大きな部分を負担していることを人々は認めるでしょう。

T.：フランスの軍事費の状態をこの条文の側に書いておくとよいでしょう。フランスの軍事費は、オーストリアとプロイセンの軍事力全体にかかる費用のほぼ一〇分の五です。さらに、軍人たちに与えられるすべての種類の恩典もそこに付け加えておくとよいでしょう。

M.：実際、将校たちは、平時には国王から与えられるものでは生活できないうえ、戦時には野戦の費用を賄うために計り知れない努力をします。

T.：国王に仕えている平民の数はきわめて多数にのぼりますが、彼らも同じような努力をしております。そのうえ、国璽尚書閣下が仰有っていることは、国家の破産の原因の一つでもあります。将校たちに支払われるものがあまりにも少ないのは、皆が皆役に立ちたいと望んでいるからであり、役目を与えねばならないばかりに無用な役目をつくり出しているからであります。これらの将校たちは、支払われるものがあまりに少ないにもかかわらず、はるかにその奉給以上に金を使っています。と申しますのは、ちょっと金持ちの将校たちは、他の将校たちに、背伸びをしてまでも彼らが耐えきれない程の贅沢を自分たちに習ってするよう強いているからです。上級将校たちの場合については、ご想像下さい。皆が破産の名目を作り出しては国に埋め合わせをしてもらい、そして、軍人を維持するために今度は国家が破産させられています。軍人の力は、それにかかる費用と釣り合うにははるかに程遠いものであります。

M.：貴族からその栄誉を奪ったならば、国民の特徴は損なわれ、国民は戦い好きな国民ではなくなり、やがて隣国の餌食となるでしょう。この事実を認めるためには、フランスが多くの国王の治世の許で経験した主な激変に目を向けさえすればよろしい。ルイ一四世の治世は、その逆境のときにかなり痛ましい激変があったことを示しています。

T.：貴族が民衆と同じ様に租税を支払う国民も、わが国民と同じく戦い好きであります。わが国では、平民たちは臆病者ではありませんし、不動産タイユ税を納めるラングドック、プロヴァンス、ドフィネの諸州およびギエンヌ州の一部では、貴族と平民はタイユ税については全く同じように扱われておりますが、それにもかかわらず貴族は勇敢で、国王に対して忠実であり、貴族を成り立たせている栄誉ある殊遇によって、平民よりも高貴な身分にさえなっています。

政体の原理や国民の特性がこれらの州で何らかの変化を蒙ったとは思われませんし、国璽尚書閣下を心配させているかに見える破滅的事態を示すものはそこには何もありません。ルイ一四世治世末期の不幸も、フランスが他の時期に経験した不幸も、そうした破滅的事態とは何の関係もございません。

M.：二〇分の一税に比例して貴族あるいは平民の地主たちに割り当てられる僅かな租税では貴族の特権を無に等しいものと考えさせるには十分ではない、という反論が恐らく私に出されるでありましょう。これに対して私は、タイユ税負担者たちによってしか行われてこなかった仕事を貴族に対するこの租税［＝道路税］によって代替させようとする場合、とりわけその場合、この特権のより大規模な破壊の確実な前兆とみなし得るものは常に最初の侵害である、とお答えしたい。

T.：貴族たちが夫役に全く協力していないことはきわめて本当のことですが、だからといって、彼らが道路の費用を支払ってはならないということにはなりません。貴族たちが道路の費用を支払わなかったのは、彼らの特権が道路建設の費用にまでおよばなければならなかったという理由からではなく、人々が夫役によって道路をつくるごとを思いついたという理由からであります。しかし、道路から最も大きな利益を受ける人たちにその費用を免除するやり方で道路をつくることは、最も不公平なやり方であります。幸いこの夫役は、決して法律によって設定されたものではなく、知らず知らずのうちに段階を経て、敢えていえば不意の形で、導入されたものであります。夫役は、不公平で不当な特権を必然的に招くというまさにその理由によって、廃止されなければならないのです。それを廃止することによって真の原則と正義に立ち返り、そうすることによって、それから利益を受ける人々に費用を負担させなければなりません。旧税にしか適用されてはならない特権を、もろもろの偏見と旧来の所有とに対する配慮の故に、決して新税にまで拡げてはなりません。

〔以下、各条文について〕

M.：第一条[6]には、新税の割当ては土地の面積と価格に比例して行われる、と書かれています。

土地の面積と価格を決定するために必要とされる方法とは、どのようなものでしょうか。土地の面積はこの比例とは殆ど無関係であって、新税の割当ては土地の価格にのみもとづいて決定されるべきだと私には思われます。

実際、肥沃な国の土地は、どんなに狭くても、痩せた国の大きな土地以上のものをもたらしてくれます。

二〇分の一税の割当てを慣例とするとしても、この点に関しての確実な方法は決してまだ確立されていない、と申し上げたい。――最も普通で最も自然と思われる方法は、小作に出されている土地については、小作料の価格によって二〇分の一税を決定する方法です。地主が自分で利用している土地については、大抵の場合、彼らの申告に任されています。

数年前から、いくつかの徴税区で、土地の面積と価格を知るために二〇分の一税検査官やその他の職員に土地測量が委ねられたことは事実です。しかしこの作業は、まだ完全の域に達したとは到底言えません。ですから、それが完全になるまでは、税率として取り上げることができるのは現在の二〇分の一税の割当て以外に殆どありません。

T.：問題の条文が作成されたとき、〔道路税の〕割当ては二〇分の一税按分比例で行われるだろうといわれていたことにより、私は、国璽尚書閣下が今行っておられる議論を閣下に従って続ける必要はないと思います。それは、一つの不動の慣例であります。二〇分の一税の割当てには無数の欠陥が見られることを私はよく知っております。しかし、それを改めることによって同時に道路税の割当てをも改めることができるでしょう。

M.：聖蹟（*lieux saints*）と聖職者一〇分の一税（*dîmes ecclésiastiques*）が、この税を免除される唯一の土地となり、唯一の物権となるでしょう。

聖蹟とは何でしょうか。それは恐らく教会の敷地と墓地ということになるでしょう。

教会財産および主任司祭館の附属地、司祭館、宗教的家屋、修道院（lieux claustraux）、大修道院長および小修道院長宅地、司祭および聖職禄受領者所有地は課税されるでしょう。

このような措置は、フランスの聖職者全体から苦情を引き起し、その苦情がいわれのないものとはいえなくなるでしょう。フランスでは、聖職者の特権は、貴族のそれと同じく王国の政体にかかわって尊重されており、また同様に国民の性格にもとづいているのです。

T.：聖職者の特権には貴族の特権と同様に議論の余地がありますが、それは貴族の特権以上に根拠のあるものとは思えません。しかし、一〇分の一税と臨時収入[7]を控除すれば、教会財産は大して重要なものとはなりませんので、原則についての議論は別の機会に延期して、聖職者に関する措置をここで取り消すにやぶさかではありません。つまり、その提案はきわめて正当なものではありますが、それが激しい苦情を引き起すことは確実であります。しかしながら、国王と内閣の見解は決して十分に明確なものとはなっておりませんので、同時に二つの議論を行うのを差し控えることは時宜にかなったことではありません[8]。

M.：フランスには、聖職者、貴族および第三身分の三つの大きな身分があります。これらの身分のそれぞれには権利や特権や恐らくは偏見もありますが、とにかくそれらをそのまま温存することが必要です。それを侵害することは、皆が君主に対して持たなければならない好意と親愛の感情を臣民の心のうちで弱めることになりかねません。

それぞれの身分が昔からもっていた権利や特権が奪われようとしているかに見えるときには、この感情は必然的に弱まります。それに、聖職者の特権は、それが如何に大きなものであったとしても、他の身分と同じ程度に国家の必要に貢献することを妨げてはおりません。聖職者は、五年毎に国王に提供する無償の寄付金（don gratuit）や臨時の寄付金——これは状況が必要とするときには決して拒んだことがありません——を支払う目的以外には、一度も、あるいは殆ど一度も、借り入れを行ったことはありません。これらの借り入れのために聖職者が負担した金は厖大な額にのぼっていますので、この金のために聖職禄受領者たちから毎年［聖職者］一〇分の一税（décimes）を提供してもらっ必要があり、それは他の地主たちが支払う一〇分の一税（dixième）よりもずっと高額に達しているのです。

聖職者たちの定額小作農はタイユ税とその他の租税を支払いますので、従って聖職者たちの土地は、その分安く小作契約が結ばれます。

聖職者たちは、国王の他のすべての臣民たちと同じように、租税と消費財の費用［＝消費税］を支払っています。ですから、聖職者身分が他の身分よりも国家支出に対して貢献していないことを証明できるとは思いません。

戦争が突発すれば、臨時の聖職者会議が直ちに無償の寄付金を提供し、それによって国王は、当初の戦闘の前払いをより一層迅速に行うことが可能となります。

すべてのこうした考慮は注意に値しますし、こうしたことを考慮することは、聖職者の特権を決して侵害しないことが国王の利益になると考えさせるのに役立つのであります。

主任司祭たちは普通多くの費用を必要としますが、大抵の場合収入は僅かにすぎません。ですから、彼らの司祭館の敷地や彼らの聖職禄に附属した土地のための税金を彼等に支払わせるのは、非常に酷であるように思われます。

土地と地代を伴った教会財産［＝建物と付属品］もまた課税の対象とはなりません。

これらの収入は、礼拝を執り行ったり教会を維持したりするために必要な費用に充てられるのです。従ってこれらの収入は、これまでずっと享受してきた［免税の］自由を保ち続けるべきです。

修道士や純然たる聖職禄受領者たちは、一見したところもっと恵まれていないように見えるでしょうが、しかし彼らは、彼らがその一部をなしているフランス聖職者身分の諸負担に貢献していることを認めなければなりません。

さらに、修道院や司教館や大修道院長の住居などは、どのように評価するのでしょうか。

聖職者一〇分の一税が免税になっていることは事実です。しかし、在俗の領主たちが手にする封地一〇分の一税（les dîmes inféodées）が彼らの他の収入と同様課税されるのは当然です。それに、聖職者一〇分の一税とは何かを説明すれば十分でしょう。

聖職者たちは、いろいろな種類の一〇分の一税を得ています。ある人たちの一〇分の一税は、純粋に教会にかかわるものであって、昔から教会の牧師たちの生活を維持するために設けられています。他の人たちの一〇分の一税は、封地にかかわるものであって、聖職禄受領者たちは、封地がその昔付与されたという理由によってのみ得ています。封地一〇分の一税は、それが関連する封地が教会あるいは修道院に付与されたという理由によってはじめて、聖職者一〇分の一税あるいは封地一〇分の一税として教会にかかわるものとなったのです。

もしこれらの一〇分の一税を封地一〇分の一税とみなし、そのようなものとしてそれらに税を負担させようとするならば、それらの本質を証明するために、どのような困難に出会わないというのでしょうか。またそれらに対する課税は、どれほど多くの異議申し立てを引き起さないというのでしょうか。

T.：聖職者に対する課税は断念しておりますので[9]、国璽尚書閣下が只今行っておられる反論を詳しく議論することは無駄であります。

ですから私は、聖職者の無償の寄付は、貴族と同じ租税――それを貴族に免除するどんな理由もありませんでした――を支払うために聖職者が負担すべきであった水準には決して達していなかったことを証明するのは差し控えておきたいと思います。また私は、一〇分の一税が過重になったのは、すでに［当初から］不十分であったこれらの無償の寄付を寄付の度に増えていった借り入れによって聖職者が支払うのを許したという欠点があったためであり、さらに、無償の寄付を行っているように見えた人たちの後継者たる牧師たちに対して、聖職者身分の構成者たち――彼らはこの寄付（*don*）と称するものを自慢していました――が引き受けるべきであったはずの負担を押しつけたためであることを、ほんの序に指摘しておきたいと思います。

私が貴族の特権について述べたましたことは、聖職者の特権についてもそれ以上にはっさりと当てはまります。国璽証書閣下は、第三身分の特権について述べておられます。周知のように、貴族と聖職者は特権をもっており、第三身分のうちにも、それをもったいくつかの都市やいくつかの特定の同職組合があります。しかし、集団としての第三身分すなわち民衆は、実際、特権をもっているどころではありません。民衆につきましては、税を免れている人々が引き受けるべきであったはずの重い負担が税を免れていない人々のうえに常に降りかかるため、特権どころの騒ぎではないのです。

M.：王室御料地の土地ならびに物権に対する税は、国王ご自身が支払われることになるでしょう。すなわち、国王の手中にある王室御料地の土地、森林およびその他の地所と御料地収入ならびに御料地借地人が陛下に支払う使用料は、個人の土地と同様に課税されることになるでしょう。

この措置は恐らく問題の条文のなかに記載されて、国王ご自身がご自分の御料地とそれに属する物権に応じて夫役に代わる租税の支払いを望んでおられる故、王国の聖職者や貴族その他の特権者たちはこの目的のために自らの特権を放棄することを嫌ってはならない、と知らしめることになるでしょう。

しかしこの考えは、いかにもっともらしいものであったとしても、大きな感銘を与えることはないでしょう。国王はすべての臣民のうえにきわめて高く聳え立っておられますので、陛下がその出自と王権の権威によって保持しておられるもろもろの特権は、個人の特権と何ら共通するものはなく、国家のいかなる身分の権利や特権とも比較し得ないものなのです。

さらに、国王にこれと類似の税をお支払いいただこうと思うことは、誤った希望であると考えることができます。陛下に夫役［代替］税の分担金として王室御料地からの収入にもとづいてお支払いいただく場合には、その収入を減らすことになるでしょう。その結果、その分収入に不足が生じ、大臣(10)はタイユ税かそれ以外の租税をいくらか増税することによってその不足を補わざるを得なくなり、国家にとって得になることは何もないでしょう。それは正確にいうならば、一方の手で与えて他方の手で取り返すということです。

T.：道路はそれによって利益を得る者の費用によってつくられるべきだということが原則でありまして、この原則によりますと、王室御料地の土地にもそれ以外の土地と同じように課税することになります。なぜならば、王室御料地の土地も価値を増すからであります。それに、国王が皆のものに範を示されることは望ましいことであります。

国王に支払う者がある意味で国王となる［すなわち、国王が自分に支払う］であろうことは、私は十分よく承知しております。けれども、道路税は決して王室金庫に入れられてはならないものであり、その基金は常にそれが徴収され使用される州のものであり続けますので、国王がお支払いになるのはある意味でこれらの州に対してであります。

そのことから、御料地の土地について生じる僅かな出費につきましては、それは国家を破産させるようなものではないと私は敢えて国璽尚書閣下にお答え申し上げます。

M.：［道路税の］割当ては、それ以外の地方税および地租と同じ手続きで行われるでしょう。

このやり方は、十分理解されるためには説明が必要です。

現在フランスには、タイユ税と二〇分の一税にかかわるさまざまな行政機関があります。直接徴税区（élections）[11]となっている州［＝ペイ・デレクシオン］では、［租税の］割当ては、通常、直接徴税区の吏員の助力を得て国家任命の吏員によって行われます。

［租税が］予約契約されている（abonnées）州では、その割当ては［財務］監督官および自治体によって行われるように思われます。

州三部会が設置されている州［＝ペイ・デタ］では、州三部会の行政担当者によってすべてが決定されます。

それ故、これらのすべての州では、二〇分の一税の割当てを雛形に取りますと、夫役代替税［＝道路税］は、国家任命の吏員もしくは州三部会の行政担当者によって割当てられることになりましょう。

しかし、聖職者の土地や年金および陛下の手中にある御料地のように今まで地方税も地租も課されたことのなかった財源に対して課税するには、どのような方法に従うのでしょうか。

政府の政策に食い違いはないでしょうから、御料地に対する割当ては、それほど困難ではないでしょう。しかし、聖職者の財産に対するそれは、大きな困難を伴うでしょう。当時［財務］総監であったマショー氏が聖職者の一〇分の一税に課税するために彼らの財産の申告を彼等に要求しようとしたときに聖職者がこぞって起した反対は、よく知られております(12)。

T.：聖職者の財産への課税を断念したことは、賢明さを欠くとはいえ、より重要なことでありましょうし、またそのことは、租税に関する諸身分の特権と団体の精神はそれ自体最も正義に適った政策に対する効果的な妨げとなり得ますので、いかに危険なものであるかを証明しておりますが、そうしました以上、聖職者に関する困難は直ちに取り除かれるのでありまず。国璽尚書閣下はそれをご存じないわけではありません。［ですから］その問題を再び話題にしましたことは、無駄なことでありました。

M.：私は、もう一度この条文について意見を述べなくてはなりません。不動産あるいは物権の所有者は、例外なく夫役代替税を課税されるでしょう。

都市の住宅用家屋にはそれは課税されるのでしょうか。これらの家屋にもとづく不動産所得［＝家賃？］にもそれは課税されるのでしょうか。

その場合、都市の家屋はきわめて費用のかかる修理工事を行わなければならないことになるのではないでしょうか。またそれらの家屋は、それに課税される一〇分の一税とは別に、兵士の［民間住宅への］分宿や安全と清潔のために必要な費用をもさらに負担することになるのではないでしょうか。

都市の住民は幹線道路の利点を利用しており、この幹線道路は都市が必要とする食料品や取引きの対象となる商品の輸送を助けているといわれていること、また、都市がこの利益を得るために必要な工事のための費用を負担するのは当然だといわれていることを、私は承知しております。

もし、都市の負担が現在よりも少なくなるならば、恐らく私はこの反論に従うでしょう。けれども私は、この考慮とは別に、それでも都市の特権を存続させることはよいことであり、また、現在タイユ税をまったく課税されていない都市は、今日までタイユ税負担都市がもっぱら支払ってきた税を課税されてはならない、と考えていることを認めるものであります。

T.：田舎にも都市と同じように兵士の分宿が行われます。田舎では都市よりも警備が少なく手薄なので、そこでの分宿にはより多くの危険が伴います。

都市で不動産二〇分の一税を徴収することができますので、そこにこれらの二十分の一税に比例した租税を割り当てることは可能です。

よく保たれた安全と清潔が都市に与える利益は、都市の住宅用家屋やそれを建てるのに適した土地の価格を高く致します。

都市における二〇分の一税の第一区分（la 1re partition des vingtièmes）[13]は、他の所と同様不完全であり、またそこでは、他の所と同じく、建物に関しては、それの修理に必要な費用を考慮に入れなければならないことを、私は承知致しております。

都市だけでなくすべての所において二〇分の一税課税の準則を完全なものにしなければならないことは、疑いありません。そうすれば人々は、都市ばかりでなくいたるところにおいて細心周到な公正の利益を受けることになり、この公正は、二〇分の一税とそれに準じたすべての租税の基礎として役立つに違いありません。

タイユ税非課税都市については、その財政上の特権は、貴族や聖職者の特権と同じように根拠のないものであります。

これらの都市においては、一般に、タイユ税の代わりに都市入市税（des droits d'entrée）あるいは物品入市税（des droits d'octroi）が徴収されてきましたが、それらは事実通商の妨げとなっているだけでなく、その徴収の費用とともに、全面的に、これらの都市に供給を行っている田舎の負担となっているのです。と申しますのは、都市の住民たちの収入は限られていて、限られた費用で生活しているからです。このような生活様式のために余儀なくされるぎりぎりの消費生活を、たった一エキューで過ごせと彼等に強いることはできません。そんなことをすれば、これらの都市は、この消費にかかる租税を支払えなくなるか、あるいは消費を控えたり、あるいは供給される食料品の値段について捨て値をいったりして、いずれの場合も同じように、これらの都市に食料品を供給する田舎の耕作者と地主に損をさせる結果となるでしょう。

M.：第三条――この条文は、土木税の継続とその使途を規定したものであって、それ故、何ら異論の余地はありません。

第四条――この条文は、公正の精神から規定されたものであって、それに対しては賛同するしかありません。

この条文の趣旨は、道路建設のために横断、破壊もしくは破損する必要のある不動産および建物の所有者に対しては新税の資金にもとづいて弁償する、ということであります。

これまでは、壊す必要にせまられた建物についてだけ弁償し、土地については弁償してこなかったように思われます。このやり方は、いささか厳しいものでした。

けれども、租税負担はそうした弁償によって相当に増えるでしょう。なぜなら、その弁償のために、より多く課税することを余儀なくさせたり、あるいは、工事ができなくて一層やきもきすることを余儀なくさせたりするからです。

T.：国璽尚書閣下は、地主に弁償してはならないとか、あるいは道路税を増額しなければならない、と結論されたいのでしょうか。私としましては、弁償を行い、なおかつそれでも夫役によって行われていた以上の工事を行うことができるだろうと思っております。

M.：第五条――この条文もまた、租税総額を非常に大きな自由裁量に委ねるという点で困難を引き起す恐れがあるでしょう。この総額は、毎年国務会議おいて決定されるでしょう。従ってわれわれは、税額が減ることを決して確信することはできないでしょう。だから、徴税管区毎に総額が決定されるのが望ましいと私には思われます。そうすれば、決して税額がそれ以上におよぶことはないでしょう。

T.：国璽証書閣下がこの条文について指摘しておられる困難は、序文のなかに述べられていますように、［総額を］税額がそれを超えてはならない最高額（*un maximum*）として決定する方法によって除去されます。

M.：第六条――この条文について反対すべきことは何もありません。この条文の措置は、この種の政策を行う際に要する権限と自由を行政当局に委ねるために必要です。

第七条――この条文について反対すべきことは何もありません。

第八条――各徴税管区の道路建設および工事入札に関する報告書の高等法院、会計法院ならびに［徴税管区］財務局書記課への寄託は、個々人にとっては大して役に立たないでしょう。それらの報告書は、それぞれの地主の税額が多すぎないかどうかを知らせるには役立たないでしょう。各地主が関心をもつのは、恐らくその税額の点だけです。実際、［報告書に］記載されている工事が行われるか否かを知るためにその内容を知ろうと思う地主は殆どいないでしょう。

T.：問題の［報告書の］寄託は、大臣たちが道路税を過度に計上しようとしたり、それを他の目的に転用しようとした場合に、その事態を大衆と法廷の前に曝し、行政担当者たちを抑制し、かつまた大衆を安堵させることを目的としています。

個々の人たちが自分の租税割当て額が不自然なものでないかどうかをこの報告書で確かめないだろうことは、私はよく分かっております。しかし、租税総額が国王がその勅令で示す範囲を超えた場合に受任団体（compagnies dépositaires）が行わなければならない、そして必ず行うであろう異議申し立てに関しては、その団体を信頼することができるのです。

M.：第九条――この条文についていうことは何もありません。それは第二条に関係したものであり、それについての私の考えは既に述べてあります。

第十条――これについても同様です。

第十一条――この条文は、租税形態に関する勅令のすべての条項の施行を三年に限定しています。しかし、腕と馬による夫役の廃止は永久に続けさせています。

T.：この条文は、トリュデーヌ氏によって提案されたことがありました。私は、それを採り入れなければならないとは思いません。それは政策を不確かなものにするでしょう。その条文のために、三年以内に新たに［法令を］登録しなければばならなくなるでしょうし、国王がこの危急の際にあらゆる事態に臨んで避けなければならない臆病風を引き起すかも知れません。

M.：私が草案の第一条と第二条について述べた意見の一部を、人々が前もって分かってくれたことが明らかになったように思われます。さらに私は、最善なことは、勅令を出す代わりに、チュルゴー氏がリモージュで行い、ラ・コレ氏がモントーバンで行い、フォンテット氏がその計画を修正したときにカーンで行ったことを、王国のすべての徴税管区で行うことであろうと思っています。

現在夫役を課されているすべての住民たちは、むしろ［定期］予約制（l'abonnement）を好んでおり、そのようにすれば苦情も困難もなくなるだろうと考える理由はあります。そのうえ、慈善作業場の慣習があり、それは国王や貴族の特権を何ら侵害しないので、大部分の貴族たちは喜んでその慣習を身につけようとするでしょう。

T.：フォンテット氏の計画は、常に同じものでした。さらに、国璽尚書閣下が提案されていることは、細部が非常に厄介で、実現の極めて遅い、非常に悪い方策でありまして、タイユ税負担者たちの過負担を永続させるばかりか、この時機において、事柄のすべての不都合のうえに、国王の権威を高等法院の早まった抗議のまえに犠牲として捧げる不都合を加えることになりましょう。

貴族たちが慈善作業場のために行う出費は殆ど無に等しいことは、既にお答えした通りであります。

（1）Observations du Garde des Sceaux (de Miromesnil) et Réponses de Turgot. *Œuvres de Turgot et documents le concernant avec biographic et notes par Gustave Schelle.* Paris, Librairie Félix Alcan. Tome cinquième, pp.163-200. シェルのデュポンからの引用による注によれば、高等法院の抵抗を鼓舞したこの議論に、首相［格］のモルパも最初大いに関心を示したが、その後彼は、国王の権威を尊重し、いたずらにこの法案の実施を遅らせることはよくないと考えて、この議論を無視して「親裁座」(lit de justice) を

提案したという（Schelle, *ibid.*, p.163, note.）。

（2）『十七・八世紀フランス制度辞典』の著者M. Marionによれば、《ustensile》とは、もとは、宿営する軍隊に対して宿営地の人たちが提供する「提供品」（fournitures）のことで、それから転じて、タイユ税に付加して課税される租税を指すようになった、という。M. Marion, *Dictionnaire des institutions de la France aux VIIe et VIIIe siècles.* Paris, A. et J. Picard, 1968, p.549.

（3）M・マリオンによれば、《quartier d'hiver》とは、軍隊の宿営の費用に充てるため、タイユ税に付加して課税される租税のこと。これは、軍隊の長期の滞在の場合に「兵站税」とともに課されたが、それよりも非常に重いものであった。また、民兵税（milices）、宿営地税（étapes）、冬営税、兵站税は、タイユ税の三分の二に相当したという。M. Marion, *op. cit.*, p.467.

（4）「第二種二〇分の一税」（le second vingtième）とは、「官職および諸権利二〇分の一税」（le vingtième des offices et droits）のこと。M・マリオンによれば、この二〇分の一税は、「均等に、大抵の場合［俸給からの］控除の形で、しかも特別な納税者名簿もなく、徴収された」という。また彼によれば、最初の二〇分の一税は、一七四九年に、「一〇分の一税」（le dixième）の代わりに設定され、当時の二〇分の一税は、「所得全体に対する総合所得税」（un impôt global sur l'ensemble du revenu）ではなく、「種目別所得税」（un impôt cédulaire sur les revenus）であって、上記の「第二種二〇分の一税」（一七五六年設定）のほかに、「第一種二〇分の一税」（le premier vingtième）としての「動産二〇分の一税」（le vingtième mobilier）、「第三種二〇分の一税」（le troisième vingtième）としての「産業［商工業］二〇分の一税」（le vingtième d'industrie）（一七五七年には零細企業に対するすべての査定が、一七七七年には都市と農村の企業に対するすべての査定が廃止された）、および「第四種二〇分の一税」として「不動産二〇分の一税」（le vingtième des biens-fonds）の四種類があり、最後のものだけが「実際に最も現実的重要性があり、注目に値する」ものであった、という。彼はまた、「二〇分の一税は、大革命にいたるまで、旧制度の最も重要な財政制度の一つであり、しかも、旧制度のもろもろの租税の中で最も正確で、最も悪弊の少ないものであった」と述べている。Cf. Marcel Marion, *Dictionnaire des institutions de la France aux XVIIe et X XIIIe siècles.* Paris, Editions A. & J. Picard & Cie, 1968, pp.556-557.

（5）サン＝ジェルマン（Claude-Louis, comte de Saint-Germain, 1707-78）。軍人で陸軍相。軍人を志し、各地で軍務についた後、一七六〇年にデンマークで軍務についたが、フレデリック五世死後引退し、回想録を出版、そのなかでフランス陸軍の欠陥を批判し、その改革を提案した。一七七五年、ルイ一五世により陸軍相に登用され、チュルゴーの国務会議に加わった。彼は、軍務の怠慢を厳しく追及し、宮廷貴族によってあまりにも意のままに支配されていた小貴族を擁護した。脱走による死刑を廃止。また、軍人の実員数を相当数増やし、とりわけ、近衛騎兵（mousquetaires）と騎馬精兵（擲弾兵）（grenadiers à cheval）の特権的集団をなくそうとした。フランスにプロイセン式訓練法と体罰方式を導入して大きな反発を招き、一七七七年陸軍相を辞任した。Cf. *Larousse du XXe siècle en six* *volumes*, publié sous la direction de Paul Augé. Tome sixième. Paris, Librairie Larousse, 1933, p. 129.

（6）［シェルの注＝以下原注と記す］上記［Ⅲの二の(b)］の勅令の条文を見よ。

（7）特に、洗礼、結婚式などの際に司祭が受け取る謝礼金を指す。

（8）［原注］［首相格の］モルパ氏は、聖職者の土地をどうしても道路税［の対象］に含めるならば決して勅令に同意しないだろう、と言明していた（デュポン）。

（9）［原注］チュルゴーは、「長い抵抗の末」譲歩を余儀なくされた（Condorcet, *Vie* [*de Monsieur Turgot*]. 1786, p. 169.）。

（10）「大臣」（le ministre）は、「内閣」（le ministère）の誤りか。

（11）「州三部会」（États provinciaux）が設置されていない州（pays d'Élections）では、国家が、すなわち「直接徴税区」（élections）が直接貢租を課し、州三部会が設置されている州（pays d'États）では、それが貢租の割当てを行った。

（12）マショー（Jean-Baptiste Machault d'Arnouville, 1701〜94）は、財務総監在任中（一七四五〜五四）の一七四九年、「一〇分の一税」（dixième）に代わって、貴族、平民を問わず、すべての所得に対して、無期限に、「二〇分の一税」（vingtième）を課税する法令を布告させた。これは、租税の前の平等の原則を打ち立てようとしたものであったが、特権階級は激しく反対し、ついに適用を免れた。*Larousse du XX*^{e} *siècle*, quatrième tome, p. 575.

（13）上記注（1）の「第一種二〇分の一税」すなわち「動産二〇分の一税」のこと。

Ⅴ　むすび——道路夫役廃止令の問題点とその現実性——

本節では、以上に見てきたチュルゴー提案の道路夫役廃止令——それは、他の五法案とともに一七七六年三月十二日の国王臨席の会議すなわち「親裁座」（lit de justice）[1]において、勅令をもってパリの高等法院に登録されて正式の法令となった——がどのような問題点を含んでいたかについて、なるべくその原理と理念に係わらせてまず整理し、しかる後に、同法案の現実性を問うこととしたい。

一　道路夫役廃止令の問題点

まず、道路夫役廃止令の要点を整理すれば、次のようである。

1. 戦時を除いて平時においては、無償のかつ強制の肉体労働としての道路夫役は永久に廃止する。

2. 「夫役代替税」（l'imposition pour la corvée）として、金納の「道路税」（l'imposition pour les chemins）を新設し、これを、「旧来の土木事業基金」（les anciens fonds des Ponts et Chaussées）の不都合（特に他目的への流用）を克服する形で、「幹線道路」（les grandes routes）（大道路）の建設、補修、保守、弁償等に充当し、それをもって専門技術者と工事契約を結ぶ。

3. この道路税は、土地その他の不動産のすべての所有者に課税される。従って、不動産所有者である限り、なんぴとも、すなわち、従来免税の特権を享受していた貴族や国王（王室御領地）、あるいは第三身分に属する特権的都市や特権的団体（同職組合）といえども、この課税を免れることはできない。ただし、聖職者の不動産に対する課税は行わない（チュルゴー自身は、一切の免税の特権を排除する観点から、貴族に対してと同様に聖職者に対しても課税すべきであると考えていたが、ミロメニルとの議論によって明らかなように、極めて激しい抵抗に遭い、また、無用の混乱を回避するために、結局、聖職者への課税を断念した）。

4. 道路税は厳密に目的税とし、それ以外の目的への転用は禁止する。すなわちそれは、道路の建設、補修、保守及び道路建設のための弁償（不動産の買収）以外の目的に使用されてはならない。

5. 道路税は、「地方税」（les impositions locales）たる州税にとどめ、国税つまり国庫（王室金庫（le Trésor royal））収入税とはしない。すなわち、州単位で割当て及び徴収が行われ、ある州で徴収された道路税は必ずその州で使用されることを原則とする。

6. 道路税は、タイユ税比例税ではなく、不動産二〇分の一税（＝「第四種二〇分の一税[2]」）の比例税とする。すなわち、道路税は二〇分の一税の台帳に記載されている不動産の財産価値（収入査定額）に比例して課税され、その比率は全国同一とする。

7. 道路税の徴収額は、毎年州毎に、すなわち、直接徴税区州（pays d'élections）では直接徴税区（élections）が、州三部会設置州（pays d'États）では州三部会（États provinciaux）が、道路の建設、補修、保守、弁償等の必要に応じて算定し、その総額及び徴税管区（la généralité）毎の税額、使途等は毎年国務会議（le Conseil d'État）において決定し、報告書を作成する。

8. 国務会議の報告書の写しは、高等法院（la Cour du parlement）、会計法院（la Chambre des comptes）、租税法院（la Cour des aides）及び各徴税管区財務局（le Bureau des finances）の書記課に寄託し、住民の縦覧に供する。

これらをさらに大きく整理すれば、次の三つの問題に整理することができるであろう。

A. 道路夫役を廃止し、道路税を新設することの当否。すなわち、夫役と道路税のいずれが正当かつ効率的かの問題。

B. 道路税を臨時的地方税とし、かつ、不動産二〇分の一税比例税とすることの当否。この問題は、当時の租税制度、とりわけタイユ税（la taille）や二〇分の一税（le vingtième）の制度的状況と深く係わっていた。

C. 道路税を不動産所有者、主として土地所有者にのみ課税することの当否。

この問題は、当時不動産（土地）所有者の大部分が免税の特権を享受していた聖職者と貴族であったため、まさにその特権を侵害することの正当性の問題を含んでいたのである。

前節の道路夫役廃止令草案をめぐるチュルゴーとミロメニルとの議論は、主としてA.とC.の問題に集中しているが、本節では、上記A.～C.の問題を中心とし、1.～8.の諸点にも言及しつつ、同法案の現実性を検討したい。

二　道路夫役廃止令の現実性

A. 道路夫役を廃止し、道路税を新設することの当否

(1) 道路夫役を廃止することの当否

チュルゴーが道路夫役のみならずあらゆる夫役を廃止しなければならないと考える理由は、次の点に尽きる。すなわち、①夫役は本質的に正義に反するものであって、不正なものであること、②夫役ほど人民にとって現実に苛酷となっている

ものはないこと、③夫役の賦課が極めて一方的で恣意的かつ不平等であること、④金納の方がはるかに容易で効率的であること。

これらの点は、チュルゴーがミロメニルとの議論（これがいつ行われたかは不明であるが、恐らく、道路夫役廃止令の草案ができ上がった一七七六年二月とそれが「親裁座」においてパリの高等法院に登記された同年三月十二日の間であろうと思われる）のなかで繰り返し強調しているところであるが、彼は既に一七七六年一月の「国王への意見書」や同年二月の勅令草案の「序文」において情熱をこめてそれを指摘していた。[3] 実際チュルゴーには、無償で、権力によって強制的に、貴重な農耕の時期などまったく無視して貧しい農民に課せられる夫役ほど、「公正の精神」(esprit de justice)[4] に悖るものはなく、一八世紀フランス封建体制の悪弊の象徴として映っていた。論敵のミロメニルでさえ、チュルゴーとの議論のなかで、「[賃金の]支払いの保証を与えることを約束している公正の精神（l'esprit d'équité）に強く賛意を表しないわけではありません」と言わざるを得なかった。[5] しかし彼の場合には、それは単なるリップ・サービスであって、夫役の廃止など毛頭考えず、精々賃金の形でなにがしかの対価を支払いさえすればよい、と考えていたのである。それとは逆に、「公正」と「自由」を標榜し、一八世紀の「啓蒙」の潮流のなかに生きんとする強い自覚を持つチュルゴーにとっては、夫役の廃止こそ、「公正の精神」が実現さるべき目標の一つであった。彼は、その実現の困難さ、抵抗の大きさ、廃止後の復活の危険性を十分に察知していた。だからこそ彼は、反対勢力の「乗り越え難い障壁」(une barrière invincible)[6] として、国王ルイ一六世の善意と権威と決断に期待したのであったが、所詮優柔不断な国王には彼の期待に応えるだけの決意も力量もなかったし、チュルゴー自身四面楚歌の孤立した存在であった。しかしかかる状態にあってもチュルゴーは、夫役の廃止は、「陛下の民衆の幸福」(le bien de ses peuples) に資するが故に「道理と正義の性格」(ce caractère de raison et de justice) を有しており、またこの性格の故にその廃止は、他の諸改革とりわけ「穀物取引の自由」の確立や「宣誓同職組合の廃止」と同様に、「永続しうる」(durables) と確信することができた。かくして彼は、夫役の廃止を、「民衆の幸福」という現実的側面と「道理と正義」という理念的側面の両面において、正当なものと確信したのである。

ではなぜ夫役の廃止は民衆の幸福に資するのか。既に紹介したM・マリオンの文章によって明らかなように[7]、夫役の法的根拠は薄弱で、殆ど便宜的なものにすぎず、しかもその賦課は恣意的かつ過重であったのである。すなわち、チュルゴーが夫役の廃止を繰り返し主張した根本的な理由は、その不公正性(反道理性・反正義性)、不平等性(偏向性)、恣意性及び過重性にあったのである。

(2) 夫役を金納化し、道路税を設定することの当否

夫役は、王領地に対するそれを除いて、すべて肉体的労役であって、それは、地主たる領主が小作人に対して課す強制的な無償の労役提供であった。そのことに関して、R・ムニエは次のように述べている。「土地を所有する領主は、その小作人に対して、《夫役》を、すなわち、何日分かの労働と荷車による運搬の仕事を、慣習によって定められた限度内において、要求することができた。夫役が領主の意のままに課される場合には、一年間に一二日にも達した。通常は、三ないし四日を超えなかった。領主は小作人に、二日前に通告しなければならなかった。領主は彼らに食事を与え、夕方には帰宅させねばならなかった。領主は、夫役の代わりに金を支払わせることはできないことになっていた。彼は、訴訟を起こさずには延滞料(arréages)を要求することはできなかった。過年度分について要求することもできなかった。「夫役は決して滞ることはない。」(Les corvées ne s'arréragent point.) 国王だけが、王領地に対する夫役を合法的に金納にすることができた。なぜなら、夫役は、領主の個人的な必要を充たすためのものであったからである。[8]」

ここから分かるように、夫役の特徴は、地主たる領主がその小作人に対して、強制的に、恣意的に、慣習的に、そして無償の形で(食事は提供するが賃金は一切支払うことなく)、しかも領主個人の必要のために課すところの肉体的労役であること、すなわち、まったく封建的な隷属関係のなかで農民が一方的に負担を強いられる強制労役であることであって、まさにそこにその悲劇性と前近代性があったのであり、耕作方法の改善(イギリス式耕作方法の導入と普及)、資本家的農業経営者の育成(定額小作農(fermiers)の育成)、開放的農業市場の創出(取引組合並びに取引規制の廃止、とくに

穀物取引の自由の確立)、近代的租税体系の確立(封建的租税制度の改廃とりわけ地租単一税制度の設定)等によってフランス農業経営の近代化を図るチュルゴーにとっては、夫役の廃止とそれに代わる租税の設定は、当然目指すべき政策目標の一つであったのである。

ところで、アンシアン・レジーム下の道路行政は、どのように行われていたのであろうか。M・マリオンの「土木」(ponts et chaussées)の項目は非常に参考になるので、ここにその概略を紹介しておきたい。

「道路の均し、砂利敷き及び保守のために特別に充てられる夫役の他に、村道網の工事やとりわけ夫役で造ることの不可能な道路については、国庫金(des fonds fournis par le Trésor)と地方臨時税(des impositions locales et temporaires)により、時には、徴税請負人の徴収する租税〔=間接税〕によって賄われていた(早い時期においては、ロワール川やローヌ川などの橋梁は、大部分の徴税管区でタイユ税付加金(sous additionnels à taille)によって造られていた)。このように多種多様な資金が使われていたため、アンシアン・レジーム下においてどのような土木予算があったかを特定することは困難である。特に地方三部会設置州(pays d'États)は別で、それ独自に行っていただけに特定が困難である。従って、土木事業に充てられる資金の総額は、毎年非常に異なっていた。コルベールの時代〔一六六四-一六八三年〕は二五万ないし三〇万リーヴル、アウグスブルク同盟戦争〔=ファルツ継承戦争、一六八八-九七年〕の間は八～一〇万リーヴル、そして、ルイ一五世の時代〔一七一五-七四年〕の最初の二〇年間は約三〇〇万リーヴルで、そのうち三四万リーヴルと人員八八、九〇〇人が国庫によって賄われた。ルイ一五世末期には、この予算はさらにそれを上回った。夫役による工事以外に、土木予算は通常四〇〇万リーヴルに達した。ルイ一六世の時代〔一七七四-九二年〕はさらに多く、五七九万六、〇〇〇リーヴルに上った。アーサー・ヤングが称賛したあの大幹線道路網が造られたのは、この時期のことであった。彼がそれを称賛したのはもっともなことではあったが、他方また当然、直線の道路や広い道を重視しすぎていると非難された。〔すなわち、最良の土地を分断したり、住民よりも旅行者を優先していると言って非難された。〕土木事業は、一八世紀に入るまでは、真の意味では殆ど行われなかった。シュリーはフランス道路管理官(grand voyer de France）の職についていたが、これは一六二六年に廃止された。コルベールは上級の管理局を創設し、その下でフランス王国の財務官達が徴税管区において権限を行使し監督を行うようにしたが、地方長官（州知事（intendants））との間で時として意見の分裂や衝突がなかったわけではない。摂政時代［一七一七―二三年］に全国土木管理局（la direction générale des ponts et chaussées）の職がベランジャン侯爵（marquis de Béringher）に委ねられ、デュボワ兄弟の一人[9]がこれを継いだが、一七三六年に廃止された。そしてこの時土木経理財務長官（intendant des finances du détail des ponts et chaussées）の職が設けられ、これによって土木行政は決定的な形をとることになった。それ以前に既に一時的にベルシー（Bercy）がこの職名を持っていたが、一七四三年から六九年には父のトリュデーヌ[10]が、また、一七六九年から七七年までは息子のトリュデーヌ（Trudaine de Montigny）[11]がこの職に就いて名声を博した。一七七七年から九二年にはショモン・ドゥ・ラ・ミリエール（Chaumont de La Millière）がこの職にあったが、彼はそれ程の力量は示さなかった。父のトリュデーヌについて言えば、彼は地方長官、国務評定官、財務長官、土木経理財務長官などを務めた人であり、彼の父はパリ市長のとき、あまりに正直な人だという理由で、摂政のオルレアン公フィリップによって解任されたのであった。ところで彼は、一七四七年、技師のペロネ[12]とともに土木学校（l'école des ponts et chaussées）を創設し[13]、新しい学校の運営に当たる人材を広く抜擢した。この集団には、一七八九年の時点において、首席技師一人、総監督官四人、技師二八人、技手六〇人、検査官一二四人、そして、夫役を監督するさらに多くの指揮官や現場監督者が含まれていた。二五人の技師が、同じ数の徴税管区の指導的地位に就いていた。かつてフランスの財務官達が徴収していた道路税は、完全に、地方長官か土木工事組合（corps des ponts et chaussées）の手で行われるようになった。工事の計画は、土木経理財務長官の報告にもとづいて国務会議で決定された。工事の入札は、パリではフランス財務官によって行われ、州では地方長官によって行われた。地方長官は、請負工事の受理の場を主宰し、工事人の指名を牛耳っていた。「フランスを見て回る時、以前に最も著名な技術職人や最もすばらしい工事を生み出したこうした土木行政や土木学校に対して、それにふさわしい賛辞を呈することを惜しむわけにはいかない」、と『体系百科辞典』[14]の「道路」

の項目は述べている。[15]」

この記事を読むとき、一八世紀後半のフランスにおいては、土木行政や土木技術者の養成並びに利用組織はかなりの程度整備され、道路工事も相当程度進んでいたことが知られる。ミロメニル自身も、チュルゴーとの議論の冒頭部分で述べているように、シュリーの時代に幹線道路の建設計画や路線設定が行われ、ルイ一五世の時代には、特に父のトリュデーヌの「類い稀れな」手腕によって、幹線道路の建設作業が精力的に進められ、その多くが完成したことを認めている。[16]けれどもチュルゴーの目から見れば、資金の不十分さ、そのための夫役の利用、夫役利用の非人間性と非効率性、現実の道路税課税の恣意性と不平等性、道路資金の他目的への流用等々の問題になお満足することができなかった。道路夫役廃止令こそ、こうした問題を一挙にかつ抜本的に解決するはずであったのである。

ところで、夫役を廃止しそれを租税によって代替させようとするチュルゴーの試みは、このとき初めて行われたのではなく、既に一七六一年から七四年にかけてのリモージュ徴税管区地方長官（Intendant de la généralité de Limoges）の時代に行われていた。ミロメニルとの議論のなかでもしばしば言及されているように、彼はその時の経験にもとづいて、確信をもって夫役代替税としての道路税を全国的規模で実施しようとしたのである。そこで、その時代の彼の試みについて概観しておきたい。

シェル版『チュルゴー著作集』第二巻（一七六一－六七）と第三巻（一七六八－七四）に収録されている道路夫役及びその他の夫役に関する主な資料をシェルの表記通りに列挙すれば、次のようである（（　）内はシェルによる概要説明（一部省略））。

1761

48. La Corvée des chemins.

I. Exemptions à accorder aux habitants de Limoges.

Lettre à Trudaine lui demandant des instructions.

II. Projet de supression de la corvée.

Lettre à Trudaine lui soumettant un premier projet.

Note sur l'état des travaux publics dans la Généralité.

1762

54. La Corvée des chemins.

[1.] Première lettre à Trudaine. (Instructions de Trugot aux subdélégués et aux commissaires, en vue du paiement des corvées par diminution d'imposition. — Réponses aux objections de Trudiane. — Le système du contrôleur général Orry et celui de l'Intendant Caen, Orceau de Fontette. — Nouveau plan, etc.)

[2.] Deuxième lettre à Trudaine. (Essai du projet de suppression des corvées, etc.)

[3.] Troisième lettre à Trudaine. (Réponse aux objections, avec projet d'arrêt du Conseil.)

[4.] Réponse de Trudaine. (Objections du contrêleur général.)

55. La Corvée pour le transport des troupes.

Circulaire aux officiers minicipaux.

1763

62. La covée des chemins.

Lettre à Trudaine. (Refus du Contrôleur général d'autriser par Arrêt du Conseil une imposition territoriale en remplacement de la corvée.)

1764

65. La Corvée des chemins.

Ⅰ. Lettre au Contrôleur général (De L'Averdy) exposant en détail le plan de rachat. Apostille du contrôleur général.

Ⅱ. Lettre à Trudaine de Montigny.

1765

72. La Corvée des chemins.

Ⅰ. Lettre au contrôleur général. (Envoi d'un projet d'arrêt du Conseil.)

73. Les Corvées pour le transort des équipages et pour le logement des troupes.

Ⅰ. Lettre au Contrôleur général sur l'abolition de la corvée pour le tansport des équipages. (Suppression en Franche-Comté. — Plan à suivre dans le Limousin. — Inconvénients de cette corvée et en général des impôts en nature.)

Ⅱ. Lettre à l'intendant des finances d'Ormesson sur le logement des troupes.

1766

79. La Corvée des chemins.

Arret du Conseil. Autorisation du remplacement de la corvée par une imposition.

82. Lettres à Du Pont de Nemours.

X. (Mémoire de Du Pont sur la corvée, etc.)

1767

86. La taille.

Ⅱ. Lettre à l'intendant des finances d'Ormesson. (Privilèges de la noblesse. — La corvée. — Les transports militaires. — Le logement des troupes.)

88. La corvee des chemins.

I. Lettre à Trudaine. (Réponse aux observations sur le projet d'Arrêt du Conseil de l'annee 1757.)

II. Modèle de délibération à prendre par les paroisses.

1769

103. Extrait d'un article des *Éphémérides du citoyen*, sur la différence entre le système de Fontette et celui de Turgot.

チュルゴーは、リモージュ時代極めて多面的かつ精力的に活動した。この時代、彼は地方長官という行政官ではあったが、彼は本質的に経済学者であり、そして、啓蒙哲学者であった。彼は、行政上の問題を、啓蒙的経済学者の観点から取り上げて論し、その解決策を提示したのである。すなわち彼は、近代化が非常に遅れていたリモージュ徴税管区内の貧困の状況を具に観察することによって、その貧困の原因たる租税制度、農耕制度、穀物取引の在り方、夫役の慣習等々の問題に分析のメスを入れ、学術的な研究を行い、改善や改革の方向を示した。例えば彼は、租税制度については、タイユ税の改革＝課税率や課税方法の改善、二〇分の一税の改革、間接税の軽減、地租単一税の導入等の問題について、農耕制度については、「小農法」(la petite culture) に代わる「大農法」(la grande culture) の導入の問題などについて、穀物取引の在り方については、取引組合や取引規制の撤廃による全面的自由の確立の問題について、検討を行うとともにその研究成果を学術雑誌に発表し、さらに、多くの同僚や友人達とそれらの問題について書簡を交わした。そして夫役の慣習についても、道路夫役だけでなく軍備の輸送や軍隊の宿泊に係る夫役や義務についてその改善策を検討し、上に示したような多くの資料を残したのである(17)。

さて、夫役が不正、不平等の象徴であり、その廃止が民衆にとって計り知れない恩恵をもたらすことは、もはや誰の目にも明らかなことと考えられるようになっていた。ダルジャンソン侯、ミラボー侯、デュポン・ドゥ・ヌムール、コンドルセといった多くの開明的な知識人達とりわけ重農学派あるいはそれに近いエコノミスト達(18)が、その不正や廃止を訴えていただけではなく、土木学校校長のトリュデーヌ（父）やカーンの地方長官フォンテット[19]のような行政官達もその廃止や回避のために多くの努力を払っていた。

チュルゴーの夫役改革の努力は、こうした状況のなかで行われたのである。彼は、リムーザン徴税管区の地方長官に就任すると直ちに夫役の問題に取り組み、一つの改革案（第一案）を立て、それを一七六一年一二月一五日の書簡で当時土木経理財務長官であったトリュデーヌに伝えて意見を求めた。それは、夫役を一挙に廃止するのではなく、まず夫役負担者に減税を行い、その減税分が最終的に徴税管区全体の負担になるようにするというものであった。その内容は、①夫役負担者達に夫役徴発日数に応じて、霜害の時の減税と同じ形で、タイユ税の減税を行う、すなわち、その減税額全体を当該聖堂区負担分から軽減する、②その減税総額を徴税管区の全聖堂区に再度割り当てる、③人の日当は、夏七ソル、冬五ソル、牛二頭立て荷車一台の日当は、夏四〇ソル、冬三〇ソルとし、村総代に夫役監督手当てとして二〇ないし六〇リーヴルを支給する、④毎年九万人及び同数の荷車の日当、あるいは、九日毎に一万人及び同数の荷車の日当として計算する、というものであった。[20]

しかしこの方法、すなわち、夫役をタイユ税の減税によって最終的に買い戻すという方法は、完全に合法的とは言えないものであった。なぜなら、それを行うためには、地方長官の行政命令のほかに、予め国務会議と租税法院の許可を得、しかも毎年国務会議裁決（un arrêt de Conseil）による許可が必要であったし、夫役減税分タイユ税の道路税としての再割当ては、霜害減税分タイユ税の再割当てと全く同様に合法的であるかどうか疑問であったからである。財務総監のベルタン[21]は許可することを拒否したが、トリュデーヌがそれをチュルゴーに伝えるのを遅らせたため、最終決定が出される前にリムーザン徴税管区では実際に道路工事と聖堂区への減税の約束が行われて、問題が起きたのである。チュルゴーは、一七六二年七月一〇日の懇切を極めた長文のトリュデーヌ宛の書簡で、問題の重要性に対して注意を喚起するとともに、全国的改革の前にまずリムーザン徴税管区を実験の場とするよう求めた。[22]また、同年一二月一四日の書簡では、高等法院の批判を恐れるトリュデーヌに対して、「もし彼らが苦情を申し立てた場合には、政府がその建言を受けることは容易ですし、それに答えることも容易です[23]」と述べている。そして、一七六三年一月一七日にトリュデーヌがベルタンの不許可を伝えた時[24]、チュルゴーは、同月二八日の書簡で、財務総監の考えを変えさせようとは思わないが、たとえ租税法院と対立し、最悪の場合罷免されることがあっても、行政官として約束を破るようなことはしたくない、と断固たる決意を伝えた[25]。

しかし、彼の決意や努力も政府高官の理解を得られず、また、住民からも疑いの目で見られた。人々は、道路税については、その資金が政府によって他目的に流用されるのではないかと恐れ、チュルゴーの構想については、その複雑さと不完全さを非難した[26]。とりわけ、従来大部分が日雇農民の負担となっていた道路の建設・保守費（=夫役買戻し相当額）が土地所有者に転嫁されること、また、本来災害による収穫の減収の補償に充てられるべき減税額が夫役の買戻しに充てられることなどが、非難の的となった。そして、一部の司法官達の支持、特にボルドー高等法院の支持を除いて、多くの人々が、夫役やタイユ税による農民の貧窮や農村の窮状に同情を示しながらも、その改革には懐疑的であった。例えばモンチヨン[27]は、次のように述べて、夫役金納化に当たっての性急さを批判している。「土地を持たない農民が、直接にはしか役に立たない労役から解放されることは、正しいことが明白な措置である。しかしこの解放は、農民の負担を地主に転嫁することによってしか行うことができないことなので、肉体労役の金納化（la conversion d'un travail en nature en une rétribution pécunière）はいろいろな批判を受ける恐れがあり、現にその批判にはあまり慎重でないものが見られた。この金納化は、道路の建設や保守といったすべての仕事にとって等しく有利であるならば、また、すべての州…で同様に望ましいことであるならば、どのように行われるべきかについて熟考すべきであったであろう。…[28]」

しかしチュルゴーは、熟慮し、なおも懸命に努力した。彼は、一七六四年七月二〇日の財務総監ラヴェルディ[29]宛の書簡で、「夫役制度の不都合」について述べるとともに、一七六二年にトリュデーヌに示した「夫役代替案」について説明した。さらにまた、同年九月二〇日のトリュデーヌ・ドゥ・モンティニ（当時父トリュデーヌの補佐役をしていた息子のトリュデーヌ）宛の書簡では、夫役の金納化と夫役代替税のタイユ税を基準としたタイユ税負担者への課税方式を熱意を込めて訴えた。そしてラヴェルディは、一七六六年一月一一日の国務会議裁決により、各地の住民の要請を受け容れる形で、夫役代替税の徴収を許可した。チュルゴーはこのような経緯のなかで、一七七四年七月二〇日までの地方長官在任中に多くの実績を収め、リムーザン徴税管区でのその成功を全国に広げることを望んだ。彼は、道路夫役ばかりでなく、あらゆる夫役の改革を考えた。その一つが、軍隊の装備の運搬・宿泊のための夫役（la corvée pour le transport des équipages et pour le logement des troupes）であり、彼はこれを金納化し、[30]多くの地方長官達がこれに倣ったのである。このように、夫役が人道と正義に反することは良識ある人々の目には明らかとなっていて、夫役の金納化そのものは、もはや抗し難い時代の趨勢となっていたのである。

B. 道路税を臨時的地方税とし、かつ、不動産二〇分の一税比例税とすることの当否

(1) 道路税を臨時的地方税とすることの当否

次にこの問題を、上記資料54.（道路夫役に関するトリュデーヌ宛のチュルゴーの三通の書簡とトリュデーヌの返信）や同資料63.（道路夫役に関する財務総監ラヴェルディ宛のチュルゴーの一通の書簡、同書簡へのラヴェルディの書き込み［についてのシェルの要約］、及びトリュデーヌ・ドゥ・モンティニ宛のチュルゴーの一通の書簡）などを手掛かりとし、さらに、チュルゴーのリモージュ地方長官時代の租税に関する資料、特に、タイユ税や二〇分の一税に関するいくつかの資料[31]にもとづき、彼の思考の変遷をたどりつつ、考察したいと思う。

チュルゴーは、一七六二年七月一〇日のトリュデーヌ宛の長文の（第一）書簡で、一七六一年一二月一五日の同氏宛書簡で示した「夫役負担者への減税による夫役補償方法」（la manière der récompenser les corvoyeurs par des diminutions sur leurs impositions）をさらに一歩進めた「夫役を全面的に廃止する全く異なった案」（le projet tout différent dans lequel vous supprimeriez entièrement les corvées）を示した。すなわち彼は、この書簡で、まず、彼がかつて「地方長官補佐及び夫役監視人」（les subdélégués et commissaires de corvée）に与えた「指令」

(Instruction) をそのまま引用して、補償すべき日雇労働者の夫役を、①採石のための労働、②作業現場へ採石を運搬する労働、③作業現場での労働、④作業現場での荷車あるいは荷車用動物による労働、⑤既成の道路の保守のための労働の五種類に分け、それぞれの「労働の性質に応じた補償」について述べ、さらに、トリュデーヌのいくつかの「反対意見」(Objections)[32] に一つ一つ反論を加えたのち、新しい案について次のように述べている。

「夫役制度、特に無償の夫役制度につきものの諸々の欠点を認めなければならない。ある特定の聖堂区に課されるこの負担の増加は、それだけでもすでに、分配の正義の原則 (principes de la justice distributive) に対する一種の侵害となっています。……

それ故、[リムーザン徴税管区で] 実験をしなければなりません。もしその実験が成功すれば、そこから生ずる各州間の違いは、新しい計画の実行に対する反対の理由になるどころか、逆に、その計画を全国的に採用し、王国全土に広げる理由となるでしょう。……

私が考えた夫役労働者に対する金銭による補償方法は、夫役の負担を実際に和らげ、その割当てをより公平にはしますが、この方法と分かち難く結びついている一つの欠点を存続させることになり、そのためにその成功を遅らせ、不確かなものとします。その欠点とは、この方法が極端に複雑なことです。……

以上の結論として、夫役制度は、金銭による補償によって如何に緩和されたとしましても、王国の最も重要な道路を造るためにはなお不十分であると言わなければならないように思われます。

しかしながら、中間の方法というものはありません。無償であれ有償であれ、夫役を利用しないならばすべて金で支払わなければならないのでありまして、それが、非常に立派な道路を、速やかに、かつ国民にとって最も重荷にならない形で造る、ただ一つの方法であります[33]。」

かくしてチュルゴーは、一七六二年七月のこの時点において、金銭による道路夫役補償方法に代わって、道路夫役そのものを廃止し、その廃止を全国に拡大し、王国全土の重要幹線道路を「税金」(l'imposition) によって建設する「新しい」

方法の必要性と重要性を考えるに至った。従って、これ以降においては、道路夫役の金銭による補償方法ではなく、「この種の［資金への］侵害と一切の他目的への流用を防止する形で道路工事用基金を設定する」（lever les fonds déstinés à payer le travail des chemins d'une manière qui les garantit de cette espèce d'envahissement et de toute application étrangère）方法の検討が問題となるのである。

チュルゴーは、他目的への流用という「政府の違反」（l'infidélité du Gouvernemet）（彼は、失礼ながらと言って、こう表現する）から道路資金を守るための方策として、「教会または司祭館の修理工事」（réparations d'églises ou de presbytères）の際の方式の適用を提案する。すなわち、従来その工事の入札は地方長官の名で行われ、その入札価額は国務会議裁決によって聖堂区に配分されてきたのであるが、彼はこのやり方をすべての幹線道路の行政に適用すべきであるという。具体的には、毎年の道路工事入札価額の各当該聖堂区への配分課税は、国務会議裁決により、工事報告書にもとづいて、「タイユ税［納税額］按分比例」（au marc la livre de la taille）の形で行われ、その配分課税を受ける当該聖堂区にはその相当額を減税する。また、道路税資金は土木経理官の許に「上限額の規制なく」（sans taxations）預託され、彼が地方長官の支払い命令にもとづいて工事落札者への支払いを行う、そして地方長官は毎年その報告書を土木経理財務長官に提出する、というものである。このようにして道路工事資金は、多目的への流用を厳しく監視されることになり、しかもその配分課税は、他に一般的な州税はないので、「当該聖堂区に対する純粋に地方的で臨時的な」租税としての性格しか持たないのである。

ここにおいて、チュルゴーの「新しい案」（第二案）の骨格が定まった。彼の最初の案においては、道路工事を夫役によって行うかタイユ税減税方式によって行うかは農村共同体すなわち聖堂区の「選択」に委ねられていたが、新案においては、夫役方式は全廃し、毎年工事落札額相当額を道路税として当該聖堂区に配分課税し、しかる後当該聖堂区のタイユ税を減税するという道路税方式（実質的にはタイユ税支出方式）に全面的に改められた。そして、道路税を課税する時には、それに「公的承認」（une autorisation publique）を付与するために、地方長官と土木経理財務長官との間の合意にもとづく国務会議裁決が必要であるとし、また、道路税が勝手に使われたり多目的に流用されたりしないために、それを王税とせず、あくまで臨時的地方税にとどめ、地方長官の支出命令によってしか支出できないものとしたのである。

チュルゴーは、この新案は「裁判所」(tribunaux) すなわち租税法院や高等法院の批判を受ける余地がない点でカーンの地方長官フォンテットの案とは異なり、また、夫役の選択をなくしている点でかつての財務総監オリ[34]の案とも異なっているだけでなく、夫役制度に必要な「とてつもない作業」に比べてそれは「極めて簡単・容易」である、と自信の程を示して、財務総監のベルタンに新案の承認を懇請したのであった。

本稿の注(24)で示したように、ベルタンはこの新案を拒否し、彼独自の「道路通行税方式」を考えていたようであった。しかしトリュデーヌは、一一月十四日の書簡(シェルはその概要を伝えている)で、九月七日のチュルゴーの(第二)書簡(同注参照)に答える形で、ベルタンは通行税方式を完全に採用しているわけではないことを伝えるとともに、彼の意見として、①夫役の有償化に関する全徴税管区の統一性の必要、②従来の通常の土木税に加えて毎年土木事業のために新税を設けることの不都合、③高等法院からの苦情が予想されること、④[七年戦争の最中にあって]タイユ税の減税が必要な時、新税の設定は現状に逆行すること、の四点を伝えた。これに対してチュルゴーは、一二月十四日のトリュデーヌ宛(第三)書簡で、今年の道路税の割当てとそれに伴う減税の措置がすべて終わった現在今更方針を変更するわけにはいかないと、一七六二年のための国務会議裁決の案まで添えてその早急な発令を求め、そして、ベルタンの反対意見に反論を加えた。[35]

これに対してトリュデーヌは、一七六三年一月一七日付けの返信において、①ベルタン氏は夫役による土木工事に関連して如何なる増税も減税を行うことにも反対であり、従って、国務会議裁決の発令には決して同意しないこと、②彼は、チュルゴーの提案している「タイユ主税の減税」(la diminution sur le principal de la taille) は「第二系租税の増税」(l'augmentation des secondes lignes)[36] によってそれ以上に吸収されてしまうと確信していること、②同様の国務会議裁決の先例がなく、従来工事遅延の際に行われてきた書簡及び命令による同意でよいと考えていること、③彼は現在のところ夫役による土木工事を変更する意思はなく、平和回復後自分の考え(=道路通行税方式)について検討する予定でいることを伝え、夫役の弁償金を聖堂区に支払わせるのであれば、「貴殿の支払い命令」(vos Ordonnances)が適当ではないか、いずれにしてもパリに来てもっと詳しく説明して欲しい、可能な限り貴殿の考えの実施に協力したい、と好意的に書き送った。(37)

しかしトリュデーヌの好意にもかかわらず、財務総監ベルタンはチュルゴーの道路夫役改革案の国務会議裁決による承認を拒否し続けた。チュルゴーはこれについて、一七六三年一月二八日付けのトリュデーヌ宛の書簡(上記資料62.)で次のように述べている。

「私は、夫役ではなく金によって道路建設を行う方法を選んだ聖堂区に対して必要な資金を課税することを国務会議裁決によって許可することを財務総監が拒否したことについて、驚くと同時に深く悲しんでいます。私は、彼の[拒否の]理由を理解できません。私は、財務総監同様、減税を決定しなければならない理由や動機については、十分な注意を払っています。しかし私は、道路資金の課税を税の過負担と看做しているどころか、逆に、州にとっては大きな負担の軽減となると思っています。…

あなたが[一七六二年]一〇月一二日の手紙で与えて下さった国務会議裁決発令の希望に従って計画道路の入札を既に行ってしまいましたので、それはこの上なく急を要するのです。…聖堂区が金で建設することに同意した道路を夫役によって建設させるようなことをすれば、私は約束を破ることになるでしょう。ですから私に残されている唯一の手段は、私の命令だけで工事費用の割当てを行わせることです。…

ご承知のように[地方長官による]この承認が有効なのは大臣に対してだけであって、裁判所[=租税法院及び高等法院]に対してではありません。裁判所は、この種の指令を知ることはできませんし、また、[新たな]課税を行う場合には、その課税を、タイユ税の割当ての際にはその委任状に記されている額以上に割り当ててはならないという禁止条項に違反したものと看做すでしょう。…

私は、［裁判所からの］すべての非難を防ぐために私のなすべきあらゆる予防措置を講じるつもりです。工事費用の新たな課税を負担することになる聖堂区に対して私が行う減税は、私の改革案がそれらの聖堂区にとって有利であることを極めて明白に証明しますので、誰一人として喜ばない者はいないでしょう。…」[38]

このようにチュルゴーは、夫役の廃止→道路税による道路工事→道路税の聖堂区への課税→それに伴う当該聖堂区に対する道路税相当分のタイユ税の減税という一連の改革案の「利点」を主張し、他方、裁判所からの権限の逸脱との批判に対する「予防措置」を講じつつ、なおも執拗に国務会議裁決の発令を要求し続けた。そしてその要求は、一七六三年にベルタンに代わって財務総監に就任したラヴェルディに対しても続けられるのである。

チュルゴーのラヴェルディへの働きかけは、上記資料65.-I.に示されている。一七六四年七月二〇日付けのこのラヴェルディ宛の書簡は、一七六二年七月一〇日付けのトリュデーヌ宛（第一）書簡の要約的再現である。すなわちチュルゴーは、まず「夫役制度の不都合」について述べ、ついで「夫役代替案」について簡潔に説明した。その内容は上記（第一）書簡と殆ど同じであるが、①自己の夫役代替税案を「私の実験」（mon opération）と呼んでその成果に大きな自信を示していること、②一七六三年の工事が「大成功」であったので一七六四年もその方式を継続するのが「この上ない上策」と考えていること、③しかし、割り当てられた道路工事を金で行うか夫役で行うかは聖堂区の「選択」（l'option）に委ねることにして「もはや冒険は行わない」決心をしたこと、その点でやや後退を示していること、④一七六三年の工事額は、一つの実験として行われしかも戦時であったため、僅か四万リーヴルであったが、平時には毎年一〇万ないし一一万リーヴルに達すると予想される、それでもその額はリモージュ徴税管区の夫役評価額の約半分であり、同徴税管区のタイユ主税の約二〇分の一であると具体的に説明していること、⑤これまで国務会議裁決なしで済ませてきたが、「全く安心して仕事をする」ために一七六五年の国務会議裁決の発令だけでなく一七六三年と六四年の課税分の承認をもお願いしたいと一層の慎重さを示していること（彼は一七六五年のための国務会議裁決案を添えた）、にその特徴が見られる。[39]

最後に、一七六四年九月二〇日付けのトリュデーヌ・ドゥ・モンティニ宛のチュルゴーの書簡[40]を見てみよう。この書簡の内容も父トリュデーヌ宛（第一）書簡及びラヴェルディ宛書簡と基本的には同じであるが、①「タイユ税配分表のなかに全体について記載」しながら「農村共同体（聖堂区）に選択の自由を残す」やり方が「不適法」（irrégulier）ではないことを強調しつつその手続きを詳細に説明していること（彼は、特に農村共同体での「議決」（délibération）という自由意志を重視している）、②減税の範囲を、「タイユ税並びにその結果波及する人頭税及びその他のタイユ付帯税」と税制面において厳密に規定していること、③道路工事入札価額の減税を、霜害による減税や教会及び司祭館の修理のための減税と対比してその「適法性」を主張し、また、その入札額の課税についても、地方長官の命令による一地方の必要のための課税（「自治行政」（l'administration municipale）あるいは「保護的行為」（un acte de protection））と国王の権威による国家の必要のための課税（「専制的行為」（un acte de despotisme）あるいは「権威的行為」（un acte d'autorite））とは大きな違いがあり、前者には「登録の必要という一般的問題」も「最高法院の原則」も適用されない、とこれまで以上に法的側面からの正当性を主張していること、④「夫役買戻し」（rachat de la corvee）の名目で行われる課税は、「夫役の金納化」（la conversion de la covée en contribution pécunière）にすぎず、しかも、一地方の一住民に対する課税にすぎないが、その額が二〇〇フランを超える場合には、タイユ税配分表記載方式ではなく別個の国務会議裁決が必要である、[41] また、一七三七年に遅延工事の課税について財務総監から地方長官に出された「指令」（l'Instruction）は大臣に対しては有効であったが最高法院に対しては有効ではなかったので、その点でも別個の国務会議裁決が必要である、と極めて論理的に主張を展開していること、⑤現状では夫役代替税をタイユ税納税者にのみ課税することになるがそれは不正を永続させることになる、本来道路の建設はそれによって収入の増加の恩恵に与る土地所有者の負担によってのみ行われるべきであって、「二〇分の一税の従前とは異なる割当てによって地租を設定し」（établir un impôt territorial par une nouvelle répartition des vingtièmes）、「土地所有者に地租按分比例で道路税を割り当てる」（répartir l'imposition pour les chemins sur les propriétaires au marc la livre de l'impôt territorial）やり方の方が成功の度合いが大きいであろう（しかしそれは、「課税の対象を広げて現行の王国の税制上の特権にこの新税を課税する」（étendre sur cette nouvelle imposition les privilèges qui ont lieu sur les impositions royales）ことになって大変なことになるだろう）とチュルゴー本来の主張（第三案とも言うべきもの）を示していること、に大きな特徴が見出される。(42)

以上のようなチュルゴーの粘り強い説明と説得が功を奏して、財務総監ラヴェルディは、一七六六年一月十一日ついに夫役代替税の課税を承認する国務会議裁決を発令した。それは、国王が国務会議において、リムーザン徴税管区内の多数の聖堂区住民の、道路工事に関する夫役によるか課税によるかの「選択」（l'option）についての「議決」（les délibérations）（一七六二年―六五年の四年間の(43)）を考慮し、チュルゴーの意見並びにラヴェルディの報告を聴き、上記の「議決に従い」、一七六六年分の課税（一一万六、四四三リーヴル一スー及び一リーヴルにつき七ドゥニエの割の徴税費）を、「聖堂区の納税者名簿により」、「タイユ税按分比例で」行うことを承認する、という主旨のものであった。(44)

このようにチュルゴーは、トリュデーヌ父子の協力とラヴェルディの理解を得て、一七六五年に至って、選択性のもとにではあるが夫役代替税を、臨時的地方税として、タイユ税比例税の形で、国務会議裁決による承認のもとに、実施することができたのである。彼としては、選択性ではなく夫役の全面的な廃止のもとに、さらには、タイユ税案分比例ではなく、「二〇分の一税の従前とは異なる割当てによって地租を設定し」、「土地所有者に地租案分比例で道路税を割り当てる」やり方が理想の方法ではあったが、ともかくもこの時点において、①夫役制度の一角を崩し、その金納化への道を切り開いたこと、②夫役代替税を純粋の増税の形ではなく減税によって相殺する形で実施したこと、③多目的への流用を防ぐために「純粋に地方的で臨時的な」（purement locale et momentanée）(45)性格の租税にとどめ得たこと、④農村共同体のすなわち当時の農村生活の基本単位であった聖堂区の住民の「議決」を重視する形で、つまり可能な限り民主的な形で、実施し得たことは、彼にとっては、夫役の全面的廃止、道路税の全国的規模での実施、地租にもとづく土地所有者のみへの課税という究極の目標へ向けた大きな前進であった、と言えるであろう。そこで次に、二〇分の一税の改革による地租の設定という問題の検討に移りたいと思う。

(2)　道路税を不動産二〇分の一税比例税とすることの当否

既に述べたように、租税制度の改革はリモージュ地方長官時代のチュルゴーが取り組んだ最大の課題の一つであり、その内容を原理と方法と範囲において全面的に論ずることは、それ自体一巻の書物を成す仕事であり、また、ここでの仕事でもない。ここでは、夫役代替税の課税のための地租の設定にかかわってタイユ税や二〇分の一税にどのような問題点がありどう改革すべきであるとチュルゴーが考えたかという点に限定して、できるだけ簡潔に述べることにしたい。

まず、シェル及びマリオンの記事[46]を参考として、タイユ税と二〇分の一税をめぐる状況について概観しておこう。

タイユ税には、①納税者の「資力」（les facultés des taillables）にもとづいて課税され、一般に直接徴税区州（pays d'élections）で行われていた「対人タイユ税」（la taille personnelle）すなわち個人所得税と②人格とは無関係に「土地」（les fonds）に課税され、一般に州三部会設置州（pays d'États）（王領地（domaines royales）の大部分がそれで、当時はすたれつつあった）で行われていた「対物タイユ税」（la taille réelle）すなわち不動産税の二種類があり、いずれも「平民」（les roturiers）に対してのみ課税されていた。前者は「資力」の査定において、また後者は「土地」の査定において極めて恣意的であり、従ってそれらの割当てについては多くの苦情が出され、改革の必要が叫ばれていた。前者の対人タイユ税は、国務会議裁決によって割当てが行われ、直接徴税区州の二〇の徴税管区（généralités）に対して、国王の署名入りのタイユ税配分表によって割当てが決定された。そして後者の対物タイユ税は、それぞれの徴税管区内で直接徴税区（élections）に対して行われた。タイユ税の一会計年度は一〇月から九月末迄で、毎年七月に国の財務官（trésoriers）が騎馬で収穫の状況調査を行って聖堂区毎に「収穫状況調査報告書」（un état de récolte）を作成し、もし災害などによる減税の必要があればそれに関する意見を添える。財務総監はその報告書と地方長官の意見にもとづいて国務会議に報告を行い、国務会議は徴税管区毎に課税する「課税最低額」（le moins imposé）を国務会議裁決によって決定する。それぞれの直接徴税区（エレクシオン）では、総タイユ税額を定めた委任状（la commission）を受け取ったのち、聖堂区に対する割当てに着手する。その際タイユ税徴収官としての地方長官は、毎年八月に直接徴税区のエリュ（élus）と呼ばれる吏員によって行われる聖堂区毎の収穫状況等に関する報告書などの情報にもとづいて聖堂区へのタイユ税の割当てを行う。そして最後に、collecteurs または asséeurs と呼ばれる収税吏によって特権者と貧窮者を除く聖堂区内の住民に対して割当てと収税が行われるが、この仕事が極めて恣意的であったために、しばしば怨嗟の的となったのである（州三部会設置州では、州三部会がすべての税務行政を行った）。

では、リムーザン徴税管区の状況はどうであったか。収税吏によるタイユ税の恣意的な割当てを防ぐために、オリ財務総監の時代から「定率タイユ税」（taille tarifée）または「比例タイユ税」（taille proportionnelle）と呼ばれる制度が導入されていた。これは、①納税者名簿を住民のなかから選ばれた収税吏にではなく行政当局によって任命された「タイユ税係員」（commissaires des tailles）に作成させ、②納税者たる地主の「申告」（déclarations）による土地の計上と評価を税額査定の基礎として、「予め定められた税率」（un tarif fixé d'avance）によって課税する、というものであった。この制度は、最初シャンパーニュで実施されかなりの成功を収めたので、リムーザン州でもオベール・ドゥ・トゥルニ（Aubert de Tourny）地方長官のときに導入され、土地の面積、土質、耕作形態などを地主に申告させ、係員がそれによってそれぞれの土地の収入を見積もり、税額を査定するという方法が取られていた。これによって割当ての恣意性は幾分緩和されたが、虚偽の申告が多く、税額を過剰に高く査定するという別の欠点が生じた。それ以外に、未測地の存在、地積の不正確、所有権移転の記録の不備等々多くの欠陥が見られるようになり、とりわけ査定の不正確さをめぐって税務行政に対する苦情が激増した。おまけに、この制度は臨時的なものでしかなく、一七六一年四月の「国王声明」（Déclaration royale）によって存続の危険にさらされていた。すなわち、タイユ税に関する全ての苦情処理の権限を地方長官の手からエレクシオンと租税法院（リムーザン徴税管区の場合はクレルモンとパリの租税法院）の管轄に戻そうとしていたのである。ところで、クレルモンの租税法院は常にタイユ税の改革に反対していたし、パリの租税法院も好意的ではなかった。にもかかわらずチュルゴーは、財務長官のドルメッソン（Louis-François de Paul Le Fèvre, marquis d'Ormesson, 1718-89）と一七五〇年以来パリ租税法院長の職にあったマルゼルブ（Chrétien-Guillaume de Lamoignon de Malesherbes, 1721-94）の支持を得て、この定率タイユ税制度の実験を続けることができた。ドルメッソンはチュルゴーの実験を妨害しないようクレルモンの租税法院長を説得し、マルゼルブはパリの租税法院に四月の声明の効力を中断させた（一七六一年一二月三〇日の国王声明）。かくして、臨時制度は三年間延長され、チュルゴーはタイユ税の改革を模索することができたのであった。

彼は、リモージュとアングレームの総括税務署（bureaux généraux）の廃止（納税者名簿を直接聖堂区で作成できるようにするため）、悪評高い収税吏すなわち「徴税請負人」（fermiers généraux）による収税制席の廃止、タイユ税収税吏による二〇分の一税収税兼務の廃止などを考えていたが、彼が最も力を注いだのは、「タイユ税課税基準の変更」（la modification de l'assiette de la taille）というより一般的な問題であった。

チュルゴーが、『百科全書』に発表された『定額小作農（借地農）論』（*Fermiers*, 1756）や『穀物論』（*Grains*, 1756）、あるいは寄稿を予定しながら『百科全書』への弾圧のために発表されなかった『人間論』（*Hommes*）や『租税論』（*Impôts*）などにおけるケネーの経済思想や租税理論から深く影響を受けていたことはよく知られているところであるが、事実彼は、その租税理論に関しては、ケネーの農業生産論と地租単一税論に依拠して自らの思想を形成し、その実践に努めた。[47] すなわち、彼の目指したタイユ税の改革に関して言えば、正確な土地台帳の作成、地価の正確な評価にもとづく課税基準の設定、それによる地租の定率課税ということであった。そして地租単一税論を信奉するチュルゴーにとっては、「産業税（または開拓税）」（taxe d'industrie (ou d'exploitation)）、「物納小作農タイユ税」（taille imposée sur les colons）、「家畜税」（taxe sur les bestiaux）などは本来土地所有者に課税されるべきものであった。すなわち、彼にとっては、商品や手工業生産物や農産物への直接の課税は正当なものではなく、土地（の収入）への課税、従って「地租」（l'impôt territorial）だけが唯一正当なものであった。彼は、租税理論に関しては、完全に師・ケネーの弟子であった。地租単一税論は、今日の眼から見ればあまりにも単純素朴であるが、複雑怪奇な封建的租税制度と苛酷な領主地主制度の下にあった当時のフランス社会においては、それは、その租税制度を整序し、かつまた、特権者の免税の特権を事実上形骸化することによって国庫収入を確保する絶好の方法であったのである。しかし当時それを試みた者は誰もいなかった。ベルタンは破滅的な七年戦争の戦費調達のために、第一種二〇分の一税（すなわち、一七四九年一月にマショー・ダルヌヴィル[48]により導入され、一七五六年に戦争終結後一〇年以内にに廃止することが宣言された「動産二〇分の一税」）と第二種二〇分の一税（すなわち、一七五六年に設定され戦争終結後に廃止されることになっていた（実際には一七六八年に廃止された）「官職・諸権利二〇分の一税」）についての貴族と聖職者の免税の優遇措置を廃止し、第三種二〇分の一税（すなわち、一七六〇年二月に設定され、同じく戦争終結後に廃止されることになっていた（実際には一七六〇年と六一年しか徴収されず、六四年に廃止された）「産業［商工業］二〇分の一税」）の廃止に伴う税収減を取り戻そうと努力したが、高等法院が二〇分の一税による増税に反対したため、増税することなくその課税基準を変更することによって税収を確保しようとした。ベルタンはそのための勅令案（「地租による二〇分の一税代替を規定する財務総監勅令案」（un projet d'édit remplacant les vingtièmes par une imposition territoriale et préparé par le Contrôleur général）――後述）を用意して、チュルゴーを含む何人かの地方長官に意見を求めた。その時チュルゴーは、「直接［土地の］所有者に課税され、いかなる特権にも妨げられない地租を設けることは有益なことでしょう。…土地所有者を免除して産業に課税しようと思うのは非常に大きな誤りです。産業は、地主が支払う賃金によってしか成り立っていません。産業税が二倍になって地主に降りかかってくると考えることには確かな理由があるのです[49]」と答えた。

ベルタンはひそかに地租による二〇分の一税の代替を考えながら、そして、高等法院の反対を考慮して増税にならないよう配慮しつつ、二〇分の一税中心の国債償還基金の設定、同税の有効期限の短縮、全国土地台帳作成の推進などを盛り込んだ声明を出した（一七六三年一一月二一日の国王声明）。彼はまた、二〇分の一税にかかわる係争を含め租税全般に関する調査を開始した。が、その矢先、高等法院の圧力が加わり、彼は一七六三年一二月一二日財務総監を解任されたのであった。

チュルゴーはその後も租税改革の研究を続けた。当時ケネーやミラボーは地租を「定率税」（un impôt de quotité）とする方法、すなわち、各地主は予め定められた税率に従って土地の純収入の比例部分を支払うという方法を主張していたが、チュルゴーもこの方法の利点を認めていた。しかし彼は、「返り証書」(contre-lettres)、すなわち、表向きの証書とは別の秘密契約書による小作契約のごまかしを恐れ、地主の「申告」についても二〇分の一税の申告同様不信の念を抱いていた。また、リムーザン州における正規の土地台帳作成の難しさもあって、「地租」に同意しながらも、「定率税」よりもむしろ「割当て税」(l'impôt der répartition) の採用に傾いていたのである。

このようにチュルゴーは、一七六三年時点において、租税については、定率地租あるいは比例地租を理想の租税としながらも、割当て地租を次善の租税とし、これこそいずれタイユ税や二〇分の一税に取って代わるべき租税と考え、さらに、これを基礎として夫役代替税を土地所有者にのみ課税すべきであると考えるに至っていたのである。一七六四年九月二〇日付けのトリュデーヌ・ドゥ・モンティニ宛の書簡に示されていた「土地所有者に地租按分比例で道路税を課税する」やり方とは、まさにこの考えを示すものであった。しかし実際にこのような地租を設定することは、チュルゴー自身予想していた如く、最高諸法院や地主階級からの激しい反対に遭遇したであろうし、また、一地方長官の立場においては到底成し得ることではなかった。そこで、一七六五年においては、「タイユ税按分比例」による「タイユ税納税者」への課税によって満足せざるを得なかったのである。

それでは、同書簡に示されている「二〇分の一税の従前とは異なる割当てによって地租を設定する」とは何を意味するのであろうか。本節注 (31) の資料60.は、この問に答える手掛かりを与えている。これは、財務総監ベルタンが一七六三年に二〇分の一税の改革を考えた時に準備した「地租による二〇分の一税代替を規定する勅令案」(前文と六三条の条文から成る) に対してチュルゴーが自己の見解を付したものである。

「前文」の主旨は、①国民の幸福のための最も重要な事として、国民から徴収する様々な租税の賦税、割当て及び徴収の方式に確かな規則を定める、②まず手始めに二〇分の一税及び一リーヴル当り二ソルの一〇分の一税について行う、③現状ではこの税の公平な割当てに必要不可欠な「財産価値の正確な認識」(la connaissance exacte de la valeur des biens-fonds) には程遠く、そのために様々な不都合が生じているが、一七六三年については二〇分の一税の現実の収入と一リーヴル二ソルの一〇分の一税のみとする。これにより国民は「最も正確な比率」（la proportion la plus exacte）による割当てを保証され、増税の不安から解放される。④割当てを公平にするために「比較の規則」（regles de comparaison）を定め、納税者が自律的に税務に貢献でき、また、徴税費用を節約できるよう、地方の税務組織を整備する、⑤「通常判事」（juges ordinaires）（＝通常裁判所たる「バイイ裁判所」（bailliages）の長バイイ（baillis））に「本来の権限」（compétence naturelle）を与えて各共同体の納税者への正確な割当てに協力させる、というものである[50]。

　これに対してチュルゴーは、①二〇分の一税を「単純予約制」（un simple abonnement）[51]に変更するよりも、一七六四年の二〇分の一税額と同額の「土地貢納金」（une subvention territoriale）に変更し、「直接地主に課税され、いかなる特権にも妨げられない地租（une imposition territoriale）を設定する」方が「より妥当」であり「この上なく大切」である、②国王は戦争勃発の場合及び重税代替税設定の場合には、「地租比例加算税」（addition proportionnelle à l'imposition trritoriale）を設定したり地租按分比例の形で他の租税を設定したりする権利を留保する、③二〇分の一税に関する行政の権威を低下させるような形でその原則を変更しないためには、その名称までも廃止することを決意しなければならない、すなわち、国王は単に二〇分の一税及び一リーヴル二ソルの一〇分の一税を一定額の租税（地租）に転換すると宣言すればよい、④直接徴税区（élections）及び租税法院（Cours des Aides）が税務に関する本来の判事であって、それは決して通常判事ではない。「通常判事」とは高等法院（Parlements）の管轄に所属するバイイ裁判所（の長）である。二〇分の一税の地租への転換は租税法院にかかわることであるが、国王が「自由かつ独立に行動する」ためには、これらの裁判所に諮ったり、これらの裁判所に多くの権限を与えたりする必要はない、との見解を述べた[52]。そしてこのあと彼は、「産業二〇分の一税の全面的廃止」（第一条）、「二〇分の一税の名称の廃止」、「地租按分比例による新税」（第三、第四条）、新税割当てのための「自治体」（les corps municipaux）（第一二条）や「自治行政」（une administration municipale）（第一五条）、「地主の申告」（第二一条）、「土地評価の学問」（la science de l'estimation des biens-fonds）（第五二条）等々について彼らしい率直な意見や批判を述べているが[53]、その詳細は省略する。

かくしてチュルゴーの「二〇分の一税の従前とは異なる割当てによって地租を設定する」という考えは、ベルタンのこの勅令案を契機として、二〇分の一税の地租への転換及び地主への地租の専一的課税（そして、それによる従来の課税の恣意性と不平等性の解決）という形で表明されたのである。だが不幸にも、ベルタンの解任によってその構想そのものが烏有に帰したのである。

しかし、一七六三年一一月二一日の「声明」に租税法院が加えた「土地二〇分の一税に関する条項」（la clause relative au vigntième des fonds）により、「定額土地二〇分の一税予約制」（l'abonnement du vingtième des fonds à une somme fixe）が実現していたし、その後第四種二〇分の一税としての「不動産二〇分の一税」（le vingtième des biens-fonds）が導入された(54)。チュルゴーは前者を「非常によい策」（une très bonne opération）と評価していたし(55)、また後者は、そしてそれだけが、「実際に最も現実性があり、注目に値するもの」と見做されていた(56)。それ故チュルゴーは、一七七四－七六年の道路夫役廃止案においては、以上のような思索と状況の長い変遷の過程を経たのち、最終的に、道路税をタイユ税比例税ではなく、「すべての土地及び不動産所有者に対する不動産二〇分の一税比例税」（同廃止令第二条）とするのが最も現実的であり妥当である、と考えたのである。

C.　道路税を不動産所有者、主として土地所有者に課税することの当否

この問題には既にこれまでの行論のなかでしばしば言及してきたので、改めて述べるまでもないであろうが、チュルゴーがこの問題について強調する論点は、①幹線道路の建設によって大きな恩恵を受けるのは専ら地主である、従って地主のみが道路税を負担すべきである、②地主階級を構成している貴族や聖職者が実際に幹線道路の恩恵を受けるにもかかわらずその建設のための道路税を免税されることは著しく「公正の精神」に反する、③不動産二〇分の一税だけが道路税課税の基礎及び基準として信頼に足る、という三点である。①及び②の論点については、一七七六年一月の国王への意見書、同年二月の勅令の「序文」あるいはミロメニルとの議論のなかで繰り返し強調されている。①の論点が、地主階級のみが

真の生産的階級でおり、他の階級はそれによって扶養され・被傭される階級であるとする重農主義理論に由来することは明らかである。もっとも、チュルゴーはこうした重農主義理論のみを受け容れたのではない。彼は、他方でグルネーの指導の下にイギリスの現実的・実際的な思想からも学びつつ、商工業にもその資本の生産性を認め、その社会的重要性についてはむしろ重農主義者以上に着目していた。にもかかわらず、彼がここで重農主義租税理論を強いて援用したのは、②の論点にかかわっていた。すなわち、地主階級たる貴族及び聖職者から免税の特権を剥奪するためであった。聖職者への課税については頑強な抵抗に遭ってやむなく断念したが、免税の特権に対する彼の憎しみと批判は相当なものであり、彼はそれを「公正の精神」、「分配の正義」、「自然権」、「社会体制の一般的諸原理」といった諸概念を用いて批判するのであるが、この論法もまた重農学派のそれであった。つまりチュルゴーは、重農主義的地租単一税論を、地主階級から免税の特権を奪い社会的正義を実現する理論的手段として利用したのである。

しかし、この租税理論にも意外に古い一面が隠されていた。チュルゴーはミロメニルとの議論のなかで、「租税とは何か」について長広舌を揮い、「特権」の実態とその反社会性を指摘したが、その時の論拠は、フランス王国は「父権的政治政体」（un gouvernement paternel）である、すなわち、フランスの国王は全国民の幸福を保証し、国内においては正義によって各人の繁栄を実現し、外国に対しては武力によって国民を守るべく義務づけられた「公権力の受託者」（dépositaire de la puissance publique）である、という考えであった。[57] この家父長的国家・国王観（ケネーの場合には、シナの専制政治に擬えた自家撞着的な「合法的専制政体」（despotisme légal）という考え）は、それ自体は封建的色彩の濃いものであったが、彼はこの国家・国王観を用いて、地主は国王から庇護を受けている以上地主もまたその庇護の代償として租税を支払う義務がある、と地主への課税を主張したのである。チュルゴーの極めて積極的な租税論[58]のなかにも、実は、このような古い国家・国王観が存在していたのである。彼が終生極めて誠実なモナルシストであったのも、恐らくは、このような国家・国王観によるものであったと思われる。

最後の③の論点についても既に触れたが、ここにおいてもう一度その考えに至る経緯を確認しておこう。チュルゴーは初め夫役相当額のタイユ税減税と減税分租税再割当てによる夫役買戻し方式を考えたが、やがて一転してこの方式をやめ、夫役か課税かの選択制の下に道路税を「タイユ税」(「対人タイユ税」=所得税及び「対物タイユ税」=不動産税)に対する比例税として課税することを考えた。そしてそのために必要なタイユ税納税者名簿の整備や正確な土地台帳の作成などの作業に取りかからせたが、とりわけ土地台帳の作成が意外に困難であることが分かり、しかも、このタイユ税そのものがその算定及び割当ての恣意性の故に信頼性がなく、何よりも地主階級が免除されていたため、タイユ税比例税の形ではなく、二〇分の一税を「地租」に転換して地租按分比例の形で課税しようとした。しかし、一七四九年から六〇年にかけて導入された三種の二〇分の一税も、聖職者と貴族はいわゆる「租税戦争」によっていち早く免税の特権を勝ち取り、一七六八年までにすべて廃止されてしまった。その上ベルタンの解任も加わって、その考えは実現するに至らなかった。そうしたなかで「不動産二〇分の一税」が導入されたので、チュルゴーはこれを基礎とし、それに対する比例税として、道路税を課税することにしたのである。筆者はこの不動産二〇分の一税についての詳しい情報を持たないが、M・マリオンによれば、「それだけが実際に現実的重要性を持ち、それだけが注目に値するものであった」[59]という。それ故、この言を信ずる限り、予想された地主階級からの激しい抵抗に対するその判断は別として、道路税の課税方法についてのチュルゴーの判断は妥当であったと言えるであろう。

以上でチュルゴーの道路夫役廃止令成立に至る過程にそくした同廃止令の現実性(アクチュアリテ)の検討を終わり、夫役をめぐるその後の経緯について若干記しておきたい。彼がかくも多くの時間と努力を傾注したこの廃止令は、一七七六年五月一二日[60]の財務総監解任後まもなく撤回されて、労働夫役が復活した。M・マリオンは次のように述べている。「特権者達はチュルゴーを失脚させ、労働夫役は継続されたが、若干の変更が行われた。一七七六年八月一一日の声明によって復活されたのち、同年九月の規程は、タイユ税加算税による選択的買戻しの原則(le principe du rachat facultatif par imposition additionnelle à la taille)を定め、各聖堂区における夫役負担者への夫役の割当てはそれぞれのタイユ税に比例して行われるものとした。地方長官デュプレ・ドゥ・サン＝モールがボルドーで買戻しの慣習と夫役のタイユ税比例配分の方法を発展させようとして寛大な努力を行ったが、とりわけそこで激しい闘争が続発して、自らの努力の犠牲となった。権力者達は、農村共同体に買戻しを止めさせ夫役を続けさせるためにあらゆることを行った。…人々は、夫役買戻しのために徴収された資金を政府が他の目的に流用しようとしていると非難し、住民達は、こうした容赦ない闘争に同調して、何も支払おうとせず、すべての夫役労働を中止させようとした。…」[61]また、彼によれば、夫役金納化の考えは少しづつ前進し、恣意的で比例的でない夫役は次第に消滅する傾向にあったとはいえ、大革命中も、またその後も、夫役の存続を望む声は高かった、という。

では一体チュルゴーは、その生涯において、とりわけ道路夫役廃止令を含む一連の改革案において、何を行おうとしたのであろうか。「歴史」を、ユマニスト風に言うならば「より人間的な歴史」を、創造しようとしたのではないであろうか。

（1）勅令（édits）や国王の声明（déclarations royales）を高等法院（Parlements）に登録する際に、高等法院の激しい抵抗があった場合、国王自らそこに赴き、有無をいわさずそれらを登録させた。その玉座は「親裁座」（lit de justice）と呼ばれていた。そこでは国王は、金色の百合の花を散りばめた織物が懸けられた天蓋の下で座布団に座り、他の二枚の布団に肘を置き、もう一枚の布団の上に足を置いていたので、こうした情景から、それは「裁判が眠る床」（lit de justice）と冗談めかして呼ばれていた、という。なお、M・マリオンは、親裁座は絶対権力の行使の場にすぎず、一般に高等法院が拒否した悪法やひどい法律のためにのみ行われそれが行われる日は国民にとっては「喪の日」（un jour de deuil）であった、とする説は誤りであって、「実際には、旧制度が行った最善の事柄は、高等法院のけちで利己的な反対のために、まさに親裁座においてしか登録されることができなかった。それ故、産業の自由や夫役の廃止のためのチュルゴーの勅令を登録した親裁座は、大衆からは「慈悲の座」（lit de bienfaisance）と呼ばれていた。親裁座という法廷は、決して意見を聞く場ではなく、意思を、すなわち国王の意思を強制する場であった」と述べている。Marcel Marion, *Dictionnaire des institutions de la France aux XVIIe et XVIIIe siècles*. Réimpression de l'édition de 1923. Paris, Editions A. & J. Picard & Cie, 1968, pp. 336-337.

（2）前節Ⅳの注（4）を見よ。

（3）*Œuvres de Turgot et les documents le concernant avec biographie et notes par Gustave Schelle*. Tome cinquième, 1923［以下、Éd. Schelle, T. V^{e}と略記］、pp. 148-154, 200-210. 本論文のⅡの二の1.及びⅢの二を見よ。

（4）Éd. Schelle, T. V^{e}, p. 210.

（5）本書、二〇七頁。

（6）チュルゴーは次のように述べている。Mémoire au Roi. 1. Suppression des corvées. Éd. Shcelle, T. V^{e}, p. 154.

「私が陛下に提出致します〔これらの勅令の〕前文は、私の著作と同じく厳しく批判され、人々は正当な批判をなし得るあらゆる側面から批判を行うことでしょう。しかし、誰も私のことなど考えなくなり、この地上に陛下のなされた善行の思い出しか残らなくなる時には、まさにこの前文が引き合いに出され、またその時、夫役を不正なものとして廃止するという陛下の厳粛なご宣言が、敢えてその復活を提案しようとするすべての大臣にとって乗り越え難い障壁となるものと、確信致しております。私がこの時機を考慮してこの前文に取り組み、この理由の故にこの前文を大切と考えましたことを、陛下に包み隠すつもりはございません。」

（7）M. Marion, *op. cit.*, pp. 153-155. 本論文Ⅲの一を見よ。

（8）Roland Mounier, *Les Institutions de la France sous la monarchie absolue 1598-1789*. Paris, Presses Universitaires de France, 1974, 2 tomes. Tome I: Société et État, p. 385.

（9）一七三八年にオリ・ドゥ・フュルヴィ王国財務評定官（le conseiller royal des finances Orry de Fulvi）がヴァンセンヌ製磁器マニュファクチュール（la Manufacture des porcelaines）を創設させたロベール・デュボワ（Robert Dubois, 1709-69）及びジル・デュボワ（Gilles Dubois, 1713-74）の兄弟か。Cf. *Larousse du XXe siècle*. Tome, IIe, p. 979.

（10）Daniel-Charles Trudaine. 一七〇三年パリに生まれ、一七六九年没。パリ高等法院評定官、オーヴェルニュ地方長官（一七三〇－三四）、国務評定官（一七三七）、土木経理財務長官（一七四三－六九）を務める。開明的な経済学者でもあり、チュルゴーが尊敬していた人物の一人。一七四七年に創設した土木学校は、フランス王国の幹線道路の建設に大きく貢献した。一七四三年には、科学アカデミーの会員に選ばれた。Cf. *Larousse du XXe siècle*. Tome, VIe, p. 829.

（11）Jean-Claude-Philibert Trudaine. 一七三三年クレルモン・フェランに生まれ、一七七七年パリに没。父のTrudaineが財務監督官引退の際、正式の財務監督官となった（一七六九）。一七七七年の財務監督官廃止の時、財務総監の職を断った。彼の二人の息子は、テルミドール八日（一七九四年七月二六日）に断頭台に消えた。*Larousse du XXe siècle*. Tome, VIe, ibid.

（12）ペロネ（Jean Radolphe Perronet, 1708-94）。パリに生まれ、パリに没。一七四七年、創設されたばかりの土木学校の校長となり、ついで、製塩所の総監督官となった（一七五七－八六）。ヌイイ（Neuilly）、ヌムール（Nemours）、ポン＝サント＝マクザンス（Pont-

Sainte-Maxence)、パリのコンコルド広場（la place de Concorde）などの橋を設計した。彼はまた、ブルゴーニュの運河、パリの大下水道、チュイルリ河岸の旧家畜用水飼い場などを造った。有名な『回想録』（*Mémoires*）がある。*Larousse du XX*^{e} *siècle*. Tome, V^e, p.495.

（13）R・ムニエは、「〔フランスにおいて〕公務員は一八世紀を通じて徐々に現われてきたが、一七四七年の土木学校の創設は、公務員集団の創始の時期とみなしてよいであろう」と述べている。R. Mounier, *op. cit.*, Tome II, p.79.

（14）*Encyclopédie méthodique*. 一七八一年パンクック書店（*librairie Panckoucke*）によって計画され、第一巻は一八三二年になってようやく刊行された。四つ折版一六六巻から成る厖大なもので、内四〇巻が地図または図版。テーマ別の百科辞典で、一部はディドロの『百科辞典』から借用されている。ラマルク（*Lamarck*）、フルクロワ（*Fourcroy*）、ラランド（*Lalande*）など、多数の著名な学者が協力した。*Larousse du XX*^{e} *siècle*. Tome, IIIe, p.155.

（15）M. Marion, *op. cit.*, pp.443-444. ［　］の部分は、筆者の補筆。

（16）Éd. Schelle, T. V^e, pp.163-165. 本書、一八九頁。

（17）この間のチュルゴーの活動については、Alfred Neymarck, *Turgot et ses doctines*. Paris, Guillaumin, 1885, 2 tomes. Slatkine Reprints, Genève, 1967. Tome I^e, Livre II: L'intendant de Limoges ほか多くの研究書があるが、差し当たっては、Éd. Schelle, Tome IIe, pp.1-78（Turgot intendant de Limoges, 1761-1774）を見よ。

（18）Institut National d'études démographiques, *Economie et population. Les Doctrines françaises avant 1800. Bibliographie générale commentée. Travaux et documents. Cahier n° 28*. Presses Universitaires de France, 1956 の《corvée》関連の諸項目を見よ。

なかでも、Dupont de Nemours, *De l'administration des chemins*. Pekin et Paris, chez Merlin, 1767, in-8°, 83 p.（初出：*Éphémérides du citoyen* de 1767, Tome V^e, pp.134-213. これには、Essai de réforme dans l'Administration des chemins pp.131-133）なる前書きが付されている）は、道路の建設と保守の方法及び夫役廃止の方策について述べつつ、チュルゴーの夫役改革の努力を支持し、推進しようとするものであった（デュ・ポンは前年の一七六六年にも *Mémoire sur la corvée* なる著作をチュルゴーに贈ったが、チュルゴーはこれについて、「若干書き変える必要があるように思われるが、これについてはパリに行ってからでしか考えることができない」と同年十二月九日付けのデュ・ポン宛の手紙で述べた（上記資料82・X．Éd. Schelle, T. IIe, p.517.)。一七六七年の *De l'administration...* は、これを書き改めたものと思われる。またデュ・ポンは、一七六九年の *Éphémérides du citoyn*（VIIIe tome, 2e partie, p.118 et suiv.）で、フォンテットとチュルゴーの夫役政策の違いについて説明を行った（前記資料108・及び後出の［*Première*］*Lettrc à M. N***...* を見よ)）。そして、この著作の出版を契機として、デュポンとヴィアレ（Viallet）とのあいだで、*Éphémérides du* *citoyen* 誌上において、論争が行われた。Cf. [Du Pomt de Nemours,] [*Première*] *Lettre à M. N***, ingénieur des Ponts-et-Chaussées, sur l'ouvrage de M. Dupont qui a pour titre*: 《*De l'administration des chemins*》. Paris, 1771, in-8°, 16 p.（初出：*Éphémérides du citoyen* de 1769, Tome 8e, pp. 91-135.）; [Du Pont de Nemours,] *Deuxième lettre à M. N***, ingénieur des Ponts-et-Chaussées, sur l'administration des chemins*. Palis, 1779, in-8°, 48 p.（初出：*Éphémérides du citoyen* de 1771, Tome IVe, pp. 72-115.）; *Lettre de Viallet, ingénieur en chef de la Généralité de Caen, Membre de l'Académie Royale des Belles-Lettres de Caen à l'Auteur des Éphémérides du citoyen*. Caen, le 20 Aout 1771.（*Éphémérides du citoyen* de 1771, Tome VIIIe, pp. 42-45.）; [Dupont de Nemours,] *Observations sur la lettre précédente.*（*Éphémérides du ciyoyen* de 1771, Tome VIIe, pp. 46-50.）[筆者が利用している *Éphémérides du citoyen* の原本は、一九六九年にフェルトリネッリ社によって復刻されたものである。] なお、デュ・ポンの一七六七年版と彼の最初の二通の《*lettres*》を合本した版がコーネル大学に一部だけ所蔵されているとの情報（Catalogue 732, Pickerling & Chatto LTD., 1995, No. 42.）により、同大学に全部の複写を依頼したが、《*lettres*》の部分については、本の状態が悪く複写に耐えない、との理由で入手できなかった。

（19）フォンテットは、王国の古い通達（circulaire）のなかに、「夫役という手段を回避して、道路に係わる費用を互いに隣接している聖堂区で負担する方法」が記されているのを発見し、これを改善の手掛かりにしようとした、という。Éd. Schelle, T. IIe, p. 33. また、*Lettre de M. Fontette, intendant de Caen, à M.***, avec son Mémoire pour justifier la construction et l'entretien des grands chemins dans la généralité de Caen.*（s.l.）1740, in-12, 40p. は、幹線道路建設のための夫役労働及び金納税両者の不都合を改善する方策として、夫役労働かタイユ税割当額を基準とした租税のいずれかを聖堂区に選択させる方法を提案している。Cf. I. N. E. D., *op. cit.*, p. 249.

（20）上記資料48.-Ⅱ. Éd. Schelle, T. IIe, p. 120.

（21）ベルタン（Henri-Léonard-Jean-Baptiste Bertin, 1720-92）。ペリグーに生まれ、スパー（Spa）没。大評定院の評定官、院長、ルションの地方長官、リヨンの地方長官、パリ警察長官（一七五七）を務めた後、財務総監（一七五九―六三）となった。セーヴル製磁器マニュファクチュールの発展、リヨン獣医学校の設立などに貢献した。一七九一年亡命。*Larousse du XXe siàcle*. Tome, I^{e}, p. 674.

（22）同資料54. [1.] Éd. Schelle, T. IIe, p. 212.

（23）同資料54. [3.] Éd. Schelle, T. IIe, p. 221. この書簡には、チュルゴーの「国務会議裁決案」（Projet d'arrêt du Conseil）（p. 222）まで添えてその熱意の程を示している。

（24）同資料54. [4.] Éd. Schelle, T. IIe, p. 222. トリュデーヌは、一七六二年八月六日の書簡で、財務総監ベルタンはチュルゴーの改革案を退け、平和が確立された時「道路通行税方式」（le système des péages sur les routes）を採るよう考えていること、また、自分は決して夫役の利用を地方長官に強制してきたわけではないし、チュルゴーにも強制しないと伝えた。しかしチュルゴーは、九月七日の（第二）書簡で、通行税方式は通商の障害となるため欠点があると反論し、ボルドーの道路の一部について、実験的に新案（第一案）のタイユ税減税方式にもとづいて行うよう提案した。同資料54.〔2.〕Éd. Schelle, T. IIe, pp. 218-219.

(25) 同資料62. Éd. Schelle, T. IIe, p. 321.

(26) しかしチュルゴーは、上記資料65.-I.の財務総監ラヴェルディ宛の書簡（一七六四年七月二〇日）に見られるように、説明と説得に努め、その方策はようやく一七六四年になって実施された。その時の夫役買戻し額（一度当該聖堂区に対して減税されたのち、徴税管区の全聖堂区に再度課税されて、道路工事に充てられる額）は、毎年一二万ないし二〇万リーヴルとさほど多くはなかったが、それによっていくつかの大きな道路工事が行われた。Éd. Schelle, T. IIe, p. 36.

(27) モンチヨン（Jean-Baptiste-Antoine Auget, baron de Monthyon (ou Montyon), 1733-1820）。パリに生まれパリに没。一七五五年シャトレ裁判所付き弁護士となり、ついで大評定院のメンバー、国務会議付き請願審理官（一七六〇）、オーヴェルニュ地方長官、プロヴァンス地方長官などを務めたのちパリに戻って、国務評定官（一七七五）、王弟書記官（一七八〇）となった。巨万の富を利用して、いくつかの学会に賞を設けた。大革命開始と同時に亡命し、一八一四年に帰国。遺書により、フランス学士院に莫大な額の基金が寄贈され、三つの賞が設けられた。その一つに、最も高潔な行為を行った貧しいフランス人に与えられる「美徳の賞」(Prix de vertu) と呼ばれるものがある。*Éloge de Michel de l'Hospital*（一七七七年フランス・アカデミー賞受賞）、*Mémoire présenté au roi au nom de MM. le comte d'Artois, le prince de Condé et le duc de Bourbon* (1788), *Conséquences pour l'Europe, de la découverte de l'Amérique* (1792), *Progrès des lumières au XVIIIe siècle* (1801), *Particularités et Observations sur les ministres des finances depuis 1660* (1812) などの著書がある。*Larousse du XXe siècle*. Tome, IVe, p. 975.

(28) Éd. Schelle, T. IIe, p. 37. 彼はまた、民衆の生活の向上と地域の発展に尽くしたリモージュ時代のチュルゴーの努力を、「民衆の知恵に対する思いあがった過信の現れ」と、意地悪く評した。Éd. Schelle, T. IIe, p. 44.

(29) ラヴェルディ（Clement-Charles-François de L'Averdy, 1723-93）。パリに生、没。パリ高等法院評定官に続いてポンパドゥール侯爵夫人の肝入りで財務総監となり（一七六三―六八）、穀物取引の自由を回復させたが、宮廷での浪費を止めさせることは出来なかった。恐怖政治下で逮捕され、買占めの容疑で断頭台にかけられた。*De la pleine souveraineté du roi sur la province de Bretagne* (1765), *Tableau général, raisonné et méthodique des ouvrages contenus dans le recueil des Mémoires de l'Académie des inscriptions* (1791) などの著書がある。*Larousse du XXe siècle*. Tome, Ie, p. 470.

(30) 同資料55.、73.、86.-II.を見よ。チュルゴーは、当時くじで選ばれ、免除が多く、農民にとっては不平等で厄介な負担となっていた民兵制度をも改革し、健全で合法的な代替制度を導入した。Éd. Schelle, T. IIe, p.37. マリオンは、「民兵制度はタイユ税加算税の名称にもなっていて、民兵の維持と俸給のために課税され、民兵が徴募されない時にも徴収された」と述べている。M. Marion, *op. cit.*, p.379.

(31) チュルゴーはこの時期、リムーザン徴税管区の実情を具に観察するとともに、グルネー (Vincent de Gournay) と並んでもう一人の「師」と仰いでいたケネー (François Quesnay) を中心とする重農学派の人々に触れつつ、さらにまたリモージュ農業協会での活動を通して、理論的には地租単一税論を採り入れ、現実にはタイユ税、二〇分の一税、間接税等の改革に努力して、多くの著作や資料を残した。これらの努力は、それとして研究され、その成果が検討されねばならないだろう。なお、この時期の、チュルゴーのタイユ税及び二〇分の一税の改革に関する特に重要な資料としては、次のものがある。

1761

46. La Taille.

I. Avis sur l'imposition dans la *généralité* de Limoges pour l'année 1762. (Situation de la Généralité: ses productions; son commerce. — Les surcharges d'impôt du Limousin. — La misère *générale*, etc.)

1763

60. Les vingtièmes.

Observations sur un projet d'édit remplacant les vingtièmes par une imposition territoriale, et préparé par le Contrôleur général. (Texte du projet d'édit. — Opposition des Cours. — Le vingtième d'industrie. — Répartition des vingtièmes entre provinces. — Recouvrement; utilité des syndics perpétuels, etc.)

(32) トリュデーヌは、一七六一年十二月十五日のチュルゴーの書簡 [上記資料48.-II] に答える形で、同年一二月二三日の書簡で、チュルゴーが考えていた現場監督による夫役労働者への「人頭税過剰金による [契約によらない、手渡しの] 現実給付」(la distribution manuelle sur les excédents de capitatinn) (一日二ソルの「特別手当」(la gratification) の支給) などに関して反対意見を述べ、さらに、財務総監オリがかつて地方長官に発した土木工事に関する「指令」を参考とするよう勧めた (チュルゴーはこれに対しても複雑すぎて実施不可能と反論を行ったばかりでなく、さらに、地方長官の権限と農村共同体 (communautés) の独自性の尊重を訴えた自治行政論を展開した) ようであるが、この書簡は、シェル版には収録されていない。Cf. Éd. Schelle, T. IIe, p.196 et suiv.

(33) Éd. Schelle, T. IIe, pp.211-214.

(34) オリ (Philibert Orry, comte de Vigneroy, 1689-1747)。トロワ (Troyes) 生まれ。政治家ジャン・オリ (Jean Orry, 1652-1719) の息子。高等法院評定官 (一七一三)、国務会議調査官 (一七一五)、ソワソン (一七二二)、ルション (一七二七)、及びリール (一七三〇）の各地方長官を務めた後、一七三六年国務大臣・財務総監となり、ついで翌年建設総監（directeur général des bâtiments）となった。有能廉直な財務官として腕を揮い、一〇分の一税の復活、さまざまな国家債務の契約、「王国夫役制度」（la corvée royale）による道路の建設などを行い、産業と通商に関してはコルベールチスムを過度に推進した。一七四五年、ポンパドゥール侯爵夫人の不興を買って失脚した。*Larousse du XXe siècle*. Tome, V^e, p. 2559.

（35）Éd. Schelle, T. IIe, pp. 220-222. チュルゴーは、①彼の方式は入札による道路工事と夫役の利用が併存している州に対して好例となり得る、②彼の道路税は夫役の対価であり、自発的な支払いであり、純粋な目的税である、③道路税は農村共同体の議決の結果によるものなので、常に民衆の利益を護ってきた高等法院の苦情を招くことはない、苦情があれば政府に対して建言することができる、と述べたが、④については触れなかった。

（36）ここにいう「タイユ主税」とは、「第一配分表タイユ税」（le premier brevet de la taille）（タイユ主税、タイユ税付加税［一五四九年アンリ二世によって導入された］（taillon）、騎馬憲兵隊税（fonds des maréchaussée）、宿営税（fonds des étapes）などを含む）のことであり、「第二系租税」とは、「副配分表タイユ税」（le second brevet de la taille）（冬営税（quartier d'hiver）、兵站税（ustensile）、王国もしくは徴税管区公共事業税（travaux publics du royaume ou de la généralité）、兵舎税（casernes）、種馬飼育税（haras）、馬糧税（fourrages）、軍隊保有税（solde entretien）、民兵被服税（habillement des milices）などを含む）のことであると思われる。Cf. M. Marion, *op. cit.*, p. 526.

（37）Éd. Schelle, T. IIe, pp. 222-224.

（38）Éd. Schelle, T. IIe, pp. 319-321.

（39）Éd. Schelle, T. IIe, pp. 338-343. シェルはこの書簡へのラヴェルディ自身の手による「書き込み」（apostille）なるものを伝えているが、それによると彼は、国務会議裁決を毎年別個に出すのではなく、「一七六五年のタイユ税の配分表を作成する前に一七六六年分の道路工事の入札を行い、その後にその配分表に記載する形でそれぞれの命令を添付する」（faire, avant le brevet de 1765, les adjudications des chemins de 1766 et joindre alors les arrêts particuliers par mention au brevet de la taille）という方法を考えていたようである。Éd. Schelle, T. IIe, pp. 343-344.

（40）父のトリュデーヌがベルタンとチュルゴーの間の仲介役をしていたように、彼はラヴェルディとの間の仲介役をしていた。ラヴェルディの「書き込み」についてチュルゴーに知らせたのも彼であった。

（41）二〇〇フランまでは地方長官の権限で課税できたが、それを超える額については国務会議議決が必要であった。

（42）Éd. Schelle, T. IIe, pp. 344-354. チュルゴーはこの書簡で、ラヴェルディの同意があれば一七六三年と六四年の既課税分及び六五年の課税予定分の国務会議令案をラヴェルディか父トリュデーヌに送ると言っているが、六六年の課税予定分についてもそのつもりでいた。Cf. 上記資料72.（一七六五年二月五日付け財務総監ラヴェルディ宛書簡）。Éd. Schelle, T. IIe, p.421.

(43) 上記資料88.-IIは、この議決文の「見本」を示している。Éd. Schelle, T. IIe, p.626.

(44) 同資料79. Éd. Scelle, T. IIe, p.477.

(45) Éd. Schelle, T. IIe, p.339.

(46) Cf. Éd. Schelle, T. IIe, pp.6-19 及び M. Maion, *op. cit.*, pp.526-532.

(47) チュルゴーはこれに「注釈」をつけている。Cf. Notes sur l'article《*Impôts*》de Quesnay. Éd. Schelle, T. IIe, pp.313-319. なお、ケネーの『租税論』については、坂田太郎訳『フランソア・ケネー　経済表以前の諸論稿』（春秋社、一九五〇年）、三四九－四一六頁及び「解説」を見よ。

(48) マショー・ダルヌヴィル（Machault d'Arnouville, 1701-94）。警察長官Louis Charles Machaultの息子。パリ高等法院評定官（一七二一）、同請願審理官（一七二八）、大評定院長（一七三八）、エノー（Hainaut）地方長官（一七四五）、財務総監（一七四五－五四）、国璽尚書（一七五〇）、海軍閣外相（一七五四－五七）を務めた。一七四九年五月、一〇分の一税に代わって、貴族・平民のすべての収入に対して課税される二〇分の一税を無期限の形で導入して「租税の前の平等の原則」（le principe de l'égalité devant l'impôt）を打ち立てようとしたが、特権者の反対に遭って徒労に終わった。一七五七年ポンパドゥール侯爵夫人の不興を買って失脚。一七九四年、容疑者逮捕令（一七九三年成立）により逮捕、パリのマドロネット（Madolonettes）監獄に投獄され、そこで死亡した。*Larousse du XXe siècle.* Tome, IVe, p.575.

(49) Éd. Schelle, T. IIe, p.17.

(50) Éd. Schelle, T. IIe, pp.251-253.

(51) 二〇分の一税が一七四九年五月に「恒久的な形で」導入された時には、「如何なる例外もなく、王国の臣下及び住民、国王の支配する土地及び領主の采地の全ての所得及び収入に対して」課税される筈であったが、一七四九年八月に高等法院が国王に対して行った建言のなかで、「聖職者は如何なる性質ものであれ全ての租税を免除され」、「この特権は諸国民の権利の基底をなす基本的かつ揺るぎなき法に加えられねばならない」との理論を展開したことにより、まず聖職者が「無償の贈与」（don gratuit）の増額と引き換えに免除され、ついで、州三部会設置州、都市、大公領、領主采地が免除され、それに代えて「一定不変額」（une somme fixe et invariable）を「単純予約制」によって支払うことになった。かくして、当初の「租税の平等」（l'égalité de l'impôt）は全く幻想と化したのである。Éd. Schelle, T. IIe, p.251. R・ムニエはこの間の特権者達の動きを「租税戦争」（la guerre de l'impôt）と呼んでいる。R. Mounier, *op. cit.*,

Tome II, pp. 619-611.

（52）Éd. Schelle, T. IIe, pp. 253-255.

（53）Éd. Schelle, T. IIe, pp. 255-293.

（54）何年かは不明。なお、M・マリオンによれば、テレー師（l'abbé Joseph-Marie Terray, 1715-78）の財務総監時代（一七六九―七四）に、一七七一年の勅令により、第一種二〇分の一税（動産二〇分の一税）を事実上無期限に、第二種二〇分の一税（官職・諸権利二〇分の一税）を一七八〇年まで延長し、「収入に正確に比例して」課税することを目指したが、「真の地租としてのしっかりした基礎（基準）を作り上げないまま」この計画を放棄しなければならなかった、という。M. Marion, *op. cit.*, p. 558.

（55）Éd. Schelle, T. IIe, pp. 255-256.

（56）前節Ⅳの注(4)を見よ。

（57）本稿Ⅳ二〇九頁以下。なお、本節注(31)の資料46.は、リムーザン徴税管区の「困窮の確かな悲しい事実」(la triste certitude de la misère)を示して、一七六二年について四〇万リーヴルのタイユ税の減税を国王と国務会議に要請したものであるが、その際チュルゴーは、「陛下の父性的善意」(sa bonté paternelle)とか「父性的慈愛」(la tendresse paternelle)という言葉を用いていた。Éd. Schelle, T. IIe, p. 90 et p. 94.

（58）重農学派及びチュルゴーの租税思想については、島恭彦『近世租税思想史』（有斐閣、一九三八年）の第三編第三章及び第四章を見よ。

（59）M. Marion, *op. cit.*, pp. 556-557.

（60）この日をめぐる「ドラマ」については、特に、*12 mai 1776 La Disgrâce de Turgot par Edgar Faure*. Paris, Gallimard, 1961, 610 p. を見よ。なお、筆者はこの書物を全訳する予定である。

（61）M. Marion, *op. cit.*, p. 154.

補論

一　チュルゴーの歴史意識の構造と論理
——初期の諸論稿を中心として——

一　はじめに——問題の設定——

チュルゴーの歴史思想を研究対象としようとするとき、少なくとも次のような課題が考えられるであろう。第一には、彼の哲学思想や宗教に対する態度あるいは経済理論や政治政策との関連はどうであったかを克明に検討すること。第二には、彼の歴史思想を、とりわけその《進歩の理念》を、一八世紀フランスにおける啓蒙主義的歴史観の中に位置づけて、その歴史認識や歴史的思考方法の特徴を明らかにするとともに、彼をも含めた一八世紀的人間の根本的特徴の一つであった啓蒙主義的オプティミズムの、歴史的・社会的根拠とその現実性を問うこと。第三には、そうした啓蒙主義的歴史観の歴史的展開の検討と評価の問題である。

第一の点についていえば、少なくとも Gustave Schelle による *Œuvres de Turgot et les documents le concernant*, 5 volumes, 1913~1923[1]の刊行以前には、資料的な制約もあって、この問題は殆ど研究の対象とはされず、チュルゴー研究は、Du Pont や Daire に依拠して、もっぱら彼の経済理論および政治政策の解明と評価に集中されていた。しかしSchelle 版刊行後もこの問題の研究の重要性を指摘したものは、筆者の知る限りでは、Douglas Dakin のもの[2]を除いてはないようである。けれども、Dakin の場合にも、チュルゴーの経済理論や政治政策の克明な実証研究という点ではすぐれているが、チュルゴーの歴史思想の生成・展開と経済理論の成立や政治政策の実践との微妙な関連の解明の点では十分とは言えないであろう。わが国におけるチュルゴー研究には、この問題に触れたものはすでに若干みられるが[3]、チュルゴーにおける歴史と理論と政策の構造連関の十全の解明の問題は、なお将来の課題に属するといわなりればならないであろう。

第二の点、すなわちチュルゴーの歴史思想の啓蒙主義的歴史観のなかへの位置づけの問題に関しては、史学史的あるいは思想史的な観点から行なわれた多くのすぐれた研究がある[4]が、しかし、チュルゴーの歴史認識や歴史意識の生成の過程や構造を明らかにしたり、殊にその進歩史観の根底に横たわる啓蒙主義的オプティミズムの歴史的・社会的根拠を究明するという点では、なお十分ではないように思われる。第三の啓蒙史観の歴史的発展とその現実性の検討の問題に関しては、第一次および第二次世界大戦後の政治的・経済的・社会的現実の中で、進歩の理念の欠陥や限界を十分意識しながらも、それのもっていた人間中心的性格や人類解放の意欲を積極的に再検討・再評価し、現代における《進歩》の新たな意味を問い、危機に立つ人間と人類の解放・存続の方途を見出そうと努力している人々[5]や、これに反して進歩の観念を批判し、少なくとも人類の未来に関しては、絶望と危機とから救いうる新たな《信仰》を確立しようと努力している人々[6]などがみられる。

ところで筆者は、これまでの諸業績から学びつつ、上に述べた第一および第二の問題について検討したいと考えている。周知の如く、チュルゴーの歴史思想の中核をなしていたものは《人間精神の連続的進歩》の理念であり、彼はこの理念にもとづいて人類史の《普遍史》(histoire universelle) 的叙述を企てた。筆者は、この理念と意図は、彼においては、初期の étudant および magistrat としての時期（一七四六～一七六一年）の言語、哲学、宗教、歴史、経済等々についての研究の中で醸成され、中期のadministrateur (intendant de Limoges) としての思索や財政、経済その他の実際政策（一七六一〜一七七四年）のうちにも、さらにまた後期のContrôleur général des financesとしての政治・経済改革の実践（一七七四〜一七七六年）のうちにも、いろいろな形で継承されていったと考えるのであるが、筆者は単にこの理念や意図の内容や方法を説明するだけでなく、何故チュルゴーがこうした理念や意図をもつに至ったか、またそれらは何を媒介としてどのように展開していったか、そして、それらは彼にとってどのような意味をもっていたかの諸点を明らかにしたいと思うのである。そこで本稿では、ひとまず初期の諸論稿を中心として、チュルゴーの歴史認識や歴史意識あるいは歴史的思考方法の生成の経緯を検討し、その構造と論理を明らかにし、その妥当性を、とりわけその啓蒙主義的オプティミズムの歴史的・社会的根拠を問いたいと思うのである。

（1）以下文中のページ数は、この第一巻のページを示す。

（2）Douglas Dakin, *Turgot and the Ancien Régime in France.* Methuen, London, 1939. Chap. XVIII.

（3）出口勇蔵『経済学と歴史意識』のうち「フランス啓蒙時代」、*Keiso Acadmic Library* 7, 一九五二年、一四七〜二七七頁。津田内匠「Turgotの経済思想についての一考察」、『経済研究』、九巻四号、一九五八年。同訳『チュルゴ経済学著作集』、一橋大学経済研究叢書一二、一九五二年、一〜一八頁。

（4）その代表的なものとしては、次のものを挙げることができる。
Flint, R., *History of the Philosophy of History*, 1893, pp.109〜115; Bury, J. B., *The Idea of History*, 1920. New Dover Edition, 1955. Chap. VII, VIII.; ditto, *A History of Freedom of Thought*, 1913. 2nd Ed., 1952. Chap. VI.; Gooch, G. P., *History and Historians in the Nineteenth Cntury*, 1913. Rev. 2nd Ed. 1952. pp.1〜13; Meinecke, F., *Die Entstehung des Historismus*, 1936. Neue Ausgabe, 1959. SS.180〜192; Laski, *The Rise of European Liberalism. An Essay in Interpretation*, 1936. 2nd impr., 1947. Chap. III; Hazard, P., *La Crise de la conscience européenne* (1680〜1715). Editions contemporaines, 1955. 3e partie; dito, *La Pensée européenne au XVIIIe siѐle; De Montesquieu à Lessing*, 1946. Eng. trans., 1954, Book III; Collingwood, R. G., *The Idea of History*. 1946. 2nd Galaxy Printing, 1957, pp.76〜81; Cassirer, E., *Die Philosophie der Aufklärung*, 1933. Eng. trans., 1961, chap. IV; Löwith, K., *Meaning in History. The Theological Implications of the Philosophy of History*, 1942, pp.92〜103; Carl L. Becker, *The Heavenly City of the eighteenth Century Philosophers*. New Haven Edition, 1960, pp.71〜118.

なお、わが国における進歩史観の研究には次のものがある。
田辺寿利『一八世紀フランス社会学』、「日仏文化」、新第一輯、一九三〇年。同「パスカルとフランス社会学――フランス社会学における l'idée de progrès の発展と現代的帰結」、『思想』、九八、九九、一〇二、一〇三号、一九三〇年。阿閉吉男、『市民社会の系譜』のうちの「進歩の観念」、一九五〇年。上原専禄『歴史学序説』のうちの第二部第三「社会発展の法則と類型」、一九五八年。岩根典夫「チュルゴー研究――『人間精神の哲学的展望』を中心として」、『商学論集』、五巻二号、一九五八年。坂田太郎「進歩史観覚書」、『一橋論叢』、第四三巻第六号、一九六〇年。

（5）E. G., Sorel, G., *Les illusions du progrès*, 3e éd., 1921; Frankel, Ch., *The Faith of Reason. The Idea of Progress in the Enlightenment*, 1948; Hobhouse, L. T., *Morals in Evolution*, 1951; Ginsberg, M., *The Idea of Progress. A Revaluation*, 1953; ditto, *Essays in Sociology and Social Philosophy*, volume, 2 Reason and Unreason, 1947. Reprint, 1956. Chap, XIII〜XVI; Sampson, R. V., *Progress in the Age of Reason. The Seventeenth Century to the Present Day*, 1956（この内容については『一橋論叢』、第四四巻第三号、一九六〇年の筆者の書評（本書、書評一）を見よ）。

（6）E. G., Dawson, Ch., *Progress and Religion*, 1929; Bergyaev, N., *The End of Our Time*, 1933; Niebuhr, R., *Faith and History*, 1949; Baillie, F., *The Belief in the Progress*, 1950.

二　チュルゴーにおける歴史意識の生成

チュルゴーの生い立ちに関しては、幸い Schelle の詳細な伝記[1]があるので、それに従ってチュルゴーにおける歴史意識の生成の過程を、当時の生活意識の中にできる限り簡潔に跡づけてみたい。

一七二七年五月一〇日にパリで旧貴族の三男として生れたチュルゴーの生涯は、当時の慣習に従って、聖職者になるための教育を受けることから始まった。一〇才のとき、Collège Duplessis、後の Collège Louis Le Grand に入学し、そこで修辞学までの課程を終え、ついで Collège de Bourgogne の高等科に進み、ここで humanités（古典課程）を学び精神を培った。一六才で神学の研究を始め、première thèse に合格、一七四六年一〇月年令制限免除の特典を得て tentative の試験[2]を受けることを許され、翌年三月抜群の成績で合格し、bachelier en théologie となった。この成功を知って、パリの市長をしていたことのある彼の父は、再び年令制限免除の特典を得て licence の試験を受けさせようとしたが、この時は厳格な規定のために許されなかった、そのためチュルゴーは一時 Séminaire de Saint-Sulpice に入り、一七四九年一〇月 La Maison de Sorbonne に入学、翌年《小修道院長》prieur の名誉を与えられた。彼はこの間 l'abbé Turgot とよばれていたが、一七五一年の初め、聖職者となることを断念してソルボンヌを去り、(3) 以後、司法官・行政官として現実の困難な諸問題の中で活躍した。

ところで、Du Pont によれば、チュルゴーはこの勉学時代には《決して神学の研究にとらわれてはいなかった》(p. 26)。彼は広く物理学、天文学、歴史学、経済学、文学、言語学等々に関心を抱き、《多くの言語で注意深く読み》(*ibid*)、Newton, Voltaire, Fontenelle を熱読した (pp. 24～27)。彼はまた、当時のソルボンヌ神学部 (Faculté de théologie) の頑迷固陋な雰囲気にもかかわらず、このソルボンヌ学寮 (Maison de Sorbonne) にあっては、《自由思想》(opinions libérales) の持主たちを師とし友人とした (p. 21)。彼が尊敬した師には、夢想的なデカルト主義に反対してニュートン哲学の教授を主張した l'abbé Sigorgne とか、文学上の助言者で Mme de Pompadour を諷刺したり、一七四八年の講和条約締結直後に起った英国皇太子 Edward の強制国外退去事件をめぐっ筆禍事件に問われたりした l'abbé Bon がいた。この友人には、宗教的寛容や経済的自由を主張した Cicé, Boisgelin, Loménie de Brienne, Morellet, Véri らがいた。この時期のチュルゴーの知的関心は、一七四八年頃のものと推定されている「著作予定表」(Liste d'ouvrages à faire) に示されている。実際それは、彼の歴史意識生成の過程を知るうえで重要な手懸りとなるものであり、そこにみられるまさに百科全書家的な知的関心は、啓蒙の世紀のなかにあって啓蒙の世紀とともに生きようとする若きチュルゴーの生命の息吹きを示すものであった。そこにみられる約五〇の著作プランは、彼の全生涯の知的諸業績の要約ともいうべきものであり、われわれは、彼の業績を検討する時、常にそれへと立戻ってそこに源泉を見出すのである。われわれの主題に限ってみても、われわれはこのリストのなかから、この期のチュルゴーがすでに歴史を最大の関心事の一つとして、言語、哲学、宗教、道徳、地理、政治、経済等の側面から多面的・綜合的に考察しようとしていたことを知ることができるのである (Voir. pp. 115～116)。チュルゴーは、これより先の一七四六年には、Diderot の Pensées philosophiques (1746) に対する見解を発表し、[4] Diderot をはじめとする懐疑主義や無神論の風潮を非難しながらも、他方自らは、《理性によってわれわれの神秘を証明する》(p. 89) という Voltaire の Pascal 批判[5]の立場に立って、カトリック側の不寛容や dogmatisme を批判した。そしてこの立場は、やがてソルボンヌでの神学士第三試験（Sorboniques）開会に際しての講演 Discours sur les avantages que l'établissement du christianisme a procurés au genre humain（一七五〇年七月三日）（以下「第一講演」と呼ぶ）や、『百科全書』の最初の弾圧（一七五二年二月七日）、《信仰強制告白》事件（Affaire des 《billets de confession》）（一七五二年）、同事件を巡るパリ高等法院の《大建言》(Grandes Remontrances)（一七五三年四月）および高等法院の追放と召還（一七五三年五月～一〇月）といった一連の思想と信仰の自由を否定する事件の真只中におかれて、一七五三年および五四年に聖・俗両権の分離と市民的権利としての良心の自由とを静かに説いた二通の「寛容に関する書簡」(Lettres à un grand vicaire sur la Tolérance) の基本的立場となった。さらにチュルゴーは、一七四八年頃から、Locke のそして恐らくは[6] Condillac の感覚論哲学を受け入れ、一七五〇年には Maupertuis, Abbadie, Malebranche, Berkley らの観念論的形而上学を批判した。[7] そしてこの立場は、当時の彼の歴史研究や言語研究の基本的方法として活用された。また一七四八年には、Locke や Montesquieu の貨幣論から影響をうけ、John Law の「体制」(Le Système, 1716～1720) の破綻に関連して「紙幣論」(Deuxième lettre l'abbé de Cicé) を書き、経済問題について最初の書き物（未完）を残した。他方、Soisson のアカデミーが《技芸および諸科学における趣味の進歩と衰退の原因は常にいかなるものであるか》という課題で懸賞論文を募集したのを契機に、Recherches sur les causes des progrès et de la décadence des sciences et des arts, ou Réflexions sur l'histoire des progrès de l'esprit humain（以下「研究」と呼ぶ）という、断片的ではあるが後に述べるような意味できわめて重要な、歴史に関する最初の論文を残した。

前者の「紙幣論」は、一七五三～五四年の経済諸問題に関する論文や翻訳[8]を介してチュルゴーの政治経済学的思想の形成につながり、また後者の「研究」は、ソルボンヌでの第三試験閉会に際しての講演 Tableau philosophique des progrès successifs de l'esprit humain（一七五〇年一二月一一日）（以下「第二講演」と呼ぶ）や、一七五一年に Bossuet 批判を意図して書いたといわれる（p. 274）普遍史に関する二つの論文の草案、すなわち、Plan du premier Discurs sur la formation des gouvernements et le mélange des nations（以下「第一論文草案」と呼ぶ）および Plan du second Discours sur les progrès de l'esprit humain（以下「第二論文草案」と呼ぶ）のうちの後者の基本的な考えをすでに示しているという意味で、共に重要な作品である。チュルゴーは一七五一年頃と推定される時期に「政治地理学著作草案」（Plan d'un ouvrage sur la Géographie politique）という未完の草稿を残したが、この作品は、普遍史と地理学と政治論のいわば綜合的叙述を意図したものであり、同時に彼の政治経済学的思想生成の一つの重要なモメントとなっている点で、きわめて重要な作品である。さらに付言するならば、チュルゴーは同じ頃、こうした歴史研究と平行して、彼が歴史研究の一つの有力な方法として重視した言語の語原学的研究を進め、また、歴史研究と言語研究に根底的基盤を与えた感覚論哲学の研究をも熱心に行なっていた。そしてこれらの研究は、一七五六年に『百科全書』第六巻に Etymologie および Existence という論題で発表された作品以外に、多くの断片的草稿の形で残された（Voir, pp. 324～331, pp. 340～345, pp. 346～364）。

以上は、チュルゴーの étudiant としての時期（一七四六～一七五一年）の生活意識や問題関心の在り方を概観したものであるが、われわれの主題についていうならば、チュルゴーの歴史意識や歴史思想あるいは歴史的思考方法は、この時期に、Newton, Locke, Condillac, Voltaire, Fontenelle らの理神論や感覚論や科学論の影響のもとに、Descartes, Bossuet, Malebranche, Berkeley, Montesquieu, Diderot らを批判的媒介とし、現実の政治や経済や社会の諸問題に触発されて、徐々に明確な輪郭を形成し、その展開の構えをとりつつあった、と考えてよいであろう。そこで次に、「研究」、「第一講演」、「第二講演」、「第一論文草案」、「第二論文草案」および「政治地理学著作草案」の五篇を中心とし、他の諸論文で適宜補足しつつ、チュルゴーの歴史思想の内容と構造を明らかにしたいと思う。

（1）Schelle は一九〇九年にチュルゴーの伝記（一巻）を書いたが、『チュルゴー著作・資料集』（五巻）を編集するに当って、第三巻を除く各巻の冒頭に詳細な伝記を付した。ここでは、主として第一巻のそれに従った。なお、Du Pont de Nemours, *Mémoire sur la vie et la les ouvrages de M. Tugot, ministre d' Etat*. Philadelphie, 1782; Condorcet, *Vie de Turgot*, 1786. Eng. trans. (by Condorcet), London, 1789; Stephens, W. W., *The Life and Writings of Turgot*. London, 1895をも参照した。

(2) Voir pp. 84〜86.

(3) チュルゴーがなぜ突然ソルボンヌを去ったかについてはいろいろな説がある。Schelleは、一七五〇年の父の死を契機にして、独立した生計を営まねばならなくなったことが動機ではないかと言っているが、もしDu Pontが伝えているように、チュルゴーがソルボンヌを去るに際して、「私は、生涯自分の顔に仮面をつけていると誓うことはできない」と言ったとすれば、それはやはり彼の内面の問題でもあったと考えられる。もちろん勝手な推測は許されないが、筆者はやはりそれは、かなりの程度にチュルゴーの思想上の問題であり、現実との対決の問題ではなかったかと思う。Voir Schelle, *op. cit.*, pp. 33〜35, 236〜238.

(4) *Réflexions sur un livre intitule: Pensées philosophiques.* なお、Diderotの*Pensées Philosphiques*のcritiqueやvariantesについては、Denis Diderot, *Pensées philosophiques*, Edition critique avec Introduction, notes et bibliographie par Robert Niklaus, 1957. Textes Littéraires Françaisを参照。

(5) *Remarques sur les pensées de Pascal*, 1728これは、*Lettres philosophiques ou lettres anglaises*, 1734のなかに第二五通として付け加えられた。

(6)「恐らくは」というのは、チュルゴーの書き物のなかでCondillacの名が初めて現われるのは一七五六年のEtymologieおよびExistenceだから。Lockeの名はすでに「研究」のなかにみられるが、Condillacについても、一七四八年頃の「著作予定表」に、Analyse de nos sensations et du langue, d'où principes de logique et de métaphysique universelleというような標題がみられるところからして、あるいは一七四六年に出版された*Essai sur les connaissances humaines*をすでにみていたのではないかと思われる。

(7) 実際、一七四五年頃から四八年頃にかけてのチュルゴーの書簡や断片的草稿を仔細に検討してみると、彼は一方で神学生として、「秘蹟」とか「恩寵」とか「神の存在」といった神学上のテーマを取扱いながらも、他方では、神や外界の事物の存在の確実性の根拠を「理性」や「感覚器官の印象」に求めるという考え、あるいは物理的世界を純粋に数学的、幾何学的に証明しうるという考えを獲得しつつあったことが分る。そしてわれわれはここに、チュルゴーの神学的・形而上学的精神から理神論的および感覚論的思考方法への接近ないしは脱皮を読みとることができる。Voir pp. 82〜83, 87〜89, 106〜107, 109〜113.

(8) これらの作品は、チュルゴーの政治的経済思想の萌芽を示すものとして、そして、その萌芽はイギリスからの影響と現実の諸問題との接触のなかで等しく実際的な形で作られていったことを示すものとして、重要な作品となっている。

三　チュルゴーの《普遍史》の内容と叙述方法

チュルゴーは、一七四八年の「研究」では、《人間精神の進歩の歴史》を《諸科学・諸技芸の進歩と衰退の諸原因の研究》という方法のもとに考察しようとする。そして、一、学問・技芸の進歩・衰退の特殊的ならびに一般的諸原因　**二**、《趣味》の頽廃の原因　**三**、学芸・政治を担い指導してきた天才たちの役割　**四**、言語の形成・発達とその機能　**五**、人間精神の進歩に差違を生ぜしめる諸原因、等について、断片的にではあるがいくつかの重要な考えを明らかにする。

チュルゴーは**一**の点については、特殊的原因よりも一般的原因を重視し、進歩の条件を《民衆の言語の状態》、《政治組織》、《天才の偶然的出現》の三つに要約する（p. 117）。

二については、《趣味[1]は純粋に道徳的な原因によって失なわれる。その純粋に道徳的な原因とは、国民の間に弥漫した無気力と放逸の精神であり、半可通や文人に対する蔑視であり、王侯たちの奇異を衒った趣味である。また、王候たちの暴政は趣味を堕落させる恐れがある》というように（p. 119）、彼は文化的・社会的環境を重視している。

三については、歴史の担い手として一方において天才の個人的・創造的役割を大きく評価するとともに[2]（p. 117）、他方において、とりわけ《機械技術》や《通商》の改良・発達については、天才の創造物を維持し効果あらしめるものとしての、また日常生活上の《欲求》（besoins）より発するところの、《民衆》（peuple）の不断の創意の力に着目している（pp. 118～119）。

四については、人間精神の生み出したものを保存し伝達することを可能ならしめ、あるいは天才を刺激してその才能を開花せしめる文字や言語の機能を強調する[3]（p. 261～231）。

最後に**五**については、Dubos, Montesquieu らの主張する自然的原因の作用よりも道徳的・社会的原因の作用を重視し[4]、環境[5]と教育の力を強調する（p. 138～140）。

このように「研究」には、人間の歴史を巨視的かつ世俗的に、人類の歴史としてまた人間精神の歴史としてとらえようとする試み、文化的・社会的諸事象を相互連関的に把握しようとする努力、歴史は少数の天才のみによってではなく民衆一般によっても担われ形成されるのだという考え方、環境や教育の力つまり《制度》の力に対する信頼とそれによる人間の改善の可能性への見通し等の鋭い着想が示されている。しかし、それはあくまで断片的にであって、それらを一つにまとめあげる理念はまだはっきりとは現われていない。

一七五〇年の「第一講演」は、歴史における道徳的要因とりわけ宗教の役割についての考えを展開したものである。チュルゴーはここで、キリスト教道徳が人間ならびに人間の社会的・政治的諸制度の進歩・完成にいかに貢献したかを事実に即して証明しようとする。彼はこの第一部で《キリスト教以前の世界の奇妙な姿》と対比しつつ、キリスト教の確立以来それが《人間それ自体》の知的・道徳的開明に対して行なった貢献を例示し、第二部で《法の中正と公平》および《立法者の権威》に対するキリスト教の寄与を例証しようとする（p. 196）。しかし彼は、キリスト教を教義そのものによって評価しようとするのではなくて、それがこれまでに演じてきた歴史的・社会的役割をその実践と効果に照らして公平に判定しようと試みるのである。チュルゴーの真の意図は、キリスト教の道徳の原理即ち愛と慈善の原理による人間の開明と社会的調和の実現を歴史に照らして説くことであって、決してBossuet流の護教論を展開することではなかった。彼は、キリスト教による《野心と情念》の抑制、《公正と穏健の精神》の実現を説くことによって、古代ローマの奴隷制度や社会的闘争からアメリカへの侵略、宗教戦争、専制政治、検閲制度に至る人類の犯した数々の野蛮な行為への、冷静なしかしソルボンヌでの小修道院長としての立場からすればかなり大胆な批判を意図したように見受けられる。とくに、彼が国王と人民の分裂を憂いて人民の自由と平等と幸福追求の権利を強調する時（p. 205）、熱烈な人間解放の精神と人類一本化意識が彼の歴史意識を支えていたことが知られる。

「第二講演」は一七四八年の「研究」を完成させたもので、チュルゴーはここで人間現象と自然現象の継起の仕方の相違を努めて明らかにしようとする。すなわち、前者は後者と異り、常に変らぬ単純な繰返しの法則には従わないで、《理性と情熱と自由》によって不断に新たな姿をとり、常により高度な完成へと向い、人類は、あたかも一人の人間と同様幼年期と成長期とをもつが、決して衰退・死滅することのない《一個の巨大な全体》であることを示そうとする（pp. 214～215）。彼はここにおいても、「研究」においてと同様、人類の進歩の目印として文字と言語の完成、学問・技芸の発達、習俗（moeurs）の醇化、政治諸制度の改善等を挙げるが、それにとどまらず、《人間精神の連続的進歩》ないしは《人類の無限の完成可能性》というきわめて楽観的な基本理念をはっきりと示すのである、そしてこの理念は、Bossuetの《神の摂理の歴史》に対決しようとして試みた二つの論文の草案のなかで一層理論的な形で、しかも《人類史》の《普遍史》（l'histoire universelle）的叙述という形で再び取上げられることになる。すなわち、これらの草案ではチュルゴーは、人間の知識や感情の根源は感性的観念にあり、その観念の不断の連繫が人類の歴史を構成するという想定（pp. 275～276, p. 333）のもとに、《筆記術の発明》以来の歴史の因果関係を厳密に経験的・実証的に、とらえようとする（p. 337）。彼はまた、普遍史は《地理学》（géographie）と《年代学》（chronologie）に基礎をおくと述べている（p. 277）が、これらは、人間の行動の根源に、また歴史の奥に、非経験的で超歴史的な神の意志の支配を認めようとする歴史の見方と記述方法とに対抗しようとするものであった。[6] チュルゴーはまた、社会や国家の形成、政体の確立と人間の諸活動との関係を考察するが、そこでは法則的なものへの感覚が著しく示され、人類の歩みをいくつかの一般法則のもとに把握しようとする努力が強くうかがわれる、例えば彼は、人類のさまざまな活動の原動力の一つとして、環境と能力と所有の不平等に触発された《生活上の欲求》（besoins de vie）という人間の本源的衝動を重視し、これを基礎とした生産形態の発達に着目することによって、《歴史の時代》を《狩猟者の段階》、《遊牧者の段階》、《農耕者の段階》の三つの発展段階に区分したり、分業と交換の発生から《通商の精神》（esprit du commerce）によって内外の貿易が活潑に行なわれるに至る歴史的発展の過程を描こうとしている（pp. 278～282）、さらに彼は、人類の経験してきたいくつかの統治形態について検討を加え、それらがいかに文明の段階と環境とに対応してきたか、また逆に文明に作用をおよぼしたかを示そうとする（「第一論文草案」p. 283以下）、彼はまた、学芸の分化・発展の様相を歴史的に考察することによってAuguste Comteの《三段階の法則》を先取する考え方を示す（「第二論文草案」p. 305以下）。かくしてチュルゴーがここにおいて到達した結論は、《人類の総体は動と静、善と悪の交替によって不断に完成に向って歩んできた》(p. 285) という確信であった。

さてチュルゴーにとって、《人類史は人類の相つぐもろもろの進歩に関する考察およびこれらの進歩を生みだすのに寄与した諸原因に関する説明を含む》(p. 276) ものである。しかるに人類現象は、必ず特定の場所と時期とを舞台として生起する。だから、《人類史は場所的ならびに時間的距離を明確にする地理学および年代学によって支援される》(p. 277) ことを必要とする。かくして彼は、人類史に対して補足的関係をもつ政治地理学を作り上げようとした。われわれはこの企てを「政治地理学著作草案」のなかに見ることができる。彼はその冒頭で、政治地理学の一般概念を説明し、ついでそれを構成すべきいくつかの《政治的世界図》(mappemondes politiques) の対象と範囲を示す。彼にとっては、政治地理学はやがて《政治論》に発展すべきものであった (pp. 255~258) が、ここにその詳細を述べることはできないので、彼の所論に従って普遍史と政治地理学と政治論の相互関係を図示するだけにとどめたい。(7)

《政治地理学》(Géographie politique)
生産の多様性、交通の難易、諸国家の分裂割拠の三つの問題に帰着する。

- 《理論的地理学》(Géographie théorique) → 《政治論》(un traité du gouvernement)
  - 自然地理に対する統治技術の関係に関する理論で、《政治論》の基礎となる。
  - 統治技術の理論
- 《歴史地理学》(Géographie hisorique) → 《理論的普遍史》(Histoire universelle raisonnée)
  - 《実証的政治地理学》(géographie politique positive)ともいわれる。過去から現在に至る歴史の《横断面図》で、いくつかの《政治的世界図》から成り《普遍史》の基礎となる。
  - 普通の地理学と年代学がその《構図》を作り、政治地理学と歴史がそれに《色彩》を与える。

この構想によって分るように、チュルゴーは人類事象を歴史的と地理的の両側面より、換言すれば、時間的と空間的、因果連関的と同時相関的、動態的と静態的の二つの側面から綜合的に観察しようとしたのであり、政治地理学によって普遍史の内容を一層豊富にし精密にしようとしたのだと考えられる。事実彼は、歴史における道徳的社会的原因の力を重視するのと殆ど同等に自然的原因の力にも注目し、あるいは政治に対する宗教の関係を究明し、あるいは諸国家・諸民族の政体や経済組織の多様性に対する自然的環境の影響を明らかにしようとする。また彼は、諸帝国の興亡や英雄の出現よりも人類の経済的・政治的・文化的生活内容の変化、諸国家・諸民族の接触・融合（mélange）による人類の連帯性の拡大ということに着眼して、人類の歴史を民衆の生活の歴史としてとらえようとするのである。

これは、従来の歴史記述にみられた神中心の終末論的歴史観や偉人伝的な教訓的・実用主義的歴史観、あるいは逸話中心の物語り的歴史記述に対して、政治や経済や文化を直接担う民衆の生活に、たとえ野卑素朴であっても理性や情熱やさまざまな欲望により歴史の根底においてその全般的動向を決定して行く民衆の生活に歴史の動因を見出すことによって、一個の巨大な全体としての人類の歩みを、彼の時代に至るまでできるだけ現実に即して、チュルゴーの言葉によれば《実証的》にとらえようとする試みであった、この試みは、不幸にして断片的な草稿のままにとどまったが、もし完成していたならばユニークな一大歴史叙述となっていたであろうと思われる。が、それはともかく、この「政治地理学草案」に示された歴史認識とその記述の方法と構想こそは、この時期までに成熟をみたチュルゴーの歴史意識の構造と論理を示すものであったとみなしてよいであろう。つぎに、チュルゴーのこうした歴史意識の構造と論理について若干筆者の考えを示してみたいと思う。

（1）ここにいう《趣味》（goût）とは、学問、技芸、言語、風習に密接な関係をもつ人間の美的感覚のことであって、チュルゴーはこれを、人間精神の重要な一要素とみなしているのである。当時、Montesquieu, Voltaire, Diderot ら多くの人々が、《天才》（génie）という言葉とともに、その性質や機能を論じていたが、チュルゴーはこれの理想的体現者を《天才人》homme de génie とよぶのみで、その機能や性質については明確な見解を示していない。

（2）しかし、天才といえども身体の構造が多少すぐれている者にすぎないし、言語の状態や自由の気風といった、それが生れる《環境の偶然性》に支配されるので、その役割を過大視してはならない、という。

チュルゴーは後に、《環境と人材次第で進歩の遅速に差があった》と、人類の進歩を、環境＝側度・教育と人材＝偶然の協働とみるようになる。Voir pp. 117～118, 138～139, 302～304.

（3）チュルゴーはここでは、文字や言語の人類の進歩に対する機能的関係を考えているのみで、その構造の感覚論的研究は行なってはいない。それは一七五〇年の Maupertuis 批判を契機として行なわれるようになり、一七五六年の Etymologie で集約的に示される。

（4）かといってチュルゴーは、自然的原因の力を無視したわけではない。まず道徳的・社会的原因を探し求め、それが発見できない場合には自然的原因を考えよ、というのである。Voir p. 104, p. 304.

（5）《環境》（circonstances）のうちでも、とくに文化的ならびに政治的環境を重視し、政治的環境については、自由、平和、勢力の均衡を強調する。ここには、自由主義的・平和主義的思想とならんで、かなり現実主義的・国家主義的な考え方がみられる。Voir pp. 124, 131～132, 136。また、チュルゴーが、東洋とりわけシナの学問が神秘主義やセクト主義や専制主義のために衰微し形骸化したというとき、そこにはフランスの現実への批判が込められているように思われる。チュルゴーのシナ批判の Voltaire や Quesnay と異なる点である。Voir pp. 124～125.

（6）例えば、Bossuet, *Discouss sur l'histoire unverselle*, 1681. しかしチュルゴーは、Bossuet の Oraisons funèbres は éloquence の点で高く評価する。Voir p. 128.

（7）Voir pp. 255～259. なお、一七五三年ないし五四年のものと推定されているもう一つの政治地理学に関する断片的草案 Sur la Géographie politique においては、この「政治地理学草案」におけるよりも一層経済的な視点に立った構想を展開しようとした。Voir pp. 436～441.

四　若干の理解と評価

チュルゴーが《進歩》という言葉を用いるとき、それは知識・経験の累積、学問・技芸の発達、政治制度の完成、道徳・習俗の醇化、人類の連帯性の拡大等を意味していた。これが、彼にとって《進歩》の内容であり目印しであった。いうまでもなくこの進歩の観念は、彼の独創ではなく、Bacon, Descartes, Pascal, Fontenelle ら一七世紀のエリートたちの遺産であった。[1] だがそこには問題意識の相違があった。すなわち一七世紀の知識人たちにとっての問題は、古代人に対する現代人の優劣を論ずることであり、現在に力点がおかれていたのに対して、チュルゴーにとっては——そして後の Condorcet[2] にとってはさらに一層——、あらゆる生活の担い手となっている人間を、全体として人類として把握し、過去から将来に至る人類の方向を探ることが問題であって、力点は未来におかれているのである。

では、この問題意識の違いは何に由来するのであろうか。それはとりもなおさず、チュルゴーの啓蒙主義的オプティミズムの歴史的・社会的根拠を問うことになるのであるが、まず第一に一七世紀においては、現在を古代の権威（スコラ哲学）から解放することが重大な問題であったのに対して、一八世紀の啓蒙思想家たちにとっては、自然諸科学と機械技術の発達に対する著しい信頼とその将来の展望が問題であった。チュルゴーがColomb, Galilée, Newton, Descartes, Leibniz, Lockeらの天才に、ある点では批判しながらも敬意を表したのはその故であった。第二に、人類の連帯性の拡大を進歩と見、その過程をできる限り広汎に描いてみたいという構想は、Hazardが指摘するように、一七世紀末から一八世紀初頭にかけて旅行や交易によって世界の接触が急速に拡大し、その多様性の認識が深まったこと[3]に由来するであろう。第三に、政治制度の改善や道徳・風習の醇化に対する啓蒙思想家たちの重視は、ルイ一四世死後の絶対王制の緩和と寛容の思想の漸次的滲透をさらに一層おしすすめたいという願望によるであろう。最後に、チュルゴーのオプティミズムのもう一つの歴史的・社会的根拠として、生産技術の導入・改善による農業およびマニュファクチュールの発達とそれによるブルジョワ的（資本家的企業者の）生産力の解放の可能性への見通しを挙げることができるであろう。これは、一七五七年の『百科全書』への二つの寄稿論文Foireおよび Fondationや、一七五九年のÉloge de Vincent de Gournay及びその他の論文のうちにはっきりと示される。

ともあれ一八世紀の啓蒙思想家たちは、こうした時代の動きを敏感に感じながら、それを《人間精神の連続的進歩》あるいは《人類の無限の完成可能性》という理念にまとめあげたのである。したがってその理念は、彼らの時代から見た歴史の総括概念であると同時に、彼らの思想と行動とを支える実践理念でもあった。それだからこそやがてそれは、知識人たちばかりでなく新興市民階級全体の指導理念ともなり得たのである。ところでこの理念には、人間の精神に対する、いいかえれば、野心や情念や生活の欲求といった本能的衝動すらをも含む人間の理性に対する全幅の信頼がみられる。チュルゴーやCondorcetは、あらゆる時間と空間を貫徹する理性の普遍的法則を見出そうとしたのである。対して

Montesquieu や Toussaint や Voltaire は、逆に、さまざまな民族の制度や習俗のなかに、環境の多様性に媒介されて普遍的理性すなわち人間精神がどのようなかたちで現われるかを探究しようとした。[4] 彼らは、かつての神に対する信仰を理性に対する信仰によっておき替えようとしたのである。彼らは現実の非理性的な教会と絶対王制と対立したが、人間の理性に対する深い信頼からそれらの理性化に、すなわち宗教的寛容と啓蒙君主政とに期待をかけた。[5] そして同時に、これが彼らの限界でもあった。チュルゴーは、なるほどしばしば《摂理》(Providence)の働きについて述べているが、それは神の直接の支配を意味するのではなくて、常に人間の精神を通じて働きかけ、人間のもろもろの行為を通じて作用する自然法的な《見えざる手》のごときものであった。彼は、それにはなんらの歴史の原動力も認めない。[4] 彼にとって歴史の原動力は、人間精神というあくまで人間的・世俗的要素であって、摂理はその見えざる調節者にすぎないのである。しかし、一面そのような調節者への信頼があったからこそ、人間精神の進歩・完成という普遍的で楽観的な歴史認識をもつことができたのだと言えるであろう。やがてチュルゴーのうちに開花する、私利の主張＝公益の実現という経済思想の根本理念も、そこから出てきたものであった。チュルゴーにとっても Voltaire にとっても、神は理性の産物であって、理性の全能を説明し、根拠づける手段となっていたのである。しかし、Voltaire の理神論は Newton 的に《自然》に対する驚異から出ていたのに対し、チュルゴーの場合にはいわば《人間精神》に対する賛嘆から出ていたという違いがあった、と言えるかも知れない。チュルゴーはキリスト教の社会的《有用性》を認めたが、それは、キリスト教を信仰として絶対視したのでも、教義としてのその卓越性を認めたのでもなく、キリスト教が道徳律として果したその社会的役割を認めたにすぎなかった。彼はまた、法と習俗が理性によって改善・醇化されることを熱望し、それを人類の一つの進歩と考えた。そこにはすでに指摘したように《制度》に対する期待がうかがわれる。そしてこの制度の力に対する期待こそ、封建社会の諸矛盾のなかでチュルゴーをしてやがて政治や経済の実際的改革者として立たせ、Voltaire をして痛烈な宗教批判を行なわせ、あるいは Diderot や D'Alembert をして Encyclopédie を刊行させ、さらには、革命期に Condorcet をして公教育案を提出させた動機であったと考えられる。ともあれ、チュルゴーの世界史像は、このような理性や制度に対する、そしてまた人間の善性に対する楽観的な期待と信頼にもとづいて描かれたのである。

さて、思考方法としては、われわれはそこに、人間の知識や感情を Locke—Condillac の線にそって感覚や観念に分解してその発生の起源を問い、人間の諸制度をその発生の根源に遡ってその根拠を問うという経験主義的思考方法[7]と、さまざまな歴史的・人間的事象を理性の鑑に照らして取捨選択しその正当性を判断するという Descartes 以来の合理主義的思考方法とが、渾然と折衷されているのを見る。しかしながらこの折衷こそ、チュルゴーの《歴史》の性格をあいまいにした張本人であった。なぜなら、合理主義的思考方法が経験的・自然主義的思考方法を弱体化し、不徹底に終らせたからである。なるほどチュルゴーは、歴史を伝説や物語から切り離し、経験と事実とにもとづいて歴史を再構成し、できる限りリアルに歴史の因果関係を把握しようとした。彼はいたずらに過去を軽蔑したり、中世を暗黒時代視するようなことはなかった。彼は中世にも進歩を見出し、スコラ哲学者たちにも、哲学（sciences philosophiques）の進歩に対する何程かの貢献を認めた（p. 198）、彼はまた、人間の情念（passions）とか野心（ambition）とかの非合理的な要素をも歴史の推進力として認める包容性を示した。彼は、フランスの伝統ばかりかヨーロッパの伝統をも超えて非ヨーロッパ世界にまで視野を拡げた。彼は聖書のなかから歴史を引出したのではなく、聖書を歴史のなかに一史料として押し込めた（p. 278）。彼は一七五六年の Etymologie のなかで、言語の語原学的研究は歴史研究の有力な方法であると述べ、正しい語原発見のいくつかの基準を示した後、語原推定の《最も一般的な基準》は、《十分に疑うこと》であると述べた（p. 503）。にもかかわらず、彼の史料批判や事実批判は、むしろ Bayle や Montesquieu や Voltaire に劣っていた。

チュルゴーにあっては、人間の理性や知性に対するあまりにも強く楽観的な信頼のために、いうなれば啓蒙の世紀に生きんとするあまりにも強い使命感のために、そしてまた、自然法則にも似た厳密に法則的なものや類型的なものに対する感覚の方が現実的なものに対する感覚よりも強かったために、その歴史把握は十分にリアリズムに徹することなく、その歴史像は、科学としての歴史学ではなく、彼の理想から生じその理想を支えるところの一個の《哲学》にとどまった。彼は、歴史は結局のところ、理性的なものと非理性的なものとの、善と悪との二元論的な闘争であって、やがては理性的なもの、善なるものが打ち勝つであろうと考えたのである（p. 285）。（そしてこの傾向は、Condorcet においては、自然科学に対する確固たる信頼によって一層強められ、彼においては、歴史は事実の歴史から理想の歴史もしくはあるべき歴史にまで《哲学》化された。しかし、それだからこそ彼は、大革命の真っ只中にあって、歴史に学び、歴史のなかに生き、歴史を信じて世を去ることができたのである）[8]。チュルゴーは、歴史における経済的要因や政治的要因の働きに着目しながらも、それ自身の論理をもつ社会体制を把捉することができず、また歴史における民衆の役割を認めながらも、その民衆をそれ自身の多様性と自律性をもつ民族や階級として把握することができず、したがって、歴史をリアルかつ動態的にではなく、抽象的かつ直線的にとらえるだけに終ったのも、（歴史がまだそこまで進展していなかったといえばいえるのだが）、彼自身の啓蒙主義的オプティミズムと自然法的合理主義の優越、すなわち経験主義の不徹底のためであった。

もっともチュルゴーの場合には、やがて政治や経済の実際問題にたずさわるようになると、きわめてリアルな現実認識を行なうようになる。そして同じ自然法思想といっても、Quesnay ほど固定的・静態的ではなく、かなり柔軟な形をとるようになり、《資本》というカテゴリーによって社会階級の分化と対立を把握するにまで至るが、結局は私有財産の容認を基礎とする自然法的合理主義から脱却することができなかった[9]。経験的には社会階級の矛盾と対立を認識しながらも、その終局の解決を啓蒙君主政のなかに求めなければならなかったのも、彼の主知主義的合理主義のためであった。その点で彼は、Rousseau や Mably や Babeuf の論理を欠いていた。また、彼が《歴史的》であろうとしたにもかかわらず、《非歴史的》であり、《反歴史的》で《皮相的》であったという非難を受けなければならない所以もここにあった[10]。チュルゴーの歴史認識が、真にリアルな歴史認識となり、歴史の重みに耐えうるものとなるためには、何らかの形で経験的ないしは唯物論的思考方法によって十分に濾過される必要があったのである。その意味で、若き日のチュルゴーの歴史認識や歴史意識が、その思考方法とともに、どのような形でその後の彼の思索と活動のなかに継承され展開されて行くか、また、チュルゴーを含めた啓蒙主義的合理主義的歴史観が、歴史自身の進展によってどのように克服されて行くかは、たしかに、大きな興味の対象である。

付記　本稿は、大学へ提出した大学院社会学研究科修士論文（一九五七年）および同博士課程単位修得論文（一九六〇年）の一部をまとめたものである。

（1）田辺氏は、チュルゴーに対するPascalの影響とりわけ「真空論断片」*Fragment d'un Traite du Vide*（1647～1651?）の影響を指摘している。チュルゴーがPascalを読んでいたことは事実だとしても、この「真空論断片」がBossutによって初めて刊行されたのは一七七九年であるから、チュルゴーはこれをみることはできなかったのではなかろうか。筆者はむしろ、一七世紀にCharles PerraultやFontenelleらによって広く展開された、いわゆる《現代人・古代人論争》の影響、とりわけ幼少の頃からその家庭に出入りしたり、その書物を愛読していたといわれるFontenelleの影響が強かったのではないかと思う。Voir. pp.80, 104～105, 122～123, 339.

（2）Condorcet, *L'Esquisse d'un tableau historique des progrès de l'esprit humain*, 1794.

（3）Hazardはこの傾向を《地理的精神の勝利》とよんでいる。*La Crise de la conscience europeenne*（1680～1715), p.28.

（4）Montesquieu, *Esprit des lois*. 1748; Fraçois Vincent Toussaint, *Moeurs*, 1748; Voltaire, *Éssai sur les moeurs et l'esprit humain*, 1756.

（5）その意味で、チュルゴーを含む啓蒙思想家たちの寛容論と、Bayleを中心とする一七世紀のlibertinsの寛容論およびJohn Lockeを中心とする一七世紀のイギリスのそれとを比較考察することは、非常に重要な仕事であろう。

（6）Buryは、チュルゴーの摂理への言及は《慎重な空世辞》（a prudent lip-service）にすぎなかった、と言っている。Bury, *op. cit.*, p. 154. しかしチュルゴーの場合には、その点微妙であるが、単なる「空世辞」ではなかったであろう。

（7）この思考方法が最も明確な形で示されるのは、一七五六年の『百科全書』寄稿論文EtymologieおよびExistenceである。なおExistenceについては、Grimsley, R., "Turgot's Article 'Existence' in the Encyclopédie"（*The French Mind*. Studies in honor of Gustave Rudler, edited by Will More. Oxford, 1952）および、津田内匠「チュルゴにおける認識の問題」（『一橋論叢』四三巻六号、一九六〇年）を見よ。

（8）Condorcet, *op. cit.* とくに「第十期」。

（9）Voir Turgot, *Réflexions sur la formation et la distribution des richesses*, 1766.

（10）フランス啓蒙史学に対する非難は、すでにHerder, *Auch eine Philosophie der Geschichite zur Bildung der Menschheit*. Beitrag zur vielen Beiträgen des Jahrhunderts, 1744（Johann Gottfried Herder zur Phiosophie der Geschichte. Eine Auswahl in zwei Bänden, herausgegeben von Wolfgang Harig, Aufbau-Verlag, Berlin, 1952. Ier Band, SS.443～527）に見られる。近くは、Collingwood, *op. cit.*, p.77.

二 チュルゴーにおける「寛容」の問題

一 問題の設定

改めて指摘するまでもなく、近代市民社会形成期のヨーロッパにおいて寛容の問題が占めていた重要性は決して見逃すことができないものである。すなわち、一六世紀から一八世紀にかけてのヨーロッパ、とりわけイギリスおよびフランスにおいては、寛容の思想は、自然主義的世界観、経験論的・唯物論的哲学、世俗的・功利主義的道徳論、民主主義的政治思想、自由主義的経済思想等の出現にあるいは先んじ、あるいはそれらと密接に結びついて、中世的・封建的束縛から人間を解放し人間にその諸権制を回復せしめるうえにおいて、一つの大きな歴史的役割を演じたのである。とくに一八世紀のフランスにおいては、ちょうど一七世紀のイギリスにおいてそうであったごとく、寛容の問題は、もはや単なる宗教・宗派の対立抗争の問題ではなく、絶対主義的封建勢力全般と新興市民階級との対決の一つの重大な争点にまで発展していたのであって、従ってフランスにおける寛容の問題の研究は、単にフランス思想史の研究にとってばかりでなく、フランスの歴史的現実の内包していた諸問題自体の追求にとってもきわめて有効なる作業である、と考えられるのである。

このような観点からするとき、従来の研究者からはあまり注目されず、ましてや十分な理解や評価を与えられなかったとはいえ、一六・七世紀のイギリスおよびフランスの寛容論から著しい影響をうけ、かつ一八世紀のフランスの諸問題を強く反映しており、その意味で一八世紀フランスの寛容論の一典型をなしているといえるチュルゴーの寛容論は、十分な検討をうける資格をもっているように思われる。実際、以下に述べるように、チュルゴーは寛容の問題を一つの契機として、一八世紀フランスにおける宗数や哲学や経済や政治の在り方そのものを真剣に考えようとしたのであって、従ってチュルゴーの寛容の思想の研究は、彼が一八世紀フランスの現実をどう意識し、それに対してどう働きかけようとしたかを、つまり、チュルゴーと歴史的現実とのかかわり具合を知るうえの重要な手掛りとなっているのである。それ故この小論では、チュルゴーの神学および宗教問題に関する諸論稿のなかからどのような過程を経て彼の寛容の思想が生成展開していったかを明らかにし、その問題意識の変遷過程と論理の構造的特色を解明することによって彼の寛容論の性格をできる限り明らかにしたいと思うのである（従って本稿では、チュルゴーの寛容論の思想系譜や他の思想家との比較の問題は第二次的にしか取扱われていない）。

二　チュルゴーにおける寛容の思想の生成と展開

チュルゴーの寛容の思想は、その勉学時代（一七四三－一七五〇）には理性宗教論および道徳的宗教論の形で表明され、司法官時代（一七五二－一七六一）には市民的寛容論と経済論的寛容論の形で展開され、そしてさらに行政官時代（一七六一－一七七六）には自然宗教論的寛容論と政治的寛容論の形で述べられた。そしてこれらの主張は、終始フランス王国に対する強烈な危機意識によって媒介され、一貫して歴史的・実証的思考方法と啓蒙主義的・理想主義的使命感によって支えられていた。

(a) 理性宗教論

一七四六年に書かれた『ディドロの『哲学思想』に関する考察』(Réflexions sur les Pensées philosophiques de Diderot: I. Réflexions générales; II. quelques endroits d'un livre intitulé: Pensées philosophiques) は、勉学時代のチュルゴーの宗教に対する一つの関心の在り方を示すものとして重要な意味をもっている。

チュルゴーはこの作品で、『哲学思想』におけるディドロを善良なカトリックを装ってキリスト教を攻撃する「偽善者」であると非難し(シェル版『チュルゴー著作・資料集』、第一巻、八八頁)、またディドロの論法をトランド、コリンズ、ウールストン、シャフツベリあるいはスピノーザといった「師の模倣」にすぎないと批判する(同)。そして彼自身は、「反宗教的書物」が溢れ、無神論がヨーロッパに「ますます拡がり日々新たな追随者を獲得しつつある」(第一巻、八七頁)現状を憂慮して、それらの攻撃からキリスト教を守り、ヴォルテールのパスカル批判における「理性によってわれわれの〔=キリスト教の――筆者〕神秘を証明しようとする試み」を自らの目的とする(同、八九頁)。すなわち、ここにおいてチュルゴーは、第一にキリスト教信仰の人間理性との両立性を、第二にキリスト教の道徳的感化力を強調することによって、ようやく顕在化してきた反キリスト教的時代風潮からキリスト教を守り、キリスト教こそ唯一の真なる宗教であることを示そうとするたのである。かくしてチュルゴーは、この時期を、キリスト教にとってそしてまたフランス社会にとって一つの大きな危機の時代であると深刻に意識していたのであり、だがそれにもかかわらず、この危機は、キリスト教の神秘的な説明によってではなく理性による説明によって、さらにまたキリスト教自体が本来の道徳的教化力を回復しそれを十分に発揮することによって、打開し得るであろうと多分に楽観的に考えるのである。

しかし、人間の生き方を著しく道徳主義的に考え、社会の紐帯を宗教に求めようとしていたチュルゴーの目にけ、懐疑主義や無神論あるいはイギリス流の理神論すら危険な無道徳主義であり秩序を破壊するものとして映り（同、九〇－九一頁）、それらを危険視するあまり、ディドロの意図や主張を、すなわち逆説や皮肉の裏に隠された不寛容に対する批判や宗教の相対性や自由検討の主張を、あるいは、「真理にいたる第一の道」としての「懐疑主義」の提唱を、十分に理解することができなかった。事実、ディドロに対するチュルゴーの反論には的はずれが多くみられるし（例えば、同、九六－九七頁）、自らヴォルテールの理神論の立場に立つといいながら、イギリスの理神論を承け継いでいるディドロに対して「不寛容」の非難を加える（同、九六頁）といった矛盾をみせている。けれどもチュルゴーが、このディドロ批判において、懐疑主義や無神論に象徴される当時のキリスト教無視の傾向を前にして、キリスト教本来の「真理性」つまり合理性と道徳性を強調した（同、九四－九七頁）ことは、間接的で消極的な形においてではあれ、当時のキリスト教の在り方に警告を与え、反省を迫り、その姿勢の是正を求めたものとみることができるように思われる。現にチュルゴーは、一七五〇年には、当時のカトリックの頑迷で不寛容な在り方に直接批判を加えるにいたるのである。

このようにチュルゴーは、ソルボンヌでの勉学の過程において、カトリックでもプロテスタントでもない理性宗教の立場においてキリスト教の脱皮を願うにいたったが、彼はさらにこの立場を自然宗教ないしは自然神学という形で理論化しようとしていた。例えばチュルゴーは、一七四八年頃のものと推定されている『著作予定表』（Liste d'ouvrages à faire）のなかで、『教義の歴史と論争』（L'histoire et discussion des dogmes）、『寛容の必要性』（La nécessité de la tolérance）といった宗教問題に関する著作名の他に、『自然宗教（詩）』（La religion naturelle, poème）、『自然宗教の儀式』（Rituel de la religion naturelle）、『自然神学』（Théologie naturelle）といった予定著作名を挙げている（同、一一五－一一六頁）し、また、一七五〇年の『神の存在の若干の証拠について』（Sur quelques preuves de l'existence de Dleu）と題する断片的論稿においては、はっきりと経験論哲学の影響のもとに、「神の存在と統一性を確固として証明するのは理性である」（同、一八一頁）と述べて、アバディその他のスコラ神学者たちの主張する「道徳的証拠」（preuves morales）によるもしくは「自然法」（loi naturelle）の存在を先験的に仮定することによる証明方法、あるいはマルブランシュの

「魂に内在する原型観念」(idées archétypes présentes à l'âme) 等を否定して、一般に存在の観念は感覚を通して経験的にしか形成されないと考えていた(同、一七九－一八三頁)。

このようにチュルゴーは、その勉学時代においては、キリスト教の理性化および道徳化と寛容の必要性を理性宗教の立場から説き、神学上の問題とりわけ神の存在の問題を、純粋に思弁的な形においてではなく感覚論哲学を土台として、自然宗教ないしは自然神学の形においてできる限り合理的かつ経験的に考えようとしていたのである。

なるほどチュルゴーは、最高存在としての神の存在や神の摂理までも否定し得なかったため、その経験論的立場を無神論や唯物論にまで徹底させることはできず、それらに対しては偏見すらもっていたし、信仰と理性の二元論は、自然宗教という形における統一の努力にもかかわらず終生彼につきまとうことになるのである。しかしながら、彼がこの時期に培った経験論的思考方法は、やがて、事実にそくした客観主義的実証精神を培い、宗教問題に対してと同様その活動分野全般において、彼をセクトやドグマや偏見から比較的自由にするのである。また、後にみるように、チュルゴーの寛容論が、ピエール・ベールやヴォルテールあるいはディドロらの聖書・教会批判にみられる鋭い戦闘的議論とは異なって、全般的に穏健中庸で彼らよりも一層論理的なのも、実際、彼自身の調和的な性格とこの経験論的思考方法にもとづく客観主義的・実証主義的態度によるのである。

(b) 道徳的宗教論

チュルゴーが一七四七年のディドロ批判のなかで示した理性宗教の考えは、その後、一七五〇年七月三日に『キリスト教の成立が人類にもたらした諸利益に関する講演』(Discours sur les avantages que l'établissement du christianisme a procurés au genre humain) と題してラテン語で行われたソルボンヌの神学士第三試験 (les Sorboniques) 開会講演のなかで、道徳的宗教論の形で展開された。そして、そこに表明された立場は、まさしく、チュルゴーの勉学時代における寛容の問題に対する一つの姿勢でもあった。

チュルゴーは、まずこの講演の冒頭において、「キリスト教はユダヤ教の摂理を完成させ同時に弁証するものである」(同、一九五頁)と、ユダヤ教とキリスト教の原理的連続性を指摘し、「この全く天上の宗教はまた、この世の至福の最も純粋な源泉であり、地上に永遠の救いの種を播くことによって光と平和と幸福を同時に地上に注いだ。私がこの講演を捧げるのはこの真理に対してである」(同)と、キリスト教の歴史的役割に対する根本的確信を表明した。そして、「私は事実にのみ基礎をおくであろうし、キリスト教世界と偶像崇拝の世界とを忠実に対比することによって、世界がキリスト教から受け取ったもろもろの利益を論証するであろう」(同)と述べ、第一部においては「人間それ自身へのキリスト教の影響」について、第二部においては「政治的社会の機構と幸福へのキリスト教の影響」について述べ、「完成された人間性と政治とが全主題を構成する」と、その歴史的展望の方法と視点を明らかにしている(同、一九六頁)。

彼は言う。市民社会成立以後においては宗教の舞台は純粋に精神的な領域に限られむしろその指導力は狭められ間接的となったが、市民社会が十分に発達をとげる以前にあっては、宗教は人類をあるいは知的にあるいは道徳的に指導して比類ない貢献を行なった、この点キリスト教はいかなる異教にも優っている、と(同、一九七－二〇五頁)。

かくしてチュルゴーは、この講演においては、キリスト教の信仰が、というよりはむしろキリスト教の道徳が、人間それ自体および政治的・社会的諸制度の、とりわけ「習俗」(moeurs)と「法」(lois)の、進歩と完成にいかに貢献したかを歴史に即して実証し、キリスト教を、教義そのものの内容によってではなくそれが実際に演じ来たった歴史上の役割とその効果とに照らして、できる限り公平に判定し評価しようとする。換言すれば、彼は、キリスト教が人間の本質的要素たる感情および理性を陶冶・開明し、心の最も内なる要求に対してと同様知性や理性の最も高度な理解に対しても満足を与えることによって転変常なき人間社会に確固不動の原理を与えてきたことを史実に即して論証しようとするのである。

確かにチュルゴーは、もっぱらキリスト教が人類にもたらした「利益」のみを示しそれが犯した「過誤」については殆ど触れなかった点必ずしも公平であったとは言えないが、しかし、彼がソルボンヌでの「小修道院長」(preieur)という立場にありながら、教義の注釈を目的とせず、道徳力としての宗教の教育的効果と社会的効用を指摘したこと(同、一九六頁)(その意味で、この講演の基調を道徳的宗教論と呼び得るであろう)、とりわけ、市民社会の形成以後の時期においてはキリスト教的道徳の原理すなわち隣人愛とそれを具現した「法」が社会の秩序と安定の紐帯となるべきことを強調することによって立法者に反省を促がし寛容の精神を説いた(同、二一〇―二一二頁)ことは、注目すべきことであったと言わなければならない。

チュルゴーはこの講演においてその宗教論を純理論的な宗教論として展開しなかったが、それは、宗教を純粋に内面的な精神道徳の問題に還元してさまざまなドグマを排除し、宗教の道徳化と宗教者および立法者の理性化とによってキリスト教の脱皮と威信の回復を計り、そうすることによってキリスト教が再び人間精神の涵養と人間社会の連帯化の一助となることが当面のフランス社会にとって焦眉の問題であることを示そうとする実践的な意図のためであった。実際チュルゴーは、当時、天才の出現という偶然的要素や政治制度の完成、習俗の醇化、言語・学芸・技術・交易等の発達という社会的要素とともに、宗教という精神的要素をも人間精神の進歩と人類の完成の重要なモメントと考えていたのであって、従って、宗教論の理論体系を作り上げることよりもキリスト教道徳の普及・浸透と宗教者や立法者の理性化を世に訴えることの方が現実のフランス社会の発展にとって一層肝要であると思われたのである。従ってチュルゴーにとっては、宗教それ自体を否定することは、彼自身の心情からいっても人間社会発展のための有効性からいっても到底考えられないことであった。彼が無神論や唯物論に対してばかりでなくエルヴェシウス流の功利主義的世俗道徳論に対してさえも批判を加えるにいたるのは、愛と正義を重んずるキリスト教的道徳主義と宗教を人間の完成と社会の進歩の重要な要素であり有効な手段とみる現実主義にもとづくものであった。『人間精神の連続的進歩の哲学的展望』(Tableau philosophique des progrès successifs de l'esprit humain)と題した同年一二月一一日の閉会講演は、言語、学術、技芸、政体等の文化・文明の側面における「人間精神の連続的進歩」と「人類の一体化」を論じたものであるが、その展望の底流にも同じ考えが貫かれている。

かくしてチュルゴーは、一七五〇年の時点において、一七四六年の理性宗教の思想を社会的な観点から発展させて道徳的宗教論として展開し、その観点からキリスト教の自己脱皮と寛容の精神の浸透を訴えるにいたったのである。筆者は、当時のチュルゴーのこのようなきわめて実践的な歴史意識こそ、この講演を行なった翌年（一七五一年）の「始めに」（同、三四―三五頁）、聖職者となることを断念して還俗し、現実の世俗社会のなかで実際家として活動することを彼に決断させた少なくともその一つの動機ではなかったかと考えるものであるが（直接の動機は彼の父の死であったといわれる）、それはともかく、チュルゴーはソルボンヌを去った後も、こうした考えと姿勢を基礎として、現実の諸問題に触発されながら寛容の問題を考え続けて行くのである。

(c)　市民的寛容論

一七五一年の始めにソルボンヌを去り聖職者としての道を捨てたチュルゴーは、同年一二月パリ高等法院主席検事補の職につき、五三年五月同高等院請願審理官に任命された（同、三六五―三六九頁）。ちょうどこの頃パリの高等法院は、『百科全書』の弾圧（最初の弾圧は一七五二年二月七日）、信仰強制告白事件（affaire des《billets de confession》）（一七五二―五六年一〇月）、あるいはジャンセニストに対する秘蹟拒否事件（一七五二―五四年九月）、さらには同事件に関する国王への高等法院の「大建言」（grandes remontranees）およびそれに対する王権側の高等法院の報復的追放と召還（一七五三年五月および一〇月）といった一連の思想と信仰の自由をめぐる重大事件の真只中に立たされていた。いうまでもなく『百科全書』の刊行は、新思想の浸透と市民的知識層の力の拡大を示すものであり、また信仰強制告白事件や秘蹟拒否事件は、高等法院（大部分はジャンセンストまたはガリカニストのブルジョワ出身の新興法服貴族）と教会・ソルボンヌ（法王至上主義のジェスイット＝イエスズ会修道士）と王権（カトリック教徒の国王と名門宮廷貴族）との間の主導権争いを示すものであったが、王権側はこうした対立抗争を巧みに利用して他の勢力を弱めながら失なわれていた自己の力を回復する機会を狙っていたのである。

　こうした情況のなかにあってチュルゴーは、自己の体験と観察とにもとづいて宗教問題に対していわゆる「市民的寛容」

(tolérance civile) の考えを示した。一七五三年および五四年に書かれた『一助任司祭宛の寛容に関する書簡』(Lettres à un grand vicaire sur la Tolérance: Première lettre à un grand vicaire, 1753; Deuxième lettre à un grand vicaire, 1754) がそれである。一七五三年の第一書簡は、「国家が支配的宗教に対して与えなければならない保護とは一体どのようなものか」という相手の質問に答える形でチュルゴーが自己の見解を展開したものである。彼はこれに対して「いかなる宗教も自由以外の保護を要求する権利をもたない。しかもその教義もしくは礼拝が国家の利益に反するときにはその権利を失なう」(シェル版第一巻、二八七頁) と答えている。この答え自体がすでに彼の見解と立場を端的に示しているが、彼はさらに次の諸点を強調している。一、宗教は本来個人の確信にもとづくものであり、個人の救済を目的とするものである。すなわち、宗教は個々人の良心の権利にもとづくものであるから、国家は特定の宗教を保護したり強制したりする権利をもたない (同、三八八頁)。二、しかし政府は、いかなる場合にも宗教を保護してはならないのではなく、世情が不安に陥ったり人々が無宗教に陥ったりあるいは道徳の原理に対する無関心に陥ったりしている場合には、政府は「人間性」と「正義」に一致し「良心の権利」と「公正なる政治」を実現し得るような一つの宗教を選択して国民に示してやることが必要である。だがその場合にも、国家がその宗教に与える援助は、必要数の牧師を確保して配置したり牧師の生計を保証する程度にとどめなければならない (同、三八八―三八九頁)。三、宗教が国民の間に広く行きわたっていることは、国民を教化する公教育が国民の間に広く行なわれていることと同様にきわめて重要なことである (同、三八九頁)。四、宗教は事実においてのみ支配的となる。すなわち、支配的宗教とはその信奉者が最大多数である宗教に他ならない。国家が宗教を選択して国民に勧める場合にはこの意味での支配的宗教を選択するのがよく、支配する立場にある者の宗教が必ずしも政治によって採択されるにふさわしいとは限らない。理性の光に照して偽りであるような宗教は、一国の「公宗教」(religion publique) たるにふさわしくない。そして、一国の「公宗教」は「寛容」以外のものを要求する権利をもたない (同、三八九―三九〇頁)。五、教会の無謬性は必ずしも真実とはいえないからこそ国家が教会の裁定者となるのであって、カトリックの宗教も、国家によって「許容されたもの」(la tolérée) としてのみ存在しなければならない（同、三九一頁）。六、プロテスタントの宗教もアルミニウス派の宗教もカトリックの宗教ほど政治的不都合をひき起してはいない。しかし、これらの宗教とても「無宗教」（irreligion）の進出に対する防波堤とはなっておらず、自然宗教も同様である（同）。

これに対して、一七五四年の第二書簡では、チュルゴーは、「君主は不正を命じ、無実の人間をも処罰し得る」とする相手の主張に答える形で自己の見解を展開し、君主にかかる権利がないことは君主の権利の根源に遡って考えれば明らかなことである（チュルゴーは君主の「権利」は「公正」であることにもとづいていると考えている（同、四一四―四一五頁））とこれを否定して、宗教に対する「君主の無能力」（incompétence du prince）を主張し（同、四一一―四一三頁）、もし君主がこれに違反するときには人民はこれに抵抗することが正当化される、と一七世紀的国王神権説とは全く逆に人民主権と人民の抵抗権を明らかにし（同、四一六―四一七頁）、社会の秩序の安定と民衆の幸福のためには「よき国家機構」と「市民的寛容」の原則が確立されなければならない、と繰返し述べる（同、四一七頁）。

このようにチュルゴーはこれら二つの書簡で、宗教に対する国家（国王）の関係如何という問題から出発して、一方で信仰の個人性と良心の権利の自由とを根拠として宗教の自由と寛容の重要性を強調するとともに、他方で功利主義的・国家主義的観点から宗教の一般的教育的有用性と国家の教会に対する優越性とを指摘し、さらにこうした原則的主張に加えて、教会側に対しては、その無謬性を否定することによって迷信的教義と狂信的不寛容政策を批判して宗教者たちの理性化と教義の合理化を促し、王権側に対しては、宗教に対する君主の無能力を指摘することによってその専制を批判して聖俗両権の分離・独立・不干渉を要請し、さらに無宗教の進出に関しては、宗教の社会的「効用」を強調して宗教による民衆の道徳的教化に期待をかけるのである。

かくしてチュルゴーは、ソルボンヌ時代の理性宗教論および道徳的宗教論を現実の問題とりわけ政治の問題に関連させて「市民的寛容」の理論として発展させるのであるが、この努力は、前述のような歴史的・社会的情況のなかにおかれて、いずれの宗教・教義・利害にも偏することはなく、できる限り公平で中立的ないわば調停者の立場から、しかも、もはや宗教論としてではなく、現存する諸宗派・諸勢力の平穏裡の共存のための一種の政治論として、いいかえれば、現実の事実を事実として認めて忌わしい迫害や弾圧を速やかに終らせ、社会の秩序と平和を確立し、民衆の幸福を実現するための一種の政治論として、最も穏健で妥当と思われる原則を確立しようとするものであった。チュルゴーは、この「市民的寛容」の一般的・普遍的原則について理論的と歴史的の両側面から示そうとしているが、われわれはそこに、啓蒙主義的理想主義と政治的現実主義の、民主主義と国家主義の、普遍主義と歴史主義の二つの観点を調和させようとする真剣な努力をうかがうことができるように思われる。ところで思想史的にみるとき、われわれは、チュルゴーの理想主義的・民主主義的・普遍主義的主張のなかには、ジョン・ロックが『寛容に関する第一書簡』（一六八九年）や二つの『市民政府論』（一六九〇年）で展開した考え、とくに「無関心説」にもとづく寛容の主張の明白な影響を認めることができるし、その現実主義的・国家主義的・歴史主義的主張のなかには、ジャン・ボダンら一六世紀の「政論家」（les Politiques）と呼ばれた人々の考えやルソーの『社会契約論』（一七六二年）における「市民宗教」（religion civile）の考えとの類似性を認めることができる。けれどもそこには、問題意識と問題接近の方法に関して相違がみられる。すなわちチュルゴーは、ロックと同様理性と公共の福祉とに訴えて自然権としての良心の権利と信仰の自由を説き、聖俗両権の分離・独立・不干渉の必要性と重要性を強調したが、しかし、ロックが社会契約説にもとづいて国家や教会の本質および機能について厳密な理論的規定を行ない広教主義（latitudinarianism）の立場から市民革命下の一連のホイッグ的立憲政治と寛容政策の理論的根拠を示そうとしたのに対し、チュルゴーは、そうした両権の理論的規定はむしろ当然の前提として、さらにそれに加えて歴史的考察によってそれらの存在の根拠とあるべき姿を示し、もって現実のフランス社会における平和と秩序の確立のための和解者・調停者たらんとしたのである。すなわち、チュルゴーの思考方法はロックのそれに比して一層歴史的かつ実際的である。またチュルゴーは、国家の利益（国の統一と秩序）は宗教の利益（教会および教義の統一性）に優先するという考えをもっていたが、「政論家」たちのようなフランス王国の伝統的基本法を重視し帝王教権説を唱える君主制論者ではなかったし、ルソーのような宗教を国家統治のための手段と考える便宜主義者でもなかった。チュルゴーは、なるほどモナルシスト（君主崇拝者）で現実主義的傾向をもってはいたが、しかし彼は、国家理性への傾斜よりも人間理性への信頼の方が強く、現実主義的・功利主義的色彩よりも啓蒙主義的・理想主義的色彩の方が強かったのであって、宗教も、特殊な場合を除いて、あくまで国民が自らの手で国民連帯のために創出すべき道徳的紐帯にほかならず、また、市民的寛容は国民の間にこのような宗教道徳を確立するための不可欠の前提である、と考えていたのである。

しかしながら、理論的にはやはりチュルゴーの所論はいくつかの点で緻密さを欠いている。例えばチュルゴーは、彼が非常の場合に「公宗教」となるべきものと考えている「より一層合理的な教義」(des dogmes plus raisonnables)（同、三八九頁）とは具体的にはどのようなものであるのか、誰が「一層合理的」と判断し、如何にしてそれを「公宗教」とするのか、国がそのような教義を「公宗教」として採用し国民に勧めるとき「市民的寛容」の原則を犯す恐れはないか、異質な宗派や勢力が果たして平穏裡に協調できるか、といった問題には何も答えていないし、また、無神論や唯物論を、それらの発生の歴史的必然性に対する顧慮もなくカトリック側の不寛容以上に国家秩序に反する暴力的な「力」(force) とみて、極度に危険視するという欠陥（この点もロックと同様である）を露呈しているのである（同、四一四頁）。

このように、チュルゴーの所論は全般的に具体性に欠けており若干の矛盾や偏見がみられるが、しかし、こうした抽象性あるいは一般性はむしろ彼が意識して狙ったところのものである、と考えられる。なぜなら、高等法院の請願審理官という実際家の立場にあって現実のフランス社会の平和と秩序の確立こそ緊急焦眉の問題と考えたチュルゴーにとっては、個々の具体的方策を示すことよりも理性と公共の福祉に訴えて信仰の自由、寛容、公正な政治という普遍的原則を確立し、教権と俗権のそれぞれに対してしかるべき責務を与えることの方が肝要であった、と考えられるからである。彼がこの市民的寛容論においても、その理性宗教論および道徳的宗教論におけると同様、信仰と理性の統一の立場を「自然宗教」において見出しそれをもって自己の立場としているのは、特定のドグマや現実的利害から超越した立場に立とうとするためであり、実際またそのような立場においてこそ市民的寛容の主張も可能であったからだと思われる。われわれはここに、彼において実際家的精神と普遍主義的精神が密接に結びつき、補い合っているのをみることができるように思われる。

(d) 経済論的寛容論

以上のようにチュルゴーは、自らその渦中に立たされた現実の宗教的・思想的紛争に触発されて、自然権としての良心の権利と信仰の自由の尊重、聖俗両権の峻別と相互不干渉、諸宗派・諸勢力の協調による平和と秩序の確立、合理的な宗教道徳による国民の連帯意識の実現という「市民的寛容」の重要性を主張するにいたったが、彼をして宗教的寛容の必要性を主張せしめた観点がもう一つあった。それは経済論的寛容論とも呼び得る経済的実益の側面からする宗教的寛容の主張であって、チュルゴーの寛容の思想を特徴づける重要な点となっている。

チュルゴーの経済問題への関心は、ソルボンヌ時代に書かれた紙幣論におけるジョン・ローの財政攻策批判や歴史哲学的諸論稿における経済史的事実の重視という形で早くから見出せるが、現実の経済問題への関心は、彼が高等法院の請願審理官としての実際上の必要からグルネーやトリュデーヌらの実際家たちと接触したり、タッカー、チャイルド、ロック、ヒューム、カンティロン、ケネーらの英仏の経済学者たちの著作を読み始めたことによって急速に深められていった。そしてこの頃のチュルゴーの経済問題に対する関心の広がりと深まりは、一七五三―五四年の政治経済学に関する未完の諸論稿や、一七五五年のタッカーの書物の翻訳とそれに対する注釈、あるいは一七五七年の『百科全書』への二つの寄稿論文『定期市』(Foire) および『財団』(Fondation) のなかに、さらにまた一七五九年の『ヴァンサン・ドゥ・グルネー頌』(Éloge de Vincent de Gournay) のなかに見出すことができる。

ところで、現在のわれわれの課題すなわちチュルゴーの「寛容」の概念の生成と展開という点から見るとき、タッカーの書物の翻訳とそれへの注解 (Questions importantes sur le commerce à l'occasion des oppositions au dernier bill de naturalisation des protestants étrangers, de Josiah Tucker) および『財団』は決して見落してはならないものとなっている。すなわち前者は、英国議会が外国人プロテスタントの帰化法案を否決したことに対してタッカーが表明した経済的自由と宗教的寛容の同時的主張にチュルゴーが全面的賛意を寄せるとともに、経済問題について若干の補足と見解を付したものである。また、後者においてはチュルゴーは、従来の「財団」すなわち教会や修道院が人々から寄附金を集めて作った救貧院や病院などの社会的公共施設は、その機能・運営が腐敗堕落しているばかりか、その存在そのものが個人の財産（土地と資本）の全面的活用と生産力の継続的発展にとって障害物となっていることを指摘して、この「不生産的記念物」の撤去を主張し、個人の自由意志と相互援助の精神の浸透（「教育の全般的完成」による「市民精神」の普及）ならびに個人財産の完全に自由な活用にもとづく国家の繁栄を理想としている（シェル版『チュルゴー著作・資料集』、第一巻、五八四―五九三頁）。

このようにチュルゴーは、一七五五年から五九年にかけての時期に、英仏の経済学者や実際家たちの影響と自己の現実観察とにもとづいて経済的自由主義の思想を身につけ、国民生産力の全面的解放と育成という経済的観点から宗教的不寛容政策を非難し、時代後れとなった宗教的施設を鋭く批判するにいたったのである。すなわち、チュルゴーはここにおいて、あたかもチャールズ二世の反動的宗教政策の時代にウイリアム・ペティが国富の蓄積と増大という観点からオランダの「信教の自由」を称揚し、フランスおよびスペインの聖職者たちの徒食を批判したように、国民経済的視点に立つブルジョワ・イデオローグとして、不寛容政策によって生じた商業上および産業上の不利益や伝統的宗教的遺物を暴露し、それらの撤廃を要求するにいたったのである。かくしてここに、チュルゴーの「市民的寛容」の思想は、自由主義的経済思想と緊密に結びついて彼を時代と鋭く対決させるという重要な役割を演じたのである。そしてその点こそ、チュルゴーの寛容論の一つの大きな特色をなしているのである。

(e)　自然宗教論的寛容論

では、このように一七六〇年頃までに成熟をみたチュルゴーの市民的寛容の思想はその後どのような形で展開をみたであろうか。われわれはそれを、一七六七年のマルモンテル批判および一七七五年のルイ一六世の聖別式の形式についての『意見書』(Mémoire) のなかにみることができる。前者マルモンテル批判が書かれた経緯は次のようである。

前記の秘蹟拒否事件および信仰強制告白事件は、一七五四年八月の「国王の宣言」(Déclaration royale) と一七五六年一〇月の法王の「回勅」(encyclique)(教皇が司教を通じて与える教書)とによって一応終息したが、しかしその後も幾多の不祥事件が発生し、それとともに一層大胆な宗教と教権に対する批判が行なわれるようになる。一七五九年には『百科全書』への二回目の弾圧が行なわれ、一七六一年には高等法院とジェスイットすなわちイエズス会修道士との対立が再び始まる。一七六二年にはプロテスタントに対する弾圧冤罪事件・カラス事件が起こり、高等法院はジェスイット教団閉鎖の命令を下す。またこの年ルソーの『社会契約論』が出される。一七六三年には、ヴォルテールがカラス事件をめぐって『寛容論』を書く。この事件の再審理に際してはチュルゴーも判事の一人として加わり、他の三九人の判事とともに満場一致で名誉回復を決定した。さらに一七六四年には同様のシルヴァン事件が起こり、ジェスイット教団はついに解散させられる。この年ヴォルテールの『哲学辞典』が出る。一七六五年にカラスの名誉回復が行なわれたかと思うと六六年には同じくラ・バール事件が発生し、六七年にはジェスイットの国外追放令が出される。この間、王権と高等法院との間にも対立が起こる。そして、その後一七七一年のパリの高等法院の追放、一七七五年のいわゆる「小麦粉戦争」(guerre des farines)にいたるまで、シルヴァンの再審理、ドルバックの『暴かれたキリスト教』および『自然の体系』の公刊(六七年、七〇年)等の形で、カトリック側の反動的な動きに対する熾烈な抵抗が行なわれる。ところで、一七六七年には、その四月に出されたマルモンテルの反宗教的著作『ベリゼール』(Bélisaire)をめぐってヴォルテールの『お人好し』をはじめとして多くの人々が論戦を展開したが、チュルゴーもその一人に加わった。すなわちチュルゴーは、一七六七年に『『ベリゼール』の三七の不敬虔な考えに対して一青年キリスト遍在論者の呈示する三七の真理』(Les trente-sept vérités opposées aux trente-sept impiétés de Bélisaire par un bachelier ubiquiste)と題する作品を発表して自己の立場と見解を表明したのである。

さて、この作品は、ソルボンヌが「不敬虔」の疑いがあると烙印を押した『ベリゼール』のなかの三七の命題に対してチュルゴーが自己の考えを「真理」として対置させ、特定の宗教や教義に偏することなく、もっぱら「良識」に訴えて(第二巻、六八五頁)批判もしくは論評しようとしたものである。チュルゴーは冒頭で『ベリゼール』の読後感を次のように述べている。「この悪書は私がそれを読んだ際一度ならず私の称賛を勝ち得たこと、また、彼が説くところは消えることなき文字で私自身の心のなかに刻みこまれた道徳と徳についての本源的な教えの発展にすぎないようにみえたこと、こうしたことによって私を魅了したことを、私は恥じながら告白するものである。私は、その声に耳を傾けていればいるほど、ますます私の耳が恩寵の声に対して無感覚になって行くことに気付かなかった。」(同、六八三頁)。そして、「恩寵の声」よりも「自然の声」を聞かせてくれたマルモンテルに対しては次のように言っている。「しかしながら、私は次のように言う義務を負うている。信仰の貴重な灯火が薄らいだとはいえ、私の心のなかで全く消え去ってしまったわけではないし、私は、『ベリゼール』の著者がその徳と善行とによって知られた多くの異教徒たちを大胆にも天国に導き入れているのを非常に耐え難い思いで眺めた、と。このことについて彼が言っていることは、私には軽率で不正確で真の原理とは全く相反しており、また、すべての神学者的な耳を持つ者にとっては恐ろしいほど厳しいものに思えた。私はそのことで心から苦しんだ。私は著者を非難した。しかし同時に、私が彼の書物を読んだときに精一杯用いたあの寛容の精神(esprit d'indulgence)が私をして彼を許すことを可能ならしめた」(同、六八三―六八四頁)。

この告白のなかにみられるように、「信仰の貴重な灯火が薄らいだとはいえ、心のなかで全く消え去ってしまったわけではない」チュルゴーにとっては、マルモンテルの著書のなかには、とくに異教徒の評価に関して、軽率で不正確であまりにも大胆な主張があるように思われ、彼はそれを精一杯の「寛容の精神」で読まなければならなかった。しかし彼は、そのなかに「自然の声」を聞き、それに聞き入っているうちにすっかり魅了され、知らぬ間に「恩寵の声」に無感覚になってしまい、まさにその故に、マルモンテルに同情と共感をすら覚えたのである。そしてチュルゴーは、徒らに彼を非難するのではなく、「全く純粋な理神論」のために「一人の哀れな俗人の誤りを博士の誤りを裁くのと同じ厳しさをもって裁いた」(同、六八五頁)ソルボンヌから彼を守り、ソルボンヌの真の意図も冷静に検討しながら、彼の「誤り」に対して「真理」を示し、「自分なりの仕方で世人の教化に貢献」(同、六八三頁)しようとしたのである。

かくしてチュルゴーは、マルモンテルの三七箇所の「誤り」を「救済に関する諸宗教の無差別」(De l'indifférence des religion par rapport au salut) と「宗教に対する君主の無関心」(De l'indifférence des Princes pour la Religion) に関するものとに分けて、それぞれについて「真理」を示した(同、六八七—七〇一頁)。そして彼は、「寛容な君主」を「宗教に冷淡な君主」と取り違え、「市民的不寛容」を「宗教の本質」と考えるソルボンヌの考え方を批判し、社会の平和と秩序の安定のためには君主の宗教に対する「無関心」が必要であり、宗派間の「嫉妬」や君主の「専制」や宗教者の「不寛容」は許し難いものである、といわゆる「市民的寛容」の重要なことを史実にもとづいて示すとともに、『ベリゼール』のいう「思想の自由」、「行動の自由」に対しては、一般に人間は自己の「感情」よりも神の示す「法」を導き手としなければならない、と十分な自重を促している(同、六九四、六八八頁)。

チュルゴーは、一七五三年および五四年の寛容に関する書簡では、理想主義的・人民主権説的観点から自然権としての良心の権利と個人の信仰の自由を正当と認め、同時に、現実主義的・国家主義的観点から、「教会の無謬性」の否定と宗教に対する「君主の無能力」とを論拠として、聖俗両権の分離・不干渉を説いた。しかも、その主張は十分な確信をもって表明された。しかるにこの著作では、不祥事件の続発するなかで書かれたためか、現実的側面に重点がおかれていて、個人の信仰に対する宗教者側の「無差別」および王権側の「無関心」による社会の平和と秩序の確立を強く求めており、しかも、彼自身の内面の動揺もあってか、それはかなり重い調子を帯びていて、われわれはそこに、彼の一種の精神の危機と時代転換の意識とをはっきりと読みとることができるのである(われわれは、ここにおけるチュルゴーの寛容論を、彼が多くの知識人たちの反宗教的時代傾向に抗して敢て自然宗教の立場を守ろうとしたという意味で、自然宗教論的寛容論と呼ぶことができるであろう)。

ところで、この自然宗教論的寛容論におけるチュルゴーの心情告白は、ルソーの『エミール』(一七六二年)における「サヴォア人助任司祭の信仰告白」を想起させるものがある。しかし、ルソーとチュルゴーとの間には、等しく自然宗教の立場に立ちながらも、前者が貧しい農民や迷える青年に心情的に訴えかけ、伝統的信仰とは離れた独自の神秘的な自然宗教をうちたてようとしているのに対して、後者は、「救済に関する諸宗教の無差別」及び「宗教に対する君主の無関心」

の主張を論拠として冷静にかつ理論的に市民的寛容を説き、信仰と公共の利益に対する一般的関心を喚起することによって市民社会全般の統一と平和の確立に貢献しようとしている点で、相互の問題意識の相違がみられるのである。

(f) 政治的寛容論

一七七五年六月一一日ルイ一六世はランスで型別式を行なった。この年の四月から五月にかけてディジョンを中心として各地でいわゆる「小麦粉戦争」（穀物の騰貴と穀物取引に対する疑惑に端を発した民衆暴動）が起き、パリも不穏な状態にあった。このようななかでルイ一六世は、六月八日に全宮廷を挙げてヴェルサイユを出てランスに赴き、さまざまな儀式に一週間を費して一七日にヴェルサイユに戻った。

チュルゴーは、これが行なわれるに先立ってその儀式の形式を変更する必要があることを強く認め、マールゼルブにも諮って国王に『意見書』を送り、その変更を勧告しようとした。すなわち、聖別式は従来通りカトリックの教義に則って行なわれ、その際国王は慣習として「異端を絶滅する」（exterminer les hérétiques）旨の「宣誓」（serment）を行なわなければならないことになっていたが、チュルゴーは、この宣誓は無知と迷信と不寛容の時代に始められた形式であって、これを現在そのままの形で行なうことは良心の権利と自由を踏みにじり、政教分離の原則に反するばかりか、国王の威信をも著しく傷つけるものであると考えて、その形式の変更を強く国王に訴え、その論拠を示そうとしたのである。この意見書は結局送られず、未完のままにとどまり、また、ルイ一六世もこの宣誓を何ら変更せずに行なったのであるが、チュルゴーはこのなかで、聖別式の際の形式変更を勧告する理由を説明した後、その理論的根拠を示している。その構想は次のようなものであった。

チュルゴーはまず、国王が明識のあまりにも欠けていた時代に取り決められた旧い宣誓の形式に従うことは国王個人の「良心」と「正義」に反するばかりか、「政治的利益」の点からいっても「国民の幸福と国家の安泰に本質的にかかわる」問題であると説明した後、宗教的寛容については、一、「宗教の原則に従って良心の権利を検討する」部分、二、「自然権の原理に従ってこれらの諸権利を確立する」部分、三、「国家の政治的利益との関係において良心の自由の問題を論ずる」部分の三部に分けて論じ、第四部において「直なるものとして認められている〔宗教的寛容の〕原理をさまざまな情況に適合させ、正義と知恵そのものが不可避ならしめる変更を準備し、その変更を何の混乱もなく行なうに当たって慎重さが必要とさせる措置を研究する」ことを予定していた（第四巻、五五八頁）。しかし、草稿は第一部の途中までで終っていてその全容を知ることはできないが、その構想からして、これは、従来の「市民的寛容」の主張を現実の「国家の政治的利益」の面に集約させて展開し、その実現の具体的方策を検討しようとしたものであったと推定することができ（その意味で「政治的寛容論」と呼び得るであろう）、それだけに、もし完成していたならば、恐らく、彼の全生涯の知識と体験とにもとづき、透徹した現実認識と誠実な啓蒙主義的心情に支えられて書かれた一大寛容論になっていたであろう、と思われる。しかし、残された断片からだけでも十分その姿を窺い知ることができる。

まずチュルゴーは、「……それ〔宗教〕は神に対する人間の義務の集りである。すなわち、最高存在に対する礼拝の義務、他人に対する正義と慈愛の義務、人が自然宗教と呼ぶところのものを構成する理性の単純な光によって知られる義務、あるいはまた、神自身が超自然的な啓示によって人間に教え啓示宗教を形作っているところの義務がこれである」（同、五五八―五五九頁）と、宗教を「義務」の観点から道徳論的に規定し、マルモンテル批判におけると同様、自己の考える宗教を理性の光である自然宗教ないしは神の啓示そのものである啓示宗教としている。続いてチュルゴーは、宗教的寛容の論拠を大様次の諸点について展開している。一、世界の宗教は多様で、各人の信仰は相対的に真理であること。二、宗教は純粋に魂と良心の問題であって、政治がこれに関与したりこれを道具としたりしてはならないこと。三、君主は良心の問題に関してはいかなる裁定権ももたず絶対的に「無能力」であること。四、無謬な教会は存在しないこと。五、聖俗両権の本質的差違を認識し、相互の領域を侵犯しないことが絶対的に必要であること。六、不寛容や宗教的内乱が聖俗両権の混同から生じたことは歴史がはっきり証明していること（同、五五九―五六七頁）。

このようにチュルゴーは、宗教の個人性・相対性・多様性を論拠とし、宗教に対する君主の「無能力」と教会の「無謬性」の否定を論拠とし、さらに、過去の「歴史」と現実の「政治的利益」とに照らして、宗教的寛容の重要性を縷々国王に説き、開明君主として寛容な政治を行うよう勧告したのであるが、国王はチュルゴーの誠意を認めながらもこれらの勧告を無視して、歴史の進展に無頓着のまま側近と宗教界の傀儡となって、ひたすらに聖別式の感激にひたっていたのである。

以上の如くこの政治的寛容論は、自然権の思想や分離主義の強い影響をうけ一六・七世紀の宗教戦争時代に培われたイギリスの現実主義的で功利主義的な考え方やモンテスキュー流の相対主義的思考方法をも採り入れながら、市民的寛容論をもっぱら王国の「政治的利益」に関連させて、すなわちフランス社会の平和と統一という課題に関連させて、理論的に展開しようとしたものであって、ここでのチュルゴーの意図は、何よりも迷妄の君主の開明を促すことであり、啓蒙された君主政体(彼はこのとき立憲君主政体を考えていた)のもとにおいて寛容の政策を一つの基軸として国内の諸勢力を協調させ、もって強力な統一的国民国家を作り上げることとの必要性を訴えることであった。そして、彼にとってはその方法こそ危機に瀕したフランス国家を救い得る道であると思われたのである。

ところで筆者は、チュルゴーのこの努力は、この時同時に彼が行なおうとした経済財政上の諸改革や政治機構上の改革の努力と同じく、国家主義者としてよりはむしろ国民主義者としての努力であったと理解できるのではないか、つまりチュルゴーは、一七五〇年代から七〇年代にかけて、歴史の提出した諸問題とりわけ経済問題と寛容の問題とを契機として、étatiste から nationaliste に変貌をとげていったと考えることができるのではないか、と思うのである。例えばチュルゴーは、一七五〇年当時には、国王こそフランス社会の統一に不可欠な中枢であると考え、民衆については国家の構成体としてよりは単なる個人の集合体としてしか考えていなかったし、市民的寛容の原則を主張しながらも教会に対する国家の優越や裁定権すら認めていたのに対し、一七七〇年頃には、もちろん国王への強い期待はあったけれども、もはや国王は単なる慣習的存在と考えられるようになり、それに代わって、民衆こそ国家の繁栄と統一の原動力であり担い手である、とまさしく「国民」として意識するにいたり、教会に対する国家の優越や裁定権ももはや認めず、両者の完全な分離・独立を主張して、同じくフランス社会の平和と統一を問題としながらも、チュルゴーの思考の重点は国王から民衆へ、国家から国民へと移っているのをみることができるのである。しかし、チュルゴーの「国民主義」(nationalisme) については、その「国民」の実体と創出方法とについて改めて詳細な研究を行なうことが必要であろう。

三　結び――チュルゴー寛容論の特徴――

以上筆者は、勉学時代から財務総監の時代にいたるまでに書かれた神学や宗教問題に関する幾つかの作品のなかからチュルゴーの「寛容」の概念を明らかにし、そこに内包されていた問題を摘出しようと試みた。そこには、理性宗教論から政治的寛容論にいたる多様な側面からの寛容の思想がみられる。しかもそれらは、現実の進展とチュルゴーの問題意識の発展と密着して展開されている。すなわちチュルゴーは、まず、宗教的狂信や形而上学的神学の矯正を望むことによって理性宗教や道徳的宗教を説き、自然神学もしくは自然宗教論を体系化しようと試みた。そして、一度現実の生々しい問題に触れるや、フランス社会の平和・繁栄・国民的統一という実践的課題に刺戟されて、市民的寛容論、経済論的寛容論、自然宗教論的寛容論および政治的寛容論の形で寛容の思想を展開していったのである。そして、これらの寛容の思想の基底をなしていたものは、第一に自然宗教的心情であって、われわれはチュルゴーにおいて自然宗教が時代批判の武器として一定の歴史的役割を果たしているのをみることができるのであるが、さらに、宗教の問題を現実の政治や経済の問題と切り離すことなく密接に関連させて考えるという立体的・構造的思考方法、そして、現実の事態の本質を常に冷静かつ客観的に観察し、歴史的に事態の根源にまで遡ってその由来を尋ね、そうすることによってあるべき姿を探求するという経験的・歴史的実証精神、さらには、一人の誠実なモナルシストでありながら決して民衆の利益を無視せず、常に国民的視点に立ってフランス王国の改善・発展と民衆の解放・育成とを同時かつ漸進的に行なおうとする現実的・実際的精神、そして、そうすることによって単にフランス社会の発展に対してばかりでなく人間精神の全般的進歩と人類の発展に対して貢献しようとする啓蒙主義的使命感を挙げることができる。換言すれば、チュルゴーは、その旺盛な現実意識とりわけフランス社会の二大支柱をなしていたキリスト教と王権の権威に対する鋭い批判的危機意識に媒介されて寛容の問題にとり組み、寛容の問題を一つの契機としてフランス社会の宗教や経済や政治の新しい在り方を探り理論化しようとしたのであって、彼はこの仕事を、人間の知性と理性への絶対的信頼と人間解放への熱烈な意欲を土台とし、経験的思考力法と歴史的・実証的分析方法とを用いて行なおうとしたのである。従って、チュルゴーの寛容論はもはや純粋の宗教論ではなく、全体として、個人の自由の意識と人権思想とを中核とした民主主義的政治論となっているのである。

しかし、総じてチュルゴーにおいては、経験主義よりも合理主義の方が、また、実際的利益に訴える現実主義よりも思弁的理性に訴える普遍主義の方が優位を占めていた。そのため、折角の鋭い批判的危機意識も抽象化されたり道徳化されて、その寛容論も、特殊フランス的な具体策を示すというよりは一般的・原則的議論にとどまり、また、徹底して民衆的な次元においてではなくすぐれて啓蒙主義的な形でしか、すなわち開明君主に期待する形でしか、示されなかったのである。それ故、思想の現実性《アクチュアリテ》という観点からすれば、チュルゴーの寛容論は、その高度な理想主義にもかかわらず、いまだ実現の具体的基盤をもたなかっただけに、市民革命下にあって広汎な包容政策を主張したロック、民衆のなかで民衆とともに鋭い聖書・教会批判を行うによって激しい反教権闘争を展開したピエール・ベールやヴォルテールやディドロ、あるいは、王国における人民の貧窮と疎外を暴き、徹底して人民主権を主張したルソーたちほどの射程はもたなかったのではないかと思われる。

フランスにおいて寛容の原則と宗教の自由がともかくも確立されるには一七八七年まで待たなければならなかったが、アンシアン・レジーム下の複雑で困難な情況のなかにおかれていたチュルゴーが、寛容の問題を媒介として宗教的狂信を批判し、形而上学的スコラ神学を俎上にのせ、社会経済体制の時代錯誤性を指摘し、君主の開明を促し、そうすることによってフランス国民に十全な良心の自由と権利を回復し、利己主義に毒された個人ではなく隣人愛と祖国愛を備えた健全な「市民」としての個人を中心とした強力な統一的国民国家を作り上げようとしたその努力には、十分にその歴史的意義を認めることができるように思われる。

追記　初出の時の紙面の制約により、注は全て割愛しなければならなかった。

三　チュルゴーの言語研究についての一覚書〔1〕

はじめに

本稿は、チュルゴーの言語研究への関心はいつ頃芽生え、何を契機としてどのような展開をみせたか、また、チュルゴーの言語研究の内容はどのようなものであったかといった問題を、彼の幾つかの断片的草稿や著作を通して単に覚書ふうに跡づけることを目的としたものであって、チュルゴーの言語研究を一八世紀フランスの言語研究の情況[2]のなかに位置づけたり、他の哲学者や言語研究者たちのそれと比較考察することを意図したものではない。その問題は、もとより重要かつ必要ではあるが、現在の筆者には力量を超える問題であって、残念ながら後日の課題としなければならない。

なお、本稿においてチュルゴーの原文からの引用を多く行なうのは、可能な限り彼の流麗な文体と語調を伝えたいがためであり、彼自身の言葉をして彼の思想を語らしめたいがためである。

（1）一九八一年は、チュルゴー没後二〇〇年の年であった。この年を記念して、フランスでは記念の集会がもたれ、わが国でも、一橋大学経済研究所はその機関誌『経済研究』の一九八二年四月号を、「Turgot 没後二〇〇年（一七八一－一九八一）」と題して「特集」号とした。筆者も、チュルゴーについてささやかな研究を行なってきた者として何かを草したいと考えていたが、遅まきながら、この覚書をもってその記念としたい。

＊津田内匠「Hume と Turgot (1)」『経済研究』、第三三巻第二号、April 一九八二、一四四頁注（5）を見よ。

（2）この点については、中川久定「十八世紀フランスの言語論」『思想』No.572、一九七二年二月、一九一～二一六頁を見よ。

一　チュルゴーの言語研究の生成と展開

〔1〕　初発の関心

一七四八年頃に書かれたと推定されている「著作予定表」（Liste d'ouvrages à faire）には、少なくとも直接言語研究を目的としたと思われる著作としては、*Rhétorique et Poétique historique et philosophique; Considérations sur l'origine des langues; Considérations sur les étymologies; Sur la comparaison des langues et les traductions; Analyse de la langue latine; de l'hébraïque; de la française; Commentaire sur toute l'écriture; Analyse de nos sensations et du langage, d'où principes de logique et métaphysique universelle* といった標題が見られる。[1] これらはあくまで予定された著作の標題にすぎないが、そこには既に、修辞学、詩論、言語起源論、語原学、比較言語学、翻訳論、書法論、感覚と

言語の関係の分析にもとづく論理学および一般形而上学の原理の導出といった問題への関心がうかがわれる。事実チュルゴーは、恐らくこうした予定を胸に抱きながら、その後、さまざまな契機を媒介として、言語に関説し、言語研究を行なっていったように見える。次に、この経緯を、シェル版に収録されている草稿や著作を手掛りとして辿ってみよう。

〔2〕 言語と進歩史観

一七四八年ソワソン（Soissons）のアカデミーは、一七四九年度の懸賞論文課題として、**「芸術および学問における趣味の進歩と衰退の原因**はすべての時代を通じて如何なるものであると考えるか」《Quelles peuvent être, dans tous les temps, *les causes des progrès et de la décadence du goût dans les arts et dans les sciences*》[2]という問題を提起した。チュルゴーはこれに対して、「学問および芸術における進歩と衰退の原因に関する研究、または、人間精神の進歩の歴史に関する省察」（Recherches sur les causes des progrès et de la décadence des sciences et des arts ou réflexions sur l'histoire des progrès de l'esprit humain）という論文をもって応えようとしたが、結局未完のまま「断片」（Fragments）として残された。チュルゴーは、この草稿のなかで次のように記している。

「進歩などの原因は次の三つに帰せられる。民衆の言語の状態。統治機構、平和、戦争、賠償、君主達の才能。天才輩出の偶然——デカルト、コロンブス、ニュートン等[3]。」

彼はまた、次のようにも述べている。

「天才が成長し得るためには、絶対に必要な特殊な原因の他に、一般的な原因が必要である。例えば、言語が一定の豊かさを獲得し、とりわけ言語の類推が固定される時にはじめて、詩人が育ち、言説における趣味、優雅さが形成され始めるのである。言語は殆どすべてが、多くの言語の混合物であり、それらが混合する時、そこから生ずる言語は、混合するものの一部を取り入れるのである。この醗酵の時期には、〔動詞の〕活用、曲用〔＝名詞、形容詞の性・数・格による語尾変化〕、言葉の形成法は何ら固定したものを持たず[4]、構文は入り組み、思惟は常に曖昧さを蒙る。おまけに、こうした不定形なわけのわからない言葉は、きわめてしばしば変化する。音声的表現は案出されてのち程なく用いられなくなり、詩的言語は決して豊かにはならない。言語がひとたび形成されると、詩人が現われ始める。しかし言語というものは、多くの偉大な天才達の書き物のなかで用いられてはじめて固定する。というのは、その時にのみ言語の純粋さを判定するための定点が得られるからである。言語にとっては、あまり固定することは恐らく不幸なことであろう。言語は、変化することによって練られ常に完成されるからである。[5]」

このようにチュルゴーは、「民衆の言語の状態」を人間精神の進歩のための重要な一要因として捉えるとともに、言語の発達・完成と天才の出現、とりわけ天才的詩人の出現との相互依存関係を強調するのである。チュルゴーのこのような考え方は、のちの作品、例えば一七五〇年一二月一一日のソルボンヌでの神学士第三試験（les Sorboniques）の閉会講演「人間精神の連続的進歩の哲学的展望」（Tableau philosophique des progrès successifs de l'esprit humain）や一七五一年頃の「人間精神の進歩についての第二論文草案」（Plan du second Discours sur les progrès de l'esprit humain）などに受けつがれ、より一層豊かな形で展開される。前者では、チュルゴーは次のように述べている。

「社会がより早く安定の状態に達し、より早く文筆家が現われたアジアの諸国では、言語は最初の起源に一層近い点で固定し、その結果、文体における強勢法がその特徴となった。なぜならそれが、最初の未完成な段階にある言語の特徴だからである。言語は、人間の観念の尺度である。だから初期においては、感官に最も訓みのある対象にしか名辞がなかったので、これらの最初の観念を表わすためには隠喩を用いなければならなかった。人為的に造られる言葉は何物も意味しないので、人々は、最も近似的な諸観念の印しを寄せ集めることによって、精神を、伝えたいと思う観念の方へ向けるよう試みなければならなかった。想像力が、われわれの観念とそのさまざまな対象とを結ぶ確かな類推の糸を捉えようと努力した。不完全なあるいは不自然な類推が、粗野でたくさんの隠喩を生み出した。これらの隠喩は、困難なというよりは当意即妙の必要にもとづいて用いられ、よき趣味はこれを拒否した。初期の言語はこうした隠喩に満ちており、今もなお、語原学者達は、最も洗練された言語のなかにさえその名残りを認めるのである。

言語は、必然的にすべての人々によって用いられ、かくしてまたしばしば天才達によって用いられるが、それは常に時間とともに完成する。ただしそれは、言語が、その純粋さを判定するための恒常的な規準となる書かれた作品によって固定されない時のことである。話し言葉の普段の使用は、絶えず新たな観念の結合を生み出し、それらの間の新たな関係、新たな陰影へと注意を促し、そしてまた、新たな表現の必要を感じさせる。さらにまた、言語は、諸民族の移動によって、恰も川の流れの如く混り合い、多くの言語の結合によって豊かになるのである。[6]」

ここには、㈠言語が早くから固定した所では類推によって多くの隠喩が造り出されねばならなかったこと、㈡言語は人間の感性的観念の表現であり、その表現は言葉の普段の使用によって絶えず増加すること、㈢言語は、あまり固定しない限り、人々の普段の使用と天才達による使用とによって時とともに完成するが、それはまた他の多数の言語との混合によって豊かにされることが、[7]人類史すなわち人間精神の歴史の楽観的・進歩主義的展望のなかで、流麗な語調をもって指摘されている。

〔3〕 言語と「普遍史」

チュルゴーは、「人類史」(Histoire du genre humain) を「普遍史」(Histoire universelle) なる構想[8]のもとに描こうとした二つの論文の草案のうちの後者すなわち「人間精神の進歩についての第二論文の草案」においてもまた、言語について次のように述べている。

「最初の人間達の観念は感性的対象に限られていたので、彼らの言語 *langages* はそれらの対象を示すことに限られていた。多くの諸民族にはまだ知られていなかった多数の抽象的・一般的諸観念は、時間の産物であって、従って、人々が推理の術にまで到達したのは、長い時間を経てからのことにほかならない。

最初に言語のなかに示された種類の対象は、活用や曲用を決定する最初の隠喩や最初の抽象的観念および最も未開な言語における類推（われわれは原始の状態における類推については何も知らない）に見られるように、どこにおいても同一であった。なぜならば、未開が一群の人々の進歩を止める仕方がどのようなものであろうとも、それは、それらの人々から完成する機会を奪うことによってであるにほかならないからである。時の経過とともに天才が必ず現われる。かくして、言語を際限なく繰返し用いるうちに、諸観念の間の新たな組合わせや新たな陰影を表わすために、新たな符号《シーニュ》の必要を知らせないことはあり得ない。そして、われわれの貧弱さの自覚であるこの必要が、われわれに貧弱さを示すことによってそれを克服する方法を教え、われわれの富の源泉となる。

それ故、最も未開な民族の言語でさえ、今日では、その最初の試作からは遠く隔たっている。常に存在はするが時としてきわめて遅いすべての進歩についても、事情は同様である。その起源をこうした初期の時代にまで遡れない芸術や学問は殆どない。すべての芸術が、粗朴な諸観念やすべての人々に共通で手近な諸経験にもとづいているのである。[9]」

ここでの論旨はソルボンヌでの講演のそれとほぼ同一であるが、しかしここでは、感性的対象の観念的表現としての言語は、人間の観念が最初の単純かつ直接的な観念から複雑で抽象的・一般的観念へと発展するにつれて時間とともに発達したこと、そして、そうした発達は言語に限らずすべての芸術や学問にも見出されることが特に強調されている。

〔4〕 言語と感覚論的認識論

以上のようにチュルゴーは、言語を人間の感性的観念の表現であると考え、言語の形成・発達の歴史的経緯の研究はそれ自体人間の諸観念の発達の歴史的研究であり、従ってそれは、人間精神の構造とその歴史的発展についての研究の重要な一助となり得ると考えていた。かくして彼は、言語の構造、形態、意味等の起源ならびに変化についての研究を行なうための資料を蒐集した。それは彼にとっては、『言語の形成』(*Formation des Langues*)や『一般文法論』(*Grammaire générale*)など彼が企てていた著作のための素材を提供するものであったが[10]、同時にそれは、人類・諸民族の歴史的研究の一環として行なわれるべきものであった。この点についてチュルゴーは、一七五一年頃のものとして残されている「言語についての考察」(Réflexions sur les Langues)と題された断片的草稿[11]のなかで、次のように一層明瞭に述べている。長文の引用になるが、チュルゴーの思想が集約した形で述べられているので、ここに訳出しておきたいと思う。

「言語研究の有用性は精神のもろもろの富をすべての国民の共有物たらしめるということに限られているのではないということは、今日では周知のことである。わが世紀においては、哲学が、というよりはむしろ理性が、その支配権をすべての科学の上に拡大することによって、かつてローマ人の征服が諸国民の間に成し遂げたのと同じ事を成し遂げた。すなわちそれは、文学の世界のあらゆる分野を統合し、個々の学問を他のもろもろの学問から切り離して無縁の状態にしていた障壁を打ちこわした。人々は、言葉の形成や派生が、また、言語のごく僅かな変化や混合や進歩や崩壊が、一定のいくつかの原因にもとづいて生じた実際の現象であることを知った。以来それらは、哲学者達の研究の対象となった。ロックがその道をわれわれに切り開いてくれた真の形而上学は、自らを徐々に感性的観念から形而上学的観念へと高めかつまた自らの推理の糸を結び合わせるためにわれわれが符号《シーニュ》を如何に利用しているかを教えることによって、言語の研究がどれ程興味深く重要なものとなり得るかを誰よりも十分に証明してみせた。すなわちその形而上学は、精神の所産でありかつ精神がその活動において大いに利用するところのこの精神の道具が、如何に精神の構成とその作用の機構について重要な考察を提供するかを理解させたのである。他の人々に伝えるために発明されたわれわれの観念の符号は、われわれに観念の所有を確実ならしめかつその数を増加させるのに役立つことを、人々は知った。符号と観念は、その進歩の過程において相互に依存し合いながら進み、いわば二本の平行線上を同一の曲折を経て互いに永遠に支え合いながら進む二種類の相互依存物として形成されてきたことを、人々は知った。最後に、これら両者をともに知らずして一方を十分に知ることは不可能なことを、人々は知った。われわれの抽象観念は、決してわれわれの外には原型《モデル》をもたず、われわれの集合観念の符号にすぎないので、哲学者達の一切の推論は、もし正しい分析によって、これらの抽象観念を構成する際に入り込む諸観念が如何なるものであるか、またとりわけこれらの観念がどの点で決定されるかが示されない限り、永遠に曖昧なものとなるだけであろう。古代の哲学者の一人でも読めば、この注意を欠いたために如何に多くの誤謬が生じたかが知られるであろう。

　言語の研究は、十分に行なわれる場合には、恐らく最良の論理学となるだろう。すなわち、言語を構成するもろもろの言葉を分析し比較することにより、また、言葉が形成されてからそれにさまざまな意味が与えられるに至った過程を辿ることにより、人々は、かくして観念の脈絡を辿るとともに、如何なる段階を経、如何なる陰影をもって一つの観念から他の観念へと人間が移っていったかを知るだろう。人々は、諸観念の間に存在する連繫と類推を知るだろうし、はじめて人間に生じた諸観念が如何なるものであったか、人間はこれらの最初の観念の組合せのなかに如何なる秩序を与えたかを発見することに成功するだろう。この種の**経験的形而上学** *métaphysique expérimentale* は、人類の精神の歴史となり、同時にまた、人類の思惟の進歩——その進歩は思惟を生ぜしめた必要に常に比例していた——の歴史ともなるだろう。言語は、その歴史の表現であり、同時にまた尺度なのだ。

　言語についての認識から、**諸民族の歴史** *histoire des peuples* が同様に明るみに出される。歴史時代は筆記術の発明以前にはさほど遠く遡ることができないが、その歴史時代は、われわれの好奇心にとってはかなり狭い空間に限定されている。それよりも遠くには、想像力が幾千という寓話で満たして楽しんだいまだ知られざる漠とした空間が存在している。諸民族のそもそもの起源は、われわれの視界から遠くまさにこの闇のなかへと消え去っているのである。かつて昔の旅行者達は、道中の記念碑として碑文を刻んだ石柱を建てた。古代の諸民族は、道々出会う森や河や山々に、記念のためにと彼らの言語で名前をつけていった。これらの言語の一部は保存され、さらに古い原住民や新しい征服者達の言語と混合した。新しい征服者達は、この混合を増大させるために再びやってきたのである。古代諸民族の記念碑は、残された僅かな記念碑ではあるが、尊い記念碑である。なぜならそれらは、はるか遠い時代の唯一の遺物であり、かつてわれわれがそこに繋がりをもっていたことを疑わしめないはるかに遠く隔った諸民族の間に今日見られる数多くの慣習の起源に対して、かすかな光をあて得る唯一のものだからである。人々は、それらを手掛りとして、古い伝統を明らかにしたり、混沌とした神話を解明したり、今日では寓話のなかに融け込んで曖昧となっている数多くの史実の痕跡をそこに識別したりすることができるのである。

　私は、これら二つの視点から、とりわけ第一の視点から、たまたま研究する機会を得た若干の言語を考察した。私は、それらの正確な分析を行なうためには、そこからどれか一つを選ぶのがよいだろうと考えた。私は、この論文をその著作の序論にしようと思った。私は、まず最初に幾つかの言葉の起源と発端を研究するだろう。私は、それらの言葉の形成と進歩に重要な役割を演じた諸観念の歩みを追求し、それらのすべてを支配している文法全般の原理を発見するよう努めるだろう。私は、それらの言語のさまざまな混合の結果や、類推や、言語の特質（génie）とよばれるものについても詳しく検討するだろう。次いで私は、言語の分析にあたって取らなければならないと考えた方法と、私がこの仕事について抱いた構想とを示すだろう。……」[12]

チュルゴーはこう述べたのち、1°*Amo*' 2°*Cadaver*' 3°*Pupilla*' 4°Wathascheresch-Scharascheïha, *et radicavi radices ejus.*' 5°Schamaïm thakin emounatheka bahem. *Cœli, posuisti veritatem tuam in eis*, et non pas *in cœlis posuisti veritatem tuam.*' 6°Emounatheka sebiboutheka. の六つの言葉について語原学的分析を行ない、それらの言葉の類推や隠喩にみられる観念の結合様式について述べるのであるが、ここにおいてチュルゴーは、ジョン・ロックの感覚論的認識論（彼はこれをコンディヤックにならって「経験的形而上学」（métaphysique expérimentale）と呼ぶ）を語原学の研究に適用することによって、言語研究を人類史研究の基底的方法とするのである。

（1）*Œuvres de Turgot et documents le concernant.* Avec Biographie et Notes par Gustave Schelle. Paris, Librairie Félix Alcan, tome premier, 1913, pp.115~116. 以下、*Œuvres de Turgot.* Éd. Schelle, t.I, p. ~と記す。

（2）シェル版では、point d'interrogation がない。

（3）*Œuvres de Turgot.* Éd. Schelle, t.I p.117.

（4）原文は、Dans ce moment de fermentation, les conjugaisons, les délinaisons, la manière de former les mots n'a rien de fixe,... となっている（*Ibid.*, pp.117~118）が、... n' ont rien de fixe,... の誤りであろう。

（5）*Œuvres de Turgot.* Éd. Schelle, t.I, pp.117~118.

（6）*Ibid.*, p.223. 筆者には、チュルゴーのこの講演における流麗な語調を的確に日本語に移すことは甚だ困難であった。なお筆者は、訳出にあたって、Ronald L. Meek, ***Turgot on Progress, Sociology and Economics.*** Cambridge University Press, 1973, pp.48~49 における英訳を参照した。

（7）チュルゴーは、この例としてギリシャ語を挙げ、それについて次のように述べている。「かくして、アジアの諸言語より一層多くの言語の混合によって形成され、一層遅く固定したギリシャ語は、調和と豊かさと多様さをあわせもっている。ホメロスが、ギリシャ語をしてついに勝利せしめ、それに彼の才能の宝を注ぎ込み、詩の数と表現の魅力と詩想の壮麗さとによってそれを最高の高みにまで到達させた」（*Ibid.*, p.223. R. L. Meek, *op. cit.*, p.49）。

（8）この構想については、次のものを参照されたい。拙稿「Turgot の歴史意識の構造と論理」『一橋研究』九、一九六二年九月（本書、**補論一**）、一三~二四頁。同「フランス重農主義学説における歴史と理論(二)ノ(一)――チュルゴーの経済学説における歴史と理論――」『千葉商大論叢』第五号、昭和四一年六月、一三七~一四一頁。同「チュルゴーの経済理論の思想的構造」『商学論集』第三六巻第一号、一九六七年六月（本書、**主論四**）、七六~八三頁。なお、チュルゴーの進歩史観の社会学的・経済思想史的研究のうちの最近のものとしては、次のものがある。R. L. Meek, *op. cit.*, pp. 4～14, 27～33. Roberto Finzi, "The Theory of Historical Stages in Turgot and Quesnay—A Few Comparisons—."『経済研究』、第三三巻第二号、April 一九八二、一〇九～一一八頁。

（9）*Œuvres de Turgot*. Éd. Schelle, t. I, pp. 304～305.

（10）Cf. *ibid.*, p. 56.

（11）シェルによれば、この草稿は、チュルゴーが企てていた言語についての上記諸著作の「序文および若干の所見」（la *Préface et quelques observations*）をなすものであった（*Ibid.*, p. 346）。なおこの草稿は、シェル版では、I.-*Réflexions générales et pensées diverses.* II.-*Autres réflexions sur les langues.* III.-*Sur le mot amour et sur l'amour de Dieu* から成っている（*Ibid.*, pp. 346～364）。

また、デュポンによれば、チュルゴーは既に一七四八年頃に『ラテン語辞典』（*Dictionnaire de la langue latine*）を編集し、語原学的にその起源や派生を研究していたという（Dupont de Nemours, *Mémoires sur la vie et les ouvrages de M. Turgot*. Philadelphie, 1782, p. 22）。

さらに、コンドルセは次のように言っている、「チュルゴーは、言語の音（*sons de la langue*）のすべてについて完全な表を作り、それらの音の一つ一つに文字を与えようと考えていた。発音上のすべての微妙な差違がこの表のなかに含まれていたので、彼は同時に、読み書きが容易にできるようにと、これらの文字を少なくとも三八個考えていた。〔しかし〕この作品は、彼の文書のなかには見出されなかった」（*Œuvres de Turgot*. Éd. Schelle, t. I p. 346 脚注より引用）。

（12）*Œuvres de Turgot*. Éd. Schelle, t. I, pp. 346～348.

（13）*Ibid.*, pp. 348～351. このような考えと分析は、II.-*Autres réflexion sur les langves*（*Ibid.*, pp. 351～358）においても断片的な形で示されるが、それらが体系的な形で示されるのは、一七五六年の『百科全書』寄稿論文「語原」（Étymologie）においてである。

二　モーペルテュイの言語論に対するチュルゴーの批判

一七四八年、モーペルテュイ（Pierre-Louis Moreau de Maupertuis, 1698～1759）は、『言語の起源および言葉の意味に関する哲学的考察』（*Réflexions philosophiques sur l'origine des langues et la signification des mots*）という著作を発表した。チュルゴーは、この著作から三一のパラグラフを抜き出し、それに自己の見解を対置させた。「モーペルテュイの『言語の起源および言葉の意味に関する哲学的考察』についての批判的注解、一七五〇年三月九日」（Remarques critiques sur les *Réflexions philosophiques* de Maupertuis *sur l'origine des langues et la signification des mots*, 9 mars 1750）として残されている草稿がそれである。この草稿[1]は、チュルゴーが哲学の面でこの時点（一七五〇年三月）において明確に感覚論的認識論の立場[2]を受け入れたことを示しているばかりでなく、彼がこの立場にもとづいて言語研究を行なわなければならないことを主張している点で重要である。すなわちチュルゴーは、モーペルテュイのバークリー（George Berkeley, 1685~1753）的観念論の傾向をもった認識論を批判するとともに、彼の不明確で不徹底な言語論を批判するのである。例えばチュルゴーは、前者については、モーペルテュイの「実体」（*substanee*）の観念や「様態」（*mode*）［＝実体の変化してゆくかりそめの形態、実体の非本質的な状態］の観念を「スピノザ主義的」（spinosistes）であると批判する。[3]また後者については、言語の研究にとって少なくとも「活用」（*conjugaisons*）と「統辞法」（*syntaxe*）の研究が不可欠であり、こうした研究ののちはじめて「言語の特質」（le génie d'une langue）が何であるかを知ることができる、と言う。[4]さらにまたチュルゴーは、人間精神の解明にとって「未開言語」（langues sauvages）の研究がきわめて「有用」であるとして、[5]次のように述べている。

「未開言語が人間精神の行なった最初の歩みをよりよくわれわれに教えてくれることは全く確かである。そうした言語がなければ、その歩みは知られない。多くの**擬声語** *onomatopées*、**感性的事物** *choses sensibles* の名辞、最後に**隠喩** *métaphores*、ここに〔人間精神の歩みの〕最初の三歩がみられる。そこには、規則立った構文、多くの表現、身振り、抽象的符号といったものではなく、身体的事物（choses corporelles）がみられる。抽象的観念は、もっとあとになって多くの人々に立ち現われたに相違ないように見える。……[6]」

さらにチュルゴーは、モーペルテュイの第二〇～二三項に対する注解の代わりに、言語の「起原」、「進歩」および「影響」について次のような考えを展開する。

「注解に代えて、言語の起源、進歩、および影響について若干の考えを敢て述べてみよう。私は、自然〔の歩み〕よりも速く進むだろうが、自然の足跡に従うよう努力するだろう。

言語は、それ自体で存在する理性の産物ではない。

激しい感動には、対象を示す身振りを伴った叫び声が生ずるが、これが最初の言語であった。

冷静な観察者は、自分が見たものを想起するために、対象が発した音をまねた。これがややはっきりした最初の言葉であった。

事物を描写するための幾つかの言葉、われわれの言葉に対応した身振り、ここに最初の歩みの一歩が見られる。しばしば人々は、自分の見たものに対し、その事物を見た時の感情が生じさせた叫び声を類推させる言葉を、名辞として与えた。ライプニッツが名辞はアダムによって動物達につけられたのだと考えたのは、かかる理由からである。

一つの感覚器官が他の感覚器官よりも一層用いられたり楽しまされた結果、また、ある対象が他の対象よりも一層親しみがあったり印象的であったりした結果、それが隠喩のもととなった。隠喩が必要ないし怠惰から生じたものであるにせよ、言語の最初の進歩がこのような道筋を辿ったことは確かである。私には、最初の隠喩は**新しいもの** le *nouveau* が頭のなかで**古いもの** *l'ancien* によって描かれるということから生じたように思われるし、古いものはいわば新しいものの端緒であるように思われる。なぜならば、隠喩は最初一つの言語の殆どすべての基礎をなしていて、環境に応じてある特定の感覚器官あるいはある特定の対象から生じたに違いないからである。

かくして、その民族が狩猟民族であるか遊牧民族であるか農耕民族であるかによって、そしてまたその国の与える景観によって、異なった言語が生じた。

狩猟者は、言葉は少なく、非常に鋭い殆ど繋がりのない言葉で、その進歩は遅かったに違いない。遊牧者は、休息のなかで、一層柔かく一層洗練された言語を造り出したに違いない。農耕者は、一層冷たく一層首尾一貫した言語を造り出したに違いない。さまざまな民族の混合が**同義語** *synonymes* を生じさせたが、如何なる民族も同一の環境と同一の仕方で対象を理解したわけではなかったので、これらの同義語も完全に同一ではなかった。

人々が話す事柄について類似性を感じるには時間を要したので、類推が確立し得たのはずっとあとのことにすぎなかった。この類推は、多くの**擬声語** *onomatopées* や**隠喩** *métaphores* を消滅させた。前者は類似の屈折語尾（désinences）が確立された時に消滅し、隠喩は借用されたり長く使われているうちに消滅したに違いない。……[7]」

このようにチュルゴーは、㈠言語は神によって与えられたものでも理性によって先験的に造り出されたものでもなく、人間の感性的観念を媒介として自然発生的にかつ経験的に造り出されたものであること、すなわち、言語が観念に先行していたのではなく観念が言語に先行していたこと、㈡言語の種類や発達の程度は、それを用いた諸民族のおかれていた自然的・社会的環境条件に規定されていたこと、㈢言語は最も単純な擬声語や原初的な隠喩から出発し、次いで類推や同義語が生まれたが、それはとりもなおさず人間精神の発達の段階に対応していたこと、を示すのである。

このチュルゴーの見解が、ロック――コンディヤックの言語論あるいは一八世紀中葉のフランスにおける言語論の情況とどのような係わりをもっていたか、あるいはまた、バトジの言う如く[8]、ヘルダーの言語起源論[9]にどのような影響を与えたかは重要な検討課題であるが、ここでは、チュルゴーの感覚論的認識論は環境論（自然的・社会的条件論）を媒介として唯物論に接近していること、彼にあっては、人間の自然的進歩の過程が人間精神の主体的進歩の過程と平行的に促えられていること、そして、言語研究とりわけ未開言語の研究はそうした人間精神進歩の歴史的考察にとって不可欠なものとして捉えられていること、を指摘するだけにとどめておきたい。

（1）これについてはMaine de Biran, Note sur les Réflexions de Maupertuis et de Turgot なる論文があるようであるが、筆者未見。
この草稿は、*Maupertuis-Tugot-Condillac-Du Marsais-Adam Smith. Varia Linguistica.* Préface par Michèle Duchet. Textes rassemblés et annotés par Charles Porset. Editions Ducros, Bordeaux, MCMLXX のなかに再録されている（pp.24～67）が、一八〇八年のデュポン版第二巻から採録されているので、シェル版のテクストとはかなり異なっている。また、これには言語に関説したチュルゴーの他の幾つかのテクストがいずれもデュポン版から採録されている（pp.119～144）。

序文の執筆者ミシェール・デュシェは、モーペルテュイの言語論は特にバークリーの*Dialogues entre Hylas et Philonous*（1712）に多くを負うていること、チュルゴーの本草稿における提題はコンディヤックの*Essai sur l'origine des connaissances humaines*, seconde partie, section I のそれに「きわめて近い」こと、などを指摘している（Cf. pp.15～18）。

（2）チュルゴーの認識論哲学は、本草稿以外にも、Sur quelques preuves de l'Existence de Dieu (fragment, vers, 1750)；Lettres à l'abbé... sur le système de Berkeley（Octobre 1750）；Sur le mot amour et sur l'amour de Dieu (fragment, vers 1751)；Existence（article de l'*Encyclopédie*, t. VI, 1756）にも見られる。なお、津田内匠「チュルゴにおける認識の問題」『一橋論叢』第四三巻第六号、昭和三五年六月、を見よ。

（3）*Œuvres de Turgot.* Éd. Schelle, t. I, pp.166～168.

（4）*Ibid.*, p.158.

（5）、（6）*Ibid.*, p.159.

（7）*Ibid.*, pp.171～172.

（8）Batbie, A., *Turgot, philosophe, économiste et administrateur.* Paris, 1861, p.91. バトビは、チュルゴーが、言語はそれが説明する概念によってのみ価値を有すること、思惟は言語を予想するが、観念を論理的に説明するのは言語であること、従って観念に先行する言語などというものは真に哲学的な精神にはどのような意味ももたないこと、さらに、言語は人間の能力の自然的な働きによって人間的に形成されたものであることを指摘したことをもって、彼の功績としている（pp.91～94）。

（9） Cf. Herder, J. G., „Über den Ursprung der Sprache," 1770. Johann Gottfried Herder, *Zur Philosophie der Geschichte.* Eine Auswahl in zwei Bänden, herausgegeben von Wolfgang Harich, Aufbau-Verlag, Berlin, 1952. Erster Band, SS. 336～431. なお、チュルゴーとヘルダーとの間には、単に言語論ばかりでなく、人類史の構想自体についても密接な関連があるように思われる。Cf. Herder, J. G., „Grundriß des Unterrichts in der Universalhistorie" (1773); Do., „Auch eine Philosophie der Geschichte zur Bildung der Menschheit. Beitrag zu vielen Beiträgen des Jahrhunderts" (1774). Johann Gottfried Herder, *op. cit.*, SS. 435～442; 443～572.

三 『百科全書』寄稿論文「語原」におけるチュルゴーの言語論

デュポンによれば、若きチュルゴーは、『ラテン語辞典』(Dictionnaire de la langue latine) 作成の仕事にたずさわり、この仕事のために非常に多くの語原の蒐集に努めていたといわれる。[1] また、同じくデュポンによれば、チュルゴーは『百科全書』に「一般文法論」(Grammaire générale) なる項目の執筆を意図していたという。[2] 一七五六年の『百科全書』第六巻への寄稿論文「語原」(Étymologie) は、チュルゴーのこうした努力の一つの豊かな結実とみられるが、彼がこの論文で企図したことは、語原学における言語研究の方法や原則を確立し、もってその有用性を示すことであった。シェル版で四三頁におよぶこの論文は、ヘブライ語、ギリシャ語、ラテン語、デンマーク語、古ブルターニュ語、ガリア語等々についてのきわめて豊富な語学的知識を縦横に駆使して書かれたものであるだけに、語学力に乏しく言語学に暗い筆者には、正直のところきわめて難解な作品である。それ故ここでは、筆者の理解し得た範囲での論旨の紹介にとどめなければならない。

チュルゴーは、まず最初に〔1〕エティモロジーという言葉の由来と語原研究の方法について述べ、次いで、〔2〕「語原学的推測の諸源泉」(sources des conjectures étymologiques) を、さらに、〔3〕「語原の確実性を判定するための批判の諸原則」(principes de critique pour apprécier la certitude des étymologies) を示したのち、最後に、〔4〕「語原研究の有用性」(l'utilité des recherches étymologiques) を論じる。

〔1〕「エティモロジー」の由来と語原研究の方法

チュルゴーは、「エティモロジー」という言葉が最初ギリシャ人によって「言葉の真の意味の認識」(connaissance du vrai sens des mots) という意味に用いられ、ついでローマ人によって「言語の起源」(les origines de sa langue) という意味に用いられた経緯について次のように述べている。

「ギリシャ人達は、自分達以外の言語を殆ど知らず、また、その言語は文法上の屈折に富み、言葉を複合するのが容易であり、彼らの才能のあらゆる要求に適していたので、早くからこの種の研究に専念し、その研究に、**エティモロジー** *étymologie* すなわち言葉の真の意味の認識という名称を与えた。……

　ラテン人達がギリシャ人達にならって自分達の言語を研究した時、彼らはまもなくその言語の殆ど全てをギリシャ人に負うていることに気付いた。この研究はもはや、ただ一つの言語の幾つかの言葉を分析したり、派生語からその語根に遡るということに限定されなかった。人々は、自分達の言語の起源をさらに古い言語のなかに探し求めたり、もろもろの言葉 (les mots) ではなく諸言語 (les langues) を分解することを学んだ。……そうした研究は、広大な領域にまで広がり、言葉の真の意味の認識ということには無関心になったけれども、**エティモロジー** *étymologie* という古い名称を温存した。今日の学者達は、言葉の起源に関するすべての研究にこの名称を与えている。……[3]」

次いでチュルゴーは、彼自身の語原研究の方法について次のように述べる。

「それ故、特に〔言語の〕類似性一つ一つのもつ力とそれの結合、これが、他のすべての事実がそうであるように、**語原** *étymologies* と確実性の唯一の原則であり、また、可能的・蓋然的な**語原** les *étymologies* possibles, probables と確実な語原とを識別する基礎である。

　その結果、**語原学的技術** *l'art étymologique* は、すべての推測的技術と同様、推測あるいは仮定を立てる技術とそれらを検証する技術、換言すれば、発見 (l'invention) と批判 (la critique) の二つの部分によって構成される。前者の諸源泉と後者の諸原則が、この論文を自然に分かつ区分となる。……[4]」

〔2〕「語原学的推測の諸源泉」

チュルゴーは、第一の技術たる「発見」の「諸源泉」については、1°「類推」(l'analogie)、2°「方言または俚言」(les dialectes ou patois)、3°「綴字法」(l'orthographe)、4°「すべての種類の譬喩と隠喩」(toutes sortes de tropes et de méaphores)、5°「外国語」(langues étrangères)、6°「古代語」(une langue ancienne) および「境界語」(le langage mitoyen)、7°「中間語」(le mot intermédiaire)、8°「〔諸言語〕相互間の翻訳」(les traductions réciproques de l'une à l'autre〔de plusieurs langues〕)、9°「新語」(des mots nouveaux)、10°「古代における諸民族およびその言語の混合」(mélanges anciens des nations et de leurs langages)、11°「言語の起源とその進歩、原始時代における命名の諸原因についての哲学的理論」(la théorie philosophique de l'origine du langage et de ses progrès, des causes de l'imposition primitive des mots)[5]、12°「音の類似性とその関連」(non seulement la ressemblance des sons, mais encore des rapports plus ou moins éloignés)、13°「文字相互間の変換の容易さ」(la facilité qu'ont les lettres à se transformer les unes dans les autres)、14°「音節の量、母音の一致、子音の類似にもとづく推理」(inductions sur la quantité des syllabes, sur l'identité des voyelles, sur l'analogie des consonnes)の一四項目について論じる[6]。

〔3〕「語原の確実性を判定するための批判の諸原則」

第二の技術たる「批判」の「諸原則」については、チュルゴーは二〇の項目について論述するが、ここではその一つ一つに触れることは避け、要点と結論のみを記すことにする。

「諸原則」は大別して次の諸点に要約できる。㈠語原は結局のところ「仮定」(suppositions)でしかないが、あまりに多くの仮定によってしか説明されないような語原や、逆にあまりに多くを説明しすぎるような仮定、あるいは何物も説明しないような仮定は捨てなければならない(1°〜2°)、㈡可能的・蓋然的な語原は、他の確実な準則や「一定数の帰納的推理に十分裏づけられた仮定」(des suppositions bien appuyées sur un certain nombre d'inductions)[7]によって立証されなければならない(3°〜5°)、㈢諸民族の移動、混合、交流等による言語の混合の時期、情況、方法等についての研究は語原判定の有力な手掛りとなる[8](6°〜11°)、㈣恣意的な推測による語原推定は絶対に避けなければならない[9](12°)、㈤人々が類推、隠喩、譬喩等によって説明しようとした当の事物についての注意深い検討は、語原探求にとって不可欠である(13°〜14°)、㈥音の変化は語原学的技術の大部分を占め、特に考察に値する(15°、18°)。

チュルゴーは、上記の諸点について詳論したのち、次のように結論する。

「この論文で述べたすべてのことから、語原 une étymologie は一つの仮定であり、語原が真実性および確実性の性格を受け取るのは、専ら、それと既知の事実との比較、その語原が説明するこれらの事実をとりまく情況およびその情況から生じ・批判が判定するところの蓋然性の数からである、と結論することができる。すべての情況が説明され、派生語とその原語との間のすべての関係が仮定された時、一つの蓋然性が生ずる。何一つ捨ててはならない。蓋然性はこれらの関係の数とともに増し、急速に確実性に到達する。意味、音、子音、母音、量が相互の力を互に貸し与える[10]」（19）。

最後にチュルゴーは次のように述べる。

「私は、すべての語原学的技術についての要約的叙述を、準則のなかで最も一般的ですべての準則を包摂している準則でもって、すなわち、大いに疑う (douter beaucoup) という準則でもって終る。この懐疑が全般的不確実性を生み出しはしないかと恐れる必要は毛頭ない。……[11]」（20）。

〔4〕「語原研究の有用性」

チュルゴーは、「人々がつまらないといってしばしば行なう非難から弁護するために[12]」、「語原研究の有用性」について多々弁じているが、それはおよそ次の四点に要約できるであろう。

(1)語原研究は、その研究が対象とする言語についての完全な認識の本質的部分を形成する。

「語原学的技術の最も直接的な適用は、とりわけ一つの言語の起源の研究ということである。この仕事の結果は、それが可能な限度まで行なわれ、あまりに恣意的な推測に陥らない限り、一つの言語の分析、すなわち、この言語の体系、その語根、それらの語根が可能とする結合等についての完全な認識の本質的部分となる。[13]」

(2)語原研究は、人間の精神もしくは人間の諸観念の歴史的変遷を知る上で多大の貢献をなす。

「この分析の結果は、諸言語を文法的、哲学的、歴史的等のあらゆる種類の諸関係のもとに相互に比較することを容易ならしめることである。人々は、これらの予備的作業〔語原の発見および批判〕が、言葉 (parole) の一般理論と言語の形成と進歩のなかに見られる人間精神の歩みの一般理論を大掴みにし、その真の観点において把握するのに、如何に不可欠であるかを容易に知ることができる。その理論は、他のすべての理論と同様、一つの虚構にならないために、絶えず事実に近づけられる必要がある。この理論は、すべての言語を支配しているところの、また、すべての民族が気まぐれに使用しているにすぎないと信じながら従っているところの、そしてさらに、われわれのすべての言語の文法がその部分的で不完全な適用でしかないところの、そのような一般文法論 (grammaire générale) の諸規則が展開するその源泉である。人間精神一般および人間の諸観念――言語はその表現であるのと全く同時にその尺度でもある――の哲学史は、さらにこの理論の貴重な一つの成果である。[14]」

この考えは、既に指摘したように、人間の一切の観念は感覚器官を通して獲得された外界の対象の感性的結果であり言語はその表現であり尺度であるというロック――コンディヤックの考えにもとづくものであるが、チュルゴーはここでも、言語は一種の計算であり、文法学と大部分の論理学はその規則にほかならないという彼らの考えを敷衍するのである。[15]

(3) 語原研究は言葉の正確な定義に役立つ。

チュルゴーはまず、「最もすぐれた哲学的著作にすら」見られる「**定義**」(*définitions*) に関する「誤り」(défauts) として、「ある一つの言葉の定義に際してその言葉のもつ幾つかの特殊な意味 (acceptions particulières) のうち一つしか挙げない」誤りと、「言葉のすべての意味を定義に含ませようとして、実際にはその事物を他のすべての事物から区別する諸性格の如何なるものも含めず、従って何物も定義しない」誤りの二つを挙げ、[16] それぞれについて具体例を示す。そして彼は、それらの具体例を示すなかで、「哲学者といえども言葉を恣意的に定義することは決して許されない[17]」と言い、「それ故**定義** une *définition* は、人々がある一つの表現に付与した意味を確定しなければならないのであって、それに新たな意味を与えてはならない[18]」と警告する。彼はまた、人々が「言葉の**最も一般的な意味**」(le *sens le plus général* du mot) とよぶところのものは決して「正確な定義」を与えるものではないことを指摘する。[19] かくして彼は、「定義に通常みられるこれら二つの誤りを避ける手段を、人々は言葉の生成とその変遷の歴史的研究のうちに見出すであろう[20]」と、言葉の正確な定義に対する語原学的研究の有用性を強調するのである。[21] チュルゴーのこの考え方は、単に従来の考えを繰返したというにとどまらず、彼が寄稿の対象とした『百科全書』の精神に、すなわち、まず言葉の正確な定義に始まり、次いで科学的・合理的な知識を提供し、その実践的効果によって民衆の啓蒙をめざしたその精神に自らを合致させようとしたものであったと思われる。

(4) 語原研究は古代史の解明にとって有用である。

チュルゴーは、「学者達がこれまで古代の歴史（l'histoire ancienne）の解明のために語原学的技術について行なった最も通常の利用と彼らがそれから引出した大きな知識[22]」について語り、語原学的技術は、神話、寓話、伝説などの解明に貢献し、古代人の推理方法や思惟構造あるいはその変遷の歴史的経緯を知るのに役立ち、従ってそれは古代の歴史の解明に大きく役立つ、と言う。彼は、次のように述べている。

「さらに、この〔語原の〕助けは、ある一つの言葉が得たに違いないあるいは得るに違いない意味をではなく、その言葉がある著者の精神やある時代やある世紀において得た意味を正確に知らなければならない時、絶対に必要となる。古代の思想の歴史のなかに人間精神の歩みを観察する人々、神学者のように、啓示書の語句や、同時代の理論の証人であるような著者達の書き物の上に、その尊敬すべき教義を基礎づけなければならない人々は、数知れない誤りに陥りたくなければ、**語原学**という松明の光（le flambeau de l'*étmologie*）を絶えず手にかかげて進まなければならない。……哲学上の語句は、殆どすべてその意味が変化した。それ故、ある一人の著者の証言の上に真理を確立しなければならない場合には常に、その著者の表現の力を、われわれと同時代の人々の精神やわれわれ自身の精神のなかではなく、彼自身の精神と彼と同時代の人々の精神のなかにおいて、検討することから始めなければならない。幾度も**語原** *étymologies* の知識の上に基礎づけられたこの検討は、批判の最も本質的な部分の一つをなすのである[23]。」

「……私には、**昔話** l'*ancienne histoire* と**寓話** la *fable* の解明のために、語原 les *étymologies* のもち得る有用性を力説する権利がある。……かくして、歴史的推測が語原を立証するのを見たように、**語原** les *étymologies* が**歴史的推測** les *conjectures historiques* を立証するのである[24]。」

チュルゴーはこう述べたのち、具体的な方法として、古代へブライ人やギリシャ人あるいはラテン人達の用いたさまざまな表現のうちに、彼らの思惟方法や表現形式の比較研究、すなわち比較言語学的研究を行なうことの重要性を強調し[25]、さらに、「世界の起源」について諸民族の抱いた考えについての語原研究による比較研究、すなわち比較神話学的研究の成立を示唆し[26]、最後に、一世紀のローマの雄弁術教師クインティリアヌス（Marcus Fabius Quintilianus, vers 35～vers 100）の言葉[27]を引用して本論文を結ぶのである。

（1）*Œuvres de Turgot.* Éd. Schelle, t.I, p.27 note.
（2）*Ibid.*, p.60.
（3）*Ibid.*, pp.475～476.
（4）*Ibid.*, pp.476～477.

（5）チュルゴーは、この理論こそ、「人が参考にし得る最も確かな光」であると言う（*ibid.*, p. 484）。

（6）*Ibid.*, pp. 477～488.　（7）*Ibid.*, p. 492.

（8）例えばチュルゴーは次のように述べているが、そこにもまた、進歩史観と語原研究の結合の意図がうかがわれる。「このことは、混合時において二つの民族の観念の割合がどのようなものであったかを検討し、彼らに親しみのあった対象、生活様式、技芸および彼らの到達した知識の程度を検討することである。人間精神の全般的な進歩においては、すべての民族は、同一点から出発し、同一の目標に向って歩み、殆ど同一の道を辿るが、歩調は非常にまちまちである。」（*ibid.*, p. 495）

（9）例えばチュルゴーは、marcassinus から marcassin を派生させた Ménage を批判する（*ibid.*, p. 497）。

（10）*Ibid.*, p. 502.　（11）*Ibid.*, p. 503.　（12）*Ibid.*, p. 504.　（13）*Ibid.*, pp. 504～505.

（14）*Ibid.*, p. 505.　（15）*Ibid.*, pp. 506～507.　（16）*Ibid.*, p. 507.　（17）、（18）*Ibid.*, p. 508.

（19）*Ibid.*, pp. 509～510.　（20）*Ibid.*, p. 510.　（21）*Ibid.*, pp. 510～512.　（22）*Ibid.*, p. 512.

（23）*Ibid.*, pp. 511～512.　（24）*Ibid.*, p. 513.

（25）*Ibid.*, pp. 511～512. なお、cf. *Réflexions générales et pensées diverses*（*ibid.*, pp. 346～351）; *Autres réflexions sur les Langues*（*ibid.*, pp. 351～358）を見よ。

（26）*Ibid.*, pp. 512～516. チュルゴーは、こうした研究に参考になる従来の文献として、Le Clerc, *Art critique*. Huet, *Démonstration évangélique*. Lavaur, *Explication de la Mythologie*. Cumberland および Fourmont がフェニキア史の著者 Sanchoniaton の断片に付した *Commentaires*. Pluche, *Histoire du Ciel*. Pezeron のケルト人に関する諸著作、Rudbeck, *Atlantique*. Falconet, *Mémoires sur les étymologies de la langue française*（*Mémoires de l'Académie des Belles-Lettres*, tome XX). De Brosses が Académie des Belles-Lettres で読み上げた「語原」に関する二つの Mémoires などを挙げている（*ibid.*, p. 512, p. 516）。

（27）*Ne quis igitur tam parva fastidiat elementa.. quia interiora velut sacri hujus adeuntibus apparebit multa rerum subtilitas, quae non modo acuere ingenia, sed exercere altissimam quoque eruditionem possit.*（*ibid.*, p. 516）

むすび

チュルゴーの言語研究の大様は以上のようである。豊かな語学力と深い学識と壮大な構想とをもって展開されている彼の言語研究を正当に評価し位置づける力量は現在の筆者には欠けている。そこで、以上に見てきたチュルゴーの言語研究の特徴を幾つかの点に整理することによって本稿の「むすび」としたい。

第一に、チュルゴーの言語研究は、一貫して、彼特有の進歩史観、すなわち人類の無限の完成可能性ないしは人間精神の連続的進歩という啓祭主義的楽観主義に支えられた歴史観と表裏一体をなす形で行なわれている。換言すれば、彼の言語研究は、人類・諸民族の「普遍史」的考察の重要な一環をなしており、それを言語という事実の側面から学問的に基礎づけ、立証する機能を与えられているのである。

第二に、チュルゴーの言語研究は、ロック——コンディヤックの感覚論的認識論すなわち「経験的形而上学」を方法的媒介として展開されている。彼がバークリー的観念論を混入したモーペルテュイの認識論および言語論を批判したのは、この観点からであった。すなわち彼にとっては、人間と外界の対象とを結ぶ唯一の紐帯は感覚器官であって、それを通して得られた感覚（知覚）が人間の観念の源泉であり、そして、それの表現が言語である。チュルゴーの言語研究とりわけ語原研究は、このような感性的観念としての人間の知識の生成・進化の過程を探る重要な方法的手段とみなされている。

第三に、チュルゴーの言語研究は、擬声語のような最も単純な音声的言語から隠喩、譬喩、類推といった複雑な観念を表わす言語、さらには、高度な哲学的・抽象的観念を表わす言語にいたる広汎な領域を対象とし、しかも一民族のそれに限定することなく諸民族のそれを対象とすることによって、比較言語学あるいは「一般文法論」の確立を志向するものであった。

第四に、そして最後に、チュルゴーの言語研究は、どこまでも批判的・実証的精神によって貫かれている。例えばチュルゴーは、論文「語原」で示したように、「仮定」から出発し、「大いに疑い」つつ「推測」と「批判」を重ねて「事実」に迫り、事実をもって「検証」するという態度を貫いている。これは、とりもなおさず『百科全書』の精神であった。その意味で、チュルゴーの言語研究はまさしく一八世紀フランス啓蒙主義の所産であった。

四　デュポン・ドゥ・ヌムール『自治体に関する意見書』（一七七五年）のテクストについて

一　はじめに

筆者はさきに、「フランス革命前夜における自治的行政機構確立の試み――デュポン・ドゥ・ヌムール『自治体に関する意見書』（一七七五年）を中心として――」と題する論稿[1]において、デュポンの同草稿が書かれた時代的問題情況、同草稿の諸テクストの特徴および同草稿に対する筆者自身の評価等について述べた。本稿では、一九七五年一〇月から一九七七年九月にいたるフランス留学期間中及びその後に入手することができた諸資料を用いて、前稿を補足するかたちで、デュポンの上記草稿のテクスト・クリティークにもっぱら焦点をしぼって、筆者の見解を述べることにしたい。

（1）『商学論集』、第四一巻第五号、一九七三年八月（本書の主論二）。

二 『覚書』の諸テクストについて

筆者は、主論二において、それまでに知り得た限りでの次の七種類のテクストを挙げ、それぞれについてコメントをつけておいた。(1)《L'Original》, rédigé par Du Pont de Nemours《d'après les ordres et les insstructions》de Turgot,《à la fin d'août 1775.》（以下、「オリジナル」と呼ぶ。）(2) *Œuvres posthumes de M. Turgot, ou Mémoire de M. Turgot, sur les Administrations provinciales, mis en parallèle avec celui de M. Necker, suivi d'une Lettre sur ce Plan, & des Observations d'un Républicain sur ces Mémoires ; & en général sur le bien qu'on doit attendre de ces Administrations dans les Monarchies.* Lausanne, 1787, 167 pp.（小樽商科大学シェル文庫所蔵。以下、「一七八七年版」と呼ぶ。）(3) *Des Administrations provinciales, Mémoire présenté au Roi, par feu Turgot.* Lausanne, 1788, 168 pp.（一橋大学メンガー文庫所蔵。以下、「一七八八年版」と呼ぶ。）(4) Mémoire au Roi/Sur les Municipalités, sur la hiérarchie qu'on pourroit établir entre elles, et sur les services que le Gouvernement en pourroit tirer. *Œuvres de M.R Turgot, ministre d'état, Précédées et accompagnées de Mémoires et de Notes sur sa vie, son Administration et ses Ouvrages.* Tome septième. Paris, 1809, pp. 387~482.（以下、「デュポン版」または「一八〇九年版」と呼ぶ。）(5) Mémoire au Roi, sur les Municipalités, sur la hiérarchie qu'on pourrait établir entre elles, et sur les services que le gouvernement en pourrait tirer. (... 1775.) *Œuvres de Turgot. Nouvelle édition classée par ordre de matières avec les notes de Dupont de Nemours augmentée de lettres inédites, des questions sur le commerce, et d'observations et de notes nouvelles par MM. Eugène Daire et Hippolyte Dussard et précédée d'une note sur la vie et les ouvrages de Turgot par Eugène Daire.* Tome second. Paris, 1844, pp. 502～550.（以下、「デール版」と呼ぶ。）(6) Mémoire/sur/Les Municipalités./Septembre 1775./Au Roi. *Carl Fridrichs von Baden brieflicher Verkehr mit Mirabeau und Du Pont.* Bearbeitet und eingeleitet durch einen Beitrag zur Vorgeschichte der ersten französischen Revolution und der Physiokratie von Carl Knies. Erster Band. Heidelberg, 1892, SS. 244～283.（以下、「クニース版」と呼ぶ。）(7) Mémoire sur les municipalités. *Œuvres de Turgot et les documents le concernant avec Biographie et Notes par Gustave Schelle.* Tome quatrième. Paris, 1922, pp. 574～621.（以下、「シェル版」と呼ぶ。）

以下においては、これらのテクストを中心とし、かつ、その後に入手し得た資料を手掛りとして、デュポンの『自治体に関する意見書』の諸テクストについて、その問題点を可能な限り詳細に述べることにしたい。

〔A〕「オリジナル」について

まず「オリジナル」についてであるが、一七世紀後半から一九世紀初頭にかけてのフランス社会経済思想史に関する原資料の探索を目的とした筆者の一九七五年一〇月から七七年九月までの留学の目的の一つに、もちろん、これの探索が含まれていた。筆者はすでに留学以前の前稿執筆の過程で、デュポンによって執筆され、そしてチュルゴー自身の手によって「鉛筆による書き込み」がなされているといわれる[1]この「オリジナル」の所在について、フランスの Bibliothèque Nationale と Archives de France (Archives Nationales) およびアメリカの Eleutherian Mills Historical Library に照会したが、いずれからも所蔵していないとの回答を得ていた。しかし筆者は、フランス滞在中、上記二つのフランスの図書館・文書館のみならず、Bibliothèque de l'Arsenal を含むパリの主たる図書館や文書館の、さらには、リモージュやルーアン等の地方公共図書館のカタログを調べ、そして、Assemblées des Notables, Assemblées provinciales, États généraux, Municipalités などの項目、あるいは、Calonne, Dupont de Nemours, Necker, Turgot 等の項目に関する数多くの手稿をも実際に閲覧し調査したが、残念ながら、そこにはこの「オリジナル」そのものをみつけ出すことはできなかった。[2]

しかしながら、この調査の過程で、副産物ともいうべき次のような成果があった。すなわち、Bibliothèque Nationale の《*Table Alphabétique des Nouvells Acquisitions Françaises. IV. N°s 10001～11353 et 20001～22811.*》の《Du Villard de Durand (Emmanuel)》の項に、《Mémoire sur la réorganisation des municipalités de France, n. a. 10403.》という手稿名が記載され、その第四巻のカタログ《*Bibliothèque National. Catalogue Générale des Manuscrits Français par Henri Omont. Nouvelles Acquisitions Françaises. IV. N°s 10001～11353 et 2000～22811*. Paris, Editions Ernest Leroux, 1918.》の四八頁に、《10403 Mémoire présenté à Louis XVI par Du Villard (?) sur l'établissement et la réorganisation des municipalités en France. XVIIIe siècle. 112 feuillets. 265 sur 190 millimètres. Demi-reliure (Don de Mme Boutreux et Mlle Du Villard.)》と記された手稿が見出されたのである。そこで筆者は、早速この手稿を手書きでコピーするとともに、その写真複写を依頼し、それを上記諸版と照合した。それについてはあとで触れるが、筆者は、以下この手稿を、それが収められているコレクションにちなんで「デュ・ヴィヤール手稿」と呼ぶことにする。

他方筆者は、シュタインプレッヒャーのいうところの「一七七九年にカールスルーエに送られ」、「なおもそこに存在している」「この写し[3]」の所在を追求した。筆者は最初 "Badische Landesbibliothek, 75 Karlsruhe 1" に所在を手紙で問合わせたところ、「問題の手稿が存在していると思われる "Badisches Generallandesarchiv, Nördliche Hildapromenade 2, Karlsruhe"」に手紙を転送するとの返事を得、それから七日後の日付けで "Verwaltung des Großherzogl. Familienarchivs, Karlsruhe, Nördliche Hildapromenade 2" から、「辺境伯殿下 (Son Altesse Royale le margrave) の許可」を得たのち「Familienarchiv に保存されている『自治体に関する意見書』(整理番号：5 Korrespondenz Band 26) のゼロックス・コピー」を送るとの知らせがあったので、請求代金を支払ったのち、"Generallandesarchiv Karlsruhe, 7500 Karlsruhe, Nördliche Hildapromenade 2" からの発送により、それを受取ることができた。かくしてデュポンは、一七七八年二月一二日付けパリ発カール・フリートリッヒ宛書簡で知らせたように自ら起草した草稿の

「写し」を送っていたこと、そして、それが今日もなお現存していることが確認されたのである。以下、この「写し」を「カールスルーエ手稿」と呼ぶことにする。

（1）Schelle, G., *op. cit.*, Tome quatrième, p.574.

（2）筆者はさらに、これまでDu Pont de Nemours, Etienne Dubois de l'Estang, Gustave Schelleら多くのチュルゴー研究者によって利用され、また、現在も一部の研究者によって利用されつつある、カルヴァドス県クルイ郡のLes Archives du château de Lantheuilの現在の所有者Madame la marquise Turgotに、この「オリジナル」の存否について問合わせ、できればそこに収蔵されている文書の閲覧を認めてほしい旨手紙によって懇請したが、残念ながら、なんの返事も得られなかった。なお、Les Archives du château de Lantheuilについては、Schelle, G., *op. cit.*, Tome premier, pp.6～7を見よ。

ところで、Eleutherian Mills Historical Libraryの《WMSS Group 8 Box 110》に、Helen M. Austinなる女性の手になる "1787, Assemblée des Notables, ouvrages de M. Du Pont," 4 pp. という手稿があり、その一葉には次のように書かれている*。

《　1787

Assemblée des Notables.

Ouvrages de M. Du Pont.

=

Ouvrages Préliminaires.

Premier Carton　Piéces

1er dossier
- No. 1. Relevé à la Bibliothéque du Roi.
- No. 2. Observations sur les principaux objets qui peuvent exciter le zèle des Notables dans leur Assemblée.
- No. 3. Idées sur quelques formes que l'on croit à observer dans l'Assemblée.
- No. 4. Nécessité d'un Réglement pour la forme de l'Assemblée.
- No. 5. Idée sur le même objet.

Première Division

1re chemise, 2 pièces.

2e dossier { No. 1. Ancien ouvrage sur les Municipalites tel qu'il a été remis à M. Turgot.
No. 2. Même ouvrage retravaillé pour M. de Calonne.

これによれば、一七八七年の名士会に関するデュポンの「準備的著作」を入れたいくつかの書類箱（cartons）のうちの「第一書類箱」（1er carton）の「第二書類綴」（2e dossier）の「第一書類束」（1re chemise）に、「チュルゴー氏に提出されたときのままの自治体に関する旧作」と「カロンヌ氏のために書き改められた同じ著作」が含まれていることになる。残念ながら、Austin 氏はそれらの cartons の所在の場所を明示していないが、筆者はそれらを見出すべく、フランス滞在中、Bibliothèque Nationale, Archives Nationales, Bibliothèque de l'Arsenal、フランス外務省文書館およびイギリスの Public Record Office に保存されている一七八七年の名士会に関する文書を、可能な限り探索したが、見つけ出すことはできなかった。

＊Cf. *A Guide to the Manuscripts in the Eleutherian Mills Historical Library. Accessions through the year 1965. By John Beverley Riggs, Curator of Manuscripts.* Eleutherian Mills Historical Library, Greenville, Delaware, 1970, p.360, left column.

なお、Helen M. Austin なる女性が現存の人か、また、いかなる業績をもつ人かについては、確認することができなかった。

（3）Adolf Steinbrecher, *Turgot-Du Ponts Munizipalitäten-Entwurf. Ein kritischer Beitrag zur Geschichte der Reformbestrebungen vor der französischen Revolution.* Marburg, 1910, S. vii.

〔B〕「デュ・ヴィヤール手稿」について

この手稿は、縦二八二㎜(1)、横一九〇㎜の用紙一一二葉の表右半分にのみ書かれ、茶褐色の背革装幀が施されている。表紙の背には、《MÉMOIRE/SUR LES/MUNICIPALITÉS/EN/FRANCE》なるタイトルと、《FR./NOUV. ACQ./10403》という整理番号が書かれているが、手稿自体には、冒頭に《Nouv. acq. franç. 10403》という整理番号が書かれているだけで、日付けも場所もタイトルもなく、いきなり《Sire》で始まっている(2)。ところで、この「デュ・ヴィヤール手稿」の内容や他の諸版との異同に立ち入るまえに、Du Villard de Durand なる人物について若干触れておきたい。

彼のフルネームは Emmanuel-Étienne Du Villard de Durand といい、一七五五年四月二日にジュネーヴに生まれた。彼は、ナントの勅令撤回後スイスに逃れたフランス東南部地方出身のプロテスタントの家系に属していた(3)。彼は、一七七三年パリに定住し、一七七五年一月一日、満一九才のとき、チュルゴー内閣のもとで「財務総監府雇員」(employé au contrôle générale des finances) となり、一七七六年には「国庫金出納局員」(attaché au Trésor public) となってフランス革命を経、革命暦第八年雪月（一七九九年一二月）までその職にあった。彼は、その月、上院によってレマン県代表として立法院（Corps législatif）の議席を与えられたが、一八〇二年この議席を退き、一八〇五年内務省統計局に配属され、人口統計の仕事を担当、一八一二年九月一日「総務局長」(chef de bureau à l'administration générale) に任命された。(4) その後デュ・ヴィヤールは、数学者、統計学者、経済学者として活躍し、各分野に多くの功績を残して、(5) 一八三二年四月一一日にパリで死去した。

このような経歴を考慮するとき、この「デュ・ヴィヤール手稿」は、デュ・ヴィヤールがチュルゴー内閣のもとで財務総監福島県にいたとき、彼がなんらかの事情でデュポンの手稿をみる機会を得、それをみずからコピーしたものと推定できないことはない。しかし、この手稿の筆跡は、明らかにデュ・ヴィヤールのものとされている彼の他の手稿の筆跡とは非常に異なっており、従って、この手稿はデュ・ヴィヤール自身の手になるコピーではなさそうである。では、誰の手になるものであろうか。筆者は、その筆跡を、チュルゴーやデュポンやコンドルセの筆跡とも比べてみたが、そのいずれの筆跡とも異なっているのである。また、これには、伝えられるような「鉛筆による書き込み」もなく、従ってこれは、デュポン自身の「オリジナル」でもない。筆者は、誰かがデュポンの手稿をみて、それをみずからあるいは他の誰かに（専門的コピストに?）コピーさせたものを、デュ・ヴィヤールが保存していたのではないかと想像しているが、結局のところ、この「デュ・ヴィヤール手稿」の存在の真の経緯は不明である。なお、筆者の知る限り、これまでのいかなる研究者も、この「デュ・ヴィヤール手稿」に言及していない。

さて、この手稿を「オリジナル」の「写し」といわれる「カールスルーエ手稿」と比較するとき、そこには次のようないくつかの相違点が見出される。(一)、「カールスルーエ手稿」には、《Mémoire/Sur/Les Municipalités./Septembre 1775.》（/は筆者によるもので改行を示す）というタイトルがあり、さらに、本文の冒頭に《Au Roi.》なる一句があるが、「デュ・ヴィヤール手稿」にはこれらがない。(二)、前者で改行されているところが後者では改行されていなかったり（またはその逆）、大文字になっているところが小文字になっていたり（またはその逆）、多くの句読点が脱落または変更され、いくつかのアクサンの脱落や綴字の誤りがみられる。(三)、さらに重大なことは、多くの語句の変更および脱落がみられることである。これらの点について顕著と思われる箇所を二、三示すとすれば、次のような箇所を挙げることができる。例えば、この『意見書』の前文にあたるところで「カールスルーエ手稿」は次のように述べている。

《Cette Nation est nombreuse ; ce n'est pas le tout qu'elle obéisse, il faut s'assurer de la pouvoir bien commander. Il semble d'abord que pour y réussir, il fandrait connaître, et même dans un assez grand détail, sa situation ses besoins, ses facultés. C'est ce qui serait plus utile, sans doute, que l'historique des positions passées,〔sic〕 mais c'est encore ce à quoi, dans la constitution actuelle des choses, Votre Majesté ne peut pas esperer de parvenir,...》

これに対し、『デュ・ヴィヤール手稿』では次のように書かれている。

《Cette Nation est nombreuse, ce n'est pas le tout qu'elle obéisse. Il faut s'assuer de la pouvoir bien commander et pour y parvenir, il semble〔脱〕qu'il faudrait connaître sa situation, ses besoins, ses facultés et même dans un assez grand détail. / C'est ce qui serait plus utile〔脱〕que l'historique des positions passées ; mais c'est encore ce à quoi—Votre Majesté ne peut pas espérer de parvenir...》(ff. 3〜4)（下線部＝相違点、〔脱〕＝脱字、／＝改行。以下同じ。）

このような制度を作るに当っての国民教育制度の重要性を述べた冒頭の部分。

「カールスルーエ手稿」：《La premiere〔sic〕 et peut〔sic〕 être la plus importante de toutes les institutions que je croirais nécessaires, celle qui me semblerait la plus propre à immortaliser le Règne de Votre Majesté, et qui influerait le plus sur la totalité du Royaume, serait, Sire, la formation d'un conseil de l'Instruction nationale, sous la direction duquel seraient les Académies, les Universités, les Colleges〔sic〕, les petites Ecoles ... Il est étonnant que cette etude soit si peu avancée. Il y a des méthodes et des Etablissemens pour former des Grammairiens, des Géomètres, des Physiciens, des Peintres ...》

「デュ・ヴィヤール手稿」:《La premiere et peut-être la plus importante de toutes les institutions que je croirais nécessaire, celle qui me semble la plus propre à immortaliser le Rêgne de votre Majesté, et qui doit influer〔脱〕sur la totalité du Royaume〔脱〕serait〔脱〕Sire〔脱〕la formation d'un conseil de l'instruction nationale〔脱〕sous la direction duquel seraient les accademies, les universités, les colleges〔脱〕les petites écoles... Il est étonnant que cette Science soit si peu avancée. Il y a des methodes et des établissemens pour former des citoyens〔脱〕physiciens, des peintres ...》(f. 10)

もう一箇所、村の自治的行政について述べた部分から挙げておく。

「カールスルーエ手稿」:《Si l'avarice portait quelqu'un à sacrifier de son rang et à ne pas reclamer〔sic〕 le nombre de voix qui lui appartiendraient, les autres citoyens de la Paroisse qui auraient un intérêt très frappant à y prendre garde, puisqu'ils ne pourraient tolérer cette manoeuvre sans se soumettre à Répartir〔sic〕 entre eux la charge qu'il aurait voulu évtier ne manqueraient pas de Relever〔sic〕 l'erreur, de dire à l'avare: vous êtes trop modeste M.r votre bien〔sic〕 vaut tant jouissés〔sic〕 de vos voix ...》〔souligné〕

「デュ・ヴィヤール手稿」:《Si l'avarice portait quelqu'un à sacrifier de son rang et à ne pas réclamer le nombre de voix qui lui appartiendraient. Les autres Citoyens de la Paroisse qui auraient〔1行脱〕à tolerer cette manoeuvre sans se soumettre à repartir entre eux la charge qu'il aurait voulu éviter ne manqueraient pas de relever l'eveur et de dire a l'avare〔脱〕vous êtes trop modeste M.r votre bien vaut tant jouissez de vos voix 〔vous... voix = non souligné〕

…》(ff. 33〜34)

このようにみてくると、この「デュ・ヴィヤール手稿」とは一体何であるかがおおいに疑問となる。それは、構成や論旨においては「カールスルーエ手稿」との間に大きな違いはみられないが、その他の点では多くの違いがみられるのである。改行の相違、大文字と小文字の違いやアクサンや句読点の脱落や変更はコピー者の裁量や不注意として仮に許容されるとしても、語句の変更や脱落は、許容の範囲を超えるものであろう。のちに述べるように、「カールスルーエ手稿」にもいくつかの問題点があるが、もしこの「デュ・ヴィヤール手稿」がデュポンの「オリジナル」からのコピーだとすれば、あるいはまた、カール・フリートリッヒに送られる前に「カールスルーエ手稿」からコピーされたということも考えられるが、いずれにしても、このコピーは、杜撰さが見られ、決して忠実なコピーとはいえないであろう。事実、非常に急いでコピーされた形跡がうかがわれるのである。

(1) カタログでは二六五㎜となっているが、実際には二八二㎜。

(2) 各葉の表右肩に一から一二までの番号がつけられているが、この番号は、恐らくあとからつけられたものであろう。

(3) *Dictionnaire historique et biographique de la Suisse*. Tome II, 1924, p.733 によれば、Du Villard (Duvillard とも書かれる) 家には、フリブール (Fribourg)、ジュネーヴ (Genève)、ヴォ (Vaud) の三つの郡 (cantons) の出身のものがあり、ジュネーヴの家系はさらに、Avouzon au Pays de Gex、Archamp および Moisin の出身に分けられるが、それらジュネーヴの家系は、フランスのヴィヴァレ (Vivarais) 地方の出身で、「宗教改革後」ジュネーヴに定住するにいたった、という。

(4) Cf. *Nouvelle biographie générale depuis les temps les plus reculés jusqu'à 1850〜60*. Tome XV〜XVI, 1965, p.563. *Dictionnaire de biographie française*. Tome XII, 1970, pp.1061〜1062.

(5) その活動は、およそ次のようである。

彼は、数学者として、政治問題および社会問題の解明に数学を適用しようと試み、この分野で、少なくともフランスにおける先駆者となった。一七八七年には、*Recherches sur les rentes, les emprunts et les remboursements, d'où résultent: 1° Des formes d'emprunts, moins onéreuses à l'emprunteur, et en même temps plus avantageuses aux créanciers accumulateurs, que ne le sont les différentes formes d'emprunts publics employées jusqu'à présent; 2° Des conversions de remboursements, qui réunissent ces deux avantages, surtout, lorsque le débiteur renonce à emprunter avec de nouveaux capitaux*. Paris, l'auteur; et Genève, Franç. Dufart,

1787, in-4°, vi-128p., tableau. を発表、当時国家にとって最も悩みの種になっていた借入れ＝国債の問題を学問的に究明した。彼は、同じ問題について、再び、*Calcul qui prouve qu'on pourrait libérer l'Etat d'une partie des rentes viagères à 10 pour cent ... sans diminuer aucunement le bénéfice des rentiers ...* (s. l., n. d.), in-fol. plano. を発表し、国民公会財政委員会が負債の一部を公平に償還するのを強力に援助した。その後彼は、各国の政府から、数多くの統計的計算の仕事を依頼された。例えば彼は、五執政官政府の時、メートル法制定や新貨幣制定のための仕事などを担当した。一七八六年には、デュ・ヴィヤールは、当時まだフランスでは知られていなかった生命保険制度をつくろうと試み、この問題について、一七九六年、科学アカデミーに一冊の大部な著作を提出した。同年、政治経済学部門の学士院通信会員（correspondant de l'Institut）に任命され、一八〇六年には、一七九六年の著作の一部を印刷させた。それが、*Analyse et tableaux de l'influence de la petite vérole sur la mortalité à chaque âge, et de celle qu'un préservatif tel que la vaccine peut avoir sur la population et la longévité.* Paris, Impr. spéciale, 1806 in-4°, 210p. である。この出版に続いて、彼は、サン＝ペテルブールおよびハールレムのアカデミーの会員に任命された。彼は、保険問題については、*Plan d'une association de prévoyance, dans laquelle ses membres feront entr'eux et pour eux ... tous les arrangemens connus sous la dénomination d'assurances sur la vie ...* (Paris), Impr. de C. Volland, (s. d.) [1790?], in-4°, 28 p., tableaux. および、*Rapport du Collège des médecins de Londres sur la vaccination, suivi, d'une analyse de son influence sur la mortalité et la population.* Genève, Impr. de la《Bibliothèque britannique》, 1807, in-8°, 46 p. を出版した。彼はさらに、国家公務員の退職年金（恩給）の問題に取組み、学士院に、数学的に解明した人口統計を提出、フランスで初めて、人口動態、死亡および出生の法則、性別・年齢別の人口分布、戸籍謄本（独身者・既婚者・配偶者喪失者）の研究を行なった。彼は、一八〇三年と一八一三年の二回、学士院初等幾何学部門（la section de géomètre de la première classe de l'Instiut）でかなり多数の票を獲得したが、当選しなかった。王政復古時にはモンモランシーに引退し、自分の研究を続けるとともに、*Nouvelle formule pour trouver la hauteur des lieux par celles du baromètre et du thermomètre.* Paris, Detereille, 1826, in-8°, 50 p. を出版した。一八三二年四月一一日パリで死去した。

以上のデュ・ヴィヤールの生涯については、*Nouvelle biographie générale depuis les temps les plus reculés jusqu'à 1850~60.* Tome XV~XVI, 1965, p.563 および、*Dictionnaire de biographie française.* Tome XII, 1970, pp.1061~1062 を参照。また、彼の著作のタイトル、発行年等については、*Catalogue général des livres imprimés de la Bibliothèque Nationale. Auteurs.* Tome XLVI, 1911, pp.417~418 および、Institut national d'études démographiques, *Bibliographie générale commentée. Travaux et documents. Cahier n°28.* Presses Universitaires de France, 1956, pp.218~219 を参照した。

さらにデュ・ヴィヤールの業績については、*Notice des travaux de M. Du Villard, Ex-Membre du Corps Législatif, Correspondant de l'Institut, de l'Académie Impériale de Péterbourg, de la Société de Harlem, etc.* Paris, le 27 mai 1814, in-4°, 8p+8p. (Cote de la B. N.: 4°Ln^{27} 21357); *Annuaire-Buletin de la Société de l'Histoire de France.* Tome XIII, 1876, pp.219~220. (Cote de la B.

N.: 8° LC^{18} 27bis) ; *Bulletin de la Société historique d'Auteuil et de Passy.* Tome troisième, Années 1898, 1899, 1900, p.314.（Cote de la B. N.: 4°LC^{21} 103）を見よ。なお、Bibliothèque Nationale にはデュ・ヴィヤールの数多くの手稿が保存されている。Cf. n. a. 10400, n. a. 10403, n. a. 10189～10215, n. a. 10216～10218, n. a. 10219, n. a. 20576～20591.

〔C〕「カールスルーエ手稿」について

これは、さきに述べたように、バーデン大公家私文書館に現存しているのであるが、ゼロックス・コピーからみる限り、横三二〇㎜、縦二〇〇㎜の横長の用紙四七葉の左半分と右半分に、それぞれ左端約三〇㎜をあけて書かれており、ページ番号はなく、第一葉左側白紙部分に《5 Korr. Band 26》という整理番号がつけられており、右側に《Mémoire/Sur/Les Municipalités./Septembre 1775.》というタイトルが書かれている。本文は、第二葉右側から始まり、冒頭に《Au Roi.》と書かれ、半分位の位置から、《Sire./Pour savoir ...》と続けられている。

この手稿は、細目のペンで丁寧に書かれているが、あとの方になるにつれて若干書体が乱れ、脱字の挿入や誤記の訂正が目立ってくる。しかし、全体的には非常にきれいな手稿で、手稿に慣れない筆者にも十分判読可能なものである。この筆跡が果たしてデュポン自身のものかどうかについては、Eleutherian Mills Historical Library にあるデュポンの手稿[1]や一七八七年の Assemblée des Notables の議事録[2]にある署名[3]の筆跡と比べてみるとかなり異なっており、にわかに断定し難い。一八世紀フランスの著作家たちの筆跡に詳しいある研究家によれば、デュポンの筆跡には二、三種類あるといわれるので、この手稿の筆跡もあるいはその一つに属するのかも知れないが、正直のところ、現在の筆者には、この筆跡がデュポン自身のものであると断定するに十分な確証をもたない。いずれにしても、「オリジナル」が発見されない現在では、この「カールスルーエ手稿」が、デュポンの『自治体に関する意見書』の最終的に依拠すべき稿本と考えられるが、実は、この「カールスルーエ手稿」にも、㈠アクサンや句読点が正確につけられていない、㈡文章の句切りに不自然な箇所がいくつかみられる、㈢語の脱落六箇所や誤記約三〇箇所が見出される、などの欠陥がみられるのである。「クニース版」は、これらの欠陥を極力補正しようと努めているが、その「クニース版」自体にもまた、いくつかの問題点がみられるのである。

（1）筆者がそのゼロックス・コピーをみることができたデュポンの手稿は、*A Guide to the Manuscripts in the Eleutherian Mills Historical Library. Accessions through the year 1965. By John Beverley Riggs, Curator of Manuscripts.* Eleutherian Mills Historical Library, Greeville, Delaware, 1970, p.176 に記載されているところの、Series B, Writings, etc.: (2) Papers as Inspecteur Général du Commerce, cont.: 92. Note by Du Pont de Nemours, "Note sur les droits d'amirauté et sur la stipulation proposée à leur égard dans le projet d'arrêt pour l'encouragement du commerce dans les États-Unis de l'Amérique", undated, but marked "Travail du 4-9bre 1787", 4 pp.〔W2-47243〕である。

（2）Bibliothèque de l'Arsenal: 3975-3976（429 H. F.).《*Procès-verbal des travaux du bureau de monseigneur comte d'Artois en l'assemblée des Notables de l'année 1787, contenant les pièces adressées au bureau, les opinions de ses membres et les actes qui en sont résultés. Pour les archives de monseigneur comte d'Artois.*》—2 volumes. Tome Ier. Première-troisième divisions — 1240 pages. Tome II. Quatrième division — 1116 pages. 292 sur 198 mm. 1787. De la Bibliothèque du comte d'Artois; 3977（429 H. F.).《*Procès-verbal des travaux du bureau de monseigneur comte d'Artois en l'assemblée des Notables de l'année 1787, contenant les actes du bureau et les pièces qui lui ont été adressées. Pour les archives de la Couronne.*》Papier. 1178 pages. 290 sur 200 mm. 1787.

（3）ちなみに、デュポンは一七八七年の名士会の一員であり、その二人の書記のうちの一人であった。

〔D〕「クニース版」について

クニースは、その復刻版について次のように述べている。「次の復刻版は……デュポンが一七七五年九月にカール・フリートリッヒ辺境伯に送ったところの原本（Exemplar）から忠実に引用されている」[1]、と。では、「クニース版」を「カールスルーエ手稿」と比較してみた場合、どうであろうか。結論から先にいえば、確かに他の諸版よりも「クニース版」がもっとも「カールスルーエ手稿」に近いが、完全に「忠実」であるかというと、決してそうではないのである。

「クニース版」（この節では「ク版」と略称する）と「カールスルーエ手稿」（この節では「カ手稿」と略称する）との主な相違点は、次のようである。㈠、「カ手稿」では、日付けの Septembre 1775. の上下と献辞 Au Roi. の下および分節の表題の上下に二重の線（＝）がひいてあるが、「ク版」では省略されている。㈡、「カ手稿」では普通名詞の多くが大文字で始まっているが、「ク版」では、分節の表題を除いて、小文字に統一されており、また、Votre Majesté の所有形容詞およびその人称代名詞が「カ手稿」では大小まちまちに書かれているが、「ク版」では大体大文字に統一されている。さらに、「ク版」では、employ, loix 等少数の語を除いて旧い綴字の大部分がモデルニゼされている（例えば、habitans→habitants 等）。㈢、「カ手稿」につけられているヴィルギュル（，）が一二七箇所で省略され、逆に一〇六箇所で挿入されている。また、他の句読点が四六箇所で変更され（例えば、,→;、.→:、;→.等）、七箇所で補充されている（主に・（ポワン）の補充）。㈣、「カ手稿」に落ちているアクサンやトレ・デュニオンが補なわれている。㈤、本文の改行の変更が一〇箇所で行なわれている。㈥、「カ手稿」にない文字または語が二五箇所で補なわれている。それらのうち一七箇所は「カ手稿」の誤りの訂正または説明のための〔　〕つきの文字または語の補充であるが、そのうち一箇所は、クニース自身の誤りである。残りの八箇所は〔　〕つきでない語の補充であるが、それらのうちには、「カ手稿」の補正ではない補充根拠不明の箇所が二、三箇所みられる（例えば、「ク版」二四六頁下から七行目の et funeste、二四九頁上から四行目の tous les jours、二七八頁下から六行目の la valeur といった語の補充）。㈦、「カ手稿」の語の変更二四箇所、省略が一箇所みられる。語の変更の大部分は「カ手稿」の訂正のためのものであるが、根拠不明の箇所が一箇所ある（「ク版」二五二頁上から一三行目 scier は、「カ手稿」では bâtir である）。㈧、明らかに誤植とみられるところ一七箇所。㈨、「カ手稿」の誤りで訂正されないままになっているところ七箇所。㈩、「カ手稿」にある語の脱落六箇所（「ク版」二四八頁上から二〇行目 des poëtes のつぎの des orateurs が、二五二頁上から一〇行目 possèdent の前の y が、二五三頁下から五行目 laquelle の前の à が、二六三頁下から一三行目 atteinte の前の d' が、同頁下から八行目の ecclésiastiques の前の des が、さらに、二七五頁下から一一行目 provinces のつぎの voisines が脱落している）。なお、「カ手稿」の下線部分は、「ク版」ではイタリックになっており、数語については太字のイタリックになっている（「ク版」二七八頁〜二七九頁）[2]。

このように、最も信頼に価すると思われていた「ク版」自体にも、いくつかの問題点が見出されるのである。とくに、上記㈥〜㈩は、「ク版」の信頼度を著しく減ずるものであろう。

（1） Knies, C., *op. cit.*, S. 243.

（2） 指摘した数字は可能な限り正確を期したつもりであるが、もし数え間違いがあれば、ご海容いただきたい。

〔E〕「シェル版」について

シェルは、彼が『自治体に関する意見書』を『チュルゴー著作・資料集』第四巻に収録するに当り、一七八七年の *Œuvres posthumes de Turgot* … が「海賊版」であるばかりか、多くの脱漏や誤りを含むきわめて不正確なものであることを述べたデュポンの書簡（一七八七年七月二日付け Journal de Paris 宛書簡）と、その作品がミラボー伯の作であることをチュルゴーの兄（marquis de Turgot）に知らせた同日付けの書簡を発表するとともに、一八〇九年にはデュポン自身が重大な改作を行なったことを指摘して、「クニース版」こそ一七七五年当時のチュルゴーの思想を他の諸版よりもよく伝えるものであるので、自分が依拠したのは「クニース版」である、と述べている。[1] では、「シェル版」は「クニース版」の真に忠実な復刻版であろうか。残念ながら、否、といわざるを得ないのである。

シェルは、確かに、基本的には「クニース版」に従っている。しかしながら、「シェル版」を「クニース版」と克明に比較対照してみると、次に述べるようないくつかの相違点が厳然として存在することが分り、かつてデュポンによるチュルゴーの著作の改竄を批判した当のシェルの復刻態度については、甚だ理解に苦しむのである。[2]

㈠、「クニース版」では、「カールスルーエ手稿」に従って表題の下の Septembre 1775. という日付けと Au Roi. という献辞が書かれているが、「シェル版」においてはこれらが省略されており、さらに、『意見書』の最後の一文《Ah! Sire,... me comble.》が省略されている。後者の省略については、「このあとにもっと感傷的な文章が続いているが、それは一八〇九年版で削除された」との注をつけることによって「一八〇九年版」に従って省略されたことが示されている[3]が、前者の省略については何の理由も示されていない。㈡、「クニース版」では Votre Majesté はフルスペルで書かれているが、「シェル版」では V. M. と省略形で書かれている。また、その所有形容詞と人称代名詞は、「クニー版」では大文字に統一されているが、「シェル版」では Votre 以外小文字になっている。さらに état, coneeil [de l'administration national〕は、「クニース版」では小文字であるが、「シェル版」では大文字に統一されている。そのほか、「クニース版」でローマンで書かれている語句のうち、分節の表題も含めて、八三箇所でイタリックに直されている。これは、恐らく、シェルが重要と考えた語句について行なわれたのであろう。なお、数字は「クニース版」では文字で書かれているが、「シェル版」ではアラビア数字に直されており、「クニース版」に残されている若干の旧い綴字もすべてモデルニゼされている。㈢、「クニース版」の語句の順序が七箇所で入れ替えられている[4]（例えば、「クニース版」二一六頁上から五行目 ces villages et ces villes は、「シェル版」（五七七頁）では *ces villes et ces villages* となっている、等）。㈣、「クニース版」につけられている，のうち一五三箇所が、また、；の三箇所が「シェル版」で省略され、逆に、四〇一箇所で，が、二箇所で；が補充されている。その他の「クニース版」の句読点の変更一四三箇所、改行の変更二六箇所。㈤、「シェル版」の誤植六箇所[5]。このうち、五九七頁の誤植は「クニース版」の誤った補充をそのまま踏襲したものである。㈥、「クニース版」の訂正二三箇所（「クニース版」の誤植一四箇所の訂正および同版脱語の補充二箇所、「カールスルーエ手稿」のままの誤りの訂正七箇所）。㈦、語句の変更五七箇所（例えば、「クニース版」二四五頁最後の行の presque personne は chacun に、二四八頁上から五行目 Il est étonnant que cette étude soit peu avancée. が Il est etonnant que cette science soit peu avancée. となっている、等）。なお、これらの変更についてシェルは何の説明も与えていない。㈧、語の脱落二七箇所。そのうち一箇所は、「クニース版」における脱落を踏襲したものである（例えば、「クニース版」二四四頁下から一二行目の avec gloire の avec が、同版二四七頁上から四行目の ces Etats が脱落している、等）。㈨、「クニース版」にない語句が一二箇所で挿入されているが、その根拠はいずれも不明である（例えば、「クニース版」二五一頁下から八行目 on ne doit employer que … は on n'y doit employer que … と y が挿入され（「シェル版」五八三頁）、「クニース版」二五二頁上から一五行目 qui recrutent les valets … は、qui se recrutent les valets … と se が挿入され、代名動詞化されている（「シェル版」五八三頁）、等）。㈩、「一八〇九」年版に従って六箇所で「注」がつけられている。

「クニース」版の忠実な復刻であるべきはずの「シェル版」には、およそ以上のような相違点が「クニース版」との間にみられるのである。とくに、㈢、㈦、㈧、㈨の諸点は、テクスト・クリティークの点からみて、許容の範囲を超えるものであろう。テクストの復刻とは、シェルにとっては一体いかなる作業であったのだろうか。

（1）Schelle, G., *op. cit.*, pp. 570～574.

（2）デュポン・ドゥ・ヌムールの浩瀚な伝記を書いたサリックスでさえ、「『意見書』およびそれの作成にまつわる事情についての、利用し得る最良の版は、シェル『チュルゴー著作・資料集』第四巻五六八～六二八頁に見出すことができる」と述べている。A. Saricks, *Pierre Samuel Du Pont de Nemours*. The University of Kansas Press, Lawrence, 1965, p. 378, note 32.

（3）Schelle, G., *op. cit.*, p. 621, note (a).

（4）Schelle, G., *op. cit.*, pp. 577, 579, 583, 587, 599, 603, 604.

（5）Schelle, G., *op. cit.*, pp. 576 (2), 585, 589, 597, 618.

〔F〕「一七八七年版」について

この版は、筆者がすでに本書の主論二で言及したとおり、ひどく杜撰なものであって、とうていテクストとしての信頼度を保ち得ないものである。

なお、INED編集の *Economie et Population. Les Doctrines françaises avant 1800. Bibliographie générale commentée*, p. 260 は、この著作自体をデュポンのものとするとともに、それに付け加えられている *Lettre sur ce Plan* はデュポンの手になるものとし、*Observations...sur ces mémoires* はブリソ・ドゥ・ヴァルヴィル（J.-P Brissot de Warville）の手になるものとしている。

また、「一七八八年版」は、筆者が本書の主論二で述べたとおり、「一七八七年版」の再版であるが、翌一七八九年にもこの同じ版が出されていることが分った。[1]

（1）Cf. *Catalogues of the British Library. Department of Printed Books in Reading Room.* Turgot —〔A reissue〕*Des administrations provinciales, etc.* Chez Volland: Paris, 1789. 8°.〔1137. h. 19.〕

〔G〕スラヴィ引用のテクストについて

ジャン・ルイ・スラヴィ（Jean-Louis Girard, dit Soulavie, 1753〜1813）は、その著 *Mémoires historiques et politiques du règne de Louis XVI, depuis son mariage jusqu'à sa mort. Ouvrage composé sur des pièces authentiques fournies à l'auteur, avant la révolution, par plusieurs ministres et hommes d'état ; et sur les pièces justificatives recueillies, après le 10 aout, dans les cabinets de Louis XVI, à Versailles, et au château des Tuileries.* Tome troisième. A Paris, Chez Treuttel et Wurtz, libraires, Quai Voltaire, n°. 2 ; et à Strasbourg, Grand' Rue, n°. 15. An X.（1801.）の Chapitre XII で、チュルゴーの地方行政に関する《memoires》からの抜萃を示し、ついで、Chapitre XIII で、チュルゴーの王国全体の自治的行政機構化の構想に触れている。すなわち、スラヴィは、第一二章に Doctrine de M. Turgot sur l'administration, et passages de ses mémoires sur les administrations provinciales, soulignés par Louis XVI, ou marqués d'une croix. および、Son plan pour renouveler la France en novembre 1775.（下線は筆者による）という小見出しをつけて、明らかにデュポン・ドゥ・ヌムールの『自治体に関する意見書』からのものと推定されるいくつかの文章を抜き書きし、[1] 第一三章では、チュルゴーの構想に対置するかたちで、「ルイ一六世の言葉とルイ一六世がチュルゴー氏の意見書の余白にみずからの手で書き入れた見解」（le language et les observations marginales de Louis XVI, écrites de sa main sur le mémoire de M. Turgot）なるものを載せている。[2]

ところで、右に下線で示したように、スラヴィの抜き書きは、地方行政に関するチュルゴーの複数の意見書から行なわれ、しかもそれらの意見書には、ルイ一六世みずからの手によってアンダーラインが施されていたり、十字のマークがつけられているというが、スラヴィが見たというチュルゴーの《mémoires》とは、一体いかなるものであったのだろうか。また、ルイ一六世がその余白にみずからの手で「見解」（observations）を書き込んだ「チュルゴー氏の意見書」は、果たして存在していたのだろうか。スラヴィの著作の表題からすれば、この著作は、「革命前に多くの大臣や政治家たちから著者に寄せられた権威ある書類」および「〔一七九二年〕八月一〇日以降ヴェルサイユおよびチュイルリ宮殿のルイ一六世の執務室から集められた証拠書類」によって構成されているというが、果してスラヴィの用いたチュルゴーの

《mémoires》は、誰から寄せられ、どこに存在していたものだろうか。[3] また、「フランスを再生させるための一七七五年一一月の彼〔チュルゴー〕のプラン」[4] というときのその日付け、および、「ルイ一六世の見解」の「一七八八年二月一五日」という日付[5]は、いかなる根拠にもとづくものだろうか。[6]

筆者は、こうした疑問のうち、とりわけスラヴィが引用の典拠とした文献は何であったかについての考証を進め、スラヴィ引用の文章とスラヴィが参照し得た可能性があると思われる一八〇一年以前に書かれもしくは刊行された「カールスルーエ手稿」、「デュ・ヴィヤール手稿」および「一七八七年版」の文章と対比してみた。結論的にいえば、スラヴィ引用の文章は、そのいずれとも完全に一致してはいないが、「一七八七年版」に比較的近いようにみえる。次の文章はその一例である（下線の部分はスラヴィ引用の文章との相違点）。

スラヴィ引用の文章（〔 〕は筆者）

《Chacun cherche à tromper l'autorité, 〔dit M. Turgot〕 et à rejeter les charges sociales sur ses voisins ; les revenus se cachent et ne peuvent plus se découvrir que très-imparfaitement par une sorte d'inquisition à laquelle on dirait que V. M. est en guerre avec son peuple.》（p. 139）

「カールスルーエ手稿」

《De là chacun cherche à tromper l'autorité, et à rejetter les charges sociales sur ses voisins. Les revenus se cachent ; et ne peuvent〔ナシ〕se découvrir que très〔ナシ〕imparfaitement, par une sorte d'inquisition dans laquelle on dirait que Votre Majesté est en guerre avec son Peuple.》

「デュ・ヴィヤール手稿」

《De là chacun cherche à tromper〔sic〕l'autorité〔ナシ〕et à rejetter les charges Sociales sur ses voisins. Les revenus se cachent et ne peuvent plus se decouvrir que très〔ナシ〕imparfaitement par une sorte d'inquisition dans laquelle on dirait que votre Majesté est en guerre avec son Peuple.》（f. 7）

「一七八七年版」

《De là chacun cherche à tromper l'autorité, & à rejeter les charges sociales sur ses voisins ; les revenus se cachent & ne peuvent plus se découvrir que très〔ナシ〕 imparfaitement, par une sorte d'inquisition à laquelle on dirait que Votre Majesté est en guerre avec son peuple.》(p. 11)

しかし、これら二つの手稿および「一七八七年版」とも大きく異なった引用文もみられる。

スラヴィ引用の第八パラグラフ

《Pour faire disparaître l'esprit de désunion qui décuple les travaux de vos serviteurs et de votre majesté, et qui diminue nécessairement et modiquement votre puissance, pour y substituer au contraire, un esprit d'ordre et d'union qui fasse concourir les forces et les moyens de votre nation au bien commun, les rassembler dans votre main et les rendre faciles à conduire, il fandrait imaginer un plan qui les liât par un intérêt commun très-évident par la nécessité de connaître cet intérêt, d'en délibérer et de s'y conformer〔sic〕; qui liât les individus à leurs familles, les familles aux villages et les villages à l'arrondissement dans lesquelles ils sont compris ; les arrondissemens aux provinces et les provinces à l'état.》(pp. 140〜141)

「カールスルーエ手稿」

《Pour faire disparaitre〔sic〕 cet esprit de désunion qui décuple les travaux de vos serviteurs et de Votre Majesté, et qui diminue nécessairement et prodigieusement votre puissance ; pour y substituer au contraire〔ナシ〕-un esprit d'ordre et d'union, qui fasse concourir les forces et les rnoyens de Votre nation au bien commun, les rassemble dans votre main, et les rende faciles à conduire, il faudrait imaginer un Plan qui〔ナシ〕liât par une instruction à laquelle on ne pût se refuser, par un intérêt cornmun très〔ナシ〕-évident, par la nécessité de connaître cet intérêt, d'en délibérer et de s'y conformer, qui liât dis-je les individus à leurs familles, les familles au village ou à la ville à qui elles tiennent, les villes et les villages à l'arrondissement dans lequel ils sont compris, les arrondissemens aux Provinces dont ils sont partie,——〔ナシ〕les Provinces enfin à Etat.》

「デュ・ヴィヤール〔sic〕手稿」

《Pour faire disparaitre cet epsrit〔sic〕 qui décuple les travaux de vos serviteurs et de Votre Majesté——〔ナシ〕et qui diminue nécessairement et prodigieusement votre puissance; pour y substituer au contraire——〔ナシ〕un esprit d'ordre et d'union qui fasse conduire les forces et les moyens de votre nation au bien commun, les rassemble dans votre main et les rende faciles à conduire; il faudrait imaginer un plan qui——〔ニシ〕liât par une instruction à laquelle on ne pût se refuser par un interêt〔sic〕 commun très——〔ナシ〕evident〔sic〕, par la nécessité de connaître cet interêt〔sic〕, d'en déliberer〔sic〕 et de s'y conformer——〔ナシ〕qui liât dis-je les individus à leurs familles——〔ナシ〕les familles au village ou à la ville à qui elles tiennent, les villes et les villages à l'arrondissement dans lequel ils sont compris, les arrondissemens aux provinces dont ils sont partie,——〔ナシ〕les Provinces enfin à l'Etat.》(ff. 8〜9)

「一七八七年版」

《Pour faire disparaître cet esprit de désunion qui décuple les travaux de vos serviteurs & de Votre Majesté, & qui diminue nécessairement & prodigieusement votre puissance; pour y substituer au contraire——〔ナシ〕un esprit d'ordre & d'union qui fasse concourir les forces & les moyens de votre nation au bien commun, les rassemble dans votre main & les rende faciles à conduire, il faudroit imaginer un plan qui les liât par une instruction à laquelle on ne pût se refuser, par un intérêt commun très-évident, par la nécessité de connoître cet intérêt, d'en délibérer,——〔ナシ〕de s'y conformer; qui liât, dis-je, les individus à leurs familles, les famines au village ou à la ville à qui elles tiennt, les villes & les villages à l'arrondissement dans lequel ils sont compris, les arrondissemens aux provinces dont ils sont partie,——〔ナシ〕les provinces enfin à l'Etat.》(pp. 12〜13)

また、同一の文章を二箇所で異なった引用の仕方〔sic〕をしている箇所も見られる。

《La grande municipalité du royaume completerait, sire, l'établissement des municipalités, ce serait le faisceau par lequel se réuniraient sans embarras, dans les mains de V. M., tous les fils correspondans aux points les plus reculés de votre royaume...》(pp. 144〜145)

《La grande municipalite, sire, la municipalité générale du royaume, compléterait l'établissement des municipalités des premiers degrés; ce serait le faisceau par lequel se réuniraient, sans embarras〔ナシ〕dans les mains de V. M., tous les fils correspondans aux points les plus reculés et les plus petits de votre royaume...》(p. 151)(下線部分は前文との相違点)。

後者の文章は、次のような「一七八七年版」八一頁冒頭のタイトルとこれに続く文章とを一緒にした形で引用したものと思われる。

《De la grande Municipalité ou Municipalité générale du royaume.〔＝タイトル〕
Cet établissement, Sire, compléterait celui des municipalités; ce serait le faisceau par lequel se réuniraient sans embarraa, dans les mains de V. M., tous les fils correspondans aux points les plus reculés & tous les petits de votre royaume.》

こう見てくると、スラヴィ引用の文章は、「一七八七年版」からのものだとしても(その確たる証拠はないが)それは、きわめて恣意的なものだといわなければならないだろう(7)。

ところでスラヴィは、さきに述べたように、第一三章に、「ルイ一六世の言葉とルイ一六世がチュルゴー氏の意見書の余白にみずからの手で書き入れた見解」なるものを載せている。彼は、その典拠を全く明らかにしていないが、『意見書』の改革案に対する国王の態度を知るために、それらのうち興味ある箇所をいくつかここに紹介しておきたいと思う。

(一)、『意見書』(スラヴィは、この『意見書』はあくまでチュルゴーのものだと考えている)が、フランスの現行政治制度の改革にあたって無知と野蛮の時代に先祖たちが作った先例を手本としてはならないとし、もしそのような先例に従うならば諸公がその職務の遂行に当って莫大な知恵を必要とするため嫌気をおこさせるであろうと、暗に先王たちの愚行を戒めるのに対し、ルイ一六世は、彼に先立つ三人の国王の時代は決して無知と野蛮の時代ではなく、むしろ、フランス王国がヨーロッパのなかでその力と地位を保ち今日の文明を築きあげたのはこの三人の先王の時代である、と反論する（p. 146)。国王の眼中には、『意見書』が指摘する先王の時代の租税の恣意的な割当てや苛斂誅求は、いささかもないようである。(二)、『意見書』が、現在のフランスではすべての悪は統一的な「機構」に欠けていることに起因している、互に利害を異にする「身分」しかないため、「社会的紐帯」が殆どみられない、必要なのは「正規の組織」であり「共同の関係」である、と説くのに対し、国王は、『意見書』の主張するように地方の組織を似たり寄ったりのものにしてしまうとそれは不服従のもととなり、従来の「地方長官」(intendans) と「ペイ・デタ」(pays d'États) による統治の方が大衆全体を同時に動かすことが容易であり、また、「新しがり屋の素人たちには、イギリス的な〔三権分立の〕フランスより一つの〔絶対君主制的〕フランスの方が必要である。」(Il faut aux amateurs des nouveautés, une France plus qu'anglaise.) と、居丈高に反論している (p. 148)。この反論のうちには、イギリス的な民主的分権思想のフランスへの浸透・定着に対する国王の恐怖心がうかがわれる。(三)、『意見書』が、現在のフランスには、大衆の願望の表明機関としては、ペイ・デタと呼ばれるいくつかの州におかれた「〔地方（州）〕議会」(des assemblées [provinciales]) しかなく、しかもそれらは、相互にかつまた国民とも利害をきわめて異にする「身分」から成り立っているので、最善の州行政を行なうには程遠いものとなっている、それ故、個人を家族に、家族を村に、村を郡に、郡を州に、そして州を国家へと結びつけるところの、ペイ・デタの議会よりもすぐれた機構が構想されなければならないと述べるのに対して、国王は、チュルゴー氏は「身分の多様性」の敵であり、それなくしてはいかなる王政も存在し得ないわが臣民の身分的階級制度の敵である。チュルゴー氏は、権力の段階的機構を提案しているが、出生の階級制度を基礎としない限り、それは空想的なものとなる、と述べる (pp. 148~149)。この国王の反論は、『意見書』の構想を絶対王権の分割ないし弱体化と誤解したものである。『意見書』は、実際には、分散化し弱体化した王権を強化し、民主的なかたちで中央集権化しようとしているのである。㈣、『意見書』が、聖堂区議会において土地所有者にしか法的に市民権ないし投票権を与えないのに対して、国王は、かかるやり方は土地をもたない人々の階級のなかに不満分子を作り出すことになり、不和のもととなる、と反対している(pp. 149~150)。これは、一面もっともな反論ではあるが、他面それは、『意見書』におけるフランス国家再建をめざす重農主義的提言の意図するものへの国王の無理解を示すものであろう。㈤、『意見書』が、六〇〇リーヴルの年収をもつ土地所有者に一票の市民的投票権を与え、一〇〇リーヴルの収入の土地所有者には六分の一の投票権しか与えないのに対して、国王は、一人の人間の権利を二つに分けたり四つに分けたりするのはきわめて奇妙であり奇異なことであって、国家の尊厳にかけてもこのような提案はできない、と反論する(p. 150)。この反論は至極もっともであり、『意見書』の提案のなかの最も不条理な点を突いたものといえよう。㈥、『意見書』は、地方議会の構成員が、その地方の支払うべき租税の割当てを行なうよう提案するが、国王は、租税の割当ては、ペイ・デタでは三身分により、その他の地方では国王任命の地方長官により行なわれるのが「フランス人の特権」と「国王の権威」に「本質的に適って」おり、この方法を変更することは既成の全秩序とペイ・デタの行政全般を根底からくつがえすことになる。地方長官制度には若干の弊害はあるとしても、わが国の良き制度であって、王国の主たる欠陥はこの点にはない、とこの提案を拒否する(pp. 150~151)。これは、国王がこの『意見書』の示す改革を、王権の伝統的中枢部分であった租税割当権に対する侵害と受け取ったことを示すものであろう。㈦、『意見書』が、「大自治体」(la grande municipalité) ないしは「王国全国自治体」(la municipalité générale du royaume) こそ、第一段階の自治体を含む全国のすべての自治体を結び統括することによって自治体網を完成するものであり、この組織を通じてこそ財務総監は国家の必要とする費用を全州に容易に宣布することができると強調するのに対し、国王は、(イ)わが国の慣習では高等法院が民衆の負担すべきものを公正に割当ててきたこと(これは国王の大きな誤解と思われる。なぜなら、パリの高等法院は、租税を直接割当てる租税割当権ではなく、国王が割当てるべく要求する租税額を承認する租税承認権しかもっていなかったのであるから)、(ロ)土地所有者が租税の基礎を決めることは従来のこの慣習に反すること、(ハ)租税を全然支払わないかあるいは最も少ししか支払わない者によって徴収されるときにのみ租税は確実に徴収されること、(ニ)「恒久的全国三部会」(des états généraux perpetuels)を作ろうとする考えは、絶対的であるべき王権を分割することになるので王制の破壊となること、(ホ)もしそれが作られた場合には、もはや軍隊以外に国王と国民を結ぶ紐帯はなくなること、(ヘ)従って、「チュルゴー氏の制度は一つの美しき夢」であり、「良くはあるが、現状を顛覆させるような意見をもつ人間から発するところの、もう一つの特殊なユートピア」であって、「チュルゴー氏の考えは極度に危険なものであり、それ故、人々はその新しさに対して〔おのずから〕身をこわばらせるに違いない」、と反論する(pp. 151~152)。ここには、国王ルイ一六世の本音がまさにはっきりと現われており、「伝統」への固執と「絶対王権」への執着以外のなにものも見られない。(ハ)、『意見書』が、その構想の実施に必要な手続きはすべて今年〔一七七五年〕と来年のうちに行なわれ、エレクシオンの自治体の議会が開催されるのは収穫の終る来年一〇月初旬になるであろうとの見通しを述べるのに対して、国王は、確かにそれは、新生のそして結束したフランスをきわめて手早く作ることになるだろうが、しかしそれまでの間に、旧フランスの構成者達、例えば高等法院やペイ・デタの議会などは、それぞれ別個に会議を開き、恐らくは、それらの廃止を正当づける犯罪の証拠を要求して、反抗に立ち上るであろう、と述べる(pp. 152~153)。これは、一切の改革に反対する国王の、改革提案者に対する恫喝以外のなにものでもないであろう。(九)、『意見書』が、その提案の実現の暁には数年のうちに「新たな第一級の国民」が誕生するであろうと述べるのに対して、国王は、「確かにフランスには新しい議会が設置されるだろう。なぜなら、財産権が出生と身分の権利を併合することになるので、新しい国民の集りに代わって王政のさまざまな旧い形式が廃止されるだろうから」〔傍点、ローマン〕と、旧套を懐しみつつ皮肉まじりに答えている(p. 153)。最後に、(十)、『意見書』が、旧来の「腐敗、無気力、陰謀および貪欲」に代わって、「徳行、無私、名誉および熱情」がいたるところに見出されるようになるであろうというのに対し、国王は、大衆からの選出者と最も富裕な者とによって統治されるフランスが、出生の権利と国王の選出とによって統治されるフランスよりももっと有徳であるかどうかは分らない。これまでの体制からチュルゴー氏が現に提案している体制へどういうように移行するかが問題である。結果が分らぬ場合、危険な試みはしてはならない」と、旧套墨守の態度をあくまでもくずさないのである（p. 154)。

すでに述べたように、スラヴィによれば、以上のような国王の「見解」には「一七八八年二月一五日」の日付けがつけられていたというが、そもそもそのような「見解」を付した文書が存在していたかどうかさえ、われわれは確認することができない。が、それはともかくとして、以上のような国王ルイ一六世の「見解」は、一七七六年一月にチュルゴーが国王に提出した六つの改革案[8]のうちの最も重要な改革案の一つであった道路夫役廃止案に対するミロメニル国璽尚書相とチュルゴーとの間の論争[9]を想起させるものがある。すなわち、現体制の時代後れに対する深い憂慮とそれに触発された改革へのチュルゴーの至情に対する王権側の危機感の不在と旧態擁護の態度、すなわち、旧勢力の特権や利害に対する執拗なまでの固執は、まさに両者に共通するものである。このような点を考慮するとき、たとえこの『意見書』が国王に提出されたとしても、それはとうてい受け容れられなかったであろう。事実チュルゴーは、この『意見書』が実施に移されるはずの一七七六年一〇月を待たず、一七七六年五月一二日に、ルイ一六世によって財務総監の地位を追われたのである。

（1）J.-L. Soulavie, *op. cit.*, pp. 139～145.
（2）J.-L. Soulavie, *op. cit.*, pp. 146～154.
（3）シェルによれば、「スラヴィは、国民公会議員シャボ（conventionnel Chabot）のおかげで、〔一七九二年〕八月一〇日以降チュイルリから押収された書類を調べることができた。」と述べている。Schelle, G., *Œuvres de Turgot et les documents le concernant.* Tome cinquième, Paris, 1923, p. 433.
（4）J.-L. Soulavie, *op. cit.*, p. 139.
（5）J.-L. Soulavie, *op. cit.*, p. 154.
（6）後者の日付けについては、スラヴィは、「ルイ一六世の見解の日付けとチュルゴー氏の解任の日付け〔一七七六年五月一二日〕とは確かにへだたっている。にもかかわらず、歴史に対して年代上の形式を保つためにも、かつまた、諸精神の革命的な歩みの研究のためにわれわれの諸事件の観察者たちを必ず自然がたどった道へと導びくに違いないと思われる諸資料を保っておくためにも、わたしは、国王の返答を意見書が書かれた時期のものと考える」と、かなり強引な解釈を下している。J.-L. Soulavie, *op. cit.*, p. 154, note.

（7）一般に、スラヴィ引用のテクストは「不正確で不完全」であるようである。シェルも、別のテクストについてではあるが、そのことを指摘している。Cf. Schelle, G., *op. cit.*, Tome deuxième, Paris, 1914, p.72. note (2).

（8）Cf. Schelle, G., *op. cit.*, Tome cinquième, Paris 1923, pp.148～162.

（9）Cf. Schelle, G., *op. cit.*, Tome cinquième, Paris 1923, pp.163～200.（本書、主論五のⅣを見よ）

三　むすび

以上、一七七五年にデュポン・ドゥ・ヌムールによって執筆された『自治体に関する意見書』のテクストをめぐって、「デュ・ヴィヤール手稿」、「カールスルーエ手稿」、「クニース版」、「シェル版」、「一七八七年版」およびスラヴィ引用のテクストについて、それぞれのもつ問題点をできる限り詳細に述べてきたが、結局のところ、これまでに印刷に付されたもののうちでは、「クニース版」が最も信頼に価すると言えるであろう。しかしながら、その「クニース版」にもすでにみたようないくつかの問題点が存在するのであって、これに全面的に依拠することはできない。従って、この『意見書』の正確なテクストを得るためには、「オリジナル」が発見されない現在では、「カールスルーエ手稿」を正確かつ厳密なかたちで復刻する以外に道はないのである。筆者は、いずれ機会をみて、その作業を行ないたいと考えている（筆者は、その後これを、『商学論集』第四九巻第一号（一九八〇年七月）及び同巻第二号（同年八月）に、「資料」として復刻した）。

付記　本稿執筆のための資料蒐集過程において、アメリカのEleutherian Mills Historical Library、フランスのBibliothèque Nationale, Archives Nationales, Bibliothèque de l'Arsenal、およびドイツ・カールスルーエ所在のVerwaltung des Großherzoglichen Familienarchivsの関係者の方々にいろいろなかたちで大変お世話になった。ここに、これらの方々に深く感謝の意を表したい。

一　ピエール・ベールに関する若干の研究について

——残された研究課題の検討——

一

本稿は、筆者自身のPierre Bayleについての研究でも、これまでのPierre Bayleにかんするすべての研究について詳細な研究史的位置づけを試みたものでもない。本稿は、筆者がこれまでに目を通すことができた若干のPierre Bayleに関する研究書についてそれらの問題関心の在り方や研究方法を検討しようとしたもので、今後の筆者のPierre Bayle研究のための一つのメモにすぎない。

さて、筆者の考えでは、従来のヨーロッパの思想家あるいは研究者におけるPierre Bayleのとらえ方は、研究主体の問題意識の点からみて次の二つの種類に大別できるように思われる。

第一は、Pierre Bayleがその思想と実践によって同時代および後世に与えた影響の点から彼の功績を評価しようとするそれ自体きわめて実践的な意図をもった歴史的評価の試みであり、第二は、Pierre Bayleの思想それ自体の構造や立場や系譜をできるかぎり客観的に究明しようとするいわば思想内在的なアカデミックな実証的分析的研究である。

第一の試みは、主として、Bayleを一六世紀のhumanistesの後継者、一七世紀のlibertinsの同志としてとらえ、さらに一八世紀のphilosophes libéralistesの先駆者・思想的源泉として位置ずけようとする試みであり、この試みにおいては、Bayle の homme de raison としての実践的・批判的側面が強調され、とくにその scepticisme の歴史的意義が重視される。従ってこれらの試みには、Bayle を取扱う思想家あるいは研究者自身の実践的立場が強く投映されており、Bayle に対する深い共感と敬意がうかがわれる。これに対して第二の試みは、(a) rationaliste としての Bayle の思想構造と思想系譜を解明しようとするものと、(b) Bayle をどこまでも一人の religionnaire としてすなわち calvinisme の立場に立つ homme de foi としてとらえ、彼の多面的な思想を calvinisme を中核として明らかにしようとするものとに分けることができる。以下において、これらの評価・研究の諸方向にみられる若干の著作について検討し、併せて今後の Pierre Bayle 研究の課題を考えてみたい。

二

上述の第一の試みは、既に一八世紀において Montesquieu や Voltaire をはじめとして啓蒙思想家たちによって行なわれた。彼らは、Bayle の批判精神や懐疑主義的態度を自己の模範とし武器として史実を批判し、教会や聖書を批判した。殊に Voltaire は、早くから Bayle の著作集を座右の書として「哲学書簡」（一七三四）等その著作のあらゆる箇所(1)に Bayle を引き出している。一般に一八世紀の啓蒙思想家たちにとっては、Bayle の著作は、虚偽と不寛容と圧政と闘い、真理と寛容と権威に対する自主独立の主張を行なうための《兵器廠》であった。(2) 彼らは Bayle の姿勢と方法を自らの啓蒙主義的な思想と行動の指針とし模範として利用した。それだけに彼らには、Bayle の内面の精神活動を深く追体験したり、思想構造を分析したり、あるいは Bayle の思想と行動の歴史的意義を客観的に考察するという態度には欠けるところがあった。彼らは、研究者としてよりも思想家として、また実践家として、Bayle に共鳴したのである。

このような Bayle の把握方法は一九世紀の Feuerbach(3) や Marx にもうかがわれる。Marx は、《一七世紀の形而上学とあらゆる形而上学の信用を理論的におとした》Bayle の《懐疑論》を高く評価し、Bayle の懐疑主義的著作のなかに、反形而上学的・反神学的姿勢ばかりでなく無神論的・唯物論的社会の予言をも見出そうとした。(4) 哲学を単に解釈することよりも新しい社会創造の原理となりうる新たな哲学を創り出すことを意図したMarxは、Bayleもまたそのような役割を担った一人としてフランス唯物論および無神論の成立過程のなかに位置づけようとしたのである。この試みのなかには、思想家・革命家としてのMarxの熱烈な情熱と学者としての透徹した論理が渾然と融合しているのをみることができる。

近年のLaskiやBuryの研究[5]も多分にこうした問題意識を継承したものと言える。しかし彼らの場合には、フランスにおける無神論および唯物論の成立過程というよりはむしろヨーロッパにおける自由主義思想・解放思想の歴史のなかに位置づけようとするものであった。すなわち彼らは、Bayleの懐疑主義的・批判的哲学をDescartesの合理主義的懐疑哲学と同一のものとみなすとともに、Bayleの《寛容》の主張がヨーロッパの自由主義と民主主義の進展に貢献したその歴史的意義を積極的に評価したのである。

次に前述の第二の試みの(a)に属する比較的正鵠を得た研究を挙げるとすれば、Delvolvé、Hazard、Spinkらの研究[6]であろう。

Delvolvéは、Bayleの独創性を彼が神学・宗教・道徳・哲学等の問題に適用した《方法》としての《批判》(critique)のうちに見、その《批判》の内容・性格・効果等をBayleの諸作品の詳細な研究によって明らかにしようとしている。Delvolvéは、Bayleの《批判》の根底にあったものは確実な《事実》(faits)に対する実証主義的関心に他ならなかったと考え、[7]実証主義者としてBayleを特徴づけ、その点において、cartésiens、Montesquieuさらには一九世紀の実証主義者たちとの近似性を見出している。[8]またDelvolvéは、BayleとGassendi、Locke、Leibniz、Kantらとの間に経験主義者としての思想的近親性を指摘しているが、[9]しかし、Bayleの批判的方法が何故《歴史的》でなければならなかったのか、Bayleにとって《歴史的》とは何を意味していたのか、については充分な検討を加えていない。

さて、Paul Hazardが一九三五年の『ヨーロッパ意識の危機』のなかで明らかにしようとしたことは、一七世紀の後半(一六八〇年頃)から一八世紀の初頭(一七一五年頃)にかけての時期に、ヨーロッパ人の意識のなかに、すなわちヨーロッパ人の人間観・社会観・世界観および自然観のなかにいかに大規模な危機的変動が生じたかということであった。

Hazard はこの時期を、地理上の諸発見による世界の拡大、印刷術の普及、ルネッサンスの humanism の精神の滲透、新しい科学精神の普及等によってキリスト教的思惟方法にとって代わって反キリスト教的思惟方法が現われ、大多数の人間が無視された不平等な絶対主義的秩序をすべての人間が解放された平等な社会に変革しようとする考えが立ち現われた時期、すなわち《合理的な考えの人々》と《宗教に固執する人々》の相剋の時期、《理性はもはや均衡のとれた知恵ではなく大胆な批判者》となり、《人間のみが万物の尺度》となって、《人間にとって人間自身がその存在理由となり目的となった》時期として特徴づけるのであるが、彼はこの《静から動へ》のヨーロッパ人の意識の一大変革の一翼を担った幾多の《精神的英雄》の一人として Bayle を取り上げ、Bayle が《宗教を離れて純粋の懐疑主義に近い立場に至ったその思想の諸段階[10]》を明らかにしようとするのである。以下、Hazard の所論を暫く追ってみよう。

プロテスタントの家系に生れた Bayle は、一六六九年三月《宗教論争にかんする幾つかの書を読んで》カトリックに改宗し、しばらく Toulouse のイエズス会の collège で教育を受け哲学を学んだが、そこでの教育に失望し、《丁度極に住んでいる人間が再び太陽を見たときの喜び》をもって一六七〇年八月再び《改革派の教会》に戻った《道草》の過程を経て、一六七〇年の Genève 到着後は、一歩を進めてアリストテレスからデカルトに至り、《明晰な思想と合理的明証の弟子》となった。Paris、Sédan 時代（一六七五〜一六八一）、Bayle は飽くことなき《知識欲》（libido sciendi）に駆られて、《すべてを批判するためにあらゆるものを読みあらゆるものを知》ろうとした。そして、Journal des savants を中心として彗星の出現をめぐる迷信的な予言の打破に活躍した。Rotterdam 時代（一六八一年以降）、Bayle は第一級のプロテスタントとして、一方で Maimbourg 神父を論駁し、カトリック教会およびカトリック派の人間の《力による改宗を》破廉恥な行為として非難し、他方で、あまりにも熱狂的なプロテスタントであった Jurieu に対しても批判を加えることによって両派に対して良心の自由と寛容を要求し、ついには、カトリック側からは無神論者として、また Jurieu からはソツィーニ派の自由神学の徒として非難されるに至った。この時の Bayle の立場は、《自然の光による明析にして判明なる観念》を論拠とする cartésien の立場に他ならなかった。しかし Bayle は、一面ではこうした理性の力を信じ頼りながらも、他の面では真理把握の困難さと人間精神の弱さとを悟ることによって次第に pyrrhonisme（古代ギリシアのピュロンの懐疑主義）に傾いていった。この Bayle の pyrrhonisme の帰結は、要するに宗教と哲学との間には何ら共通の尺度はなく、宗教は理性と両立しない神秘であり、考える精神の機能や在り方そのものとは両立しない一つの精神状態であることを認めることであった。しかし Bayle は、絶対の懐疑主義に至ってそこに安住することはできなかった。それは、彼があまりにも humaniste であったからである。Hazard はこの点について次のようにのべている。

《では、Bayle は絶対の懐疑主義にまで行きついたのであろうか。もし彼が自己の精神の自然の性情に従っていたらならばそこまで行ったであろう、…もし彼が完全に論理的であったらならば、また、もし彼が自分の人間的経験の結果と日毎に彼の精神に強くのしかかっていた結論だけから判断していたらならば、彼はもはや行動する理由も存在する理由もない広大な空漠たる世界へ行ってしまったであろう。彼は、Le Clerc が形而上学的懐疑主義とよんだ全面的懐疑にまで行くことができたであろうし、また、行ったに違いない。

だが彼は、その誘惑に耐えた。彼の勇敢さと自分の果すべき使命についての考え、真理に対してもち得た疑い以上にさらに強い誤謬に対する憎悪、失敗を断じて許容しなかった理性、そして、それら以上に自分の意志についての意識的な努力、こうしたものが彼を最後の土壇場まで行かないようにさせたのである。彼は、ある道徳的善を完成し進歩を支援しようという考えを失なうことを望まなかったのである。[11]》

これが、Hazard の Bayle に対する総括的評価である。要するに Hazard は、Bayle は二度の改宗を経て cartésien に至り同時に謙虚な protestant として論争し真理と寛容とを説くうちに一度は懐疑主義に陥ったが、なお誤謬に対する憎しみ、誤謬の蔓延を防ごうとする努力、自分は少なくとも他人の目を開く義務をもった盲人のための医者であるとの使命感によって絶対の懐疑主義から救われ、最後まで戦闘的で一八世紀的人間となり得たその点に、すなわち humanisme を基底とした rationalisme と scepticisme の融合に、Bayle の特色を見出そうとしているのである。[12]

第三の Spink の研究は、《Gassendi が物を書き始めた時から Voltaire が円熟に達した時に至るまでのフランスの自由思想の流れをたどる》ことを目的としたもので、啓蒙主義出現以前のフランスの自由思想は、外国からの刺激に頼り切ることなく《フランス自身の内的本性》に従ってその姿を変えてきたという問題設定の上に立ち、このような問題設定にもとづいて、Gassendi を中心とするフランス・リベルタンの《フランス本来の懐疑主義がエピクロス的経験主義とデカルト的合理主義に基礎を与え》《世紀の終り頃までにこれら三つの要素が融合して Pierre Bayle および Fontenelle の合理主義的懐疑主義（rational scepticism）を形成するに至った》こと、そしてさらに、その合理主義的懐疑主義が Voltaire の「哲学書簡」においてイギリス自由思想と合流して啓蒙主義として結実するに至る過程を明らかにしようとする。[13] かくして Spink は、Pierre Bayle については、もっぱらフランス・リベルタンの懐疑主義を継承するデカルト的合理主義者としてとらえるとともに、Bayle の行なった幾多の思想家に対する批判の歴史的意味を検討する。

まず Spink は、霊魂の不滅性と非物質性を唱えるスコラ哲学に対して、また、霊肉二元論を唱えるデカルト派の哲学者に対して、さらにまた、霊肉の分離独立と神による調和を唱く Leibniz に対して、Bayle は《常識》の立場から、そしてまたその合理主義的懐疑主義の立場から批判を加えたが、自らはこの問題に対しては敢て積極的な解答を与えなかったことを指摘する。[14] さらに Spink は、Bayle の Spinoza 批判に触れ、彼が Spinoza を批判したのは、信仰と理性とを峻別し理性の力を超越した全く別の次元に神の存在を認める Bayle にとっては、Spinoza の汎神論は結局は神即物質という一種の無神論であり、Spinoza は無神論者に他ならないと思えたからであるが、実はそのような Spinoza 理解は、Bayle ばかりでなくフランスの cartesians rationalists のすべてが陥った誤解であって、Spinoza の宗教的合理主義がフランスの風土に根をおろすことができなかったのはまさにこの誤解のためであった、と述べている。[15] しかし Spink は、Bayle の批判の根拠となったという合理主義的懐疑主義の内容と構造については具体的に明らかにしていない。

さて、Pierre Bayle を徹底した《信仰の人》とみなし、calvinisme の伝統のなかに位置づけようとする試みの代表的なものは、Sainte-Beuve と Dibon のそれであろう。[16]

Sainte-Beuve は、一九三五年の Portraits littéraires のなかで次のように述べている。

《Bayleが信仰の人であったその方法は、彼が同時に持っていた批判的才能と見事に一致している。Bayleは信仰に生きた人であったとわれわれは考える。しかもわれわれはこの結論を、Bayleが年に四回聖体拝受を行ったり公けの礼拝や説教に行ったりしたということからよりはむしろ、彼がその書簡のなかで示した多くの諦めの感情と神に対する信頼の感情から引き出すことができるのである。…彼が自分の失職について語っている手紙の多くは、穏健な調子を示しているが、それは単に性格の静けさや穏健な哲学ばかりにではなく、深く根ざした服従の精神とキリスト教の真の精神とにもとづいているようにみえるのである。[17]》

Dibonは、このSainte-Beuveの見解をBayle研究の《鉄則》となるべきものだとして賛意をよせているが、そのDibonは、Bayle死没二五〇年を記念して刊行された論文集の冒頭の「Bayleの再発見」と題する論文のなかで、Bayleを懐疑主義者とみたり、あるいはVoltaireとみる《神話》を非難し、また、Bayleを単に時代と環境の純粋観客としてしかみない見方をも斥けて、彼はscepticismeにではなくcalvinismeの立場に立った《独立不羈の客観的報道者》であった、と次のように述べている。

《Grotiusに続いて彼に自由な道徳の観念を培い、情念にもてあそばれる人間の本性についてpessimismを抱かせたのは、恐らくcalvinismeであった。彼の信仰を充分に理解したならば、彼の行なった激しい批判も驚くに当らない。彼の信仰は、彼が思惟の確実性と首尾一貫性とに対するデカルト的要求を徹底的に主張したこととも決して矛盾してはいない。しかし、偏見と謬見に対する彼の批判がデカルト的方法のみにもとづいていたと考えてはならない。それは、la MotheやNaudéのようなlibertinsによって継承されたÉrasmeやMontaigneの伝統に負うていたのである。Bayleもまた、彼らを読んでいたのである。しかしBayleの批判は、とりわけ一七世紀の科学思想の潮流に、とくにSpinozaとRichard Simondにおいて頂点に達した始原へ帰れという要求（besoin de retour aux sources）に負うていた。Bayleは、彼らの後を受けて聖書と教義の歴史家として時代の先端に立っていた。すなわち、聖書解釈から神秘をはぎとる仕事は、彼にとっては知的・道徳的誠実さの一つの現われにほかならなかったのである。[18]》

(1) cf. *Traité de métaphysique* (1734?), *Discours en vers sur l'homme* (1740), *Poème sur le désastre de Lisbonne* (1756), *Entretien d'Ariste et d'Acrotal* (1761), *Idées républicaines par un membre d'un corps* (1762?), *Traité sur la tolérance à l'occasion de la mort de Jean Calas* (1763), *Petit commentaire sur l'éloge du Dauphin de France composé par M. Thomas* (1766), *Le philosophe ignorant* (1766), *Lettres à S. A. Mgr le Prince de…sur Rabelais et sur d'autres accusés d'avoir mal parlé de la religion chrétienne* (1767), etc. dans *Voltaire. Melanges*. Bibliothèque de la Pléiade, 1961.

(2) Daniel Mornet, *Les origines intellectuelles de la Révolution française* (1715〜1787). 5ᵉ éd., 1954, p. 106.

(3) Ludwig Feuerbach, *Pierre Bayle, Ein Beitrag zur Geschichte der philosophie und menschheit*, 1838.

(4) Marx und Engels, *Die heilige Familie*, 1844. 大月書店訳二巻、一三一〜一三三ページ。

(5) H. J. Laski, *The Rise of European Liberalism. An Essay in Interpretation*. 2nd. imp., 1947, pp. 98, 124, 139〜140. J. B. Bury, *A History of Freedom of Thought*. 2nd. ed., 1952, pp. 84, 107〜108. 121.

(6) Jean Delvové, *Essai sur Pierre Bayle. Religion, critique et philosophie positive chez Pierre Bayle*. Paris, 1906. Paul Hazard, *La Crise de la conscience européenne* (1680〜1715). 1ère éd., 1935. Editions contemporaines, Paris, 1955. J. S. Spink, *French Free-Thought. From Gassendi to Voltaire*. University of London, 1960.

(7) 《Bayleは、物理学におけると同様歴史および道徳のすべての領域において事実の確実な認識に達することは可能であると考えていた、彼をこの認識に導き、それまで宗教的ドグマと先験的推理の固有の領域に属していた諸問題に対して独創的な解決を与えることを可能にしたのは、批判であった。》Delvolvé, *op. cit.*, p. 422.

(8) Delvolvé, *op. cit.*, pp. 427, 429, 431.

(9) Delvolvé, pp. 427, 430.

(10) Hazard, *op. cit.*, p. 101.

(11) Hazard, *op. cit.*, pp. 115〜116.

(12) cf. Hazard. *La Pensée européenne au* XVIIIᵉ siècle, 1946. ここでは、反教権的 libéralisme の進展に貢献したイギリスおよびフランスの déistes への Bayle の合理的懐疑主義の影響が指摘されている。1ère partie, chap. III.

(13) Spink, *op. cit.*, pp. v〜vi.

(14) Spink, *op. cit.*, pp. 230〜234.

(15) Spink, *op. cit.*, pp. 262〜265. 同時に Spink は、Bayle は寛容の問題については、Varini や Spinoza のような無神論者も《有徳》で

ありうることを示すことによってドグマに固執し不寛容を唱える連中を批判して地下に潜っていた反教会的秘密文書家たちからその頭目とみなされるに至った情況を緻密な分析によって示している。op. cit. pp. 283〜285.

(16) 同じ試みは、オランダの女性研究家 Cornelia Serrurier によっても行なわれている。彼女は、一九一二年の *Pierre Bayle en Hollande* のなかで Bayle の思想における宗教的側面の重要性を指摘し、Bayle をオランダの protestantisme の伝統のなかにおいて考察しようとした。《私は、Bayle を信仰者のなかに入れてはじめて、彼の思想のなかに少しの論理と統一性とを見出すことができる。私の目には、Bayle は冷徹ではあるが誠実な一人の calviniste として映る》と彼女は述べている (cité de Dibon, p. xii)。イギリスの研究家 W. H. Barber も、この Serrurier の考えを踏襲し発展させようとしている。Barber は、本質を悪とみる Bayle の人間本性の観念、歴史を人間の情念の反映とみるその歴史観、宗教的信仰は理性の働きではなく神による神秘的な照明であるとする考え、これらのうちに信仰絶対論的な calviniste の思想を見、その点で André Gide の精神的先駆者となった、と述べている。'*Pierre Bayle: Faith and Reason*.' The French Mind. Studies in Honour of Gustave Rudler. Oxford, 1952, pp. 109〜125.

(17) Du Génie critique et de Bayle. cité de Dibon, pp. xiii〜xiv.

(18) Paul Dibon, '*Redécouverte de Bayle*' dans *Pierre Bayle. Le Philosophe de Rotterdam*. Paris, 1959, p. xvi. なお、Marcel Raymond も、Bayle の思想の根底に *Apologie de Raymond Sebond* における Montaigne, *Éloge de la folie* における Érasme を継承する humanisme を認めるが、しかし、Bayle は彼らに比べて《humaniste impur》であった、と述べている。Marcel Raymond, *Pierre Bayle. Choix de textes et Introduction*. Paris, 1948, p. 13.

三

以上は、数人の人々の Bayle 研究の視点と主張とについて簡単な整理を行なったものである。各研究それぞれに suggestive であるが、筆者はこれらの研究を読んでみてなお Bayle 研究には次のような課題が残されているように思った。

その第一は、やはり Bayle の《歴史的・批判的》方法の意味と性格をさらに充分に明らかにすることであろう。Bayle の批判的方法の基盤は、たしかに Delvolvé のいうように cartésianisme にもとづく実証的精神であったであろうが、しかしそれは、事実を措定して客観的な学問体系を構築するための純粋に客観主義的で論理主義的な実証主義ではなかったであろう。とくに Bayle の批判が何故《歴史的》批判でなければならなかったかという点を考えてみるならば、それは単に源泉に遡って過去の事実を考証し新たな事実を発掘するということだけでなく、過去に照らして現実を批判するという多分に実際的な課題を担うものであったことが知られるであろう。[1] それ故 Delvolvé のいう《実証主義》も、Bayle がかの厖大な神学や形而上学の批判を《歴史的》批判とよんだその意図との関連で検討しなければ、すなわち、Bayle の歴史意識ないしは現実意識との関連で検討しなければ、その本当の意味と性格を知ることはできないであろう。換言すれば、Bayle の批判的方法を単なる実証主義的方法としてではなく、過去と現在の認識ならびに現実の克服の方法として再検討しなければならないように思うのである。

第二に問題となるのは、Bayle の《懐疑主義》とよばれるものの内実であろう。Hazard も Spink も Bayle の懐疑主義に触れてはいるが、いずれもその内実については明らかにしていない。すなわち、肝心なのは、この懐疑主義の思想的系譜の関係よりも、それが Bayle の場合どのような人間観、社会観あるいは歴史観によって形成されたのかということであり、その懐疑主義は内容と構造の点で Montaigne や Pascal らの場合とどう異なっていたかということである、Montaigne の場合にも Pascal の場合にも、また Bayle の場合にも、その懐疑主義の根底には人間の本性と社会の現実とさらには歴史の経過とに対する pessimistic な見方が横たわっていた。[2] そしてそれは、Montaigne の場合には catholicisme の信仰と、Pascal の場合には jansénisme の信仰と、さらに Bayle の場合には calvinisme の信仰と密接に結びついていた。しかし Bayle の場合、Hazard のいう如く、絶対の懐疑主義にも信仰絶対主義にも走ることなく、humanisme の伝統を梃子として、なお人間に信頼をよせ、社会に向って寛容を説き、人々の蒙を開こうと真理の普及のために闘った。[3] とすれば、Bayle の懐疑主義とはいかなるものであったか、その懐疑主義と calvinisme の信仰と humanisme とはどのように関連し合っていたのかが改めて問われねばならないであろう。

第三に Bayle の思想史的研究において問題になるのは、その《寛容》の概念の特徴とその生成発展の過程であろう。Bayle の寛容論は、Locke にみられるような基本的市民権としての良心の自由の主張でも、理神論者たちにおけるような近代科学的自然観にもとづいた合理的宗教論でもなく、なによりも身をもって体験しなければならなかったプロテスタント迫害の不寛容政策に対する痛烈な抗議であった。そしてBayleは、その歴史的批判を聖書と教義の徹底した批判に向けた。そこには、真理とは何か、人間の理性の認識力とはいかなるものかという疑問から発する宗教の多様性と相対性とに対する主張がみられる。(4) また、教義や宗派の相違対立によってひき起された政治社会の混乱を苦々しく思い、ひたすら対立迫害のない静かな政治社会の到来を願う一種の政治的現実主義がみられる。(5) このような意味で、Bayleの寛容の概念内容を明確にし、それが一六・七世紀の思想的風土と現実の情況のなかからどのようにして形成され、さらに一八世紀の啓蒙思想家たちによってどのような形で受け容れられていったかを明らかにすることは、今日でもなお意味を失なっていない重要なテーマであろうと思う。

以上、これまでの若干のBayle研究を通じて今日なお残されていると思われる研究課題を考えてみたわけであるが、それはとりもなおさず、多面的な構造をもったBayleの思想を一面に限定することなく統一的に把握し、Bayleという魅力ある人間の全体像をできる限りリアルに把握したいと考えたからにほかならない。

(1) しかし、Bayleの場合、逆に現実の変革のための規範や理想像を過去や未来に求めるという積極的思考があったかどうかは疑問であろう。

(2) Voir Marcel Raymond, *op. cit.*, pp. 151~175.

(3) A. Prat, *Pierre Bayle. Pensées diverses sur la comète.* Edition critique avec une introduction et notes. Paris, 1939, 2 tomes. Voir Introduction.

(4) Voir Marcel Raymond, *op. cit.*, pp. 95~119.

(5) Dito, pp. 207~219.

二　マルクス主義のフランス的源泉に関する最近の研究動向について

――J・ブリュア「フランス革命とマルクスの思想形成」の紹介をかねて――

本稿は、マルクス主義のフランス的源泉に関する最近の若干の研究の特徴を考察するとともに、J・ブリュアの論文「フランス革命とマルクスの思想形成」の紹介を行なうことを主たる目的としたものである。

一

周知のようにレーニンは、一九一三年三月『プロスヴェシチェーニエ』第三号に発表した「マルクス主義の三つの源泉と三つの構成部分」と題する論文で、「それ〔マルクスの学説〕は、人類が一九世紀にドイツ哲学、イギリス経済学、フランス社会主義という形でつくりだした最良のものの正統の継承者である」と述べるとともに、これら三つのものが「マルクス主義」の「源泉」であると同時に「構成部分」であることを明らかにしている。(1)　レーニンはまた、一九一四年七～一一月に執筆され一九一五年に『グラナート百科辞典』の第七版第二八巻に発表された『カール・マルクス』では、「マルクス主義とは、マルクスの見解と学説の体系である。マルクスは、人類のもっとも先進的な国に属する一九世紀の三つの主要な思想的潮流の継承者であり、天才的な完成者であった。この潮流とは、ドイツの古典哲学、イギリスの古典経済学およびフランスの革命的諸学説一般とむすびついたフランス社会主義である(2)」と述べている。

ところで、マルクス主義のいわゆる「源泉」に関するレーニンのこの規定については、これまでいろいろな解釈がなされてきた。例えば、まず用語については、「マルクス主義」を「マルクスの見解と学説の体系」としてもっぱら思想ないし理論に限定して理解するか、あるいはそこにマルクスの革命実践の方式をも含めて考えるかの相違がみられるし、さらには、エンゲルスその他の人物のそれをも含めて考えるかの違いがみられる。また、「源泉」なる言葉の意味内容についても、それを、「マルクス主義が成立するための必要不可欠な歴史的前提(3)」と解する点においてはおおむね一致しているにしても、それを、思想や理論の次元のみに限定してとらえるか、それともそこに他の歴史的諸要素例えば歴史的諸事件ないし歴史的諸経験をも含めて考えようとするかの違いがみられ、そこからまた、三源泉説以外の多源泉説が現われるのである。また、「三つの源泉」それぞれの具体的内容についての解釈も多様であり、とりわけフランス的源泉についての解釈は多様である。すなわち、問題は、「フランスの革命的諸学説一般とむすびついたフランス社会主義」が一体何を指すか、ということである。水田洋氏は、この問題に関する解釈を整理してつぎのように述べている。「それ〔三つの源泉のひとつとしてのフランス社会主義がなんであるかについての解釈〕を整理してみると、ほぼ四つになるであろう。第一は、フランス啓蒙思想一般(あるいはそのうちのいわゆるフランス唯物論)がそうだとするもの、第二は、大きくいえば、フランス啓蒙思想のなかにはいるが、その反主流派ともいうべきルソーやモルリなどの反資本主義思想、第三は、サン・シモンやフーリエなどの空想的社会主義、第四は、ルソー＝ジャコバンの思想の継承者ではあるが、それを武装蜂起＝暴力革命論にまでおし進めた、バブーフ、ブオナロッティ、ブランキなどの、革命思想である。(4)」そして水田氏は、つぎのように自己の解釈を述べる。「しかしながらフランス啓蒙思想は、ルソーをふくめても革命的社会主義ではありえないし、少年時代に父からうけついだものを別とすれば、そのヒューマニズムが第一、第二の源泉、つまり、ドイツ古典哲学とイギリスの古典経済学をつうじて、また、……空想的社会主義をつうじて、マルクスの思想の源となったと考えるべきであろう。そして空想的社会主義は、まさに革命的でないことをひとつの特徴とするのだから、このグループにはいらない。(5)」だから、ここで問題になっているフランス社会主義とは、バブーフらの革命的社会主義を指すと考えられる。それを中心として、プルードン、デザミなどによって、さまざまなかたちで、プロレタリアートを変革の主体とみなす社会主義思想が一八三〇年から一八四〇年代にかけてのフランスに、形成されたのである」[6]、と。氏によれば、「空想的社会主義」は、「科学を、資本主義社会の現実を表面的に認識し承認することに満足するブルジョア実証主義から脱却させ、資本主義が達成した生産力を人間抑圧から人間解放へ転換させようとした点」において「マルクス主義の源流」となるのであり[7]、また、「啓蒙思想」との関連でいえば、「いわゆる三つの源泉のうちのブルジョア的部分にふくまれていたもの（近代的個人の解放）を極限にまでおしすすめようとして、既存体制の壁にぶつか」り、他のひとびと（小市民的急進主義者、ロマン主義者、初期社会主義者）よりも「問題をもっと資本主義に密着したところでとらえ」、そうすることによって「体制変革の思想」に到達した点において、「マルクス主義の第四の源泉」としての意味をもつ[8]、というのである。かくして氏は、「マルクス主義のもうひとつの源泉」として、レーニンの上記三つのほかに「空想的社会主義」をあげ、これを含めて「マルクス主義の四つの源泉[9]」とよぶのである。坂本慶一氏は、水田氏のこの見解を、「レーニン説をまともに吟味しようとする積極的な問題意識がこめられ」た「ひとつの問題提起として吟味に値するとおもう」と評価しながらも、氏自身は、「この『フランス社会主義』という表現のなかに、わたくしは、叙述の便宜上から、水田氏が峻別する『革命的社会主義』と『空想的社会主義』（ただしオーエンをのぞく）とをいっしょに含めることにする」、としている[10]。

つぎに、この「フランス社会主義」が果たした源泉としての役割についても、解釈が分かれている。例えば、「〝初期マルクス主義〟像の再構成」を企図した広松渉氏は、「「マルクス主義における三つの源泉の綜合的統一」という命題は、マルクス主義を思想史的に位置づける命題としてならば依然として正しい。しかし従来の研究者たちの多くはこの命題をもって、同時にマルクス主義の成立事情を示すものと前提し、この図式に当て嵌めて初期マルクスの思想形成過程を追認しようと努めてはこなかったか？」と、疑問を提起するとともに、「最近の実証的研究が次第に明らかにしつつある通り、『源泉』の一つたるフランス社会主義はマルクス主義の成立過程においては殆んど直接的な影響を及ぼしておらず、初期のエンゲルスが繰り返し強調している通り「ヘーゲル派の哲学を先へ先へと進めることによって共産主義に達した」というのが実情である」[11]と、その役割を否定する。これに対して水田氏は、上記のように「空想的社会主義」と「革命的社会主義」

とを区別し、それらがマルクスにおよぼした影響について、「マルクスは、空想的社会主義から資本主義の明るい面である、生産力の上昇と生活水準の向上を、資本主義をこえて展開させるという着想を得たし、……フランスの革命的社会主義は、その暗さのすべてを背負ったものとしてのプロレタリアートが、資本主義をこえて歴史をおし進める主体であることを教えた[12]」と、両者の源泉的役割を肯定する。また、「フランス社会主義がいかなる意味でマルクス主義の源泉であるかを問う[13]」坂本氏も、「フランス社会主義が初期マルクスの眼前にあった不可避的な歴史的前提として、その思想形成にたいして一つの衝撃をあたえ、その形成を促進し、しかもその思想内容に一つの重大な痕跡――疎外の現実的認識にもとづく人間解放の理念、この理念にもとづく経済科学の構想――をのこしたことを疑わない[14]」と、結論するのである。

以上は、レーニンのいうところの「フランス社会主義」が一体何を指し、それが、マルクスの、とりわけ「初期」マルクスの思想形成に対して「源泉」としての役割を果たしたか否か、果たしたとすれば如何なる役割を果たしたかについての諸氏の議論である。これを整理すれば、つぎのようである。すなわち、水田氏は、「フランスの革命的諸説学一般とむすびついたフランス社会主義」を、プルードンをそのなかに含むバブーフらの「革命的社会主義」と限定的に解して、「革命的でない」「空想的社会主義」（サン・シモン、フーリエ）を「もうひとつの源泉」として設定し、そして両者の源泉としての影響を明別的に論定する。また、坂本氏は、「叙述の便宜上から」としながらも、オーエンを除く「空想的社会主義」と「革命的社会主義[15]」の双方を「フランス社会主義」のなかに包摂させるとともに、それがマルクスの思想形成に与えた「一つの衝撃」と彼の思想内容にのこした「一つの重大な痕跡」とを論証的に追究する。これに対して、広松氏は、レーニンが「源泉」として措定した「フランス社会主義」が具体的に何を指すかの問題をではなく、マルクスがその思想形成過程において、どのような経緯でフランスのどのような社会主義および共産主義と遭遇し、それらとどのように対峙したかという問題を、マルクスの諸著作の分析を通じて追究し、その結論として、マルクス主義の成立過程におけるフランス社会主義の「直接的な影響」（傍点広松氏）については、これを否定するのである（ただし、「間接的な影響」については、これを認める[16]）。

さて、「フランス社会主義とマルクスの思想形成」という問題の追究よりもむしろ、フランス社会主義のみならずドイツ古典哲学にもイギリスの社会主義や経済学にも大きな影響を与えいわばそれらの思想的源流をなした、「フランス啓蒙思想」と初期マルクスとの関連の追究[17]を主要な柱とした城塚登氏の研究をとりあげることにしたい。

城塚氏は、マルクスの思想形成の「哲学的出発点」におけるフランス啓蒙思想の影響を重視し、その影響を執拗に追及する。まず氏は、「父の啓蒙思想への傾倒、進歩的自由主義、親仏的態度、理神論的宗教観が子カール・マルクスの心に深く染みこんでいたことは疑う余地がない。[18]」とし、一八三五年のギムナジウム卒業試験の際のドイツ語の作文『職業の選択にあたっての一青年の考察』(Betrachtung eines Jünglings bei der Wahl eines Berufes)が、「人間と理性への信頼感」に溢れていること、また、職業選択の条件についての考え方にディドロ——ルソー的な考えがみられることをもって、「マルクスの思想的出発点がフランス啓蒙思想にあったことは充分窺うことができる[19]」とする。ついで氏は、マルクスがベルリン大学入学後接触するにいたった「青年ヘーゲル学派」(Junghegelianer)の共通の思想的基盤について分析し、彼らの問題意識と態度における一八世紀啓蒙思想とのつながりを示したのち[20]、一八四一年の学位論文においてマルクスの哲学的立場を規定していた重要な「三つの契機」のうちの「第三の契機」が、「フランス啓蒙思想、具体的にいえば、人間主義、自由主義、感性的現実主義、実証主義[21]」であったことを指摘する。城塚氏はさらに、一八四一年以降のマルクスは、その現実との対決のなかで、まさにこの「第三の契機」を、すなわち、「当時のマルクスの思索を根本的に支えていたフランス啓蒙思想」を、歴史における実践をめざす「啓蒙運動」(傍点城塚氏)として展開し、「具体的自由の尊重」、「批判的精神に支えられた現実主義」という啓蒙主義的理念にもとづいて、反ヘーゲル的な批判的・実践的態度をますます強めていったが、フランスの社会主義ならびに共産主義の根本的批判という大問題や森林盗伐取締り問題に直面して、自己の立場の曖昧さをさとり、この曖昧さを、それまで自己の立場としてきた「三つの契機」の根本的批判と経済問題の詳細な研究とによって克服する決断を迫られこと[22]、そしてマルクスは、一八四二〜四三年以降、フォイエルバッハの「現実的人間主義」の立場と古典派経済学ならびにフランス初期社会主義・共産主義の批判的摂取[23]とによる「市民社会」の徹底した分析と批判を通じて、ついに彼自身の「共産主義」を誕生させるにいたったことを、[24]明らかにするのである。

以上、マルクス主義のフランス的源泉の問題としてのフランス社会主義・共産主義あるいはフランス啓蒙思想と初期マルクスとの関連についての四氏の見解を概観したわけであるが、ここで筆者の若干の感想を述べておきたい。もちろん、それらの感想を述べるにあたってはそれなりの「論証」や「批判」が必要であろうが、率直に言って、まだ十分に論証し批判し得るほど私自身の研究が進捗していないため、ここではさしあたりの感想だけを述べるにとどめたい。

水田氏は、「フランスの革命的諸学説一般」を、「革命的」という点にアクセントをおいて、これを、「バブーフ、ブオナロッティ、ブランキなどの、革命思想」と解し、したがってレーニンのいう「フランス社会主義」を「バブーフらの革命的社会主義」とし、「空想的社会主義」をそれから除外して、それを「もうひとつの源泉」として設定する。確かに、この意見は傾聴に値するが、もしかりに「フランスの革命的諸学説一般」を「フランスの社会主義的ならびに共産主義的諸学説一般」というように解釈することが許されるとすれば（レーニンは、「社会主義的諸学説」と「共産主義的諸学説」とを区別せず、それらを総称して「革命的諸学説一般」とよんでいるように思われる）、レーニンがそれらと「むすびついた」という「フランス社会主義」のなかには、「空想的社会主義」もプルードンの社会主義もそしてまた「革命的社会主義」をも包摂することができるのではないかと思うのである。

坂本氏は、「エンゲルスの「空想より科学へ」のシェーマに安住せずに、「科学より空想へ」の逆流を考えるべき」であるとし、「マルクス主義の原典への、初期マルクスへの回帰をも意味するこの逆流によって、マルクス主義は、思想としての弾力性を回復し、社会科学としての新しい可能性を開くことができるのではないだろうか[25]」と考え、まず、ルソー、バブーフ、サン・シモン、フーリエ、ブランキ、プルードンその他のフランスの革命思想の「特質」と初期マルクスとこれら革命思想との関連とについて考察したのち、『経・哲手稿』、『哲学の貧困』および『共産党宣言』の分析を通じて、「革命思想とユートピア」を特色とする一九世紀フランス社会主義がマルクスの思想形成に対してどのような役割を果たしたかを追究し、そして前述の結論に達するのである。氏のパイオニア的な精力的な研究からは多くを教えられるが、ただつぎの点が、すなわち、マルクス主義におけるユートピアはフランス社会主義のユートピアと等質のものであったかどうか、もし異質のものであったとすれば、それは後者をどのように自己のものに変質させていったのか、また、そのユートピアは、マルクス主義においてその科学性とどのように結びつき合っていたのかが、さらに追究されねばならないように思われる。

広松氏は、一八四四年頃までの書簡・著作等のなかからフランス社会主義および共産主義に対するマルクスの諸見解を摘出し、マルクスをとりまく歴史的情況やケギの研究[26]を考慮しつつ、それらの見解とシュタインの〝紹介〟との関連を究明しており、その綿密な研究はもとより注目に値する。しかし、氏が、「マルクスの共産主義思想は、――結果的に比較してみればたとえそうみえる契機を含むにしても――先行社会主義思想から一連の命題や範式を受容し、それを深化・敷衍するという仕方で確立したものではない」と結論づけながらも、他方、「われわれは、もとより、マルクス主義を思想史的に位置づける命題としてであれば、「三つの源泉の綜合的統一」という提題を容認するに吝かではないし、フランス社会主義の歴史的先在とそれに関する一定の知識なくして現与のマルクス主義が形成されなかったであろうことも確かである[27]」とされるとき、「源泉」という言葉を、最初に示したように、「マルクス主義が成立するための必要不可欠な歴史的前提」と解する限りにおいて、広松氏もフランス社会主義の「源泉」としての役割を認めている、と言えるであろう。

城塚氏は、近代ヨーロッパ思想の源流ともいうべき「フランス啓蒙思想」が、マルクスの思想形成の出発点において一つの重要な契機として彼の思想の根幹を形づくっていたこと、しかし、その契機も、フランスの初期社会主義や共産主義との対決ならびに現実問題の真に正しい解決といった事態に直面して、他の契機とともに一段高次の「共産主義」へと止揚されねばならなかったこと、すなわち、マルクス主義の源泉問題にかかわらしめていえば、フランスの初期社会主義や共産主義は、それらがマルクスに「多くの手がかり」を与えたことは「容易に推測」できる[28]にしても、現実体験のなかからはっきりとプロレタリアートを人間解放の心臓とみるにいたったマルクスにとっては[29]、結局それらもまた啓蒙思想の継承者にすぎず、その理論的根拠の薄弱さと一面性の故に、それまでの彼自身の立場と同様、批判され克服されるべきものにほかならなかったことを明らかにしている。従って、氏においては、「フランス社会主義」＝フランス初期社会主義・共産主義は、まさにその啓蒙主義的特質の故に、マルクスの弁証法的思想展開において「源泉」としての役割と同時に否定的契機としての役割をはたしたことが示されていて、その点ははなはだ興味深く思われる。

このように、四氏それぞれに、「フランス社会主義」を中心としたマルクス主義のフランス的源泉についての真剣な追究の努力がみられるが、しかし結局のところ、現状では、フランス的源泉についての確定的見解ともいうべきものは見出し得ない、と言ってよいであろう。この現状をさらに一歩進めるためには、まさに思想形成途上にあった一八四〇年代の、とりわけ前半の、マルクスが、当時のフランスの思想界の複雑な情況と対峙しつつ行なった苦悩にみちた思想的模索の跡をさらに克明に追究する以外に道はないように思われる。

注（10）。

（1）大月書店刊『レーニン全集』、第一九巻、三～四頁。モリス・ドマンジェによれば、レーニン以前には、カール・カウツキーが同様に、マルクス主義の三つの源泉を明確に指摘したという。Maurice Dommanget, *Introduction du marxisme en France*. Edition Rencontre, Lausanne, 1969, p. 33 et pp. 206～207. また、山口和男氏によれば、パルヴスが、一九〇八年三月の論文において、マルクス主義の思想的源泉をレーニンと同様三つに求めているという。山口和男「パルヴスとロシア革命論」、『思想』、一九六七年一〇月号、九七頁、注（10）。

（2）『レーニン全集』、第二一巻、三七頁。ただし、「一般にフランスの革命的諸学説とむすびついたフランス社会主義」とあるところを、長谷部訳にならって、「フランスの革命的諸学説一般と…」とした（傍点筆者）。長谷部文雄訳『カール・マルクス』、青木文庫、一七頁。

（3）高島善哉・水田洋・平田清明『社会思想史概論』、岩波書店、一九六二年、一六六頁。

（4）水田洋『マルクス主義入門』、社会思想社、一九七一年（第一版第六刷）、三七頁。

（5）水田氏は、空想的社会主義者が「革命的ではなかった」根拠として、彼らが「変革の主体をとらえることができなかった」ことをあげている。水田洋・水田珠枝『社会主義思想史一五一六年～一八四八年』の「附論一　マルクス主義の三つの源泉について」、社会思想社、一九七一年、六〇頁。

（6）水田洋『マルクス主義入門』、三七～三八頁。旧版（光文社、一九六六年）では、「バブーフ、ブオナロッティ、ブランキ（およびプルードン）などの、革命思想」（三六～三七頁）というように、プルードンは、共通面が示されないままバブーフらと同系列の思想家としてとらえられていたが、新版では、このように、「プロレタリアートを変革の主体とみなす」点でプルードンはバブーフらと同系列のものとみなされている。しかし、革命実践の方式に関しては、プルードンはバブーフらと区別されなければならないのではなかろうか。
(7) 同書、四二～四三頁。
(8) 水田洋・水田珠枝『社会主義思想史』、二八七頁。
(9) 水田洋『マルクス主義入門』、二六頁。
(10) 坂本慶一『マルクス主義とユートピア』、紀伊国屋書店、一九七〇年、五六頁。
(11) 広松渉『マルクス主義の成立過程』、至誠堂、一九六八年、五～六頁。
(12) 水田洋『マルクス主義入門』、四四頁。水田氏は、他の二つの「源泉」がマルクスにおよぼした影響についてはつぎのように述べている。「マルクスは……、ドイツ古典哲学から、資本主義の人間解放にともなう暗い面である、人間の疎外が、資本主義を歴史の一段階として終了させることを学んだ。イギリス古典経済学は、マルクスにそういう暗い構造をもった資本主義の内部構造を教えた……。」同所。

なお、前掲『社会思想史概論』における水田氏らには、「四つの源泉」という考えはみられない。そこでは、水田氏らは、レーニンの「三つの源泉」の線にそって、マルクスの思想をつぎのようにとらえている。「マルクスの思想は、古典経済学における(市民的)人間の解放、歴史主義(あるいは古典哲学)における民族の解放、初期社会主義における階級の解放を統一し理論化したものだといえる。」同書、一六六頁。また、ここでの「初期社会主義」なる用語は、一八四〇年代までの産業革命前後におけるイギリス、フランス、ドイツの社会主義全体を包括するものとして使用されている。同書、一六七～一六八頁。
(13) 坂本慶一、前掲書、一一頁。
(14) 同書、一六八頁。坂本氏は、広松氏の上記引用の主張に対して、「『最近の実証的研究』の成果が示されていない以上、広松氏の右の主張を実証するものは何もないといってよい」と、批判する(同書、一六七頁)。これに対して、広松氏は、雑誌『現代の眼』に載せられた「フランス社会主義と初期マルクス」と題する一連の論文(一九七一年四、五、六、七月号)の最初の論文において、「この際「最近の実証的研究が……」という条りは、それが「……及ぼしておらず」に係るかぎりで、慎しんで取下げることにしたい。右の条りを書いた折は、筆者の念頭にあった幾つかの研究書は「実証」という言葉を勝義に用いれば「影響の無い」ことを積極的に立証したものではないし、事の性質上、それを「実証」することはありえないわけであって、軽率な発言であった。省みて深く自己批判する次第である」と述べるが、しかし、「筆者は今日ではプルードンのインパクトを当時よりも重視するようになっている。しかし、形式的には、上記の一点を除いて、右の一文は依然として妥当性をもつものと考える」と主張している(四月号、二五頁)。そして、広松氏は、上記の一連の労作において、「パリ移住以前のマルクスには、フランス社会主義、共産主義の直接的な影響は認められないこと、彼はシュタインの〝紹介＊〟によるバイアスをもってフランス社会主義・共産主義について一応の自己了解を遂げていたこと、しかるにパリに移住して程なく、この〝了解〟が禍の一因ともなって、マルクスはフランスの論客から冷水三斗を浴びせられる結果に直面したこと」を示す（七月号、一九六頁）とともに、その結論として、「マルクスの共産主義理論、すなわち、いわゆる「科学的社会主義」は——彼が固有の経済学理論を構築するに際して先行する経済学の諸説に対しておこなったような詳細な Auseinandersetzung を先行社会主義に対しておこなうことを通じて確立されたものではなく——ヘーゲル左派的な視野から一定のバイアスをもって〝了解〟した社会主義・共産主義の〝基本的モチーフ〟を独自の発想で基礎づけていくことを通じて確立されたものであって、フランス社会主義は、マルクス主義の成立過程において、人口に膾炙しているような意味での「源泉」をなすとは認定しがたい」と、「論断」するのである（七月号、二〇九頁）。＊一八四二年九月に出たローレンツ・フォン・シュタインの『今日のフランスにおける社会主義と共産主義』（Stein, Lorenz von, *Der Sozialismus und Communismus des heutigen Frankreichs. Ein Beitrag zur Zeitgeschichte.* O. Wigand, Leipzig.）

（15）ただし坂本氏の場合、プルードンは「革命的社会主義」の範疇から除外され、単に「フランス社会主義者」とされる。また、氏は、「革命的社会主義」（殊にブランキ）と初期マルクスとの関連については、これを「低く評価」している。前掲書、七一頁。

（16）広松渉、前掲論文、四月号、二二五頁。

（17）この観点から書かれた外国の論文には、つぎのものがある。Sidney Hook, The Enlightenment and Marxism. *Journal of the History of Ideas*, Vol. xxix, No. 1, Jan.-March 1968, pp. 93～108.

（18）城塚登『若きマルクスの思想』、勁草書房、一九七〇年三月（旧版『社会主義思想の成立』、弘文堂、一九五五年一一月）、二八頁。

（19）同書、三〇頁。

（20）城塚氏は、つぎのように述べている。「当時の青年ヘーゲル学派の共通の基盤はドイツにおいて歪曲され不徹底なかたちで領邦国家的絶対権力機構に組込まれロマンティークによって「克服」されてしまった一八世紀啓蒙主義の立場に立ち還って、啓蒙をさらに徹底してゆこうとしたところにあった。ヘーゲル流にいえば啓蒙の立場は自己意識の立場であったから、彼らはみずからの哲学を自己意識の哲学と称していたのである。」前掲書、四三頁。

（21）前掲書、六四頁。城塚氏によれば、「第一の契機」は「ヘーゲル哲学」であり、「第二の契機」は当時の青年ヘーゲル学派の「独特の立場」であった「自己意識の立場」であり、そして、ヘーゲル哲学とフランス啓蒙主義の二つの契機が、形式と内容というかたちで、青年ヘーゲル学派の自己意識の立場に媒介されてむすびついていた、という。同書、六五頁。

（22）同書、第三章。

（23）城塚氏は、「フランス初期社会主義」のなかにサン・シモン派、フーリエ派およびプルードンを含め、また、「フランス初期共産主義」

のうちにバブーフ、ブオナロッチ、ブランキ、ルイ・ブラン、カベー、デザミらを含めるとともに、それらが一八四三年当時のマルクスに一定の影響をおよぼしたことを推定して、つぎのように述べている。「これらの思想が、類的存在の人間の手への奪回、自己疎外克服という基本的方向に基づいて近代市民社会の経済学的研究を進めてゆこうとしていたマルクスに、いかに多くの手がかりを与えるものであったかは容易に推測されるのである。……古典経済学への批判も、恐らく私有財産と経済的諸現象との結びつきのプルードンの洞察を一つの重要な手引きとしていたことは疑いえない事実であろう。そしてサン・シモン派やフーリェ派の社会観や歴史観はこれから後のマルクスの思想発展の中へ種々のかたちでくみこまれてゆくのである。」同書、一六六頁。氏は、他方、フランス初期社会主義ないし共産主義は、無自覚的なまま基本的に啓蒙思想の枠内に立っていたため大きな限界（小市民的・啓蒙的性格）をもっていたので、それだけにマルクスはこれらを批判せざるを得なかったことを強調している。同書、一六六～一六八頁。

（24）城塚氏は、マルクスが「近代市民社会の法哲学的および経済学的分析によってえた結論を手引きとして唯物史観に達しそれに基づいて」「みずからの共産主義的原理を具体化する基盤を築いた」のは『ドイチェ・イデオロギー』であるとし（同書、二二五頁）、そこにいたる過程において、マルクス（やエンゲルス）は、「根本的立場からいえば終始喰いちがうところがあった」とはいえ、「フランスの社会主義ないし共産主義から種々の貴重な手がかりを渡された」ことを認める（同書、一九四頁）。これに対して、広松氏は、『ドイツ・イデオロギー』の〝第二巻〟において「マルクスがフランス社会主義の文献をファースト・ハンドでかなり立入って読んだことは確実である」が、しかしそれは、「〝第一巻〟において既にマルクス主義共産主義理論が一応の確立をみたあとの時点に属する」として、マルクスの共産主義理論＝「科学的社会主義」の「成立過程」におけるフランス社会主義・共産主義の「直接的」な影響ないし「源泉」としての役割については、これを否定するのである。前掲論文、七月号、二〇九頁。

（25）坂本慶一、前掲書、一〇頁。「ユートピアは歴史形成の主体的起動力たりうる」と信ずる坂本氏は、かつてマルクス主義が圧迫された階級にとって「砂漠の中のオアシス」であったのは、「マルクス主義の科学性だけではなくて、科学のなかに浸透していたユートピア」であったにもかかわらず、「マルクス主義は、ユートピアを拒否することによって思想として硬直し、科学としては不毛化した」と考え、「マルクス主義の自己疎外」（その「標本」を氏は「スターリン主義」のうちにみる）の克服のためには、マルクス主義がみずから拒絶したユートピアを再び取り戻すことが不可欠である、という。同書、九頁。

（26）Paul Kägi, *Genesis des historischen Materialismus. Karl Marx und die Dynamik der Gesellschaft*. Europa Verlag, Wien, 1965, SS. 413.

（27）広松渉、前掲論文、七月号、二〇九頁。

（28）城塚登、前掲書、一六六頁。

（29）城塚氏は、マルクスが「プロレタリアートの存在とその運動の実態」を読みとったと思われる原資料としてシュタインの『今日のフランスの社会主義および共産主義』（一八四二年）を挙げる。前掲書、一二〇頁。また、氏は、マルクスがフランスの初期社会主義や共産主義を研究する際、ヘスやシュタインなどの著作を「直接の手びき」としたと考えられる、と述べている。同書、一四八頁。

二

前述したように、マルクス主義の源泉研究者のなかには、「源泉」としての歴史的諸要素を、思想的次元にばかりではなく、歴史的諸事件もしくは歴史的諸経験の次元にも求めようとする者がみられる。(1) 以下に紹介するブリュアも、その一人である。彼は、その論文「フランス革命とマルクスの思想形成(2)」において、マルクスにとってはレーニンのいう「三つの源泉」はそれ自体「歴史的与件」であって、源泉問題を考えるにあたっては、さらにこれに「直接の歴史的影響」として「イギリス産業革命」と「フランス革命」をつけ加えなければならない、というのである（p. 170）。確かに、坂本慶一氏が指摘されるように(3)、ブリュアの説には、次元の異なる諸要素を同列に等しく源泉とみなそうとするところに問題がある。だが、マルクスの思想は、単に既成の諸思想の批判的継承あるいは弁証法的止揚によってのみ形成されたのではなく、時代の提起する諸問題や現実に生起した、あるいは生起しつつある諸事件・諸経験に触発され媒介されて練りあげられたものであることもまた事実である。それ故、ブリュアが「フランス革命」をマルクスの思想形成上の「源泉」の一つとみなすことの当否は別として、彼がフランス革命とマルクスの思想形成との関連をどのようにとらえたかをみておきたいと思うのである。

まず、著者の問題意識を確認しておこう。彼は、二つの問題を自分に提起したという。すなわち、その一つは、フランス革命についての考察はマルクスによる「唯物論的・弁証法的歴史概念」（conception matérialiste et dialectique de l'histoire）(4) の「定式化」（formuler）――ブリュアは、その「主要部分」は一八四八年頃に「定式化」されたと考える

――に寄与したかどうかという問題であり、もう一つは、ブルジョワ革命はマルクスにとってどの程度まで「手本《モデル》」であったかという問題である(p. 127)。著者は、これらの問題の追究のために、マルクスおよびエンゲルス(著者は両者をあえて区別しない)の著書、論文、書簡、宣言文、論争、未完の草稿、読書ノート等のなかからフランス革命に関する言説を探し出し、マルクスのフランス革命論を「再構成」しようとするのであるが、具体的な分析は、つぎの二つの部分に分けて行なわれる。すなわち、まず第一部において、マルクスがフランス革命を研究し認識した方法が検討され、そして第二部において、このフランス革命についての研究と認識が唯物論的・弁証法的歴史概念の構築に対して、さらにより一般的にはマルクス主義学説に対して、どの点で寄与したかが究明される(p. 129)。

㈠

ブリュアは、フランス革命に関するマルクスの研究や認識の方法を追究するにあたっては、マルクスがみずから研究したフランス革命に関する資料だけではなく、マルクスの生きた時代の情況――「歴史の文脈」――をもあわせて考察の対象としなければならないとして、彼のいう「マルクスと一七八九年の革命との出会い」の「二つのタイプ」(p. 130)、すなわち、㈠「青年時代(一八四三年頃まで)の地理的、家庭的ならびに知的環境」からの影響、㈡一八四三~四六年における「フランス革命に関する資料および歴史記述」についてのマルクスの研究、および、㈢パリ滞在中(一八四三~四五年)におけるマルクスの諸経験、について検討する。

ブリュアは、まず㈠については、ラインラントの地理的環境、とりわけトリアーの「自由な環境」を強調する。すなわち彼は、ライン川沿岸地方は、フランス革命およびナポレオン帝政によって封建的な経済的・社会的および政治的機構(とりわけ領主制度)が根底からくつがえされ、ドイツの他のどの地方よりもフランス革命の影響が強く長期にわたってみられたこと、そして、ドイツに存在しつづけたフランス革命はマルクスの家庭や彼が学んだ高等中学や大学のなかにも生きていて、マルクスのフランス革命に対する賛嘆の念を育成したこと、さらにまた、フランス革命がヘーゲル左派のひとびとに喚起したのと同じ熱狂が、とりわけ山岳派に対する熱狂が、ひとしく若き日のマルクス(やエンゲルス)に革命的ロマンティシズムを醸成したことを指摘する[5]（pp. 130-135）。

(ロ)については、ブリュアは、まず、アムステルダムの「国際社会史研究所」に保管されているマルクスの研究ノートのうちMEGA版に収録されたノートあるいはマクシミリアン・リュベル（Maximilien Rubel）によって発表されたノート[6]、とりわけ「グロイツナッハノート」と「パリノート」を重視する。すなわち、彼は、前者のなかでは、ハインリヒ『フランス史』（Heinrich, *Geschichte von Frankreich.* 3 vols., Leipzig, 1802~1804）、カール・フリードリヒ・エルンスト・ルートヴィヒ『フランス革命史』（Carl Friedrich Ernst Ludwig, *Geschichte der letzten fünfzig Jahre.* 2 Teil: Geschichte der französischen Revolution v. d. Berufung der Notabeln bis z. Sturz der Schreckensregierung. Altona, Hammerich, 1833）、シャルル・ラクルテル『王政復古以後のフランス史』（Charles Lacretelle, *Histoire de France depuis la Restauration.* 4 vols., Paris, 1829~1835）のドイツ語訳、バイユール『フランス革命の主要事件についての考察と題するスタール男爵夫人の遺著の批判的検討』（J. Ch. Bailleul, *Examen critique de l'ouvrage posthume de Mme la Baronne de Staël, ayant pour titre: Considération sur les principaux évènments de la Révolution française,* 2 vols. Paris, 1818）、エルンスト・アレクサンダー・シュミット『フランス史』（Ernst Alexander Schmidt, *Geschichte von Frankreich.*（Gcschichte der europäischen Staaten. Hg. von A. H. L. Heeren und F. A. Ukert）4 Bde, Hamburg, Perthes, 1835~1848）の第一巻、ウィルヘルム・ヴァクスムート『革命期のフランス史』（Wilhelm Wachsmuth, *Geschichte Frankreichs im Revoltionzeitalter*（Geschichte der euopäischen Staaten）の第二巻、等についてのマルクスのノートを重要なものとしてとりあげる。ブリュアは、とくに、セーヌ・アンフェリュール県選出のジロンド派国民公会議員であったバイユールの著作[7]からのマルクスの抜粋（財産は人間の社会的・道徳的位階の指標とみなされるとする部分）、ヴァクスムートの著作からの六六箇所の抜粋と二一七点から成る著作リストの作成（MAGA版第一部第一巻第二分冊、一二七頁）を重視する。また彼は、一七八九年の革命との関連では、レオポルト・ランケ編の『歴史学・政治学雑誌』（*Historisch-politische Zeitschrift*）所収の諸論文、シャトーブリアン版（一八三一年）『社会契約論』

および『法の精神』、ランチツォーレ『フランス七月革命の三日間』(Karl Wilh. Lancizolle, *Über Ursachen, Charakter und Folgen der Julitage. Nebst einigen Aufsätzen verwandten Inhalts.* (Beitr. z. Politik u. z. Staatsrecht Sammlung. I, Berlin, Ferdiand Dümmler, 1831))などをあげ、マルクスは、それらの著作を通じて、「近代諸国家および諸国民の発展」、すなわち、「ブルジョワジーの本質と台頭」に関心をひかれるとともに、「所有関係と法的・政治的諸関係とのあいだに打ちたてられる内的諸関係」の問題を一層自覚的にとりあげるようになり、そして、それらの問題意識は恐らく『ヘーゲル国法論批判』や『ヘーゲル法哲学批判序説』に投映されたであろう、と論定する(pp. 138~139)。

つぎに、「パリノート」については、ブリュアは、『一八世紀経済学者・財政論者著作集(E. Daire et H. Dussard (éd.), La Collection des principaux éconcmistes. tome 1: *Économistes-financiers du XVIIIe siècle.* Guillaumin, Paris, 1843)(とくにボワギユベール)についてのマルクスの研究(MEGA版第一部第三巻五六三～五八三頁)とともに、ルネ・ルヴァスール『回想録』(René Levasseur, *Mémoires.* Rédigés par Achille Roche, 4 vols, 1829~1831)の第一巻抜粋ノート(MEGA版第一部第三巻四一九～四三四頁収録)を重視する。とりわけ彼は、後者における、一七九二年八月一〇日(国王の権利停止)から同年九月二一日(国民公会の召集、王政の廃止、共和国宣言)のあいだの「空位時代」についての記述に対するマルクスの着目を、すなわち、この時期におけるジャコバン派の行動の人民主義的「無政府性」と国民公会への徹底した権力の集中に対する着目を、まさにこの時期(一八四四年)のマルクスの闘争概念と権力概念の表われとして重視するのである[8](pp. 139~141)。

ブリュアは、フランス革命に関する資料および歴史記述とマルクスとの出会いを示すもの(上記(ロ))としては、一八四五～四六年のいわゆる「ブリュッセルノート」および「マンチェスターノート」と「マルクスの蔵書」とを挙げる。前者の二つのノートについては、彼は、とりわけ、『資本論』や『剰余価値学説史』のなかでマルクスが利用したネッケル、ブリソーおよびランゲの資料を含んでいたヴィルガルデルの著書『フランス革命以前の社会思想史、または、昔の思想家たちや哲学者たちに追いこされ凌駕された現代社会主義者。原典付き。』(P. de Villegardelle, *Histoire des Idées sociales avant la Révolution française ou les socialistes modernes devancés et dépassés par les anciens penseurs et philosophes. Avec textes à appui.* 1846）についてのノートを、重要なものとして指摘する（p. 141）。後者（「マルクスの蔵書」）については、エンゲルスとポール・ラファルグおよびラウラ・ラファルグとの往復書簡を証拠として、いくつかの著作を指摘している（Cf. pp. 141～142）。ブリュアは、最後に、一七八九年の革命に関する著作や定期刊行物へのマルクスおよびエンゲルスの著作中における言及や引用を二〇点以上にわたって挙げる（pp. 142～144）[9]とともに、マルクスの思想の歩みを明らかにするためには、マルクスとフランス革命とのこの「第二の出会い」を、すなわち、フランス革命に関する資料および歴史記述とのマルクスの出会いを、「系統的」に研究することがぜひとも必要であることを強調する（p. 145）。

パリ滞在中におけるマルクスの諸経験（上記(ハ)）については、ブリュアはつぎのように述べている。すなわち、当時のパリには、一方に「ナポレオン神話」が「過去への復帰」の願望の象徴として存在していたのと同時に、他方において、「ジャコバン神話」が「近代的な民主主義的・社会的願望の一範型」として存在していて、マルクスは、このようなジャコバンの伝統に強く支配された運動のなかで、すなわち、新ジャコバン派のひとびとによる新バブーフ主義運動が展開されるなかで、パリの革命的人民結社を識り[10]、一方において共産主義者デザミを賛美しながらも、他方において「バブーフの理論と方法の時代錯誤的再現」に対しては否定的評価を加えた、と（pp. 144～147）。

以上のように、ブリュアは、幼少年時代から一八四六年頃にいたる時期におけるマルクスとフランス革命との「出会い」を三つのタイプに区別し、それぞれを特定のモメントに対応させつつ、これらの出会いの実態を明らかにするのであるが、彼はさらに、マルクスのフランス革命に対する関心はこれらの時期に限らず全生涯にわたっていること、かくして彼がそれによってフランスの歴史について得た認識は、エンゲルスが一八八五年に『ルイ・ボナパルトのブリュメール一八日』への序文において述べたように、「フランスは階級闘争がつねにどの国よりも徹底的に結着まで闘いぬかれた国である」という認識であったことを、付言している（p. 148）。

(二)

ブリュアは、論文の第二部で、「フランス革命についての認識はどの程度マルクス主義思想の構築に寄与したか」を問う。彼は、コルニュと同様、「一八四五年までにマルクスがフランス革命について下した判断の態様は、彼の思想形成の決定的な時期における彼の知的ならびに政治的発展をきわめて正確に説明することを可能にする」と考える（p. 148）のであるが、上記の問に答えるために、二つのテーマを、すなわち、(a)「フランス革命の研究は史的唯物論の構築に寄与したか。また、どのようにか」、(b)「革命的経験としての一七八九〜九九年の大動乱は、それを革命的経験のモデルとすることによってプロレタリア革命の準備と指導のために利用し得るような要素を含んでいたか」の、二つを設定する（p. 148）。

第一のテーマについては、ブリュアは、マルクスはフランス革命の研究から、従来のブルジョワ的フランス革命史家（例えば、ギゾー、ミニェ、チエーリ）の階級闘争史観では解決し得なかったような「事件の非神話化」（la démystification de l'événement）という問題を提起したこと、例えば、マルクスは、彼が『ルイ・ボナパルトのブリュメール一八日』のなかで「一七八九〜一八一四年の革命はローマ共和制の服装とローマ帝国の服装をかわるがわる身にまとった」と述べたように、事件の主役たちが「新しい闘争に栄光をそえる」ために行なった（あるいは行なう）過去による現在の神話化——「死者のよみがえり」——の秘密を暴露したこと、そして、マルクスはさらにそのような非神話化の作業から、「法のうちには恒久的価値と想定されるものの意識的または無意識的な神話化が存在する」ことを洞察するにいたったことを、指摘する（pp. 149〜150）。ついで彼は、マルクスおよびエンゲルスが、「フランス革命についての考察の結果として」、法は「存在条件の変化とともに必然的に変る」という「法の歴史的相対性の観念」と「現実的なものはすべて合理的であり、合理的なものはすべて現実的である」というヘーゲルの命題の反対物への転化に到達したことを、すなわち、経済的社会構成体の弁証法的発展の観念に到達したことを、マルクスの「ライン民主党地区委員会に対する訴訟」（一八四九年）とエンゲルスの『ルートヴィヒ・ノイエルバッハとドイツ古典哲学の終結』（一八八六年）の言葉を引用しつつ論定する（pp. 151〜152）。ブリュアは、さらに、「マルクスが具体的経験としてのフランス革命から出発し、それを媒介としてより一般的な見解に到達する段階としての諸契機」として、(イ)『ヘーゲル法哲学批判序説』（一八四四年）における「全般的衝突の身分」ないし「全般的障壁の化身」という考えの発見、[11] (ロ)『共産党宣言』（一八四八年）における「全般的障壁」＝「生産力発展の障壁」という考えへの発展（歴史の運動の根本法則の定式化）、(ハ)『ユダヤ人問題によせて』（一八四四年）における「政治的解放」＝「政治革命」と「人間的解放」＝「社会革命」との区別、[12] (ニ)『道徳的批判と批判的道徳』（一八四七年）などにおける革命運動における人民大衆＝無産大衆《プロレタリアート》の役割の重視とバブーフ主義に対する評価、について詳細に述べたのち（pp. 162〜169）、「階級闘争、歴史の立役者たちが自分自身について描く幻想、生産力の発展と生産関係とのあいだの矛盾、イデオロギーの発生、二つの基本階級の敵対関係に限定されず二次的階級の動きをもひっぱりこむ階級闘争の複雑さ――こうした多くの諸問題が、フランス革命によってマルクスの注視するところとなった。カール・マルクスは、この経験から出発することによって、史的唯物論とよばれるところのものを形づくるより一般的な性質をもつ一組の諸命題に達した」と、結論する（p. 161）。

第二のテーマについては、ブリュアは、(イ)マルクス（およびエンゲルス）にとって、フランス革命（一七八九〜九九年の歴史的経験）は、もっぱら政治の分野でそしてブルジョワ革命として徹底的に闘いぬかれた点で「古典的純粋性」と「永続革命」のモデルであり、それ故、ブルジョワ民主主義革命についてのマルクス主義理論の、ひいてはレーニン主義理論の構築に寄与したこと、(ロ)一七八九年の革命からナポレオン帝政にいたるまでの研究は、マルクスに、絶対理念の実現というヘーゲル的国家観からの脱却を可能にし、国家と生産諸関係との緊密な結びつきを、従って、国家の階級的性格の把握を、可能にしたこと、(ハ)マルクスは、立法議会から国民公会にいたる過渡期の人民主義的・独裁的権力機構をプロレタリア革命から社会主義の建設にいたる過渡期に対するモデルと考えたこと、[13] (ニ)フランス革命の経験は、マルクスに、革命の情況というものは「客観的要素」（生産力およびその生産力が生産諸関係のなかでぶつかるさまざまな障害物）、「主観的要素」（イデオロギー、集団意識など）および「情況的要素」（経済・金融恐慌、戦争の情況など）から成っていてきわめて複雑であることを教えたことを、多くの著作からの引用[14]によって示す（pp. 162〜169）。

ブリュアは、以上のような分析をもって、「フランス革命はマルクス主義の源泉の一つであった」ことの「証明」とするのであるが、しかしそれは、「思想的源泉」としてそうであったというのではなく[15]、「歴史的経験として、すなわち、マルクスが研究し得た近代のもっとも大きな歴史的経験」として、マルクス主義の一つの源泉となった、というのである（p. 169）。かくして彼は、「歴史の与件」としての「三つの源泉」以外に、「イデオロギー的媒介のない」「直接の歴史的影響」をおよぼした「決定的な」「事件」として、「イギリス産業革命」とともに「フランス革命」の影響[16]をマルクスの思想形成史全体のなかに正しく位置づけることの必要を、あらためて強調するのである（p. 170）。

（1）例えば、水田洋氏は、「王政復古期の歴史家（とくにチエーリ）」のほかにも、「青年ドイツ派、青年ヘーゲル派、チャーチズム（およびオーエニズム）、シュレージエン暴動、パリ・コンミューンなど、さらにラサールとバクーニンのような論敵でさえ、マルクスとエンゲルスの思想形成の過程で、それぞれの役割を演じていることは否定できない」と述べている。水田洋・水田珠枝『社会主義思想史一五一六年〜一八四八年』「附論一　マルクス主義の三つの源泉について」、社会思想社、一九七一年、二七九頁。

（2）J. Bruat, 'La Révolution française et la formation de la pensée de Marx.' *La pensée sosialiste devant la Révolution française.* Société des études robespierristes, Paris, 1966, pp. 125〜170.（本稿二の本文および注の頁数は本論文の頁数）。この論文は、著者が一九六三年一二月の「ロベスピエール研究協会」の総会に提出した報告を敷衍するかたちで書き改められたものである。著者によれば、革命一五〇周年にあたる一九三九年に、一七八九年の革命に関するマルクス＝エンゲルスのすべてのテクストを集める仕事をある出版社から委ねられたが、戦争の勃発によって中断を余儀なくされ、偽名による若干のノート（Jean Montreau, 'La Révoultion française et la pensée de Marx.' *La Pensée*, No. 3, oct.-nov.-déc. 1939, pp. 24〜38）を発表するにとどまった、という（pp. 125〜126）。なお、筆者は、この「ノート」を、クラウス・リプリント（一九七二年）で読んでみたが、簡潔であると同時に、ナチス的フランス革命観に対する批判と抵抗の姿勢がうかがわれて、興味深い。

（3）坂本慶一『マルクス主義とユートピア』、紀伊国屋書店、一九七〇年、五五頁。

（4）ブリュアによれば、「史的唯物論」（《matérialisme historique》）という「慣用的表現」は、マルクス主義的歴史概念のもついくつかの側面のうちの一つしか表わさず、したがってまた、「極度に決定論的で機械論的な解釈を容易にする」大きな欠陥をもっている、という（p. 127 の注(9)）。しかし、ブリュア自身もこの表現を用いている。

（5）ブリュアは、ラインラントに対するフランス革命の影響については、エンゲルスの「ドイツにおける革命と反革命」〔1革命前夜のドイツ〕（一八五一年）や「ドイツ国憲法戦役」〔1 ラインプロイセン〕（一八五〇年）を引用し、また、ドロ（J. Droz, *Le libéralisme rhénan 1815~48.* Paris, 1940）からの引用によって、ライン州長官ボールデンシュヴィンクの内務大臣フォン・ロショウ宛の書簡を紹介している。家庭的・知的環境については、彼は、「自由主義者」であった父ハインリヒ・マルクス、「フランス精神」にかぶれていた高等中学時代のヴュッテンバッハ、シュタイニガー、シュネーマン、「フランス革命を真底崇拝していた」エドゥアルト・ガンスらの影響をあげる。さらに、知的環境については、フランス革命に熱狂するヘーゲル左派の精神的風土のマルクスに対する影響、すなわち、グッコウ、ベルネ、ヘスらの影響をあげる。なお、ブリュアは、「ヘスはドイツへのバブーフの思想の浸透に決定的な役割を果たした」と述べるとともに、「バブーフ主義がドイツに浸透するのはドイツ人亡命者たちが頻繁に出入りしていたパリの秘密結社を介してであるように思われる」と、言っている（p. 135）。

（6）『ルヴュ・ソシアリスト』（*Revue socialiste*）所載「読書家マルクス」（Marx lecteur. nov. 1946）、および、『国際社会史評論』（*International Review of Social History*）所載「カール・マルクスの研究ノート」（Les cahiers d' études de Karl Marx. No. 3, 1957）。

（7）ケギは、マルクスはこのバイユールの著作およびルヴェ（Louvet）やバレール（Barère）の回想録から国民公会期における革命と反革命の実相（ジャコバン派とジロンド派の抗争）を学んだ、と述べている。Kägi, P., *Genesis des historischen Materialismus. Karl Marx und die Dynamik der Gesellshaft.* Europa Verlag, Wien, 1965, SS. 184~186.

（8）ケギもまた、ルヴァスールの『回想録』の影響を重視し、「われわれは、〔国民公会による〕屍をこえての社会的目的への手段の従属と無限の〔愛国的〕献身ならびに清廉さとの結合がマルクスに感銘を与えたことを認める必要がある」と、述べている。Kägi, P. *op. cit.*, S. 188.

（9）ブリュアは、ビュシェ、ルー、ルイ・ブラン、ミニェ、ヴォラベル、チエール、カミーユ・デムーラン、カベー、ラポンヌレ、マラー、ブルジャ、ヌガレ、バレール、モンガイヤール、ロラン夫人、ルヴェ、ボーリュ、ペルチエらへのマルクス＝エンゲルスの言及または彼らからの引用を挙げている。

（10）ブリュアは、マルクスがパリの革命的人民結社を識ったのは彼の直接の参加によるものであったかどうかは確かではないが、「ハイネとドイツ人亡命者たちを通じてであった」ことは「確か」である、と言っている（p. 145）。

（11）「……国民の革命と市民社会のある特殊な階級の解放とが一致するためには、つまり、一つの身分が全社会の身分であると考えられるためには、社会のいっさいの欠陥がある他の一つの階級に集中されていなければならず、またある特定の身分が全般的衝突の身分、全般的障壁の化身でなければならず、またある特殊な社会的領域が、この領域からの解放が全般的な自己解放であると思われるほど、全社会の札つきの非行としてみとめられなければならない。ある一つの身分がすぐれて解放する身分であるためには、逆にいま一つの身分が公然たる抑圧の身分でなければならない。……」とする見解（邦訳、『マルクス・エンゲルス全集』第一巻、四二五頁）。ブリュアは、マルクスのこの見解は、レーニンが『共産主義内の「左翼主義」小児病』において「革命の基本法則」とよんだところのものを想起させると、述べている（p.135 注（71））。

(12) ブリュアは、この問題についてのマルクスの分析を深く追究するためには、さらに、「論文『プロイセン国王と社会改革――一プロイセン人』に対する批判的論評」（一八四四年）と『聖家族』（一八四五年）におけるマルクスの分析、とくに、ロベスピエールとナポレオンの敗北についての分析を、詳細に検討しなければならないという（pp.156～157）。

(13) この点についてブリュアは、「プロレタリアート独裁の必然性に関するマルクス主義的命題の構想における山岳派独裁の経験の役割はいかなるものであったか」と設問し、マルクスのプロレタリア独裁観およびプロレタリア政党観は、バブーフ主義および新バブーフ主義に負うものであることを明らかにしている（pp.166～167）。

(14) (イ)については、エンゲルス『空想から科学への社会主義の発展』英語版への序論」（一八九二年）、同「カール・マルクスの著作『ルイ・ボナパルトのブリュメール一八日』ドイツ語第三版への序文」（一八八五年）、マルクス「ブルジョワジーと反革命」（『新ライン新聞』一八四八年一二月一〇日）、同『ルイ・ボナパルトのブリュメール一八日』（一八五二年）、マルクス＝エンゲルス「一八五〇年の中央委員会同盟員への呼びかけ」（一八五〇年）が、(ロ)については、マルクス『フランスの内乱』（一八七一年）、同『聖家族』（一八四五年）、(ハ)については、マルクス＝エンゲルス「ブリュッセルの記念祭における演説」（一八八八年）、同「呼びかけ」（一八五〇年）が、(ニ)については、マルクス『経済学批判』「序言」（一八五九年）、エンゲルス『反デューリング論』（一八七七年）などが、引用される。

(15) ブリュアは、「この観点からするならば、マルクスは、革命を準備するのに寄与した思想（啓蒙哲学）と革命がその進展の過程のなかで生ぜしめた思想（バブーフ主義）しか――しかもある程度しか――継承しないであろう」と、述べている（p.169）。

(16) ドマンジェもまた、「マルクス主義の源泉の一つとしてのフランス」と題する章で、「ドイツの社会主義」に対する、「より明確にはマルクスの社会主義」に対する、「歴史的諸経験」としての「バブーフ主義」および「ブランキ主義」の影響とともに、「フランス革命」の影響を重視して、つぎのように述べている。「こうしたことのすべて〔フランスおよびイギリスの経済学者についてのマルクスの研究〕が、共産主義の基礎を哲学とともに経済学のうえに据えるのを可能にするであろう。とりわけフランス革命についての歴史的研究が、他の二つの基礎〔＝哲学的基礎及び経済学的基礎〕に政治的基礎をつけ加えることを彼に可能にするであろう。」Dommanget, M., *L'Introduction du marxisme en France.* Editions Rencontre, Lausanne, 1969, pp. 33～39.

三

ブリュアの論文の広汎な内容と多岐にわたって駆使された資料・文献の総体についてここに必ずしも的確に紹介し得たとは思えないが、その内容と構成はおおむね以上の通りである。彼は、マルクスの思想形成に対してフランス革命は「思想的源泉」としてではなく「歴史的経験」として大きな影響を与えたと考え、この影響をマルクス（およびエンゲルス）の諸著作を通して追究しようとするのであるが、その問題意識と追究の方法は、彼の旧稿（本稿、二の注(2)を見よ）のそれをコルニュらの研究を媒介として発展させたものである。例えばコルニュは、その論文「カール・マルクスとフランス革命（一八四一年〜一八四五年）」[1]において、ブリュアと同様な視角からマルクスに対するフランス革命の影響を考察しているが、ブリュアの論文は、問題意識と問題追究の方法をより一層深めつつ、みずからの研究を、コルニュ、ドロ、ボッティジェリ、バディア、フレヴィル、マクシミリアン・リュベルといったひとびとの提供する新しい資料や研究によって発展させたものとみることができるであろう。

ここで、ブリュアの研究方法について一言述べておきたい。彼は、マルクスおよびエンゲルスの著作等のなかからフランス革命に言及したいくつかの箇所を摘出・分析し、また同時に、彼らをとりまいていた歴史的問題情況からの影響をも考察の対象とすることによって、彼らの「フランス革命観」を「再構成」し、かくして再構成されたフランス革命観のなかから、史的唯物論とプロレタリア革命観（革命実践の方式も含む）の構築に対するフランス革命の影響ないし「寄与」を探り出そうとするのである。ブリュアのこの探究は広汎にわたり、そのパイオニア的努力には十分な敬意を払わなければならないであろう。しかしながら、その方法は、彼の意図に対して十分な有効性をもって応えているかどうか疑問である。すなわち、第一に、ブリュアが「再構成」しようとしたマルクス＝エンゲルスの「フランス革命観」は、その言及箇所摘出の非系統性の故に、まとまりがなく不明確で再構成の名に値し得ないものになっており、従って、第二に、フランス革命の「影響」ないし「寄与」も、マルクスの思想形成過程のなかに系統的かつ的確に位置づけられているとは言えず、結局のところ、推測的または読み込み的なものにとどまっているのである。

だが、これはある意味ではやむを得ないことであったかも知れない。ブリュア自身述べているように、[2] マルクス＝エンゲルスのフランス革命に関する言及箇所のすべてを思想形成過程にそくして年代順に系統的にフォローすることは非常に困難であるため、一定の「テーマ」にそくして、おもだった箇所を手がかりとして推論せざるを得なかったのであろう。だがしかし、まさにその点に、こうした思想史的研究方法の難しさと限界が露呈しているように思われるのである。例えば、この思想史的方法に代わって、あるいはそれと並行して、ある一定時期のフランス革命論を年代順に系統的にフォローすることによって、その時期のマルクス＝エンゲルスの国家論やプロレタリア独裁論とフランス革命論との関連を追及し、さらにそれを彼らの全生涯について行なうというわば理論史的方法がとられたならば、さらに実りある成果が得られたのではないかと思われる。こうした意味で、他の諸源泉[3]の研究についても、思想史的研究方法と理論史的研究方法の的確な併用の必要が痛感されるのである。

つぎに、ブリュアの場合、彼自身も自覚するところであるが、フランス革命の影響と他の諸源泉の影響との関係をマルクスの思想形成過程あるいはマルクス主義の成立過程のなかで正当に位置づけるという課題が残されているであろう。とくに、次元を異にする思想的源泉と歴史的経験としての源泉の両者がどのように交錯しあって理論や実践へと結実していったかは、きわめて興味あるテーマであろう。[4]

最後に、本稿一の源泉問題に立ち戻って言えば、マルクス主義の源泉としては、大局的にはレーニンの指摘に誤りがないとしても、源泉問題研究の深化のためには、マルクスに先駆していた、マルクスをとりまいていた、さまざまな思想ひとつひとつとマルクス（及びエンゲルス）との関連についての精緻な研究が必要であり、リュスの言葉を借りるならば、「源泉への復帰、プレマルクシストの再発見」[5]が必要であろう。それがまた、レーニンの言う「フランス社会主義」が何を指し、それがどう影響を与えたかの究明にも資するであろう。筆者も、今後ともこうした研究の一端を担うことができれば、と願うものである。

（1）Cornu, A., 'Karl Marx et la Révolution française (1841～1845),' *Le Pensée*, No. 81, sept.－oct. 1958, pp. 61～74.

（2）Bruat, J., *op. cit.*, pp. 128～129, pp. 147～148.

（3）「源泉」という言葉を、マルクスの思想ならびに革命実践の方式に多かれ少なかれ影響もしくはインパクトを与えた歴史的諸要素と広く解釈するならば、「三つの源泉」以外にも、「思想的源泉」としては、フランス唯物論、フランス古典経済学、フランス啓蒙思想（とくにルソー）、王政復古期のブルジョワ的革命史家、イギリスおよびドイツの初期社会主義などを、また、「歴史的経験としての源泉」としては、ブリュアの強調する一七八九～九九年のフランス革命およびイギリス産業革命のほかにも、チャーチスト運動、シュレージエン織工反乱、七月革命、二月革命、ドイツ三月革命、パリ・コンミューンなどをあげることができるであろう。

（4）ケギは、マルクスの思想形成過程に関するオーギュスト・コルニュ、フランツ・ボルケナウおよびエーリッヒ・ティアの諸見解を比較考察したのち、「マルクスの精神的発展についての一般的に承認された見解は存在しない」故、各自がマルクスの著作を「落着いて精読」することによって「みずからのマルクス像」をつくりあげる以外に道はないことを強調している。Kägi, P., *op. cit.*, SS. 36～42. なお、フランス革命のマルクスに対する影響に関しては、ケギは、マルクスが「階級闘争」のうちに「個々の人間の理性や意志の手には負えない運命」としての「歴史の統一的推進力」を見出したことを挙げている。*Ibid.*, S. 189.

（5）Jacqueline Russ, ***Pour connaître la pensée des précurseurs de Marx.*** Bordas, Paris, 1978, p. 7. もっとも、リュスの場合、「源泉への復帰」（le retour aux sources）や「プレマルクシストの再発見」（la découverte des prémarxistes）が主張されるのは、源泉研究それ自体のためではなく、「正統的ドグマが風化し」、「ある種のマルクス主義が結局イデオロギーの次元に落ち込んでいる」現代において、「人間および生活の《核心》を理解する」助けとするためである。*Ibid.*, pp. 8～9.

三　「ユマニスムの社会思想史」を追究して

――最終講義より――

私が福島大学に赴任したのは一九六七年であったから、今年で満三〇年になる。三〇年前と今とではいろいろな点において隔世の感がある。とりわけ印象的なのは、国際面での世界史の大転換と、国内面での近年の労働運動・学生運動の様変わりである。前者は、ここに改めて言うまでもなく、一九八九年のベルリンの壁の撤去から一九九一年のゴルバチョフの辞任及び「市民」の手によるチャウシェスクの処刑に象徴されるソ連・東欧の社会主義の崩壊といわゆる冷戦体制の終焉である。人類が夢を託しわれわれが期待してきた社会主義が、実は「人間の顔」を持っていなかったことは大きなはショックであった。後者は、日本における近年の労働組合の、古い手垢のついた言葉を使えば、「右傾化・小市民化」と成田問題の終結による学生運動の消滅である。労働組合のストライキなどどこにも見られなくなってしまったし、本学のキャンパスには学生の立看板一つ見られなくなってしまった。確かに静かなことはよいことだが、静かすぎることもまた不気味な感じがするものである。この「静かさ」が、オウム事件となって現れたのではないだろうか。しかし希望の光がないわけではない。さまざまな市民運動が展開されているし、多くの人達によって地道に真摯なヴォランティア活動が続けられている。オンブズマン運動、薬害追及運動、環境保護運動あるいは一昨年の阪神・淡路大震災や今回の重油流出事故に際しての献身的なヴォランティア活動などには、従来の労働運動や学生運動には稀薄であった「市民」としての大義や「人間」としての生存欲求や善意が強く見られるように思われる。階級意識から市民意識への転換であり、人間意識の復権である。われわれは、もはや階級的範疇によってではなく市民的範疇によって、「人類」や「人間」そのものの範疇によって、社会運動を捉えて行かなければならない時点に来ているように思われる。

さて、私は最終講義のテーマをどうしようかといろいろ迷った。趣味の古本漁りや伝統こけしや碁の話ではあまりにも独りよがりであるし、そうしたことについては私よりももっと適当な人がほかにいる。また、留学の時の話にしても、単なる懐旧談に終わるであろう。従って、結局、私がこれまで行ってきた、いや、行おうとしたけれどもどれも中途半端に終わった研究の軌跡の、回顧談あるいは懺悔話をすることとした。

私の学生・院生時代の研究の出発点は、一八世紀のフランス啓蒙思想の研究、とりわけ、百科全書家たちや重農主義者たちを中心としたフランス社会経済思想の研究であった（私はこうした研究を、主として大塚金之助、上原専禄、坂田太郎の三人の先生の指導の下に行ってきた。それ故、これらの先生には深甚の感謝を申し上げたい）。なかでも、チュルゴー（Anne Robert Jacques Turgot, 1727-81. リモージュ財務管区地方長官一七六一-七四年、海軍担当国務大臣一七七四年、財務総監一七七四-七六年）の歴史思想や経済思想や政治改革思想等の研究は現在も続けており、昨今また、余命を考えることもなく、『チュルゴーの失脚』という六一〇頁の大著の翻訳に取りかかった。従って、私の研究には一向に進歩がないのである。しかし、社会思想史の講義ではそれだけに留まっているわけには行かず、この三〇年間に、次第に啓蒙思想の「源流」を尋ねて時代を遡り、一七世紀のピエール・ベール、デカルト、一六世紀のモンテーニュ、ラブレー、エラスムスへと研究の歩を進めた。そして今、一六世紀の「ユマニスム」に多大の興味と共感を覚えながら、そこからもう一度近代ヨーロッパ社会思想史を俯瞰し、同時に、その現代的意義を問い直したいと考えている。

一六世紀のユマニスム（humanisme）というのは、一三〜一五世紀のイタリア・ルネサンスの「人文主義」の影響を受けて、十六世紀前半の宗教改革運動や反宗教改革運動及び一六世紀後半の血なまぐさい宗教戦争（ユグノー戦争、一五六二-九八）のなかで醗酵し・醸成された思想と運動の総体を指す言葉で、普通「人間（中心）主義」と訳され、神中心の世界から人間を解放し、人間の理性とともに感情や情念を重視し、世俗生活をはっきりと肯定し、人間の尊厳、人間の自由と生存の権利、宗教的・政治的寛容等を主張し、それらを否定し抑圧するものに対して敢然と立ち向かい、これを諷刺・批判する思想運動のことである。それは、「人道主義」とか「博愛主義」とかいったやや感情的・情緒的な言葉で表わされる「ヒューマニズム」(humanism or humanitarianism)と同根ではあるが、それよりももっと理性的でドライで戦闘的な思想運動である、と私は理解している(端的には、他人の意見や意志を最大限に尊重すること、慣習や仕来たりを理由に嫌がることを人に押し付けたりしないこともユマニスムの立場であると考えている)。

ところで、今日のわれわれの世界では、冷戦体制の終焉によって政治的・経済的イデオロギーの対立は減退した(勿論完全に無くなったわけではない)が、それに代わって、宗教的・民族的・人種的イデオロギーなどの対立が激化している。これらの対立を解決し、これらの対立を超えることのできる思想運動は、果たしてあるであろうか。私は、その一つの(絶対的なではない)、しかし大きな手掛かりを与えてくれるものがユマニスムではないか、と考えている。

歴史上の具体例を見てみよう。例えば、一六世紀のオランダのエラスムス(Desiderius Erasmus, 1466頃-1536)は、一方で、「正統」の名のもとに「異端」を弾圧したローマ・カトリック及びその代理人(とりわけソルボンヌ大学神学部)の「権威主義」を厳しく批判し、それに抵抗するとともに、他方で、『自由意志論』(*Diatribe de libero arbitrio*, 1524)において人間の「自由意志」(libre arbitre)を擁護し、人間の意志を「奴隷意志」と規定し専ら神による救霊予定を主張するルターを批判した。さらに彼は、『痴愚神礼讃』(*Encomium moriae*, 1509)において、当時の神学者やスコラ哲学者あるいは法学者たちの傲慢、狂信、不寛容、虚飾などを痛烈に批判した。そして彼自身は、いかなる宗派や党派にも属さない「独立不羈の人間」(a man on his own)を目指した。また、ラブレー(François Rabelais, 1494頃-1553)やその他のユマニストたちは、やはりエラスムスに倣って「狂信」や「傲慢」と闘い、なかには焚刑に処れられた者もいる(その典型的な例が出版業者エチエンヌ・ドレ(Etienne Dolet, 1509-46)である)。モンテーニュ(Michel Eyquem de Montaigne, 1533-92)は、『エセー』(*Essais*, 1580-88)の第二巻第一二章「レーモン・スボンの弁護」において、「われ何をか知る」(Que sçais-je?)というピュロン的懐擬主義をもって、新旧両教徒による血で血を洗うような宗教戦争の時代を生き抜いた。また、一七世紀のデカルト（Reńe Descartes, 1596-1650）は、『方法序説』（*Discours de la méthode*, 1636）その他の著作で、なお中世的・スコラ的な要素を残しながらも、「方法的懐擬」（doute méthodique）にもとづいてスコラ的形而上学を批判し、人間の持つ「良識」（bon sens）すなわち「理性」（raison）の力を強調した。そしてそれは、ピエール・ベール（Pierre Bayle, 1647-1706）の哲学的・宗教的懐擬論へと受け継がれて、「聖書」や「迷信」の徹底した批判が行われた（とりわけ『彗星についての考察』（*Pensées sur le comète*, 1682）、『歴史的・批判的辞典』（*Dictionnaire historique et critique*, 3vols., 1695-1702））。一八世紀に入って、ヴォルテール（François Marie Arouet, dit Voltaire, 1694-1778）は、ベールの「歴史的・批判的方法」（méthode historique et critique）を継承しながら、「宗教的寛容」（tolérance religieuse）の立場に立って、カラス事件やシルヴァン事件やラ・バール事件のようなプロテスタント冤罪事件の名誉回復に懸命に努力した（『寛容論』（*Traité sur la tolérance*, 1763））。さらに一九世紀には、ドイツではマルクス（Karl Heinrich Marx, 1818-83）が『経済学・哲学草稿』（*Ökonomisch-Philosophische Manuskripte*, 1844）において、社会主義的ユマニスムの観点から「労働の疎外」の実態とその止揚の方向を示した。すなわち彼は、同『草稿』の第一草稿「疎外された労働」〔四〕で、資本主義社会における労働者の労働が①生産物からの疎外、②「類的存在」（Gattungswesen）からの疎外、③人間からの疎外という形で「自己疎外」を強いられることを鋭く指摘した。またフランスでは、フランス・リアリズムの流れを汲むエミール・ゾラ（Emile Zola, 1840-1902）がユマニスムの立場からドレフュス事件（L'Affaire Dreyfus. フランス第三共和制下の一八九四年、ユダヤ系砲兵大尉アルフレッド・ドレフュス（Alfred Dreyfus, 1859-1935）が陸軍の機密書類をドイツへ売却した嫌疑で罪状否認のまま悪魔島に終身禁錮に処せられた事件。無罪を主張する共和派やゾラ、クレマンソー、ロラン、ペギーら知識人と王党派・軍部が激しく対立し、大きな政治問題に発展した。のちに真犯人が判明し、九九年釈放、一九〇六年無罪確定）を糾弾した（一八九八年一月一三日）。二〇世紀に入って、ロマン・ロラン（Romain Rolland, 1866-1944）は、第一次大戦から第二次大戦にかけて、「理想主義的ユマニスム」（humanisme idéaliste）の立場に立って、狂信的な民族主義や軍国主義を批判し、反戦・反ファシズムの闘いに参加した（『戦乱を超えて』（*Au dessus de la mêlée*, 1915）や『先駆者達』（*Pécurseurs*, 1919）、『精神の独立宣言』（*Déclaration de l'indépendance de l'esprit*, 1919）など）。そして今日の日本では、大江健三郎が、渡辺一夫から学んだフランス・ユマニスム（彼は、高校時代に渡辺一夫の『フランス・ルネサンス断章』（岩波書店、一九五〇年）を読んで彼に学ぶことを決意した。そして彼は、一九八四年に『日本現代のユマニスト渡辺一夫を読む』（岩波セミナーブックス八）を出版した）と「癒しの文学」の理念のもとに精力的で多面的な作家活動を行っている（しかし、彼の文学理論＝「異化」と「想像力」の理論（『新しい文学のために』、岩波新書、一九八八年）は、私にとっては難解な書である）。大江のユマニスムは、小説よりも『ヒロシマ・ノート』（一九六五年）や『沖縄ノート』（一九七〇年）のような作品の方によく現われているように思われる。

勿論、これだけではない。ユマニスムの立場からその思想と活動を構築した人は、ほかにも数多く存在している（例えばサルトル（Jean-Paul Sartre, 1905-80）は、その無神論的実存主義を「一つのユマニスム」と規定し、人間の自由な行動における「選択」と「決断」すなわち「アンガージュマン」（engagement）の意義を強調した（〈講演〉『実存主義は一つのユマニスムである』（*L'existentialisme est un humanisme*, 1945））。そして、こうした歴史を顧みるとき、私は、現代の錯綜した現実を切り抜け・克服する一つの有力な手掛かりとして、改めて、ユマニスム＝人間（中心）主義を挙げることができるように思うのである。

言うまでもなく、ユマニスムと言えどもそれだけでは不十分であり、他のさまざまな考えや運動（例えば、先に挙げたような市民運動）と結び合わされなければならないであろう。そうしてこそ、自由、平等、平和、人権、民主主義の実現、あるいは貧困や疎外からの脱却といった人類共通の目標を追求し・実現する上において、今日なおそれは大きな現実的有効性を発揮し得るのではないかと思われる。

「それはキリストとどんな関係があるのか」（Quod haec ad Christum?）、「それは人間であることとどんな関係があるのか」（Quod haec ad humanitatem?）と、彼らの時代のさまざまな非人間的不条理に向かって厳しく問いかけた一六世紀のユマニストたちの問いかけは、今日でも十分な現実的有効性を持っている、いや、むしろ積極的にその復権を目指さなければならない、と私は確信している。それ故私は、これからも、このユマニスムを私の思索と研究と生き方の原点とし、規準としたいと考えている。

追記：以上は、一九九七（平成九）年一月三一日金曜日一八時－一九時三〇分にM二一一教室で行った最終講義の要旨である。

書　評

一 Ronald Victor Sampson, Progress in the Age of Reason. The Seventeenth Century to the Present Day. London, William Heinemann Ltd., 1956. pp.256. (Heinemann Books on Sociology)

一

本書における著者の意図は、市民社会の成立期から確立期にかけての近代ヨーロッパにおいてとくに指導的役割を演じた「進歩の理念」(idea of progress, idée de progrès) を歴史的に再検討し、今日の新たな視点からその妥当性を問うことである。

ところで、この進歩の理念は、これまですでに多くの学者や思想家達によって問題にされてきたが、その研究は、意図と方法において次の三つの傾向に大別できるように思われる。第一は、進歩の理念を歴史哲学史あるいは広くヨーロッパ思想史の上に位置づけその意味と根拠を問うことに研究の主眼をおくもの、第二は、進歩の理念の欠陥や時代限定性を充分意識しながらもそれのもつ人間中心的・現世的性格を積極的に「再評価」(ギンスバーグ) し、新たな時代における「進歩」の意味を摸索しようとする努力であり、第三は、進歩の理念を「攝理」の側から批判し、絶望と危機から人間を救いうる信仰を新たに確立しようとする努力である。第一のものにはフリント[1]、ビュアリ[2]、セー[3]、マイネッケ[4]、アザール[5]、コリングウッド[6]、レーヴィット[7]などの研究があり、第二のものにはマーヴィン[8]、ソレル[9]、ホッブハウス[10]、ギンスバーグ[11]らの研究が、また第三のものにはドーソン[12]、ベルジャーエフ[13]、ニーブール[14]、ケストラー[15]らの見解が属するように思われる。これらのうちとりわけ第二・第三の諸研究には、ヨーロッパ文明に対する幻滅、資本主義の一般的危機の深化、社会主義の勝利、非ヨーロッパ社会の台頭、人類共滅の危機と平和的共存への要請といった第一次および第二次世界大戦後の世界史的諸問題に直面しての研究者・思想家達の切実な問題意識が顕著にあらわれていて興味深い[16]。

さて本書の著者サンプソン[17]は、研究方法においては第一のグループに屈し、理解の仕方においては、第二の諸研究とりわけギンスバーグのそれに近いように思われる。すなわち著者は、進歩の理念を一七世紀の科学的・合理主義的思想の出現から一八世紀の啓蒙主義的オプティミズムの完成にいたる歴史的発展のなかでまずその意味と限界を考察し、ついでその理念が一九世紀においてヘーゲルの歴史哲学やマルクシズムにいかなる影響をおよぼしたかを検討する。そして最後に著者は、今日のヨーロッパ人の思想と体験にてらして「進歩」の道徳的意味を問い、今日の危機を打開するための鍵を探る。著者はここで、進歩の理念の歴史的考察を通じて、二〇世紀の社会学や社会哲学の基本的諸問題に対してと同時に現代の人間の恐怖と希望に対して解明の光をあてようとしている。

この書物は「序論」、「新し方法——科学と進歩」、「人間の完成可能性について」、「自然史」、「普遍史」、「進歩の終末論」、「自然法の没落」、「歴史哲学」、「ヘーゲリアニズム」、「マルクシズム」、「結論」の一一章から成り、巻末には簡単な書目とくわしい索引が附されている。以下、コメントよりも紹介に重点をおいて各章の内容にあたってみたい。

二

著者は第一章の「序論」で歴史哲学の機能、種類、方法について見解を示したのち、啓蒙思想に対する今日の批判の意味について検討している。まず著者は、これまでの歴史哲学者をディルタイ、クローチェ、コリングウッドのような「歴史的知識の性質および権威を検討する批判的活動に主として関心を抱く」「批判的」歴史哲学者と、コント、マルクス、シュペングラー、トインビーのような「歴史の進行の全般的方向に関する仮説をたてることに主として関心を抱く」「思弁的」歴史哲学者の二つのタイプに分け、原則として「思弁的歴史哲学」は「批判的歴史哲学」と不可分の関係にあること、たとえ歴史の「法則」に関する仮説を「歴史の知識に関する認識論的仮定」なくしてたてることが可能であっても、観念の体系を不完全な経験的明証の上にうちたてることは危険であること、を強調する(一一二頁)。次に、歴史哲学は「歴史解釈の方法」を含むという考えのもとに、従来の歴史哲学を方法論的に㈠神学的ないしは形而上学的一元論の理論、㈡世俗的一元論の理論、㈢社会学的理論、㈣相対主義的理論、の四種に分け各々の特徴を例示する。

そして著者は㈣にみられる「謙虚さ《モデスト》」に言及し、歴史の諸問題に対する判断はいかなる「価値判断」からも独立していなければならない、という（二一四頁）。同様に歴史叙述における史実選択の基準の問題に関しても、「関心」とか「見通し」とかの「主観性の要素」はむしろ必要不可欠であることを認めるが、しかし、事実は「事実それ自身の論理」によって判断されねばならないのであって自己の「価値」を過去に投入したりすることによって判断されてはならない、と独断的な価値判断の排除を主張する。かくして著者は、J・S・ミルとともに事実の経験的・相対的判断の重要性を強調する。著者にとってはそのような判断こそ「歴史哲学の機能」を構成すべきものなのである（四―六頁）。次に著者は、「革命的マルクシズム」と「自由主義的進歩主義」（ミル、モーリー）は啓蒙時代の「落し子」であってそれへの「反発《リアクション》」ではないことを指摘しつつ（六―七頁）、啓蒙思想に対する今日の批判が、テーヌやブリュンチエールやファゲの場合のような啓蒙思想の尊大さと浅薄さに対する反発とは異なって、その皮相な理想と流行おくれの価値基準とに対する嘲笑と今日の人間の希望の喪失とそれらの結果としての信仰の復活とによって行なわれていることを示す。そしてその例としてベルジャーエフ、ケストラー、トインビーの信仰や幻滅感を挙げる。（八―一〇頁）しかし著者は、まさしくこのような時代にこそヨーロッパにおける一八世紀の伝統を検討し啓蒙思想家達が絶対主義と宗教的不寛容の時代に行なったことを正しく理解することは至当である、と述べている。著者のこの主張の背後には一八世紀の伝統の連続性に対する確信とその伝統を積極的に継承しようとする意欲がひそんでいるように思われる。

第二章は、進歩の理念の出現が「新しい方法」すなわち神学的思惟方法に代わる経験主義的・合理主義的思惟方法の出現といかに密接な関係をもっていたかを論証しようとする。著者は、一三世紀から一七世紀の間に生じた経験的探求方法の発見、機械技術の発明、地上世界の拡大、宗教改革者達によるカソリック的キリスト教世界の統一性の破壊、古代の学問の復活とその超克の努力、富と余暇の拡大といった事実が人々に前代未聞の明るい自信とあくことを知らない好奇心や探求心を吹き込んだこと、しかしそれにもかかわらずなおもキリスト教神学が科学的探求の発展を妨げキリスト教的終末論が現世的価値と世俗的世界の歴史への関心を皮相なものにしていたこと、従って、彼等の進歩の理念は歴史的事実の観察によってではなく人間の本性の研究から生じたものであって元来非歴史的な性格のものであったことを、ベーコン、モンテーニュ、デカルト、パスカルらの思想を検討することによって示す。その際著者は、ビュアリが進歩の理念の発生の条件として古代への知的隷属の破壊、現世の幸福の尊重、自然法の恒常性への確信、慣習の打破と個人の解放の四条件を挙げたことの正当さを論証する（二〇―二一頁）。

第三章では著者は、ロック、スミス、プリーストリー、ハートリーを、また、コンディサック、エルヴェシウスを検討しつつ、彼等がなお神学的・形而上学的要素を残しながらも、あるいは経験論や感覚論を基礎としあるいは功利主義的社会道徳論の形で、「人間の完成可能性」の観念と確信とを形成していった過程を示す。また彼は、ゴッドウィンが一方でロック、ハートリー、ドルバック、ルソー、エルヴェシウスらの影響をうけ他方でフランス革命の現実を眼のあたりにして、「人間の完成可能性」を信じ、人間完成の過程として知識の増大、教育の普及、政治的正義の実現に期待をかけるに至ったことを示す。しかし著者は、彼等のすべてに知識の増大が直ちに人間の幸福を実現するという手放しの前提があり、その点で彼等は道徳を心理学と同一視し事実と価値との間の明確な区別を行なっていなかったことを指摘し、彼等の楽観主義を批判して次のように述べている。「たとえ人間の知識の増大が不可避的に人間の境遇の改善をもたらすとしても、また、たとえ人間の力の増大が人間の幸福を増すとしても（これらの仮定はいずれももはやかつて一八世紀に与えられたような普遍的な同意を要求することはできないであろうが）、人間の幸福が地上の生活の至上の価値だという信念を我々が無批判に受け入れないかぎり、人間の本性は常に知識の増大を可能ならしめる性質のものだからといって人間は生れながらにして進歩する動物であると結論することはできない」（六四頁）、つまり、理性への信頼と幸福至上主義の結果、一八世紀の誰一人として人間が自己の知識と力を自滅のために使うことがありえようとは想像できなかった、というのである。

第四章では、いわゆる「自然」が一八世紀の哲学者達にとって「賓客」（guest of honour）としての役割を演じたこと、すなわち、「自然」への訴えは不安と不満にみちた時代においては既成の慣習と慣例よりも一段高いものを規範的原理として求める改革的批判の一つの手段であったことが、デュガルド・スチュアート、フォントネル、ルソー、ディドロ、ラフィトー、コンディヤック、ダランベール、ファーガソン、ヒュームらの思想を通じて示される。著者は、彼等によって「自然」は、㈠人間のなしうる最善のものが人間にとって最善だという意味に、㈡文明に対する原始、複雑なものに対する単純なものの意味に、㈢超自然的で異常なものに対して厳密に観察された因果関係に従うものの意味に用いられたこと、そして、これらの自然概念が㈠各人の従うべき相対的価値基準を、㈡人間は原始状態から様々な段階を経て進歩・発展しつつある動物だという考えを、㈢人間の世界に自然法則と同一の規則性を求めうるという考えを生み出したことを指摘する（六七―六九頁）。著者は、右の思想家達の自然概念のうちにデカルト的な演繹的思惟方法とオプティミズム（目的論的自然法への信仰）がなおも強く認められることに注意を促している。

第五章。この章における著者の主眼は、現代の歴史叙述とは異って一七・八世紀の「普遍史」の叙述には何らかの歴史哲学が暗黙のうちに不可分の形で採り入れられていることを示すことにある。著者は、ボーダン、ボシュエ、ヴォルテール、シャトリュ、コンドルセらの人類の「普遍史」叙述の目的と方法とを問うことによって、そこに共通に認められる幾つかの傾向、すなわち、人類の歴史を個人もしくは国民の歴史とパラレルに取扱いうるという前提、歴史を人類教化の素材とみる啓蒙主義的歴史意織、古代に対する近代の優越の主張、人類発展の因果法則を歴史のなかに求めうるという確信、歴史の究極原因を完全に人間的な要素にではなく攝理あるいはそれに似た超人間的要素に求めようとする努力、およびこれらの限界を指摘する。しかし「あらゆる啓蒙精紳の流れが一すじの奔流となって注ぎこんだ」（一一九頁）コンドルセについては、著者は、その普遍史叙述の力点が過去よりも未来の人類の進歩の予想におかれていること、自然科学の方法からの類推によって歴史の主流の不可避的なコースを予言しようとする試みが意識的に行なわれていること、彼のきわめて明るいオプティミズムは同時代の人々は史上最大の革命のうちに生きているばかりかその革命の特殊な意義を理解するにたる知識をもちあわせているという彼の確信にもとづくものであったこと、従ってまた、進歩の漸次的・連続的性質を強調しながらも現実には歴史の激変的側面をも進歩とみなす考えをもっていたこと、そしてそこには知性主義が経済的基準にとって代わっているとはいえ、後年のマルクスの理論に対する親近性が胎芽の形でみとめられること、をとくに強調する（一二〇頁）。

「進歩の終末論」と題する第六章では、著者は、プラトンからフェヌロンにいたるユトーピア物語の歴史を念頭におきつつ、メルシエ、レチフ・ド・ラ・ブルトンヌ、モレリ、コンドルセ、ヴォルネ、ゴッドウィンらの一八世紀におけるユトーピア的作品の基本的性格を検討する。そして第一に、それらの作品はまったく架空の場所や時を設定するのではなく歴史の未来のなかに舞台を設定していること、第二に、彼等の未来像は単なる想像的予言ではなく科学的論拠をもっていること（とくにコンドルセの場合）、第三に、しかしそれにもかかわらず未来の黄金時代への白昼夢としての性格が濃く残っており、そのことは歴史の進行過程のなかから発展の一般法則を帰納させようとする努力の成功を証明するものではなくて、彼等の欲求不満を、すなわち絶対王制の重圧にもとづく心理的抑壓の強さを、従ってまた現実から未来へ逃避しようとする憧れの強さを証明するものであったこと、さらに第四に、彼等の過去への決別と未来への信頼は深遠な形而上学的欲求をみたすのに役立ち、かくしてここにキリスト教的終末論と進歩の理念とが結合され、終末論的進歩史観が形成されたこと、を指摘する（一二四―一二八頁）。著者はとくに最後の点[18]に関し、終末論的進歩の理念がフィロゾーフ達に対してもっていた意味を次のように解釈している。フィロゾーフのうち誰一人として人生の真の意味を問おうとしなかった、彼等は人生をキリスト教神学によって意味づけしたにすぎない、なるほど彼等は人々の憧れを永遠的なものから地上的なものへと向け変えることに成功したが、そのためには彼等は、人生に目標はなくはないのだ、その目標が地上で立派に実現されることを望むのは道理にかなったことだと考える必要があった、その際彼等はその目標は他人の犠牲と贖罪によってではなく人間の完成可能性の能力（理性の潜在能力）によって実現されるべく予定されていると考えたが、そのことは、彼等が精算しようと望んでいたまさにその伝統によって基本的前提を形作ることであった、かくして、ディドロに典型的にみられるように、未来の進歩と後世への期待はフィロゾーフ達の「救い」となった、と[19]（一二八―一三〇頁）。サンプソンは、進歩の終末論の心理学的・形而上学的役割をこのように理解した後、人類の「終末」(last state) がフィロゾーフ達にとっていかなる性質のものであったかを検討し、結局それは、人間の自然権としての自由・平等・幸福および教育がよき「制度」を通じて実現されるということであった、と言う。[20]ところで彼は、このような合理主義的な自然権の思想が定着し始めたまさにその時、ヒューム・ホッブズ流の自然主義的な道徳および政治理論がそれへの「対立物《アンチ・テーゼ》」として現われてきた、とみる（一二九頁）。

第七章。著者はまず自然法思想の特徴を次の四点に要約する。㈠ヨーロッパ的価値意識の本源的前提をなしていたこと、㈡紀元前三世紀より一八世紀まで比類ない連続性を思想史のなかで示したこと、㈢人間の自然権への個人主義的信仰の形で急進的・進歩的運動のなかで指導的役割を演じたこと、㈣従って、それへの攻撃は権利の自明性を弱め、道徳的・政治的価値の基本構造のなかに大きな間隙を残したこと（一四三頁）。次いで著者は、あらゆる自然法理論にみられる「存在」(is)から「当為」(ought)への、また「不完全なもの」から「完全の絶対的規範もしくは基準」への訴えとしての、従って「存在」が「当為」と峻別され対比される二元論としての基本的性格について述べた後、この合理主義的価値理論がいかに経験主義者達によって批判を受けたかについて述べる。とくに著者は、自然法理論における二元的価値理論がヒュームの自然法の合理的自明性への懐疑と自然主義的道徳論（経験的・一元的価値理論）によって受けた打撃について詳説する。しかし同時に著者は、ヒュームは、たとえ価値の客観性を自然法解釈の主観性から救ったとしても、なお理性の感情に対する作用・支配の問題を未解決のままに残した、と批判する。彼によれば、「歴史哲学」こそ、ヒュームによって破壊された価値の合理的基礎を修復しようとする試みであった（一五七頁）。

第八章。著者はまず、「いかなる思弁とも独立した形で、しかし歴史の主要事件の入念な検討の結果として、歴史のなかにある一定方向の流れを識別しようとする試み」としての現代の歴史哲学から理性の時代の歴史哲学を区別して、後者を、「歴史から神託を読みとり、あるいは歴史から価値体系を引出そうとする試み」と定義した（一五八頁）のち、その目的論的性格を明らかにしようとする。チュルゴーについては、フリントのチュルゴー評価[21]を批判し、彼の歴史哲学はロック・コンディヤックの経験主義の伝統の上にボシュエを想起させるほどの神の摂理に対する深いキリスト教的信仰を結合したものである、という。プリーストリーについては、チュルゴーの「攝理への信仰[22]」

との類似性を、カントについては、その「歴史的一元論の目的論への依存」を指摘し、またヘルダーについては、彼が人間の完成可能性を強調することによって自然界に対する人間の優位性を主張した点に彼の「目的論的歴史解釈の目新しさ」を認める。著者は、これらの思想家達のすべてが、歴史の経過のなかに確認可能な法則が支配していることを信じていた点、また、人間の発展過程における人間の闘争を重視していた点において、多かれ少なかれ一九世紀の歴史哲学を先取していたことに読者の注意を促している（一八二頁）。

第九章。この著書における著者の主張の一つは、一九世紀におけるマルクシズムの出現と影響力の増大は自明な自然権への信仰の崩壊にともなう幻滅感と密接に関係していた、ということである。著者は、それを論証するに先立ちこの章で、マルクシズムが出現する母胎となった一九世紀のヨーロッパとくにフランス・イギリス・ドイツにおける思想情況を考察する。彼は、大革命の余波が革命家達自身の行き過ぎとナポレオンの専制的独裁という形で現われたフランスにおける幻滅感が千のヒューム的懐疑論以上に自然権の自明性に対する信仰を弱めたこと、また、イギリス経験論の伝統の上に立つベンサム、ジェイムズ・ミルの功利主義は自由主義的経済理論と産業拡張政策との間の矛盾が激化するにつれてその内部対立を露呈したことを示したのち、「マルクス的綜合」は理性に対する信仰をもちしかもこの二つの伝統を拒否する人々に受け入れられた、と述べている（一八三－一八四頁）。次いで著者は、一八世紀の唯物論に対する「ヘーゲル的反動」を考察する。彼は、歴史を絶対精神の弁証法的自己実現の過程として理解しようとするヘーゲルの歴史哲学のなかに、それまでの進歩の理念にみられる二元論、すなわち「存在」と「当為」、「事実」と「価値」の闘争という二元論を克服しようとする努力がいかに徹底した形で行なわれているかを示す。また、ヘーゲルの自由・必然・法・国家等の概念を分析し彼の歴史哲学の構造を検討する。続いて著者は、ディルタイ、クローチェおよびコリングウッドのヘーゲル的歴史理解の方法に触れ、形而上学的観念論者や反自然主義的歴史家達の議論の非決定論的性格と相討論的性格を指摘する（一九五頁）。さらに著者は、歴史における人間の意志の問題について考察し、意志的現象としての人間事象の非法則的・個性的性格を強調する（一九六頁）。著者はこの部分で、歴史的事実の一般化や体系化は精々「動向」（tendencies）の把握に限定されると言い、あくまで経験的で個性的な歴史把握の重要性を強調するが、彼のこの主張には、とりわけコリングウッドやマックス・ウェーバーに対する共感がみられる。

第一〇章。著者は、歴史哲学としてのマルクスの弁証法的唯物論がヘーゲルの観念論的弁証法と自然法理論の二元性を克服しようとする真剣な努力であったことを示しつつ、その方法的効力と妥当性を検討しようとする。すなわち前者に関しては、弁証法的唯物論が環境と意識との間の、また生産力と生産関係との間の関係の分析に方法上比類ない効力を発揮したことを『ドイツ・イデオロギー』や『経済学批判序説』のなかから示し、その社会分析の手段としての価値を高く評価する（二〇七―二一九頁）。しかし、後者に関しては、非決定論的立場から、その法則定律的で予言的な「経済的決定論」の客観性と科学性を否定するとともに、マルクスの理論そのものの歴史的・相対的性格を強調する。そして次のように述べる。「我々には明らかに歴史における各個人の意志の性質を知る能力がないということを考える時、もし比較的厳密な法則にもとづく予言の力を要求しようと思うならば、幾千という個人の意志の相互作用の結果を決定する超欲動的要因（extra-conative factors）が働いていると主張しなければならない」（二二一頁）、「かかる法則が存在しているという断定は、実際、科学的仮説ではなくて形而上学的直観である」（二二一頁）、と。この議論は次章にひきつがれてさらに詳細に展開される（二三三―二三八頁）が、要するにサンプソンは、社会現象の把握については、個人の意志の相互作用の研究を中心とする社会学的な研究方法を主張するのである。また著者は、「マルクスがケインズのごとき人間の出現を予見しえなかったことは、一九世紀後半の資本主義の矛盾の確実な結果を予言しようとする試みにおける一つの大きな欠陥を示している」と言い（二二二頁）、ロシアにマルクシズムが急速に滲透したのは、政治および経済の分析の手段としての効力もさることながら、ロシア人の世俗的メシア思想に訴えるのにとくに適していたからである、と述べる（二二四頁）が、これらの見解は、いわゆる修正主義的立場を示すものであろう。

「結論」の部分では著者は、進歩の理念に含まれた理想および価値の目的論的性格を再検討しつつ、正しい歴史認識の方法を検討する。彼は言う。「価値を進化の法則や展史の法則の事実と同一視する者は、経験的諸現象の叙述のなかに価値判断をもちこまざるをえなくなる」と（二三九頁）。ではそれを避けるためにはどうすればよいか。彼は言う。「自己の文化以外の文化に対する過度の主観的判断の是正策は緻密な社会学的研究のうちに存する」と（二四一頁）。また、「自己の文化のうちにみとめられる改善が全人類の生活を包括する進化論的法則の成果であると早合点しないための方策としては、それにまさるものはありえない」と（二四一頁）。かくして著者は、「正しい説明はなるほど我々の限られた研究および理解の手段のとどきうるところではないかも知れないが、結局それは、すべての現存国家あるいは独立社会の性格および内部構造のいずれかに存するに違いない。個人の場合と同様国家の場合にも、行為の結果は予期する結果とは異るのであるから、〔主観的判断の〕是正策は、予期されぬ諸事件の展開のうちに先天的な諸法則を探求することにではなく、社会的ならびに国家的諸集団の構造と人間行為相互関係の複雑な性質についての緻密な研究のうちに存する」、と主張するのである（二三七頁）。続いて著者は、進歩の道徳的意味を検討した後、今日においては「理性的倫理」（a rationally grounded ethic）のみが進歩に対して真の意味を与えることができる、と結論する（二四九頁）。最後に著者は、今日の平和の問題について考察し、平和の問題は結局「人間の意志への挑戦」であり、またその達成は大部分技術的・経済的な問題ではあるが、なお相当程度に道徳的・政治的問題である、と言う。すなわち、今日永続的な平和を達成するためには、相対立するものすべてが互に相手についての認識を深め、相手に対する疑惑と不安とを取り除き、「知性によって恐怖と権力欲を克服する」ことが必要であり、もし今日真の意味の「進歩」がありうるとすればそのような道徳的・政治的な意味においてである、と言うのである（二五〇―二五二頁）。

三

以下、若干筆者の感想とコメントを記しておきたい。

本書の第一の特色は、最初にも指摘したごとく、強い現代的関心に支えられて書かれていることである。著者は、一七世紀から二〇世紀にいたる多くの思想家達の進歩の理念を克明に検討することによって彼等おのおのにとっての進歩の意味を究明しようとしているが、それはとりもなおさず、今日に生きる人間にとって真に意味のある進歩とは何であるかを探るためであった。著者は、とく進歩の道徳的意味を問い、理性的倫理の確立が急務であることを説いているが、それは、今日の世界における価値意識の分裂のなかから真に統一をもった人類の目標を探り出そうとする切実な願望の現われであると考えられる。それはまた、二度の大戦によるおそるべき残虐と野蠻を経験しながらもそれに絶望しきることなく、人間の知性と意志への信頼をもち続けていこうとする真剣な努力の現われであろう。周知のごとく、このような考えはバートランド・ラッセル[23]やモリス・ギンスバーグ[24]にも強くうかがわれる。ところで、この道徳的進歩と理性的倫理は、今日国際間において世界の世論に強く支持され、単なる道徳主義や知性主義に終らないためには、それが政治や経済や科学の有するある種の自律性とどのように融和し民族や宗教の歴史的多様性をどの程度カヴァーしうるかが問われなければならないであろう。著者は、この点に関しては単に可能性を示唆するのみにとどまり、具体的な見解を示していない。

本書の第二の特色は、歴史の客観的な認識方法を見出そうと努力していることである。著者は、従来の歴史哲学に多かれ少なかれみられる「存在」と「当為」、「事実」と「価値」の混同や目的論的性格を繰返し指摘することによって、独断的な価値判断から自由な、経験的で客観的な歴史の理解あるいは叙述の必要を説いている。それは、今日の世界の現実をリアルに認識するためにはどうすればよいかという問いと結びついているのであるが、しかし著者の提唱する社会学的方法は、歴史の法則的把握の可能性の否定と社会の静態的な心理主義的分析の主張にとどまっていて、現実のダイナミックな動きの把握には欠けるところがあるように思われる。

第三の特色は、思想家達の取扱い方と評価の仕方のなかに現われている。例えば、フィロゾーフ達の未来への憧れと後世への期待を心理的欲求不満と終末論の世俗化によってのみ説明したり、マルクスの歴史哲学を経済理論や実践活動と切り離してその妥当性を論じているのは一つの特色ではあるが、問題であろう。前者については、彼等の現実批判の意味と彼等のオプティミズムの歴史的・社会的根拠が、また後者については、マルクスにおける歴史と理論と実践の統一の努力がなによりも究明されなければならないであろう。著者は、マルクスの史的唯物論を「経済的決定論」だとしてその客観性と科学性を否定したり(二一〇頁)、エンゲルスはマルクスの「経済的一元論」を「稀釈した」(diluted)と述べたり(二〇九頁)、あるいはまた、資本主義の矛盾は社会主義や階級なき社会によってではなくテクノクラシーを中核とする「管理的社会」(managerial society)によって克服されると考え、マルクスがケインズの出現を予知できなかったのは彼の大きな欠陥の一つであったと述べている(二二二頁)が、この理解や評価は果たして正当であろうか。この批判はあまりにも今日の視点に立ちすぎており、またその批判には、福祉国家的環境に生活する現在の著者自身のオプティミズムが強く投影しているように思われる。

(1) Flint, R., *History of the Philosophy of History*, 1893.
(2) Bury, J. B., *The Idea of History*, 1920. Dover Edition, N. Y., 1955.
(3) Sée, H., *Science et philosophie de l'histoire*, 2e éd., 1933. とくに第一部・第七章。
(4) Meinecke, Fr., *Die Entstehung des Historismug*, 1936. Neue Ausgabe, 1959. とくに一八〇—一八四頁。
(5) Hazard, P., *La Crise de la conscience européenne* (1680〜1715), 1955. とくに第三部。
ditto, *European Thought in the 18th Century. From Montesquieu to Lessing*, transl. by Lewis May, 1954.
(6) Collingwood, R. G., *The Idea of History*, 1946. Second Galaxy Printing, N. Y., 1957. とくに第五部、第七章。
(7) Läwith, K., *Meaning in History: The Theological Implication of the Philosophy of History*, 1949; *Weltgeschichte und Heilsgeschichte. Die theologischen Voraussetzungen der Geschichtsphilosophie*, 3te Auflage, 1953.
ditto, *Welt und Weltgeschichte*, 1957. 柴田訳、「世界と世界史」一九五九年。
(8) Marvin, F. S., *Progress and History*. Essays arranged and edited by F. S. Marvin, Oxford University Press, 1916. 5th impr., 1921.
(9) Sorel, G., *Les Illusions du progrès*, 3e éd., 1921.
(10) Hobhouse, L. T., *Morals in Evolution*, 1951.
(11) Ginsberg, M., *The Idea of Progress: A Revaluation*, 1953.
ditto, *Reason and Unreason in Society*, 1947. Reprint, 1956.
(12) Dawson, Ch., *Pogress and Religion*, 1929.
(13) Berdyaev, N., *The End of Our Time*, 1933.
(14) Niebuhr, R., *Faith and History*, 1949.
(15) Köstler, A., *Arrow in the Blue*, 1952.
(16) わが国における進歩の理念の研究については次の諸論文を見よ。
上原専禄『歴史学序説』のうちの第二部・第三「社会発展の法則と類型」一九五八年。
阿閉吉男『市民社会の系譜』のうちの「進歩の観念」一九五〇年。
田邊壽利「パスカルと社会学——フランス社会学における

l'idée de progrès の発展と現代的帰結」『思想』、九八、九九、一〇二、一〇三号、一九三〇年。

(17) サンプソンの詳しい経歴は分らないが、一九五六年当時はブリストル大学の Lecturer in Government。他に "J. S. Mill: An Interpretation," The Cambridge Journal, January 1950 なる論文を発表している。なお本書については、Samuel Bernstein, "Some Recent Historical Literature," Science and Society, Fall, 1958, Vol. XXII, No. 4., pp. 335～339 に簡単な紹介とコメントがみられる。

(18) サンプソンはこの点に関する最もすぐれた研究書として Carl L. Becker, *The Heavenly City of the Eighteenth Century Philosophers*, 1932 を推賞している。進歩の理念をキリスト教的終末論の人間化あるいは「世俗化」とみる考えは、レーヴィット（*Meaning in History*）やブルトマン（Bultmann, R. K., *History and Eschatology*, 1957、中川訳「歴史と終末論」一九五九年、九一－九六頁）の主張でもある。

(19) 著者は、ディドロの後世への信仰をチェーホフの未来への期待と対比している（一三〇－一三一頁）。

(20) フィロゾーフ達の「制度」への信頼とは対照的なものとしてサンプソンはドストエフスキーの制度に対する非難を挙げる（一三四頁）。

(21) フリントは、チュルゴーの歴史哲学が「含蓄の深さ」と「論理的一貫性」においてモンテスキューおよびコンドルセに卓越していることを強調し、コントに対する先取性を指摘している。前掲書、一〇九－一一五頁。

(22) チュルゴーの場合、「摂理への信仰」を否定することはできないにしても、強調しすぎることは危険である。なぜなら彼は、進歩の動因として、純粋に人間的な要素を、例えば情念や経済的欲求を重視し、あるいは進歩の担い手として、民衆（peuple）の力を重視しているのであるから。ちなみにビュアリは、チュルゴーの摂理への言及は「慎重な空世辞」（a prudent lip-service）にすぎないと言っている。前掲書、一五四頁。

(23) Bertrand Russell, *Common Sense and Nuclear Warfare*, 1959. とくに第一〇章。

(24) Ginsberg, M., *The Idea of Progress*, 1952 の第七章。ditto, *Reason and Unreason in Society*, 1956. とくに第三部、一五・一六章。

二　J.-F. Faure-Soulet, Économie politique et Progrès au "Siècle des Lumières". Paris, Gauthier-Villars, 1964, xvii＋252p.

一

まず本書の構成を示せば、つぎの通りである（節、項等の細目は省略）。

はしがき（アンドレ・ピアチエ）
序　文（ポール・アルサン）
要約目次
序　論
第一部　進歩と生産——個人的交換の形式的調和——
第一篇　均衡論的交換論——合理的個人と効用価値——
第一章　利害の心理的調和
第二章　利害調和原理の交換の理論に対する帰結
第二篇　動態的交換論——進歩と資本主義的蓄積——
第一章　理論的基礎＝進歩の理念
第二章　動態的蓄積論
第二部　進歩ならびに分配への障害——個人的形式主義と社会的現実主義との対立——
第一篇　エコノミスト達——分配と具体的社会構造——
序　章　カンティロン——社会的グループの発生ならびに諸関係——
第一章　技術的障害、重農主義分配論
第二章　社会的障害——チュルゴーからスミスへ——
第二篇　モラリスト達——経済学のユートピアへの転落——
第一章　社会的道徳の具体的・抽象的側面——自然と社会——
第二章　社会的道徳の経済思想に対する帰結——社会的進化からユートピアへ——
文献目録
細目目次
結　論

本書は、アンドレ・ピアチエ監修による「現代経済学術叢書

(Collection des Techniques Economiques Modernes) のうちの「経済史および経済思想シリーズ」(Série Histoire et Pensée économiques) の一冊として刊行されたものである。この叢書は、察するところ、経済学が今日当面している諸問題を、時事的側面、分析的側面、空間的（地理的）側面ならびに時間的（歴史的）側面から追究しようとするもので、一九六四年現在、既刊の「生産と市場シリーズ」(Série Production et Marchés) の他に、「経済分析シリーズ」(Série Analyse économique)、「経済空間シリーズ」(Série Espace économique) ならびに「経済史および経済思想シリーズ」が続刊として予定されている。従って本書は、この最後のシリーズの一冊として刊行されたものであるが、そもそもこのシリーズは、「世界の諸民族、諸社会ならびに諸経済体制の展開のずれを解明することによって、一民族一社会の歴史的展開のうちにみられるずれや差違に十分に接近する」(p. vii—本書の頁数、以下同じ）ことを目的としている。そしてこの試みは、一つには、「発展途上の国に対する援助の過程のなかで過去一〇年間に犯された多くの誤りは、もしそれらの介入の現実的側面が考慮されていたならば避けられ得たであろう」(p. viii) という反省の上に立っており、もう一つには、「様々な時代の研究から一つの新しい理解に達すること」、すなわち、歴史における具体的な個々の経験や事実に拘泥することなく、「より抽象的で、具体的な日付けのない、そしてシェーマ化された発展の連続的諸側面を表わす時間の観念に達すること」(p. ix) を目ざすものである、という。従ってわれわれは、この叢書には二つの大きな傾向、すなわち、数学的・技術的に高度に発達した分析のトゥールを用いて現実的問題の解明に迫ろうとするいわゆる「近代経済学」的傾向と、伝統的な歴史社会学的見地から歴史を反省し、「人類史」(l'histoire de l'humanité) の「進歩」(progrès) や「進化」(évolution) の法則を探ろうとする傾向とが、並存しているということができる。[1] この二つの傾向がどう関連しどう噛み合うかは別の新たな問題であるが、それはともかく本書は、後者の傾向を代表する一冊として、「〈光〉の世紀」(Siècle des 《Lumières》) すなわち一八世紀啓蒙思想の時代の様々な思想家における経済思想ないしは経済理論の分析を通して、「経済体制の有機的発展」(l'évolution organique du système économique) (p. 235) を研究する「新しい方法」と「一般的・統一的経済理論」(une théorie économique générale et unificatrice)(p.237)を探ろうとするのである。

(1) 今日のフランス歴史学の分野にも、アンリ・ベール(Henri Berr)の監修による「〈人類の進化〉叢書」(Collection de《L'évolution de l'Humanité》)というのがあり、すでに数十冊刊行されている。

二

さて本書は、一七五〇年から八九年の間における「経済科学の構築」の過程を「経済的環境」(le milieu économique)および「諸理念の動き」(le mouvement des idées)との関連において追究しようとするものである。すなわち著者によれば、一八世紀エコノミスト達の「理論的成果」は、彼らをとりまく「経済的環境」のなかにおいて考えるばかりでなく、「〈啓蒙〉のイデオロギー」である一八世紀の「普遍的哲学」のなかにおいて考えなければならない、という(p.2)。その理由はこうである。すなわち、一八世紀の経済的環境は「〔社会〕構造の変化の下図が描かれつつある過度期の環境」であって、そこでは、「労働市場と資本市場の発展が一国全体の生産と交換と生活水準を増大させ」つつあり、「〈発展〉(croissance)と生産力の問題」にあらゆる思想家が関心をよせ、彼らはその問題を「〈進歩〉(progrès)の哲学的観念のなかに一致あるいは包含させる」べく努力した。しかし他方に「社会的生産物の分配の問題」があり、彼らはまた、いかにして資源の最大限の利用を可能にするか、あるいは生産物の流通・循環の側面において立ち現われてくる「進歩の障害」の影響をいかにして生産あるいは消費の一側面に極限するかに腐心したのである(p.2)。

ところで、一八世紀はブルジョワジー台頭の世紀である。それは、著者によれば、「重商主義運動」(le mouvement mercantiliste)ならびに「ユマニスムの伝統」(la tradition humaniste)の両者から同時に生れたものである。一八世紀のブルジョワジーは「人間としての物質的・精神的諸権利」を要求し様々な「公的自由」を要求したが、それは彼らの経済的侵出と彼らの主張するユマニスムのための条件であった(p.3)。「エコノミスト」や「フィロゾーフ」の大部分もまた、富を保有し、人間の政治的・経済的・知的解放を求めるこのブルジョワジーの階級に属していたのである。では、彼らの要求を正当化する理念的根拠は何であったか。いうまでもなくそれは「理性」(La Raison)であり、「デカルトの演繹的理性またはロックおよびニュートンの経験的理性」であった。実際、理性は「物理的世界と道徳的・社会的世界の両者を説明する使命」(p.3)をおびていたのである。人々は「この両者はともに類似の法則に支配されており、理性は経験の援けをかりてそれらの法則を発見するだろう」(p.3)と考えていたのであって、まさにそこに啓蒙思想の本質的側面があったのである。だからして人人は、もし自然現象と人間現象との間に断絶がないとすれば、また、もし同一の合理的方法がそれらの現象を説明するために適用し得るとすれば、すべての科学がその基礎を他の科学から借りることができることになり、従って経済現象が自然と人間との結節点をなすものである以上、経済学についてもこのことは容易にあてはまるだろう、と信じていたのである(p.3)。事実、ケネーやチュルゴーやコンドルセはその経済学の基礎を医学や歴史学や数学に求め、スミスもまたその思想の出発点を、「道徳哲学」におき、そして彼らは一様に「自由な個人の間の交換による生産の調和的拡大を仮定し、そうすることによって資本主義体制の諸発展を予想する」(p.4)理論を創り出したのであるが、しかしそれにもかかわらず、「旧い秩序に新しい秩序をおき代えようとした普遍的にして永遠なる理性は、彼らのおかれている情況を認識させ、彼らの理論的考察を相対化させ〈動態化〉(dynamiser)させるまではいたらなかった」(p.5)のである。

以上が著者の前提的立論であるが、この立論にもとづいて著者は、第一部では「生産」の問題を中心とした静態均衡論的経済理論とその動態化の試みを、第二部では「分配」の問題を中心とした「エコノミスト」や「セラリスト」の経済思想あるいは社会思想をとりあげる。そこで、まずその内容をできる限り忠実にたどることにしたい。

三

一般に一八世紀の思想家達は、その思考方法をロックの経験的合理主義とそれにともなう「感覚論的心理学」(la psychologie sensualiste)ならびに功利主義的かつ調和論的政治道徳論によって培った。彼らはこれにもとづいて禁欲的で位階制的精神にもとづく伝統的なキリスト教的秩序を変革しようとした。エコノミスト達は重商主義を批判したが、そこから「功利主義的精神」を引継ぎ、それを、個人と個人の交換の調和を中心とする経済理論の原理とした。かくして一八世紀には、国家間の取引の超過あるいは不足という重商主義の思想にとって代わって、可及的最大限の物質的満足を求めて合理的に行動する個人間の自由交換＝等価交換の思想が生れた。この思想はいわば「交換のミクロ経済論的均衡の思想」(l'idée d'équilibre microéconomique des échanges) であって、そこでは貨幣にはもはや交換の媒介手段としての役割しか与えられていない。さらにまた、この静態均衡論的交換論は「〈進歩〉の合理哲学」(la philosophie rationnelle du《progrès》) あるいは財産の不平等の正当化と結びつくことによって「交換の動的理解」を可能にした。しかしこの動的理解も、弁証法的なそれではなく、どこまでも均衡論の域を脱し得なかったのである (pp. 7-8)。そこで著者は、第一部第一篇において静態均衡論的交換論の系譜と理論的内容を、第二篇においてその動態化の試みを分析する。

　さて、「合理的に行動する個人」(l'individu rationnel) という観念が経済学に導入される契機を作ったものは、ホッブズおよびロックの、とりわけ後者の「感覚論的経験論」(l'empirisme sensualiste) (著者はこれを「感覚論的心理学」とも呼ぶ[1]) であり、個人の物質的欲望の満足という問題を基礎にした哲学であった。この哲学は、一七世紀イギリスにおける経済の飛躍的発展、科学の進歩、産業への科学の応用、政治的自由主義の勝利によって生み出されたものであるが、さらに、同じく政治的専制主義と経済的国家主義への反動として「個人的功利主義」(l'utilitarisme individuel) が生れてきた。そして、この個人的功利主義によって、自然や哲学や政治や道徳における調和という仮説が定式化された。これらの合理主義的ならびに功利主義的哲学はやがて一八世紀フランスのフィロゾーフやエコノミスト達によって継承され、経済学の領域に適用された。そしてそこに展開されたのが、「自然法」(lois naturelles) の観念にもとづく経済的調和論であり、それは具体的には、合理的に行動する諸個人の私的利害の自然的調和の理論であった (p. 11)。かくして著者は、感覚論的心理学から合理主義的ならびに功利主義的哲学的調和論をへて自然法的経済的調和論にいたる過程[2]をホッブズ、ロックからケネー、チュルゴー、スミスにいたる幾人かについて検討するが、ここではケネー、チュルゴーおよびスミスの自然法的経済的調和論についての著者の考えを簡単に記すにとどめたい。

(一)　ケネーの認識論と道徳的秩序観

『明証論』(Evidence, 1756) に明らかなように、ケネーは、デカルト——マルブランシュの「偶因論」(occasionnalisme) のなかにロック——コンディヤックの感覚論的認識論を融合させ、「信仰」(la foi) と「明証」(l'évidence) の二種類の「確実性」(certitudes) をわれわれの認識のよりどころとした。すなわちケネーにとっては、「明証」は「自然的認識」にのみかぎられるので、理性の光によっては認識し得ない真理を獲得するためには「信仰」が必要であった。つまり彼にとっては、「自然的秩序」(ordre physique) と「道徳的秩序」(ordre moral) の両者は「至高の叡知」たる神への信仰に媒介されてはじめて緊密にとらえられるのである。ところでケネーは、このようなデカルト——マルブランシュ的認識論に加えて、さらにライプニッツの楽観的な予定調和論的秩序観を農業経済論のなかに導入することによって、彼独自の自然法的道徳秩序観を創りあげたのである。しかしそれは、決して「経済を道徳化」しようとしたのではなく「道徳に経済的基礎を与え」ようとしたものに他ならなかった (pp. 28-33)。

(二) チュルゴーの道徳論と認識論

確かにチュルゴーも、個人主義的かつ自然主義的道徳観念をもっていた。しかし、彼の場合はケネーと異なり、ケネー以上に「理性」への信頼が強かった。すなわち、チュルゴーによれば、「理性は正義そのもの」であり、「理性は自然的道徳と自然的正義を保障する本質的能力をもっている」のである。だから彼は、「利害」(intérêt) だけを人間行為の「唯一の原理」としたエルヴェシウスを批判したのである。チュルゴーは、「理性」にもとづいて「寛容」や「善」や「人間性」を望んだのであって、その点では彼は、ブルジョワ的側面よりもむしろ反封建的色彩の強いヒューマニストであった。他方チュルゴーは、経済の領域に関しては、道徳法とは独立の経済の自然法則を信じていた。すなわち彼は、経済的諸関係を支配する一つの単純な原理を、換言すれば人間心理の本質から引き出される一つの原理を信じていた。その原理とは、競争と通商の自由の原理であり、各人の財産権と自己の利害の得失を知る能力とから直接引き出されたものであって「個人的利益の自由主張の原理」(principe du libre jeu des intérêts particuliers) ともいうべきものであった。またチュルゴーは、「不平等」(l'inégalité) をこの原理発動の最善の刺激剤であり、資本主義的生産の原動力であると考えていた。かくしてチュルゴーは、正統派重農主義者達の信じていた抽象的・形而上学的な道徳秩序観もそこから引き出された流通秩序観もともに拒否したのである（pp. 33-37）。

㈢ ケネーとチュルゴーの継承者としてのスミス

スミスは、ロック――マンデヴィル――チュルゴーの個人利害の心理学とライプニッツ――ケネーの神秘的宇宙論の両者を受け入れた。彼は「同感」（la sympathie）を人間行為の原理としたが、それは個人の「利害関心」（l'intérêt）にきわめて近い観念であった。しかるにスミスはまた、経済領域への「摂理」（la Providence）の作用を認め、それに対して公益実現の期待をかけたのである。成程スミスは、摂理による調和や「同感」よりもむしろ「利己心」の力を信じていた。だがそれにもかかわらずスミスは、個人的利害の調和と摂理とを切離し得なかったのである（pp. 37-40）。

著者によれば、静態均衡論的交換論の中核をなす私的利害の自然的調和の思想はおよそ以上のようであって、著者はつぎに、これらの原理的思想が思想家達においてその交換論のなかにいかなる形で取り入れられ、どのような理論内容を形成したかについて分析を行なう。著者はまずペティ、カンティロン、ケネーおよびチュルゴーにおける「等価交換の原則」（le principe d'équivalence dans l'échange）と「費用価値」（la valeurcoût）論（コスト論）を、ついでチュルゴー、ガリアーニにおける「交換の主観的原則」（le principe subjectif de l'échange）すなわち「主観的価値論」（une théorie subjective de la valeur）＝「効用価値」（la valeur-utilité）論を分析し（pp. 41-57）、さらにこれらと関連してモンテスキュー、チュルゴー、ガリアーニの貨幣論を取上げる（pp. 57-62）が、そこに述べられていることは、平板な解説に終っていて従来の研究[3]の域を出るものではなく、ここに改めて要約するまでもない。ただ、主観的価値論を基礎にしたチュルゴーの均衡価格論を「ワルラスとの関係」でみようとする試み（p. 55）、ガリアーニの主観価値論はチュルゴーのそれよりも「綜合的」であり、また彼の私的利害調和論にはライプニッツ的予定調和論と理神論哲学者アダム・スミスの「本有道徳」（la morale innéiste）の観念がみられるという指摘（p. 54, note; p. 56）、そして、チュルゴーの貨幣論には単に交換手段あるいは価値尺度としての貨幣観のみならず資本蓄積の手段としての貨幣観がみられるという指摘（p. 61）は、わずかに注目に値する。

さて第一部第二篇では、静態均衡論的交換論の動態化の問題が、まず進歩史観との関連で（第一章）、ついで、資本蓄積論との関連で（第二章）取り上げられる。

一八世紀におけるロックの楽観的合理主義の復活と功利主義の発展は、㈠その結果として進歩の哲学を生み出したが、㈡さらにこの進歩の理念と結びついて経済目標が設定され、人口の増殖の問題に代わって生産力発展の問題が重視されるにいたった。そしてまた、㈢こうした経済的発展を保障する諸制度の確立、例えば富の獲得と資本蓄積のための財産権や自由の制度的保障の問題がクローズ・アップされてきた。著者は第一の点については、ヴォルテール、チュルゴー、シャトリュ、コンドルセらの進歩史観を検討し、そこにおいて進歩の理念がいかに理性の進歩から物質的・経済的進歩へと拡大されて行ったかを示す（Cf. pp. 66-74）。第二の点について重要なことは、人口の増加を単純に富と考える重商主義的人口論に代わって生産力発展の問題を中心に人口問題を考える新しい科学的理論と政策がケネーらによって打ち出されたことであり、また、生産力発展の問題は結局「前払い」（avances）資本蓄積の問題であることが明確に示されたことである。この点著者は、チュルゴーが、農業のみならず商工業の生産性を重視したこと、いな、少なくともそれらの有用性を増大させる手段として労働の国内および国際間の分業を重視したこと、また、労働の生産性を向上させるためには費用の減少を可能ならしめるあらゆる分業をとるべきだとして「資本家的企業」（entreprises capitalistes）の機能を重視したことを、チュルゴーの「独創」としている（pp. 80-82）。第三の資本主義的生産発展の制度的保障の問題に関しては、著者は、ロック、ケネーおよびチュルゴーの「財産権」（droit de propriété）の概念を検討する。そしてロックについては、人間は生存のための自然権として自己の身体と労働による獲得物とに対して所有の自由を有するという自然主義的立場からの正当化と、未耕地解消のためには土地所有の不平等を認めるべきだとする純粋に功利主義的立場からの正当化との二つの論理があったこと（pp. 82-84）、ケネーの場合には、ロックを受け継いで自然主義的立場から財産権ならびに不平等を正当化し、しかもこの論理をさらにライプニッツ的自然法的秩序観によって裏づけたこと（pp. 84-87）、またチュルゴーについては、自然権的思考も自然法的秩序観も排して純粋に功利主義的に、資本蓄積に絶対に必要な条件として財産権と不平等を正当化したばかりか、さらに積極的に、労働の分業と社会階級の分化発展のためには「不平等」は「正当であり有用」であると考えていたことを、指摘している（pp. 87-91)。

さて、資本の本質と蓄積に関する理論は進歩の理念の動態化の過程で現われてきたのであるが、一八世紀エコノミストのうちでこの理論を最も体系的に構築したのがチュルゴーである。彼は、㈠資本主義的生産発生の歴史的経緯、㈡資本の本質と生産における役割、㈢資本の形成と蓄積の機構の三つの観点から分析を行なったが、著者は、これらの点については、資本蓄積の出発点としての「節約」(épargnes)、資本蓄積にもとづく階級分化、貨幣の資本への転化および資本の貨幣形態、「前払い」資本、収穫の逓増および逓減の法則等についてのチュルゴーの考えを検討したのち、チュルゴーは、その節約論や「前払い」論においてはスミスの、収穫論においてはリカードウの先駆者となり、また、その自動資本蓄積論においては正統派重農主義者を超えていたが、しかし彼はまた、資本主義的発展を歴史的条件を超えた「永遠かつ合理的な進化の法則」に合致するものだとしたり、資本の貨幣形態に対する着目にもかかわらず資本の現物形態（土地の剰余生産物による蓄積）に目を奪われて、貨幣による資本の蓄積という側面を軽視するという限界をもっていた、と考えている（pp. 93-105)。

（1）著者は、感覚論的心理学については、「欲求と欲望」(désire et appétit) を人間存在の「根源的傾向」とみなした人々、例えば、「自己愛」(amour-propre) の力を強調したホッブズ、スピノーザ、マンデヴィル、「慈愛心」(la bienveillance) を人間行為の動因とみなしたハチスン、人間本性を『効用』の原理に従わせ「同感」(symapathie) の重要性を指摘したヒューム、観念発生の根源としての「注意力」(attention) に着目し功利主義的道徳論によってベンサムの先駆者となったエルヴェシウスを重視する。また哲学的、政治的、道徳的調和論については、ライプニッツの「合理的形而上学」(la métaphysique rationnelle)、ホッブズやロックの現実主義的政治道徳論、あるいはヴォルテール、モンテスキュー、ベンサムらの「楽観主義的自然道徳論」(la morale naturelle optimiste) を重視する。

（2）著者はこの過程を、「マンデヴィルの〈客観的心理学〉への復帰」(retour à la《psychologie objective de Mandeville》) と呼んでいる (p. 33)。

（3）例えば、渡辺輝雄著『創設者の経済学——ペティ、カンティロン、ケネー研究——』(第八刷一九六六年、未来社) における精緻な研究を見よ。なおチュルゴーに関してけ、拙稿「チュルゴーの経済理論の思想的構造」、『商学論集』第三六巻第一号（一九六七年六月）(本書、**主論四**) を参照されたい。

四

一八世紀の思想家達にとって、生産の問題は、「合理的に行動する個人」の仮定の上に立った私的利益の自然的調和の理論によって、すなわち、「自然法」の思想あるいは「進歩」の理念と個人主義的自由交換論との結合によって、ともかくも理論化することができた。しかるに分配の問題は、そこには社会諸階級の様々な利害の錯綜と対立が最も鮮明に現われるが故に、また、その問題はいくつかの単純な要素には容易に還元できないが故に、解決は困難であった。従ってこの問題の解決にあたり、ある者は道徳や正義の側面よりも厳密に経済的な側面を優先させ、また他の者は、社会諸階級の利害の対立を鋭く意識するあまり、道徳的側面を優先させたのである (p. 107)。かくして著者は、第二部第一篇において前者の範疇に属するエコノミスト達の分配論と社会構造論を、第二篇において後者の範疇に属するモラリスト達のユートピア的経済論を分析する。

著者によれば、正統派重農主義者達にとっての分配上の問題は主として技術的側面にかかわるものであって、農業生産物の流通・循環をいかにして円滑にするかということであった。しかるにチュルゴーにとっては、それはおもに社会的次元の問題であって、歴史的に形成された諸階級に生産物をいかに配分するかの問題であった。カンティロンはこの二つの側面を同時に考えた (p. 109)。そこで著者は、まずカンティロンのいう社会諸階級の概念と彼らの取得する三種の「地代」(rente) の性格、それら社会諸階級間における国民生産物循環のマクロ的構造分析、貨幣の経済的作用の分析等について検討し、カンティロンは、経験的探求精神と半重農主義的・半重商主義的理論とを結合した点では功績があったが、社会構造の分析においてはなお静態的・普遍主義的であり、生産関係と分配関係＝剰余価値取得関係の動的変化の把握はできなかった、という (p. 116)。ついで著者は、『経済表』(Tableau économique) を中心とする重農主義者達の再生産論、静態均衡論的流通論、貨幣論 (価値保存手段としての貨幣観)、賃銀論 (賃銀基金説、〈賃銀鉄則〉論)、利子論 (「前払い」償却分としての利子論) をとりあげ、それぞれの理論の時代的限界を指摘するが、同時に著者は、真の国民所得計算は「剰余価値」によってではなく「生産の各段階における付加価値」によって行なわれるべきこと (p. 120)、貨幣理論の動態論的解決のためにはケインズ (遡ればカンティロン）の「性向」（propensions）概念を導入すべきであること（p. 128）を強調する。続いて著者は、歴史的・社会的視点から社会諸階級の対立闘争を意識的に捉えようとしたチュルゴーの地代論、賃銀論および利子論を取り上げる。まず地代論については、チュルゴーはマルクスの指摘するように地代を土地所有者が受取る「剰余価値」として理解した最初の人間であるが、しかしその剰余価値概念には素材的・使用価値的観念が濃くまつわりついており、その点、交換や分配の灸件の歴史的分析にもかかわらず、自然の「純粋の贈物」としての重農主義的・自然主義的純生産物概念の単純な踏襲に終っていること、そしてまた、スミスやコンドルセの地代論においてもこうした「重農主義の復活」（résurgences physiocratiques）すなわち地代の合理主義的把握と自然主義的把握の混在という曖昧さがみられることを指摘する（pp. 141-143）[1]。賃銀論については著者は、唯一の「賃銀基金」としての純生産物概念はまさに当時の生産力の理念的反映であること、また、チュルゴーは重農主義的賃銀鉄則論を免れなかったが、しかし他方賃銀水準の決定に関しては自由競争原理を一般化して適用し、均衡価格論による抽象的統一化を計ることによって、前期資本主義的経済環境と合理主義的イデオロギーの産物としての「半社会的・半ブルジョワ的賃銀論」（la théorie mi-sociale, mi-bourgeoise du salaire）を創り上げた、と言う（p. 155）。最後に利子論に関して著者は、利子の経済的・社会的概念の歴史的変遷をたどりながら、利子概念の具体的・貨幣的概念から抽象的・資本的概念への移行（利子の貨幣数量説的把握から資本的視点に立つ「綜合的利子論」（une théorie synthétique de l'intérêt）への移行）を示す。例えばチュルゴーの場合、貨幣が単に利貸しとしてのみならず農業その他の様々な営利的企業に資本として用いられる事実を考察することによって、利子率は資本のこれら諸用途における利潤率（それは均等化し平均化する）によって決定されると考えられるにいたり、かくして「貨幣の使用価格」（le prix d'usage de la monnaie, le loyer de l'argent）としての利子概念から「資本の生産力」（la productivité du capital）としての利子概念への移行が行なわれたのである。ところで著者は、このチュルゴーの利子論は非貨幣的理論であり、しかもそれは主観的要因すなわちヴェーム・バヴェルク的時間選択に訴える非貨幣的理論と客観的要因すなわち資本の限界効率＝限界生産力としての利潤に訴える非貨幣的理論との

「折衷」であって、貨幣的側面に立つ流動性選好理論（例えば貨幣の本質的用途である貯蓄のための使用）を全く無視しているために、「準綜合的」(quasi-synthétique) であり真の「一般利子論」(une théorie générale de l'intérêt) とはなり得ていないけれども、しかしチュルゴーが封建的世界からブルジョワ的世界への移行期にあってこれを観察し、歴史的考察と生れつつある現実の資本主義的世界の合理的法則の探求とを同時に行なったことは彼の大きな功績である、と言っている（pp. 162-163, p.165)。

さて、以上の著作家達は、一八世紀フランス社会における分配の問題をある特定の社会的グループ＝社会諸階級との対応関係において解決し理論化しようとした人達であって、彼らは、当時の社会経済環境と上昇しつつあるブルジョワジーの具体的主張とを理論の糸で結ぼうとしたのである。ところが彼ら以外に、社会の貧窮に強く胸を痛め、物質的・精神的不平等を可能な限り少なくするような社会関係を求め続けた人達がいた。彼らは現実の経済的闘争を道徳の次元で解決しようとしたのであって、彼らはユートピアに陥り、いわば合理主義的観念論の大きな犠牲者であったが、むしろ彼らの方がエコノミスト達よりも社会の進歩における経済的要因の役割をよく理解していたのである（pp. 168-169, p. 172)。著者はかかる人々を「社会的モラリスト」(les moralistes sociales) と呼び、まず彼らの「社会道徳」(la morale sociale) の基本性格を明らかにしたのち、経済思想に与えたその影響を検討する。

ドルバックとエルヴェシウスに代表される唯物論的著作家達は、人間および社会の本性の研究から出発して、人間の教育可能性ならびに物質的幸福追求の欲望に基礎をおく道徳を創り上げようとした。ドルバックの場合には、その生理学的・唯物論的人間観によって道徳は人間の欲望そのものの充足に応え得るものでなくてはならず、従って道徳は社会における物質的幸福の追求と同一視される[2]。ところで、われわれの道徳感情は決して生得的ではなく後天的であり、啓発され得るのである。従ってドルバックにおいては、教育が、すなわちよき教育による理性と欲望追求の感情との融和が重視され、さらに、これを保障するものとしての「制度」(institutions) への信頼と期待が表明され、合理的政治制度の重要性が強調される。そして、エルヴェシウスにおいては、さらに一歩を進めて「立法」(la législation) そのものが重視され、道徳と立法とは同一視されるのである。

マブリとモレリの二人の初期共産主義者はともに、彼ら特有の自然人あるいは自然的社会の観念にもとづいて共同体的理想国家を創ろうとする。すなわち彼らは、財産共有を私的所有よりもはるかに「自然的」とみ、また本源的不平等を拡大したのは所有権そのものであるとの考えに立って、共有的理想社会を構想したのである。ルソーとランゲは、ともに人間の自然状態即孤立分散の状態との前提の上に立つが、ルソーが積極的に社会における人間の具体的在り方と理想的社会秩序を考えるのに対して、ランゲは社会からの逃避を考える。すなわち、文明社会に対する絶望と批判から出発するルソーは、「社会契約」(le contrat social) によって自然状態における無関心で無道徳《アモラール》な人間を道徳的人間に変えるとともに、自然的独立性を社会的自由に変えようとする。しかし、他方彼は、『エミール、または、教育について』(*Emile, ou de l'Education,* 1762) にみられるように、人間の自然的善性を土台とした個人主義的で自然主義的な生き方をも理想とし、かくして彼は、「市民」であるか「人間」であるかの二者択一を迫るのである。これに対してランゲは、よりよき社会の建設についてはルソーよりも絶望的で、現実の経済的闘争(搾取)を解決する最もよい方法は自然の孤立状態に復帰することであるが、それが不可能ならば、所有権とそれを保障する法とを徹底的に尊重して新たな搾取を避ける以外に方法はないと考える。かくして彼は、自然状態に復帰して孤立するか現実社会において私有財産の鎖に繋縛された「奴隷」(esclave) となるかのいずれかを迫るのである。

では、これらのモラリスト達をどう評価すべきであろうか。著者はおよそつぎのように述べている。モラリスト達の「社会道徳」は、確かに、現実の具体的・社会的諸条件から切離されてはいない。彼らはそれを、人間と社会の本質から、すなわち人間は生きることを欲する存在であり社会の制度は人間の産物であるという事実から引き出してきた。実際また彼らは、経済現象は変化し発展するのだという意識をもっていたし、この経済的発展の闘争的・不調和的性格を重視していた。だが不幸にして彼らは、彼らの社会道徳の基礎に自然主義的なあるいは合理主義的な仮設を設定し、それをもって現実の社会に対置させたのである。これはまさに理念に対する信仰を示すものであったが、その意図するところは、すでに一部分実現されたブルジョワ的世界を一層推進し普遍化するためではなく、一つの理想あるいは一個のユートピアによって経済と社会の矛盾に満ちた発展を止めるためであった。かくして、社会的・経済的発展の意識はユートピアに堕し、現実の階級闘争は、社会の矛盾的発展の客観相においてよりもむしろ主観的な道徳的視点においてしか捉えられなかった、と（p. 189）。

（1）著者はこれに続いて、シャトリュの歴史的考察には、「純収入」（revenu net）は労働者を「彼ら自身の使用に当てられた時間を超えて働かせる」ときにのみ生ずるという「絶対的剰余価値」の観念が、またネッケルには、不平等とそれを生ぜしめる社会制度への激しい怒りや労働者と財産所有者の二つの社会的グループの対立・闘争の意識とともに、財産所有者は技術的進歩によって、同一の報酬を与えながら土地の耕作費用を減少させあるいは産業労働者の製品一個当りの必要労働時間を短縮することができるという「相対的剰余価値」の観念がみられることを指摘している（p. 144, pp. 146-148）。なおマルクスのネッケル評価については、『剰余価値に関する諸学説』第五章（大月書店版マル・エン全集第二六巻第一分冊三七六～三八〇頁）を見よ。

（2）Cf. Pierre Naville, *D'Holbach et la philosophie scientifique au XVIIIe siècle*. Paris, Gallimard, 1967, p. 361 et suiv.

五

啓蒙時代における経済思想の思想内容と方法的特徴の解明に焦点をしぼり以上のような分析を行なってきた著者は、総括として、㈠一八世紀の経済思想は、経験主義的発想の故にその内容は豊富となり得たが、方法的には二つの大きな傾向すなわち形式主義への傾向と具体的帰納への傾向を綜合することができず結局普遍主義的かつ合理主義的理論にとどまらざるを得なかったこと、いいかえれば「理性と事実との永遠の闘争」（une lutte permanente de la Raison et des faits）の結果、現実の様々な要素の動的表現によって矛盾なき状態に達することは不可能であったこと（p. 221）、㈡しかしながら一人のフランスの「社会学者」（モンテスキュー）と一人のイギリスの「経済学者」（ジェームズ・スチュアート）だけは、幾分脇方にいたためか、複雑に変化する現実についてかなり深い洞察を示していたこと、すなわち、これら二人の思想家はデカルト流の因果論的・演繹的思考様式をある程度まで放棄して「準弁証法的」（quasi-dialectique）思考様式[1]を採り入れ、それによって複雑な現実を形式的に単純化したり個人を社会に従属させたりする弊を避けることができたこと（p. 223 et sviv.）を指摘したのち、一九世紀以降における経済分析方法の展開を考察するなかで、経済体制の有機的発展についての今後の新しい研究方法は、経済生長分析や国民所得分析の計量化的方法（成程それは「有機的全体」として経済環境を把握しているが）だけでは不十分であって、「マルクス主義的方法の改善」（l'amélioration de la méthode maxiste）にもとづく「生産諸力」（les forces productives）と「社会諸関係」[2]（les rapports socials）の新しい概念から出発しなければならない、という。ここにいう「社会諸関係」とは「取得の諸関係」（les rapports de l'appropriation）[3]と「交換の諸関係」（les rapports d'échange）のことで、著者によれば、「生産諸力」はこれら二つの諸関係の「作用」（opération）を通じてのみ動かされ、逆に「社会諸関係」もまたこの「生産諸力」の作用を通じて動かされる。そして、この運動は、従来の階級構造を変え、それを維持することを目的とした諸制度を不適合ならしめる、という。すなわち、旧い取得関係にもとづく従来の階級関係は交換関係の発展にもとづく新しい関係に席を譲り、その交換関係が勝利を占めると一つの新しい階級構造とそれを容認する一つの新しい形態をもった諸制度が勝利を占める、というのである。「従って、この過程において〔経済〕体制を動かすのは交換の諸関係であるが、それは、それらの諸関係が生産諸力の発展と生産諸力の取得の諸関係ならびに現存諸制度との適合性を条件づける限りにおいてである。逆に、経済体制を固定化させるのは取得の諸関係である」、と著者は言う（p. 238）。彼は、このようなシェーマから出発してはじめて、経済的環境と経済理論の同時的再解釈（「一般的・統一的経済理論」の確立）が可能であり、また、数量的展望と歴史的展望とがともに援けあうならば、過去および現在の現実的解釈のみならず将来のより深い予見もまた可能となるであろう、と信ずるのである（Cf. pp. 234-238）。

（1）著者によれば、この思考様式の源泉はライプニッツで、これら二人の思想家には幾分「ライプニッツ的方法」（la méthode leibnizienne）がみられる、という（pp. 223-224）。

（2）「剰余価値取得関係」または「搾取関係」と訳した方がよいかも知れない。

（3）著者は、「生産諸力」、「社会諸関係」、「取得の諸関係」および「交換の諸関係」をつぎのように規定している。「生産諸力、すなわち、人口、天然資源、資本量、技術的進歩の割合は、ある一定のリズムに従って発展する。環境の経済的評価によって生み出される社会諸関係は、生産諸力の発達段階を表わす。生産を結果としてもつこれらの諸関係は、取得の諸関係と交換の諸関係である。取得の諸関係は、当然獲得物の保持に努め、従って現機構の維持に努める。これに対して交換の諸関係は、新しい価値を獲得することを目的として諸価値の移転

を目ざす。」(p. 238)

六

以上、約二四〇頁にわたり詳細に展開された著者の叙述を簡潔と忠実を期して要約し紹介してきたのであるが、最後にこれらの分析と主張に対する筆者のコメントを記しておきたい。

㈠ 問題意識および前提的立論について

本書の狙いは、一八世紀後半における「経済科学の構築」の過程を「経済的環境」と「諸理念の動き」との関連において追究しようとするものであり、問題内容に即していえば、前者については「〈発展〉と生産力の問題」ならびに「社会的生産物の分配の問題」が、さらに後者については「〈進歩〉の哲学的観念」が考えられている。また本書の全体の主張は、啓蒙時代における思想家達は経済現象を可能な限りリアルに把握しようと努力したにもかかわらず、わずかにモンテスキューとジェームズ・スチュアートを除いて、普遍主義的もしくは合理主義的思考方法のために、その理論を相対化させあるいは動態化させることができなかった、というのである。これらの問題意識および立論は正鵠を得ており、とくに「生産」と「分配」の二つの視点から啓蒙時代の経済理論を分析裁断しようとする試みは、本書の卓抜さを示している。確かに一八世紀後半のイギリスおよびフランスにおいては、それぞれマニュファクチュアおよび農業を中心として生産力の著しい上昇がみられ、それにともなって、とくにフランスにおいては封建的絶対主義の圧力もあって、「不平等」の問題が鋭く意識されるにいたった。そしてある者は、「生産」の問題に力点をおき、「生産力」の向上のためには現実の「不平等」(およびそれを生む現存諸制度)もやむを得ぬものとして肯定し、むしろこれを積極的に利用しようとさえした。これに対して他の者は、「分配」――「不平等」の問題に力点をおいて現存諸制度を鋭く批判し、これを解決するための理想社会《ユートピア》を構想したのである。しかし前者のなかにも、ケネーやチュルゴーのように大局的には現体制の枠内に立っていたにしても、鋭い危機意識のもとに経済的・政治的に多くの実際的改革を要求した者もいたし、また後者のなかにも、ルソーやランゲのように厳しい現実批判を行ないながらも殆ど理念の領域にとどまり、何らの実際的改革のプランも提出せず、結局現体制のもとで激しい自己矛盾と自己疎外に陥った者もいたのである。従って著者は、単に彼らの理論の分析にとどまらず、さらに政策的主張との関連において個々の思想家達の陥った自己矛盾や自己疎外の構造すなわちイデオロギーとしての思想の立体構造を解明すべきであったと言えよう。また、一八世紀の思想家達が共通にもっていたという「〈進歩〉の哲学的観念」や「自然法」の理念についても、その系譜学的追究はかなり克明に行なわれているが、その観念や理念の個々の思想家における内容や意味についての分析は必ずしも十分であるとは言えない。さらにまた、アザールが指摘するように、すでに一六八〇年頃からヨーロッパ人の意識のなかに「静から動へ」(De la stabilité au mouvement) の著しい変動の「危機」(la crise)[1] があったとすれば、一八世紀の静態的宇宙論や経済論はその「危機」との関連でどう解釈し位置づけられるべきであったであろうか。著者自身の分析感覚が一層深まる必要があるように思われる。

(二) 分析内容について

著者は第一部では、いわば経済学成立の思想的基盤としてまずイギリスおよびフランスにおける「科学的経験論」、「感覚論的心理学」、「哲学的・道徳的ならびに政治的調和論」そしてさらに「経済的調和論」の系譜をたどったのち、生産論と進歩の理念との関係の問題を中心に据えて「静態均衡論的交換論」と「動態的交換論」を分析し、第二部では、分配論と進歩の理念との関係の問題を中心として、エコノミスト達については社会階級論、流通論、剰余価値論、賃銀論、利子論等を、またモラリスト達については社会道徳論と経済論との関係を分析解明している。著者の関心は広く示唆に富む指摘も少なくないが、その叙述は、概して平板で説明的であって、理論的ではない。一般にフランスの思想史研究者は、事実による実証への関心はきわめて強いが理論への関心はきわめて弱い。それは先に指摘したような思想の構造的分析と歴史的位置づけに対する関心の薄さによるのであり、とりわけ明確な方法論の欠如によるものと思われる。がそれはともかく、著者の分析内容に関していえば、(1)フランスのエコノミスト達における客観的価値論すなわちペティ――カンティロンの労働価値論＝土地価値論の流れとコンディヤック――チュルゴーの主観的効用価値論の二つの流れの混在は何を意味するか、(2)貨幣論における貨幣＝交換手段論(ボワギユベール、ケネーら)ないし貨幣＝商品＝価値尺度論(モンテスキュー)から貨幣＝資本＝価値増殖手段論(チュルゴー)への移行は歴史的にどう解釈さるべきか、(3)モラリスト達の経済論は、唯物論や共産主義論あるいはその他の鋭い現実批判から出発しながらなぜユートピアに陥ったのか、といった問題には十分な解明が与えられていないし、ディドロの経済論例えば分散マニュファクチュール論の評価に関しては一言も触れられていない。これらはいずれも一八世紀後半のフランス資本主義の現状との関連で解明さるべき重要な問題であって、われわれとしても十分検討しなければならないであろう。

㈢ 分析方法について

著者は、「経済的環境」と「諸理念の動き」との関連で一八世紀経済思想の特徴と時代的限界を明らかにしようとしているが、実際には後者との関連がきわめて強く意識されていて、前者との関連での分析が弱い。事実、「経済的環境」の概念は曖昧であり、環境と理念と思想三者の関係は具体的に明らかにされていない。確かに、「環境」と「思想」との相互規定関係はどのようなものであるのか、この両者の関係において「理念」はどんな役割を果すのかといった問題は容易に答え得ない困難な問題であるが、著者は「思想」を「環境」の直接的反映とのみ捉えるにとどまっているようにみえる。また、歴史の運動の解明の方法についても、マルクス主義の方法は「〈ブルジョワ〉経済の叙述方法」(la méthode de la description de l'économie《bourgeoise》)としてのみ有効であって、「一つの〔有機的〕全体から他の全体への、一つの経済体制から他の経済体制への移行(évolution)」の解釈には有効でないとして(p. 236)、「一般的・統一的経済理論」の確立を提唱するのであるが、これは先にみたように、その内容は依然として不明確であり弁証法的理論には程遠く、単にマルクス主義的方法の修正と計量経済学的方法の折衷的導入に終っているようにみえる。しかし、今日の高度資本主義国において国家独占資本主義経済体制から社会主義経済体制への「移行」の理論が真剣に求められていることもまた事実であり、われわれもまた歴史的課題としてのこの要請に応える義務を負わされていることを無視することは許されないであろう。

(1) Cf. Paul Hazard, *La Crise de la conscience européenne (1680-1715)*. Paris, Boivin, 1935, 1ère partie, Chap. I.

三 Franco Venturi: *Utopia and Reform in the Enlightenment.* London, Cambridge University Press, 1971, 160pp.(1)

一

本書を紹介・批評するにあたってはまずお断りしておきたいことは、きわめて豊かな語学力（ラテン語、ロシア語、ポーランド語を含めほとんど全ヨーロッパの言語におよぶ）と巨視的で、きわめて博い学識に裏づけられた著者の学問的成果である本書を、果たしてどこまで真に理解し得たかということである。筆者なりの努力をしたとはいえ、乏しい知識と語学力の故に理解のゆきとどかなかった箇所も少なくないと思われるが、それはすべて筆者の責任であることを明記しておきたい。

さて本書は、現在トリノ大学近代史教授であるフランコ・ヴェントゥーリ(2)が、一九六九年にケンブリッジに招かれて行なったGeorge Macaulay Trevelyan Lectures を収録したもので、「序論」(Introduction) の他に、I「一七・八世紀における君主政体と共和政体」(Kings and republics in the seventeenth and eighteenth centuries)、II「イギリス共和主義者たち」(English commonwealthmen)、III「モンテスキューから大革命まで」(From Montesquieu to the revolution)、IV「刑罰権」(The right to punish)、V「啓蒙主義の歴史的・地理的様相」(The chronology and geography of the Enlightenment) の五つの論文から成り、最後に、本書で言及もしくは引用された論文および著書の広汎なビブリオグラフィが附されている。

この書評では、まず序論を含め各論文の論旨および論点をできる限り正確・簡潔に要約し、そのあとで筆者の評言を述べることにしたい。

（1）このイタリア語版が前年に出されている。内容の構成は同じであるが、ビブリオグラフィがない。Franco Venturi, utopia e riforma nell'illuminismo. Giulio Einaudi editore s. p. a., Torino Secunda editore (Piccola Biblioteca Einaudi), 1970, 166 pp.
なお、今井義夫「ヴェントゥーリ教授における『理性』と『改革』」(『ロシア史研究』、第二三号、一九七四年）なる論文があるようであるが、残念ながら、筆者未見。

（2）フランコ・ヴェントゥーリは、芸術批評家レオネッリ・ヴェントゥーリ（Leonelli Venturi）の息子。一九一四年五月ローマで生れ、パリに学んだのち、モスクワのイタリア大使館員となり、その後、ジェノヴァ大学およびカリアリ大学（サルデーニャ）の近代史教授となった。現在は、トリノ大学近代史教授。彼は、イタリアおよびフランスの啓蒙思想に関する多くの論文や著書を出している（Cf. Bibliography, pp. 153～154）が、彼の関心は、東欧、ロシアを含めて、広くヨーロッパ全域におよんでいる。一九五二年に出された大著 *Il Populismo Russo* (Eng. transl., *Roots of Revolution*, 1960) は、モスクワのイタリア大使館員時代の研究が基礎になっている、といわれる（*Roots of Revolution* における著者紹介による）。

二

「序論」これは、従来の啓蒙主義研究に対して方法論的再検討を加えるとともに、「〈観念的理念としての〉ユートピアと〈現実的実践としての〉改革との間の困難ではあるが実り豊かな均衡という点に関して、偉大な啓蒙主義時代の中心的諸問題の少なくともいくつかに触れる」（p.1―本書からの引用もしくは該当頁数、以下同じ）ための自らの方法を明らかにしようとするものである。

ヴェントゥーリはまず、カントからカッシーラーを含め今日にいたるまでの啓蒙主義研究者達のの理解が、「ドイツ啓蒙主義の哲学的解釈」（the philosophical interpretation of the German Aufklärung）に支配されてきたため、政治や経済の問題を欠落させたり、一八世紀のナマの現実のなかで作用した諸理念をその起源となった諸理念とすりかえたりしたことを指摘し、「明らかにわれわれのなすべきことは、諸理念をその起源にまで遡らせることではなく、一八世紀の歴史のなかでそれらの機能を検討することである」（pp.2～3）、という。彼によれば、事物や理念の起源を求める努力は、一八世紀末頃から始まった「原初（the Ur）に対するゲルマン的ノスタルジア」に由来するが、これは「現在を説明せんがための過去への飛躍」であり、それはやがてクローチェ流の「歴史と哲学の融合」となり、「新しい、歴史的に重要で実り豊かなものをではなく、（傍点イタリック）、自然法とか道徳哲学とか不滅とかいった過去の基本的理念と本質的に一致するものを」（pp.3～4）見出そうとする誤った結果に陥ったのである。ヴェントゥーリは、このような「遡及的歴史」（retrospective history）の好例として、カール・ベッカーやピーター・ゲイの業績[1]に触れ、特に後者には、「ドイツ啓蒙主義の伝統の魔術的回帰」や「ゲルマン的人間観」あるいはドイツの大学で培われた「ギリシア・ローマへの熱情」がいかに絶ちがたく見出されるかを示す（pp. 4～5)。

ついでヴェントゥーリは、古典古代のヒューマニスト的伝統の今日における継承の意味如何の問題に関連させて、ドイツ啓蒙主義の標語であったホラチウスの『書簡集』(Epistolae) のなかの言葉 'Sapere aude' の意味するところを、[2] グロチウス、ガッサンディからフォン・マントイフェル、コナルスキー、シャフツベリ、カント、フォン・モーゼルにいたるまでの、すなわち、「一七世紀の合理主義および自由思想から、また、一七二〇年代および三〇年代のヨーロッパにおけるフリーメイスンの普及の開始から、一八世紀後半のポーランドおよびオーストリアにおける啓蒙君主の仕事にいたるまでの」、「カントのような哲学者の省察から一八世紀末の政治的情熱の爆発にいたるまでの」(p.9) 論理をたどり、結局 Sapere aude なるモットーは哲学者たちの夢や啓蒙主義者たちの慰めであり、また危険な思想を隠すための仮面にすぎなかったのであって、従ってそれは、「啓蒙主義のヨリ深い論理」を理解する助けとはならない、という。そこでヴェントゥーリは、従来の思想史家たちの研究方法について検討するが、それに先立ち、いわゆる「社会史」(social history) の方法について、次のように述べている。「この方法は、思想からではなく社会から、個人からではなく集団から、思想の諸要因からではなく思想環境から出発する。それは、社会学および経済史の方法を利用する。このようにしてそれは、シェーマや表や図を作成することによって啓蒙主義を理解しようとし、一八世紀の全般的発展のうちに、啓蒙主義の隠された真の意味を探り出そうとする」(p.9)、「当然、啓蒙主義のこの社会史は、マルクス主義的性格を帯びる。しかしそれは、啓蒙主義の内容や起源や発展を理解しようとしない。もしそれらを理解すれば、その理解は、マルクス主義それ自体を説明するためにも、あるいはもっと一般的にわが現代の最近二世紀における経済的・政治的ならびに社会的諸思想の発生を説明するためにも、役立つであろう。これに反して、その方法は逆の操作を試みる。すなわち、マルクス、エンゲルスおよびその学派の著作と思想に照らして啓蒙主義を説明しようとするのだ」(p.10)、と。かくしてヴェントゥーリは、「啓蒙主義の全体的解釈」を主張し、「啓蒙主義の思想家たちはブルジョワ・イデオロギー発展の一段階を表わしている」と確信するマルクス主義的社会史的方法は、「一八世紀のヨリ深い理解の妨げの一つ」であって、「この仮説は放棄されなければならない」、という（p. 10～11）。彼は、マルクス主義的方法の価値を認めないわけではないが、[3] 彼にとっては、それは『唯一の方法」ではなく、多くの歴史家たちの方法から、ケインズのそれすらから、学び比較しなければならない、というのである（p. 10）。

では、何をなすべきだというのか。ヴェントゥーリは、「反抗心と確信、希望と絶望の諸要因を比較することによって一八世紀におけるヨーロッパ啓蒙主義の内的リズムと発展の新しきよき解釈」（p. 10）を行なわなければならない、という。そして彼は、啓蒙主義が封建的・貴族的・中世的世界の残滓との闘争の武器となったことは事実であるにしても、常にどこにおいてもそうであったわけではなく、いつ、いかにして、どの程度までそうであったかを確認する必要があり、従って「ブルジョワ勢力と啓蒙主義運動との関係」を「自明な」「歴史的前提」としてはならない、と警告する（p. 11）。このあと彼は、リュシアン・ゴルドマンのマルクス主義的啓蒙主義解釈の「不条理」とジャック・プルーストの「社会的解釈」の「限界」とを示したのち（pp. 11～13）、啓蒙主義のヨリ有効な社会史的研究とは、「思想と事実」との一定の枠内での密接な関連[4]を明らかにし、科学的・技術的諸発見の浸透過程や特定の場所あるいは階層内でのそれらの機能を明らかにする研究のことである（p. 16）、と自らの見解を述べる。そして最後に、このトレヴェリアン・レクチャー全体の目的は、「啓蒙主義の発展に対する共和主義的伝統の影響《インパクト》の問題」が中心的関心事であり、「刑罰権」という観点から「ユートピアと改革の問題」の核心に迫ること、そして、「啓蒙主義の政治史」に問題を収斂させて、「一八世紀ヨーロッパにおける啓蒙主義発展の地理的分布とリズム」を明らかにすることである、と述べている（p. 17）。

（1）Carl Becker, *The Heavenly City of the Eighteenth Century Philosophers.* New Haven, 1932; Peter Gay, *The Enlightenment: An Interpretation.* N. Y., 1967～69. カール・ベッカーの解釈は、「アメリカの保守主義と文化の歴史における重要な一挿話」である、とヴェントゥーリはいう（p. 4）。

（2）ヴェントゥーリは、'Ayez le courage d'être vertueux' というダシエの訳を推賞している（p. 7）。因みに、カントにおいては、「汝自身の悟性を使用する勇気をもて！」といいかえて、用いられている（豊川訳『啓蒙とは何ぞや其他』昭和二三年、創元社、三頁）。田中・落合編著『ギリシア・ラテン引用辞典』（岩波書店、一九七七年増補版）では、「敢て賢かれ」、「賢者たるに憚るなかれ」となっている（六八八頁）。

（3）ヴェントゥーリは、マルクス主義の方法は、「歴史全体や社会像を、その内的論理やそれ自身の存在を支配する法則を表わしうる全体構造として創造しようとする主張」においては重要であるが、「歴史的判断を歴史哲学に変えることによってそれをゆがめる危険」を常にもっている、という（p. 16）。

（4）彼によれば、思想の「積極的創造の動機」、「思想それ自体が芽ばえ育つ土壌」が研究されなければならない（p. 14）。

三

「一七・八世紀における君主政体と共和政体」　この論文は、ヨーロッパにおける共和主義的伝統の一八世紀政治思想形成における役割の重要性について明らかにしようとするものである。その目的は、著者によれば、一八世紀におけるアテネやローマの古典的共和主義の伝統の強さや重要性を測定することではなく、一八世紀の共和主義思想が当時の諸共和国の「直接的経験」にいかに由来しているかを知ることである。ヴェントゥーリは、一八世紀ヨーロッパにおいて、特にフランスにおいて、古典古代的型態の共和主義思想が重要な役割を演じたことは[1]十分に認めるが、しかし、一八世紀全体をみるならば、イギリス、スイス、オランダ、イタリア、ポーランド等の諸経験が多くの力と影響を与えている[2]、というのである。

そこでこの論文では、⑴オランダ共和国とイタリア諸共和国の実態およびその存続の理由が、ついで、⑵モンテスキューと近代共和政の関係が分析されるが、それに先立って著者は、一七・八世紀共和政国家の社会構造に共通な特徴として「外面的で［諸権力］分立的な」（external and separate）性格を挙げるとともに、まさにこの「外面的構造」（external structures）の存続が、共和政をして君主政に代わる一政治型態を保持することを可能ならしめ、政治的・軍事的側面のみならず思想面においても君主政に最終的勝利を許さなかったことを指摘する（pp. 21〜22）。しかし、この「外面的構造」なるものの実態とその効果についての説明は、明確ではない[3]。

ところで著者は、⑴については、オランダ共和国（連合ネーデルラント共和国）が、イギリスおよびフランスの度重なる熾烈な攻撃にも屈せず、少なくとも一七四八年まではその共和主義的伝統を守り得たのは、オランダ共和国の「特殊的性格」、すなわち、絶対君主に陥ることは決して許されなかった「都督」（stadtholder）制度、信仰と出版の自由の断固たる擁護、「国家理性」(raison d'état)の理念と重商主義の拒否等にもとづく「自由な統治方式」(free government)によるものであったこと、また、ジェノヴァ共和国が、フランス、オーストリアなど周辺諸国の攻撃や策略に耐えて存続し得たのは、あくまで独裁化を避けた共和政体の故であったこと、さらに、ヴェネツィア共和国存続の理由は、その中立政策のお蔭であったことを、ペテル・コルネリス・ドゥ・ラ・クール、ジョヴァンニ・アンサルディ、ジョヴァンニ・パオロ・マラーナ、スキピオーネ・マッフェイ、アンドレア・トゥロン、マルコ・ファスカリーニらの著作や証言を通して明らかにする(pp. 23〜26)。また、一八世紀中葉の「共和主義的自治都市的伝統の最後の偉大な光芒」における共和政存続のための必死の努力に関連して、一七四〇年代の末にピサ大学で行なわれた共和政問題に関する議論に触れ、そこでは、共和政存続のための条件としてはなによりも中立・非同盟・平和国家たるべきことが強調され、そしてこれが、共和政国家自らの政策のみならず絶対主義国家評価の基準とされるにいたった、と述べている(pp. 41〜42)。

さらに、ヴェントゥーリによれば、一八世紀中葉以降のヨーロッパ諸国は、共和政国家も絶対主義国家もいずれも疲弊極度に達して自国の改革や再編を迫られ、共和政国家においては辛うじてその力の回復と維持に成功したが、絶対主義国家とりわけオーストリアやフランスにおいては、高まりつつあった不満や批判を前にして、多少とも共和主義的要求をとり入れた「啓蒙専制国家」(enlightened despotism)となることによって、その危機を切り抜けなければならなかったのであって、かくしてここに、近代共和政の絶対主義国家に対する一定の影響を見出すことができる、というのである(pp. 42〜43)。

最後に、上記(2)の点については、ヴェントゥーリは、モンテスキューの『法の精神』には、共和政国家の適正規模の問題、連合共和政の問題、共和政の精神および原理の問題、共和政の陥りがちな危険の問題等々、当時の共和政に関するすべての議論の反映をみることができることを指摘したのち、「徳性」(vertu)[4]を原理とする彼の共和政理念は、確かに古代共和政を想起させるが、しかし些細に検討するとき、彼が直接普通選挙による民主政よりもむしろ理想としたところの「貴族的共和政」(républiques des notables)(それは、人民の代表選出能力を前提としながらもなおかつ「顧問府または元老院によって指導される」)は、明らかに当時の共和政諸国が模範としたところのものであったこと、そしてまた、モンテスキューの真の偉大さは、生気に溢れた「権力機関」(the constituted bodies)の重要性を強調し、内部諸勢力均衡の崩壊によって生じた共和政諸国の現実の危機は、結局、ある種の妥協によってしか、すなわち、権力機関が「中間的媒体」(intermédiaires)となるフランス型の君主政(5)か、あるいは、三権の分立と均衡によるイギリス型の君主政のいずれかによってしか解決できないと考えたその「歴史的批判」のうちにあること、を述べている(pp.43〜46)。

(1) 著者は、モンテスキューからルソーにいたるフィロゾーフたちの共和主義思想も、ヨーロッパにおける近代共和政の経験のなかに深く根ざしてはいたが、しかしこれらの地域的経験も所詮彼ら自身のものではなく、従って彼らは、結局、古代のなかに力を求め、かくして、ヨーロッパの共和主義的伝統のなかに古代を復活させるにいたった、という(p.19)。

(2) 著者はまた、近代国家の形成と成長は、君主政の勝利という観点からよりも、中世とルネサンスに起源をもつヨーロッパ近代共和政の頑固なまでの存続という観点からの方がよく理解できる、と考えている(p.21)。

(3) external and separate という語を、ここでは、「外面的で[諸権力]分立的な」と訳したが、果たして適切であろうか。強いていいかえれば、「それぞれの権力が形式的で独立した」といった意味ではなかろうかと思われる。

(4) ヴェントゥーリは、この「徳性」を、「道徳それ自体であり、ムルス(mœurs)であり、自らの法を制定し施行する能力」といっている(p.44)が、けだし、それは妥当な解釈であろう。

(5) モンテスキューは、「中間的で付属的で従属的な権力」(les pouvoirs intermédiaires, subordonnés et dépendants)が君主政の本性を形成し、貴族を主体とした統治が、君主政体における「最も自然的な」統治である、という。Cf. Montesquieu, *De l'esprit des lois*, 1748, liv. II, chap. IV.

四

「イギリス共和主義者たち」 本論文は、一六八五年から一七一五年にいたるイギリスの啓蒙主義生成期における共和主義的伝統の意味を検討しようとするものである。ヴェントゥーリによれば、一八世紀の中葉には、モンテスキューの結論どおり、ヨーロッパ大陸においては、共和政諸国と君主政諸国との間に「保守的均衡」(a conservative equilibrium)が実現し、イギリスにおいても、国内諸勢力の間に同様のヨリ安定した「妥協」が成立したが、しかしこの妥協は、決して急速かつ平易に行なわれたのではなく、一六六〇年以降も共和主義的思想は醗酵を続け、ウォルポールの安定期においてすら、「民主政治と〔共和主義的〕徳性」に対する願望が依然として残っていたのであって、従ってこの時期に、共和政時代の諸思想や、かつてのレヴェラーズや「古典的共和主義者たち」の思想がどうなったかを知ることは、少なくとも啓蒙主義の歴史上、「重要かつ重大」である、というのである（pp. 47～50）。

そこでヴェントゥーリは、「政治と宗教の第一原理に関する議論」が広汎に行なわれた一六九〇年代に輩出し、「共和主義的伝統と急進的宗教思想とを結合」しようとする努力を行なったロバート・モウルスワース、ジョン・トランド、ウォルター・モイル、シャフツベリ、アンソニー・ティンダールといった思想家たち[1]の思想動向を分析する。まず、彼らのなかで「最も重要で特徴のある」トランドについては、彼の宗教史に関するすばらしい洞察とイギリスの共和主義的伝統再現の積極的熱意を、そして、モウルスワースについては、専制政治に対するはげしい憎しみ、自由に対する熱烈な崇拝、すなわち、哲学と教育と反特権闘争を強調する啓蒙主義的かつ共和主義的政治思想を、高く評価する。また、ヴェントゥーリは、モイルとトランドによる古代についての共和主義的解釈の復活やイタリアルネサンスの市民的ヒューマニズムへの復帰を、さらに、トランドの「理神論」（deism）における共和主義的伝統と急進的宗教思想の結合、すなわち「ピュアリタン革命に現われた民主的意思」の「哲学的・宗教的レヴェル」への高揚を、それぞれの著作を通して明らかにし、特にトランドの思想のうちには、イギリス啓蒙主義の「最初の精神」がすでに濃厚にみられる、という（pp. 53～58）。

ところで、スペイン王位継承戦争におけるルイ一四世の拡張主義政策を契機として、イギリスにおいても強力な君主政の必要が叫ばれるようになり、理神論はともかく、共和主義思想は「異端」とみなされるようになった。トランドは、こうした政治的議論の高まりのなかで公然と共和主義的感情を示したが、結局、一六八九年の革命を受け容れざるを得ないことも認めた。しかし、それは、ウィリアム三世の君主政が共和主義の基本原理のいくつかに合致することを認めたが故であった。彼は、民主政を提唱したわけではなかった。民主政は無政府状態《アナーキー》に陥る危険が常にあり、「共和政の最悪の型態」と考えていたからである。彼にとって最も重要であったのは、専制政治に対する断固たる反対であった。かくして共和政は、過去の歴史的諸型態から切り離されて、一八世紀初頭のイギリス王政の理想となり、さらには、イギリスとヨーロッパ大陸双方における「自由への誘因」となり、「啓蒙主義的ユートピアの種子」となった。しかし、この共和主義的理想と現実の君主政とをどの点で妥協させるかは、依然として最も困難な問題として残された。実際、トランドやシャフツベリは、その後も、「強力で自由な社会、専制的でなくしかも効率的な国家」、「共和政に匹敵する君主政」を求めて闘ったが、(2) ついにその夢は実現しなかった。けれども、イギリスの共和主義的伝統と君主政に対する反発とによって培われた「自由に対する断固たる願望」は残り、この時にイギリスで成熟した諸思想は、理神論や汎神論あるいはフリーメイスンの思想を通じて、大陸諸国へと浸透していったのである(pp. 61〜67)。

かくしてヴェントゥーリは、世紀の転換期にイギリスで形成された諸思想のヨーロッパ大陸への浸透を概観したのち、「共和主義的伝統から啓蒙主義の誕生にいたる過渡期」における「政治闘争と自由思想の誕生との緊密な結合」および「イギリスと大陸との間に樹立されつつあった絆」を指摘し、「共和主義的伝統という観点からみるときわれわれが注目しなければならないのは、ヴェネツィアの寡頭政治的厳格さではなく、共和主義者や理神論者や自由思想家たちがオランダ、ドイツ、フランスおよびイタリアで展開した苛烈な闘争である。共和主義的遺産の最も生気ある部分は、貴族的要素ではなく、自由主義的要素であった」と、結論する(pp. 67〜69)。

(1) ヴェントゥーリは、これらの思想家たちは、いささかの誇張もなく、「時代の問題と真剣に取り組んだ啓蒙的知識人および哲学者の最初のグループ」と呼び得る、という(p. 53)。また、このグループの政治思想を、民主的とか貴族的とかいう傾向で区別することは誤りで、彼らは皆、新しい問題に直面しながらイギリスおよび大陸のすべての共和主義的伝統を示し、それらを徐々に政治的自由の新しいヴィジョンへと変えようとした点では同じであって、この点に注目しなければいけない、という(ibid.)。

(2) オランダでは、ピエール・ベールが、「伝統的な都市的・自治体的および共和主義的諸型態よりも秀れていると考える一層近代的なフランス国家」の実現に対する確信を表明していたし、「寛容の思想」をフランスおよび大陸諸国の文化と政治の基礎にしようと努力していた(p. 64)。

五

「モンテスキューから大革命まで」一八世紀の中葉になると、

かつての共和政は、絶対主義（絶対君主政）に比して、ぎりぎりの重要性しかもたなくなり、歴史の舞台からまさに消え去ろうとしていた。以前繁栄を誇っていた商業と手工業生産が衰退し始めるや、共和政の政治的重要性も減退したのである。また、たとえ共和政が存続したとしても、それは、ヨーロッパの政治的・経済的・軍事的中心地からますます遠く離れたところでしか存続し得なくなっていた。あるいはヴェネツィアのように、もはや記憶と伝統のなかで自らの存続と不滅を確信するだけであった。思想的にもまた、共和主義思想はもはや政治面への影響力を失い、ますます啓蒙主義的色彩をおびつつあった絶対主義の思想と実際面にとって代わるだけのものを提供しなかった。それは、当時支配力を増しつつあった自然法の体系と政治面でも理論面でも覇を競い得るようには見えなかった。しかし共和主義思想は、現実面の闘争の場ではなく道徳と慣習の領域においては、依然として重きをなしていた。それは、君主政国家の充し得なかった「独立と徳性への断固たる願望」をなおもよびさますことができた。また、共和主義的友情、共和主義的義務感、共和主義的衿持といったものは、世の中が変ってもなお存続していた。このように、一八世紀中葉における共和主義的伝統の影響力は、政治面にではなく、倫理的側面においてみられたのである。ヴェントゥーリは、この論文で、共和主義的伝統が一八世紀の啓蒙主義的著作家たちに訴えたその「倫理的側面」を、明らかにしようとする（pp 70〜71）。

ヴェントゥーリによれば、共和主義的倫理移入の最大の貢献者は、シャフツベリである。彼は、トランド、トレンチャード、モウルスワースらの思想を哲学的領域にまで高め、従来のあらゆる型態の啓示宗教と宗教的熱狂（狂信）に反対して、理神論と世俗社会的倫理とを対置した。彼は、コスモポリタン的で自由と固く結びついた新しいパトリオティズムを提唱し、このパトリオティズムをもって、あらゆる絶対権力を批判した。彼はまた、個人と共同体の完全直接の一致という新しいヒロイズム（そこでは英雄主義と博愛主義が同一のものとみなされている）の思想を生み出した（pp. 71〜73）。ディドロは、このようなシャフツベリを「再発見」したのであり、一七四五－五四年のフランスでは、ディドロ、ダルジャンソン、ルソー、ブレール、ヴォルテールといったフィロゾーフたちのうちに「共和主義の醗酵」がみられるのである（p. 73）。

そこで、ヴェントゥーリは、フィロゾーフたちと共和主義的伝統との関係[1]を明らかにするため、これらの思想家たちの思想を分析し、自由と共和主義の前進に対する確信（ダルジャンソン）、新しい契約を誰とでも好きなように結ぶ権利と十全の自由（ディドロ）、「共和主義的熱情」と「賢明に和らげられた民主政体」（ルソー）、自由は抑圧の真只中から生れるであろうという確信（デレール）、人間の真の自然の生活としての自由と平等（ヴォルテール）などの考えを指摘するとともに（pp.73～88）、彼らが範としまたそこから教訓を引き出したジュネーブ共和国、コルシカ、ポーランドおよびオランダにおける当時の動向について述べる。

ヴェントゥーリによれば、ジュネーヴ共和国は、(1)同共和国の国際的地位からして、外国の干渉は特に慎重であったこと、(2)王政化による国内紛争解決の誘惑は殆ど存在しなかった[2]こと、(3)同時代の重要な思想家たちの目が一せいに注がれていたこと、(4)貴族とブルジョワジーと民衆の間の紛争の発生を防止し得る政治機構を見出すことに成功しなかったことの諸点において、「一八世紀後半における共和主義的現象の最も純粋で完全な経験の一つ」を表わしていた（p.84）。コルシカについては、ヴェントゥーリは、ジェノヴァの貴族とその支配に対する反対闘争のなかで培われた「平等主義」（それはやがてブォナロッチの「事実上の平等」という考えを生んだ）の重要性を強調し、ポーランドについては、専制主義に対するヨーロッパの全共和国の同盟というスタニスラス・レチンスキー（Stanislas Leszczynski）のユートピア的構想や伝統的共和主義思想と先進啓蒙主義国の思想との結合にもとづく自己存続と自己改革の必死の努力、あるいは、近隣諸国による強烈な外圧と度し難い内紛による自己改革の失敗を、さらにオランダについては、都督の権力と貴族の特権との間の矛盾の解決の失敗、フランス等外国諸勢力の干渉による国内政治勢力の独自的発展の阻害といった事実を示す[3]（pp.89～93）。そして、ヴェントゥーリは、こうした事態は、まさに未来を暗示するものとして、すなわち、フランス大革命を予告し準備するものとして、さらには、絶対主義時代の古いヨーロッパ共和政国家の歴史的根源を問い返させるものとして、理解されなければならない、というのである（p.93）。

（1）ヴェントゥーリは、この点について次のように述べている。「フィロゾーフたちと共和主義的伝統との関係は、違った側面において、すなわち、忘れられ、傷つけられ、そして再び取り戻された徳性という側面においてではなく、政治型態の側面において、啓蒙主義の政治思想と一八世紀の後半になお存続していた共和主義的諸制度との接触および対比という側面において、考察することができるし、実際また考察されなければならないことは明らかである。」(p. 93)。

(2) ジュネーヴ共和国では、一七〇七年に貴族と地域住民 (habitants) または土着人 (natifs) とよばれる民衆との間に紛争が始まり、一七三四年と六〇年代の初めに再発した。この紛争をめぐって、貴族による政治権力独占の問題が盛んに論じられたが、結局、一七六八年の妥協によって natifs が一定の譲歩をかちとり紛争は終息した。また、この内紛を機に近隣諸国は干渉を試みたが、共和国の存立を危くするまでにはいたらなかった (pp. 83~84)。

(3) ヴェントゥーリは、フランス革命以前の共和主義的革命の唯一の成功例はアメリカの独立革命であり、「アメリカ合衆国の憲法は、共和政の歴史に新時代を開き、これまで検討してきた一群の諸問題〔伝統的共和主義思想と新しい啓蒙思想との結合、古い共和政国家の自己存続と自己改革等の問題——筆者〕に終止符を打った」と、述べている (p. 94)。

六

「刑罰権」 一八世紀後半のヨーロッパでは、いたるところで、ユートピアと改革をめぐる議論が行なわれた。フランスでは、ディドロ、モレジ、ドン・デシャン、ロビネ、カラ、レチフ・ドゥ・ラ・ブルトンヌらにより、イタリアでは、ルフィノ、マッサ、フランチェスコ・ロンガーノらによって、共産主義思想や財産共有の思想が論じられた。しかも、それまではばらばらに孤立して論じられていたのが、一つの思想潮流となってヨーロッパのさまざまな啓蒙思想家のグループのなかに結晶化し、共産主義の思想は、いまや恒久的願望の一つとなったのである。従って、一八世紀における共産主義的理想の結晶化の過程を、すなわち、伝統的ユートピア思想が啓蒙主義の刺激を受けてどのように現実志向型の理想にまで高められたか、また、単なる個人の夢から共産主義的政治運動にまでどのように拡大されたか、その過程を明らかにすることは、明らかに興味があり重要な課題である (pp. 96~97)。しかし、著者にとって重要なのは、そのような一八世紀におけるユートピア思想の誕生と変容の問題ではなく、むしろ「政治思想史」の問題、すなわち、「社会的熱情の力」、「芽生えつつあるユートピア思想の力」と社会を変革し実際の変化をもたらそうとする「具体的決意」との間の関連、いいかえれば、理念としての「ユートピア」と具体的実践としての「改革」との間の関連を明らかにすることである。しかも、著者は、この問題を、「刑罰権」(the right to punish)

の問題に焦点をすえて考察する。なぜなら、彼は、この問題こそ、啓蒙思想の「両局面」に触れる問題であり、「原理に関する議論」と「具体的問題の考察」の双方を含む問題である、と考えるからである（p. 99）。かくして、著者は、啓蒙主義の理解にとって特に重要と考える「刑罰権」の問題の「両局面」（dual aspect）の一例として、チェーザレ・ベッカリーア（Cesare Beccaria）の『軽罪と刑罰』（*Dei delitti e delle pene.* Leghorn, 1764）をとりあげ、その刑罰思想を分析する。

さて、著者は、ベッカリーアのこの著作について、⑴それは、一七六〇年代初めのミラノにおけるフランス啓蒙思想とりわけルソーの影響のなかから生れたものであること、[1] ⑵ベッカリーアの思想の急進性は、明白かつ決定的に原罪等罪の宗教的観念を一切拒否したことにあったこと、⑶ベッカリーアの功利主義は、「理性と計算」（reason and calculation）にもとづいた社会を創り、過去のあらゆる偏見や障害と闘おうとする願望から生じたものであること、⑷ベッカリーアは、この功利主義を、自己の平等主義的・自由主義的心情と結合し、いわばエルヴェシウスとルソーを結合して、ユートピアではなく、自由で平等な人間の社会を創ろうとしたこと、すなわち、すべての社会の目標は「最大多数によって分かたれた最大幸福」であると考えたこと、[2] ⑸彼の社会的富に関する功利主義思想は、恐らくスコットランドの哲学者たちから獲得したものであることなどを、まず指摘する（pp. 101～102）。ついで著者は、ベッカリーアの死刑に代わる重労働の主張に触れ、それは犯罪抑制という技術的効果をめざすよりも、むしろ法に人間性を与え法を改善する必要に応えようとするものであったこと、そして、フランスの啓蒙思想家たちの心を最もとらえたものは、まさに、ベッカリーアにおけるこのような理念と改革の緊張であり結合であったことを明らかにし、この点に対するモルレ、ヴォルテール、ディドロらの反応（問題意識）と彼らの刑罰思想について述べる（pp. 105～111）（この詳細は省略する）。そして、最後に箸者は、正義は、人を殺さない、自然状態の闘争を続けない、そして人間社会の根底を破壊しないという純粋にして単純な願望から生れるというベッカリーアの中心思想が忘れられたとき、一方では、モーペルチュイやヴァスコのようなさまざまな功利主義的・打算的刑罰思想が生まれ、他方では、ランゲやマブリのような、真の問題は死刑か重労働かということではなく富者と貧者、抑圧者と被抑圧者とに分かれた社会であり、寛容や量刑のバランスではなく社会的不平等と社会的不正であるという共産主義的批判と、それの一転した現実へ妥協が生まれたことを示す（pp. 112〜116）(3)。

（1）当時のミラノには、半ば冗談に「拳（こぶし）学派」(Accademia dei Pugni) と呼ばれた青年たちの小グループがあり、そこでは盛んにルソーやヴォルテールが読まれた、という（p. 100）。

（2）にもかかわらず、ベッカリーアのこの思想は、フェルジナンド・ファッキネイ神父からは、「危険なユートピア」であるとみなされ、ベッカリーアは、「イタリア人のなかのルソー」('il Rousseau degli italiani') であり、「ソチアリスタ」('socialista') であると非難された（Cf. pp. 102〜104）。

（3）なお著者は、フランスでの改革の遅れは、部分的改革に対する不信、刑法問題の軽視、ベッカリーアの提唱するような改善は社会の完全かつ全面的な変革によってしか行ない得ないとする啓蒙思想家たちの確信にある程度までもとづいていた、という（p. 112）。

七

「啓蒙主義の歴史的・地理的位相」　本論文は、啓蒙主義時代のヨーロッパを「全体として」眺め、啓蒙主義の「リズム」と「広がり」を確定することを目的としたものである。ヴェントゥーリによれば、ヨーロッパ諸国のそれぞれにおいて、それぞれの情況に対応したさまざまな「地域的差異」があったにもかかわらず、これらの地域的差異に「共通したリズム」があった。すなわち、一八世紀においては、すべての社会が、穀価の騰貴と人口の増加という傾向とともに、初頭における伸張、三〇年代の急激な変動、五・六〇年代における最高の発展、そして最後の二五年間における大きな動揺を経験したのであり、これが、一八世紀の全般的社会的傾向であると同時にまた、啓蒙主義のたどった過程でもある、という（p. 118）。ところでヴェントゥーリは、まず三・四〇年代における全般的傾向を考察の対象とするが、それは次の理由による。すなわちそれは、「何か新しいものが生まれつつあった」時期であり、「初期啓蒙主義」(Frühaufklärung) から「啓蒙主義」(Aufklärnng) への過渡期であったからである。換言すれば、この時期のヨーロッパにおいては、諸国あるいは首都相互間の連絡や思想の交流が外見以上に強まり、人々の希望や期待が同一の方向に向けられたのであり、一八世紀初頭の「ヨーロッパ意識の危機」や一七世紀以来続いた諸論争もはやみられず、宗教的・道徳的問題は政治的・社会的問題に、法律的問題は経済的問題に、さらに、哲学体系や懐疑主義は実験と自然への新しい信仰に席を譲りつつあったのであって、まさに、「開明的ヨーロッパ」の出現がみられたのである（p. 120）。

さて、ヴェントゥーリは、パリについては、その「コスモポリタン的空気」と百科全書家たちを中心とした「新しい世代」による「新しい社会環境」の形成について述べるが、彼らの活動については、⑴彼らは、フォントネル、モンテスキュー、ヴォルテールらの世代とは異なり、国家やアカデミーに対する依存あるいは厳格な内部規律などは一切拒否した自由な哲学者の集団であったこと、[1] ⑵彼らにおいては、科学は単にそれとして受け取られたのではなく、常に近代文明の形成と勝利という歴史的展望において受け取られたのであり、政治や法律の問題は、たえずヨリ広い哲学や道徳の問題の一部として論じられたこと、⑶彼らの目的は、闘いの武器を提供することではなく、人々の思惟方法を変えることであったこと、⑷ディドロのパンフレット[2]は、やがて他の諸国にも受けつがれ高く評価される百科全書家的精神の精髄であったこと、を指摘する（pp. 121〜123）。ついで、ヴェントゥーリは、『百科全書』は、四・五〇年代の一般的・基本的傾向の一つであった政治および法律の問題から経済の問題への〔関心の〕移行を、どの程度援け促進したか」という問題を設定し、フォルボネ、プリュマール・ドゥ・ダングイユ、ビュテル・デュモンら一群の人々の経済的著述活動と彼らの提唱した交易の自由や租税の平等の影響力を高く評価し、さらに、ケネーやミラボーらによる反絶対主義的主張や「後期重商主義から重農主義への移行」の重要性について述べたのち、「パリからの経済思想の伝播は、一七五〇年代における『百科全書』に対する最初の反応のうちに認め得るある特殊なリズムの、さらにもう一つの別の例である」、という（pp. 123〜126）。

ヴェントゥーリによれば、「パリは他の諸国よりも一〇年進んでいた」（p. 126）のであるが、彼は、フランスについでドイツ、プロイセン、ポーランド、ロシア、イスパニア、イタリア、オーストリア等における「啓蒙主義時代」の到来について検討したのち、「アメリカのイギリス植民地から聖ペテルブルクの近衛連隊にまでおよんだ」「改革と思想の波濤[3]」（p. 129）について、大様、以下のように述べる。すなわち、フランスにおいては、「宗教の世界から理性の世界への人類の進化」というヴィジョンをかかげ、「理性にもとづくヨーロッパ」を創るべく自ら世界の主導者たらんとしたフィロゾーフたちの「ユートピア的・革命的主張」は、一七七四年、ついに「改革」の形をとって現われた。旧制度末期のフランスに「啓蒙的専制主義」をうちたてようとしたチュルゴーの試みがそれで、これこそ、当時のフランスにおいて可能な唯一の政策であった（pp. 130〜131）。また、イタリア、イスパニア、ポーランド、ロシア、ドイツ等においては、フランス啓蒙思想や重農主義の影響のもとに、知識人官僚たちによって上からの改革が試みられ、これらの諸国においては、「権力と哲学は相互に求め合い、情況に応じて、結びついたり離れたりした」（pp. 131〜132）。しかるに、イングランドだけは、事情が異なっていた。六・七〇年代のイングランドは、産業革命に向って進行していたが、そこには「啓蒙」思想家はみられず、何らの哲学者のグループも見出されなかった[4]。ギボンは孤立していたし、一七六四年頃生まれた急進主義も、大陸の哲学とはきわめて違った性格を示していた。ベンサム、プライス、ゴドウィン、ペインのような人々の出現をみるためには、八・九〇年代を待たねばならなかった。すなわち、［後進］スコットランドには啓蒙主義のあらゆる本質的要素が見られたにもかかわらず、「［先進］イングランドにおいてはリズムは異なっていた」のである[5]（pp. 132〜133）。さて、七・八〇年代には、ヨーロッパのいたるところで、改革とそれに対する反動の時代が始まる。例えば、フランスやオーストリアでは、チュルゴーとヨーゼフ二世の改革による経済的伸張とそれに続く政情不安や経済の激変が、また、トスカナでは、ピエトロ・レオポルドによる啓蒙主義的改革とその行きづまりがみられた。他方また、コルシカ、ロシア、アメリカ植民地といったヨーロッパの辺境地帯で反乱が起こり、大陸諸国では、力を回復した絶対主義的中央権力とさまざまな伝統的諸勢力とりわけ地方の自治的諸勢力との間に、あるいは、自由と独立の理想や新しい精神との間に、深刻な闘争が行なわれた。さらに、ナポリ、ロシア、スペイン、フランスでは、「ユートピアと改革との間の緊張」が増大した。そして、アメリカ独立戦争とネーデルラントにおける反乱とともに、革命の環はフランスをとり囲み、一七八九年には、激しい経済的危機に促されて、革命はついに啓蒙主義の本国に達したのである（pp. 135〜136）。

（1） ヴェントゥーリは、フランス啓蒙主義の若いインテリゲンチアたちのすぐれた「独立心」と「威信」と「有能さ」を強調する（p. 122）。

（2）ヴェントゥーリは、とくに *Essai sur la société des gens de lettres et des grands, sur la réputation, sur les méscènes et sur les récompences littéraires*, 1753 を挙げ、この著作は、当時のパリのインテリゲンチアとヨーロッパの他の文化的中心地のインテリゲンチアとの間の差異を計る「ものさし」であった、という（p. 122）。

（3）著者は、フランス啓蒙思想がヨーロッパ世界に広く浸透し、はげしい論争や実践的改革の多様な探求をもたらし得たのは、その抽象的性格、パリ自体における理念と改革の大きなギャップ、フィロゾーフたち自身における内部抗争の故であった、と考えている（p. 129）。

（4）啓蒙主義をブルジョワジーのイデオロギーだとするマルクス主義的解釈を問題とするには、この事実だけで十分である、という（p. 132）。

（5）それ故、ヴェントゥーリは、「真に一つの例外」であった啓蒙主義時代のイングランドの「政治構造」を、「いかなる思想的連関からも完全に切り離した形で」研究する必要がある、という（p. 133, p. 134）。因みに、ヴェントゥーリによれば、啓蒙主義は、後進世界と近代国家との接触が時間的にヨリ急激で地理的にヨリ緊密であったところで生まれ育てられたのであり、伝統的支配階級とのコントラストが、自己の役割と力を自覚した新しいインチリゲンチアを生んだのである（p. 133）。

八

以上は、各論文の要約である。本書は、要するに、一七・八世紀のヨーロッパにおける共和主義的伝統ないしは理念と啓蒙主義の発展との関連を、当時の政治的情況を背景として追究し、とくに「刑罰権」の問題に象徴的に現れた（と著者が考える）啓蒙主義におけるユートピア（理念）と改革の緊張関係を明らかにしようとしたもので、そこに挙げられた事例は、広くイベリア半島からロシアにまでおよんでいる。著者の豊かな知識とユニークな着眼は、確かに敬服に価するが、しかしその方法と理解には、いくつかの疑問が感じられないわけではない。以下、それらの点に集約して、筆者の評言を述べたい。

まず、方法に関してであるが、ヴェントゥーリの研究方法は、本書に示された限りでは、一定時期における思想の展開の全体像を、理念と現実改革との緊張関係に重点をおきつつ、政治史的観点から実証的に把握しようとするものであって、思想の内的性格や思想展開のモメントをすぐれて政治的な要因に求めた点では、マルクス主義的方法に積極的に自らの方法を対置したものであると言えよう。ヴェントゥーリは、マルクス主義的

「社会史」の方法については、例えば、マルクス主義的見方は「啓蒙主義をマルクス主義的ヴィジョンの一部であるとみたり、それ自身のシェーマを啓蒙主義の解釈に適用したりする傾向がある」（p.10）としていわばその教条主義的解釈を批判したり、「ブルジョワ勢力と啓蒙主義運動との関係」を否定して（p.11）、その階級中心的イデオロギー論を批判したりするが、この批判には、単なる誤りをこえたマルクス主義に対する彼の偏見がうかがわれる。が、それはともかく、彼の方法意識には、今や西ヨーロッパの伝統と化した歴史主義的方法意織が強く投映されているように思われる。

ところで、著者は、既にみたように、六・七〇年代のイングランドに「啓蒙」思想家やフイロゾーフの集団が見出されなかったことをもって、そしてその一事をもって、「啓蒙主義をブルジョワジーのイデオロギーとみるしばしば繰り返されたマルクス主義的解釈」（p.132）を全面的に否定するが、果たしてこれは正しいであろうか。なる程、ブルジョワ（市民）勢力ないしブルジョワ的（資本主義的）生産力が存在すれば、いつでもどこでも必ず啓蒙主義運動が起きるとは言えない。それは、言わずして明らかである。しかしながら、ヨーロッパの啓蒙主義運動が新興のブルジョワ的（市民的）インテリゲンチアによって推進され、封建的生産関係のなかで、それに対抗しつつ、ブルジョワ的（資本主義的）生産力を育成し解放するのにあずかって力があったこともまた、決して否定することはできない。啓蒙主義がブルジョワジー（新興市民勢力）のイデオロギーといわれる所以は、まさにその点に存するのである。また、著者は、一八世紀六・七〇年代のイングランドの思想情況を同年代の大陸諸国のそれと対比することによって、そこに思想の「リズム」の差異を認め、ことさらそれを強調するが、けだし、その差異は当然であろう。なぜなら、六・七〇年代のイングランドは、すでに産業革命が胎動しており、ヨーロッパ諸国のなかで経済的に最も進んでいたのであって、経済の不均等発展は当然に思想の不均等発展をもたらすであろうから。思想のリズムの差異は、著者のいうように「政治構造」の差異に、少なくともその差異のみに、由来するのではなく、根底的に経済構造の差異に由来するのである。従って、思想史の研究には、政治史的観点のみならず社会経済史的観点が不可欠の視点として要求されるのであるが、著者は、敢てこの観点を拒否するのである。

つぎに、ヴェントゥーリの啓蒙主義理解について、次の諸点を指摘したい。⑴ヴェントゥーリは、啓蒙思想家たちが用いた'Sapere aude' なるモットーは所詮彼らの夢や慰めであり、あるいはまた、失われた世界への歎きであり危険思想をおおい隠すための仮面にすぎなかったというが、それは果たして単にそれだけのものであったであろうか。チュルゴーやコンドルセの人類の《perfectibilité》(完成可能性)への信頼、ディドロやダランベールの《esprit d'examen》(検討の精神)、ヴォルテールのスローガン《Écrasons l'infâme》(破廉恥なもの[迷信・不寛容]をぶっつぶそう)は、まさにSapere audeを中核としていたが、それは決して単なる夢や慰めや仮面ではなく、思想と行動の原理そのものであったのである。なる程、理性主義は、一面では彼らの思想を普遍主義へと追いやったが、その内容や構造は決して一様ではなかった。問題は、Sapere audeがそれぞれの思想家においていかに機能し、いかなる帰結をもたらしたかである。ヴェントゥーリのいう「啓蒙主義のヨリ深い論理」の理解は、その追究から始める以外にはないであろう。⑵著者は、一八世紀ヨーロッパの啓蒙思想あるいは啓蒙主義的改革に対しては、全体としては、古代共和主義よりも中世以降の共和政諸国の諸経験の方がヨリ多くの教訓とインパクトを与えている、と述べている。確かに、それは事実であろう。しかし、モンテスキューやルソーは、道徳的原理として古代共和主義的「徳性」を強調すると同時にまた、制度的にはイギリス型の三権分立による立憲君主政あるいはジュネーヴ型の直接的民主政を現実改革の目標としたのであって、従って思想史の問題としては、彼らにおけるこの古い道徳的原理と新しい制度的原理との結合の意味と構造もまた問わるべきであろう。⑶このこととも関連するが、そもそも啓蒙主義における自由や民主主義の理念は、どこに由来し、何に発生の根源をもっていたのであろうか。著者の指摘するように、共和主義思想やそれの形を変えたさまざまな思想と密接な関連をもっていたことは事実であろうが、思想は単に思想の次元でのみひとり歩きはしないであろう。筆者は、それは、イギリスでは名誉革命以後の、フランスではロー体制崩壊後の絶対王政の急激な政治的・経済的構造変化そのものと深くかかわっていたと考えるのであるが、この点の追究もまた必要であろう。⑷本書の一つの中心課題は、啓蒙主義における理念と実践、「ユートピアと改革」の緊張関係の解明であり、著者はそれを、とりわけ「刑罰権」の問題をめぐる議論の分析を通じて行なう。そして彼は、この緊張関係を、

「理性ならびに計算」と「平等主義的・自由主義的衝動」との間のそれとして把握する（p. 101）。しかし、それは、「＜社会主義＞と功利主義」（p. 107）あるいは「ルソーとエルヴェシウス」（p. 108）の結合として説明されるのみで、その間の葛藤は明らかにされない。われわれの知りたいのは、この葛藤の具体的様相なのである。(5)最後に、啓蒙主義の時期区分[1]について一言しておきたい。ヴェントゥーリは、ヨーロッパにおける啓蒙主義発展の全般的傾向を一八世紀初頭における伸張、三・四〇年代における本格的啓蒙主義への移行、五・六〇年代における最高の発展、最後の二五年間における大きな動揺というように特徴づける。筆者も、この時期区分については、概ね賛成である。だが、一体啓蒙主義はいつ頃から始まったのであろうか。また、それは、アザールのいう一六八〇－一七一五年の「ヨーロッパ意識の危機」(la crise de la conscience européenne)[2]とどのように関係していたであろうか。著者は、この点については何も触れていないが、筆者は、イギリスではほぼその危機と同時平行的に、またフランスではルイ一四世没年の頃に始まったのではないか、そして、とりわけその「危機」による相対主義的思考の発展が大きな影響を与えたのではないか、と考えるのである。

以上、筆者の読後感ともいうべき評言を記したが、本書は、その方法と分析の深度に若干の問題があるとはいえ、視野の広さ、事例の豊かさ、あるいは問題追究の多角性においてきわめてすぐれており、ヨーロッパ啓蒙主義の研究者にとっては決して見過すことのできない一書である。

（1）Cf. „Zur Periodisierung der Aufklarung“（Vorbemerkung）in *Grundpostionen der französischen Aufklärung* (Neue Beiträge zur Literaturwissenschaft, Band). Berlin, Rüten und Loening, 1955.

（2）Cf. Paul Hazard, *La Crise de la conscience européenne* (1680～1715). Paris, Boivin, 1935. Nouv. éd. Paris, Fayard, 196.

あとがき

ここにきて、ささやかではあるがようやく一冊の著書を世に遺すことができることとなった。思えば長い道のりであったが、何よりもまず、「まえがき」に記した諸先生の学恩に感謝しなければならない。これらの諸先生のご指導とご薫陶がなかったならば、私の研究は一歩も進まなかったであろう。さらに、一九七五年一〇月から七七年九月にかけてのフランス国立人口問題研究所への留学中に同研究所のジャックリーヌ・エシュト夫人並びにアルフレッド・ソーヴィ教授から与えられた多大の便宜とご厚情に感謝しなければならない。お二人のご配慮のお陰で、フランス国立図書館、国立文書館、外務省図書館、ルーアン市立図書館等の貴重な文献・資料等を閲覧することができたばかりか、幸運にも少なからぬ学術奨励金を受けることができた。これまで色々な形で私の研究に刺激と示唆を与えてくれた先輩、同僚、友人たちに対して感謝しなければならない。さらに、抜刷等の原稿化の過程で大盛堂印刷所の板橋さんらには大変お世話になった。心からお礼を申し上げたい。最後に、これまでの研究生活を支えてくれた妻・禎子に感謝したい。

収録した論文等の初出の雑誌、年月は次のとおりである。

主論

一　原題：ルイXⅣ世治下における絶対主義批判と変革の試み
　　――ヴォーバン『王国十分の一税案』(Projet d'une Dixme royale, 1707) を中心として――
　『商学論集』(福島大学経済学会) 第三六巻第四号　一九六八 (昭和四三) 年三月

二　原題：フランス革命前夜における自治的行政機構確立の試み

――デュポン・ドゥ・ヌムール『自治体に関する覚書』(一七七五年)を中心として――
『商学論集』第四一巻第五号　一九七三(昭和四八)年八月

三　原題：フランス重農主義学説における歴史と理論(一)
――ケネーの経済学説について――
『千葉商大論叢』(千葉商科大学)第三号　一九六五(昭和四〇)年六月

四　原題：テュルゴーの経済理論の思想的構造
『商学論集』第三六巻第一号　一九六七(昭和四二)年六月

五　(上)：『商学論集』第五五巻第一号　一九八六(昭和六一)年七月
(中の一)：『行政社会論集』(福島大学行政社会学会)第七巻第二・三号　一九九五(平成七)年二月
(中の二)：『商学論集』第六四巻第一号　一九九五(平成七)年九月
(下)：『商学論集』第六五巻第二号　一九九六(平成八)年一二月

補論

一　原題：Turgot の歴史意識の構造と論理
――初期の諸論稿を中心として――
『一橋研究』九　一九六二(昭和三七)年九月

二　(上)：『一橋論叢』(一橋大学一橋学会)第五三巻第一号　一九六五(昭和四〇)年一月
(下)：『一橋論叢』第五三巻第二号　一九六五(昭和四〇)年二月

三　『商学論集』第五一巻第四号　一九八三(昭和五八)年三月

四　『商学論集』第四八巻第一号　一九七九(昭和五四)年七月

余録

一　原題：Pierre Bayle にかんする若干の研究について
——残された研究課題の検討——
『一橋研究』一〇　一九六三（昭和三八）年九月

二　『商学論集』第四四号第一号　一九七五（昭和五〇）年七月

三　『商学論集』第六五巻第三号　一九九七（平成九）年三月

書評

一　『一橋論叢』第四四巻第三号　一九六〇（昭和三五）年九月

二　『商学論集』第三八巻第二号　一九六九（昭和四四）年一〇月

三　『商学論集』第四〇巻第二号　一九七一（昭和四六）年一二月

二〇〇五年六月二三日　満七四歳の誕生日に誌す

追記：本書の出版に当たって八朔社の片倉さんに一方ならずお世話になった。ここに深く感謝の意を表したい。

［著者略歴］

渡辺　恭彦（わたなべ　やすひこ）

1931年６月　岐阜県岐阜市生まれ
1955年３月　一橋大学経済学部卒業
1957年３月　一橋大学大学院社会学研究科修士課程修了
1960年３月　一橋大学大学院社会学研究科博士課程単位取得退学
1964年４月　千葉商科大学経済学部勤務（～67年３月）
1967年４月　福島大学経済学部勤務（90年４月～92年３月，行政社会学部へ移籍）
1997年３月　福島大学経済学部定年退職，現在に至る．

研　究：
フランスユマニスムの系譜のなかでフランス啓蒙思想の社会経済思想史的研究に従事し，いくつかの論文，翻訳，書評等を発表してきた．

18世紀フランスにおけるアンシアン・レジーム
批判と変革の試み――エコノミストたちの試み――

2006年4月10日　第１刷発行

著　者　　渡　辺　恭　彦
発行者　　片　倉　和　夫

発行所　株式会社　八《はっ》　朔《さく》　社《しゃ》
東京都新宿区神楽坂2-19　銀鈴会館内
振替口座・東京　00120-0-111135番
Tel. 03(3235)1553　Fax. 03(3235)5910

印刷，製本・藤原印刷

ISBN4-86014-031-1